건축자의 버린 돌이
모퉁이의 머릿돌이 되었나니

우석(隅石) 안국 장로 인생 일기

건축자의 버린 돌이
모퉁이의 머릿돌이
되었나니

안국 지음

동연

팔팔한 청년 장로 안국 장로님

연규홍 목사

(한신대학교 前 총장)

안국 장로님은 팔팔(八八)하시다. 팔팔하시기에 평생 일기를 담은 책을 미수(米壽) 기념으로 출간하신다. 진심으로 축하할 일이다. 삶에는 세 가지 여유(三餘)가 있다고 한다. 하루에는 노을 지는 저녁이 있어 좋고, 사계절에는 쉬는 겨울이 있어 좋고, 인생에는 노년이 있어 진정 '나'다운 삶을 사는 멋이 있어 좋다고 한다. 안 장로님은 그런 인생을 즐기시는 분이시다.

뵐 때마다 단아한 개량 한복을 입으시고 깔끔한 모습을 보여주신다. 활기찬 청년의 기상(氣像)이다. 얼굴의 주름살이 함박꽃처럼 피어난 웃음을 지으시며 겸손히 다가오셔서 모든 이들을 포근하게 감싸주시던 그 부드러움, 그러나 불의와 악에 대해서는 맑고 까랑까랑한 목소리로 추상같이 질타하시며 강인하셨던 그 꼿꼿함. 안 장로님은 부드러움과 꼿꼿함을 함께 지닌 분이시다.

나는 안 장로님이 신학을 공부했지만 목회자가 될 수 있는 신학의 길을 그만두고 굳이 교육자의 길을 가신 이유를 잘 모른다. 그러나 분명한 사실은 안 장로님은 교육자 가운데 진정한 교육자라는 것이다. 교회만 왔다 갔다 하는 '교인'이 아니라 참 하나님 앞에 '인간'으로 바로 서도록 가르치는 일이 천성인 분이시다.

오늘 한국교회와 학교에는 누구 말대로 용서가 없다. 예수 그리스도 안에서 한 형제요 한 자매라고 하지만 이해관계가 얽히면 어느 한순간 서로 적과 악마가 된다. 교육자는 선인(善人) 속에서도 악을 보고 악인(惡人) 속에서도 선을 보는 자이다. 교육자는 인간의 가능성과 미래를 보기에 끝까지 가르치며 용서하고 포용한다. 오늘 한국교회는 너무 많은 의인(義人)이 있다. 더 이상 배울 것도 변화될 것도 없다. 그러나 교육자는 인간에게 기대를 갖고 결코 포기하지 않는 사랑으로 끝까지 가르친다, 아니 함께 배운다. 그 속에 새로움이 있고 기쁨이 있고 늙지 않음이 있다.

안 장로님은 교회 안에서 장로(長老)이지만 결코 나이 많은 꼰대 장로가 아니시다. 누구의 말이라도 경청하여 들으시고 배우시고 글을 쓰는 청년 장로님이시다. 그러기에 88세 평생의 일기를 묶어 이렇게 책으로 출간한다. 귀한 일이다. 이 책에는 인생을 늙지 않고 성숙해가는 비결이 담겨 있다. 노년까지 세 가지 여유를 즐기며 진정 '나'답게 사는 삶의 길을 멋지게 살아가는 안국 장로님의 숨결이 있다. 하나님은 우리에게 '성인(聖人)이 되라' 하시지 않는다. '너'는 너답게 자신의 삶을 사는 한 인간이 되라 하신다. 그 한 인간이 여기 있다.

오늘 우리 사회에는 100세 노인은 많으나 어른이 없다. 안국 장로님은 우리들의 큰 어른, 아니 참 어른이시다. 그 존재만으로도 우리에게 많은 가르침과 기쁨을 주신다. 나는 물질의 풍요 속에 영성이 빈곤한 오늘, 참 어른이신 안 장로님을 만난 것에 대해 언제나 가슴 벅찬 행복감을 느낀다. 다시 한번 안 장로님의 미수와 책 출간을 축하드리며 늘 강건하시기를 기도한다.

하나님과 사랑에 빠져 살아온 삶

임영창 목사
(화순만나교회)

장로님과 8년 동안 함께 용학교회를 섬기면서, 가장 가까이에서 장로님의 신앙과 삶을 생생하게 보았던 목회자의 눈으로 바라볼 때 용학교회의 역사를 든든히 받들고 있는 믿음의 기둥이신 장로님의 삶에 대하여 감히 언급한다는 것 자체가 부담스러운 일이지만, 그 뜻을 최대한 존중해 객관적인 사실을 바탕으로 장로님의 신앙과 인생을 이야기한다면 다른 미사여구가 전혀 필요 없이 한마디로 이렇게 말할 수 있겠다.

"하나님과 사랑에 빠져 살아온 삶"

그 이유는 다음과 같다.

첫 번째로, 장로님은 기도의 사람이다. 장로님의 자택은 용학교회까지 걸어서 50분 거리에 있다. 내가 용학교회에 시무할 때는 교회 차량이 없었으니 모든 교인들이 걸어서 교회에 나오던 시절이었다. 그 시절에 장로님은 외출을 하셨거나 몸이 아프시지 않는 한, 눈이 오나 비가 오나 하루도 빠짐없이 걸어서 새벽에 교회에 나오셔서 기도하신 분이다. 하나님을 향한 뜨거운 사랑이 없이는 불가능한 일이다.

어느 겨울이었다. 눈이 무릎까지 차도록 내린 날이었다. 새벽 기도회를 인도하려고 교회를 나가보니 아무도 안 나오셨다.

"이런 날 교인들이 걸어서 교회에 나오시는 것 자체가 무리이지!" 생각하고 혼자 찬송하고 기도한 후에 교회당 문을 열고 나오는데 하얀 눈사람이 교회당 문에 서 있는 거다. 깜짝 놀라 누군지 살펴보았더니 장로님이 아니신가!

모자부터 목도리 그리고 온 몸이 흰 눈으로 도배가 되었는데, 장로님께서 모자를 벗어 눈을 털면서 하시는 말씀이 "찬송하면서 눈길을 걸어오니 새벽 기도회 나올 맛이 제대로 납니다." 그날 이후 나는 '장로님께서 새벽 기도회에 안 나오시겠지'라는 기대(?)를 버리고 말았다. 한마디로 장로님은 기도로 살아오신 분이다.

두 번째로, 장로님은 사랑의 사람이다.

장로님은 하나님을 너무 사랑하시는 분이셨다. 그러기에 하나님께서 장로님 평생에 많은 은혜를 베풀어 주신 거라 믿는다. 하나님을 사랑하시기에 목회자와 교인을 끔찍이 사랑하신 분이다. 장로님의 사랑 이야기는 너무도 많지만 나와 관련된 한 가지 이야기만 소개하겠다.

용학교회는 봄철부터 겨울철 되기 전까지 농사일이 끊이지 않는 농촌에 있는 교회이다. 그래서 교인들 심방도 논으로 밭으로 가야했다. 새벽부터 어두워질 때까지 일을 해야 하니 모든 교인들이 고된 농사일로 힘들어했고, 그것을 보는 나도 교인들의 일을 돕지 않을 수 없었다. 주로 혼자 사시는 분, 연세 많으신 분들의 농사일을 도와드리고 집에 돌아오면 몸이 파김치가 된 적이 한두 번이 아니었으니, 아차하면 새벽 기도회 시간을 놓치는 경우가 허다했다. 농번기가 되어 바쁜 날을 보내고 있는데, 하루는 장로님께서 식사를 한번 하자고 하셨다. 맛있는 고기를 사 주시고 난 다음, 새벽 기도회에 대해 말씀 드릴 것이 있다고 하시기에, 속으로 '드디어 올 것이 왔구나! 새벽 기도회를 자주 빼 먹었으니 한 소리 들어야 할 모양이다' 생각했다. 각오를 단단히 하고 있는데 장로님께서 이렇게 말씀하셨다. "목사님! 농사일 한다는 것이 쉬운 일이 아니시죠? 농사일 하시면서 새벽 기도회 하시기가 꽤 힘드실 겁니다. 그런데 목사님께서 새벽 기도회 시간을 놓치시고 부담스러워하시는 것 같아서 이 말씀을 드립니다. 새벽 기도회 시작할 시간 10분이 지나 목사님께서 안 나오시면 제가 새벽 기도회를 인도할 테니 힘드실 때는 그냥 푹 주무세요. 그래야 다음날 다른 일을 하실 수 있습니다." 장로님의 말씀에 눈물이 핑 돌았다. 그리고 덧붙여 이렇게 말씀하셨다. "교인들에게 헌신하시는 것은 하나님께 헌신하시는 것이고 교회를 사랑하시는 것이니 하나님께서 기뻐하실 것입니다. 새벽 기도회에 너무 부담 갖지 마세요."

세 번째로, 장로님은 헌신과 선교의 사람이다.

장로님은 하나님의 일에 최선을 다하시는 분이셨다. 세상의 어떤 일보다 하나님의 일을 항상 최우선 순위로 두셨고, 하나님의 일을 소중하게 생각하셨다. 그래서 용학교회에 최선을 다해 헌신하셨고, 용학교회가 성장하고 성숙하는 일이라면 당신의 집안이 잘되는 일보다 더 기뻐하시고 좋아하신 분이셨다. 교회에 나오다가 안 나오신 교인이 있으면 당신이 더 가슴 아파하고 심방 다니시는 분이시기도 하다.

안국 장로님은 6.25전쟁으로 부친을 잃은 순교자의 아들로 성장하셨다. 그래서 우리나라와 북한과의 관계에는 예민할 수밖에 없는 삶을 살아오셨다. 그럼에도 불구하고 이를 신앙으로 극복하신 분이다.

고(故) 문익환 목사님의 제안으로 북한에서 남파되었다가 붙잡혀 감옥에 갇혀있던 미전향 장기수들과 교회가 자매결연을 맺어 지원하자는 것이었는데, 이는 통일의 씨앗을 뿌려보자는 기장 교단의 통일운동 프로그램이었다. 여기에 용학교회가 함께하기로 하고, 두 분의 미전향 장기수와 자매결연을 맺고 지원하기 시작하였다.

장로님께서 오히려 두 분의 미전향 장기수에게 다른 사람들보다 더 큰 애정을 가지시고 그분들에게 편지를 써서 보내시기 시작하셨다. 어떻게 생각하면 북에서 남파된 간첩들이기에 아버님을 죽인 원수와 같은 사람으로 여길 수 있을 텐데, 하나님께서 기뻐하시는 일이라면 신앙으로 당신의 아픔을 하나님께로 영광 돌리는 일로 승화시키는 참 신앙인이셨다.

이렇게 자매결연 맺고 지원했던 미전향 장기수 두 분 중 한 분이 전향하게 되었을 때, 그분(故 박종린 집사님)을 용학교회에서 모시자고 제안하신 분도 안국 장로님이시고, 그분이 생계로 해제중학교 매점을 운영하실 수 있도록 길을 열어주신 분도 안국 장로님이셨다.

가슴속에 믿음과 사랑 그리고 선교의 열정으로 자신의 아픔을 덮으신 분이 장로님이시다.

좋은 회고록은 후손들에게 많은 영향을 미친다.

세계 3대 고백론 중에 성 아우구스티누스의 『고백론』을 대표적인 자서전 내지는 회고록이라고 흔히들 이야기한다. 그 이유는 어려운 시대를 살아간 그의 심오한 내적 체험의 기록이기 때문이며, 그 신앙의 고백은 지금까지 많은 사람에게 영향을 미치고 있다. 그 글에서 삶의 지혜를 얻을 수 있기 때문이다.

장로님의 회고록은 아주 좋은 신앙의 회고록이 될 것이 분명하다. 장로님의 삶 자체가 신앙으로 기독인들의 좋은 본보기이기 때문이다.

장로님의 심오한 내적 체험과 인생이 곧 신앙인 삶 속에서 차곡차곡 마련해 오신 글들이 회고록으로 묶어져 책으로 발간되면, 육신의 후손들뿐 아니라 신앙의 후손들에게도 삶의 지혜를 주는 회고록이 될 것이라고 믿어 의심치 않는다.

2022년 7월 성하(盛夏)에

제 인생의 스승님, 안국 선생님

강성봉 목사
(일산새중앙교회)

관심 있는 말 한마디로 용기를 얻고 자존감을 높여 성공의 길을 걸어 많은 사람을 살리고 선한 영향력을 끼치는 주인공이 되게 하는 사람들이 종종 있습니다.

어느 화창한 봄날 나의 중학교 시절, 복도에서 안국 선생님을 만났습니다.
그분은 저의 담임 선생님도 아니신데 저를 기억하시고 "성봉아! 너 교회 다닌다면서?" 물으시길래 "네"라고 대답하니, "예수 믿는 자는 공부도 잘해야 된다" 하시면서 저를 지나쳐가셨습니다.
그 후로 그 말씀은 제 귀에 자리를 잡고 있어 평생 공부하는 사람으로 살게 했던 것입니다.
저는 그때부터 해제면 광천 부락 시골 깡촌에서 얼마나 열심히 공부를 했던지 대학 교수와 목사로 세계 66개국을 넘나들면서 선교와 복음의 메신저가 되어 영혼 살리는 일에 저의 삶을 불태우고 있습니다.
이 모든 일이 존경하는 안국 선생님의 복도에서 하신 그 한마디 영향력 때문인 것이었습니다.
지금까지 50여 년 동안 선생님과 교제하면서 조언을 받고 부족한 제자에게 늘 칭찬과 귀한 말씀으로 제 인생의 스승님으로 동행하고 있습니다.

특별히 이번에 선생님의 회고록을 출판하게 되셨는데 영광스럽게도 필력 부족한 저에게 축하의 글을 부탁하셔서 이렇게 떨리는 손길로 고귀하신 분의 회고록에 글을 덧붙이게 되었습니다.

무엇보다 존경하는 선생님의 인생의 역사가 제한된 글자로 길이 남겨지는 것을 가슴 벅찬 버거움으로 찬사의 표현을 다 못한 것이 못내 유감스럽기만 합니다.

선생님은 지금껏 수많은 제자를 양성하여 인재로 키워내시고, 전남도의원으로 도의 발전과 지역 사회에 많은 봉사를 하셨으며, 모범적인 기독교인으로 기장 교단에서 장로 부총회장으로도 헌신하시고, 북한 선교까지 활동하신 너무도 귀하신 저의 교사의 사표이십니다.

저도 졸서 20여 권의 책을 낸 글을 통해 안국 선생님의 가르침대로 '청출어람'이 되겠다고 감히 결심하였는데, 그분은 평생 올곧고 강직하시며 바른 기독교 신앙의 삶을 이 회고록에 담았습니다.

많은 독자가 따르고 그 업적이 널리 널리 알려지기를 간곡히 바라면서 진심을 담아 선생님의 회고록 출판을 축하드립니다.

참 자랑스러운 안국 친우의 길

덕산(德山) 김정기

(친구)

중·고등학교 동창인 나의 벗 안국 친우는 향기가 나는 사람으로 지내왔고, 오랫동안 따뜻한 마음으로 세상을 살아간다고 확신했습니다.

먼저 소인은 약 50년 동안 주변에 많은 장로들을 접촉했고 지내왔습니다만, 안국 친구는 그의 종교관이 그이가 불교인이든지 천주교인이든지 상관하지 않고 서로 소통하고 이해하는 것을 지켜봐 왔습니다. 그리고 중앙 교단의 임원으로 이북 개성 평양을 다녀왔고, 전라남도 도의원으로서 많은 활약을 하면서도 조금도 교만한 행동을 하는 것을 한 번도 찾아보지 못했습니다. 그가 다니는 교회도 한옥으로 교회를 건축하여 본인도 여러 번 방문한 바, 그 외에도 그가 남긴 여러 업적은 널리 알려져 있습니다.

참 자랑스러운 친구가 옆에 있는 것이 자랑스럽고, 오늘 그가 보여 줄 "그의 길"을 높이 평가하고 격려합니다.

봄볕 같은 안국 장로

윤용상 장로

(한국기독교장로회 前 부총회장)

연습도 없이 처음 늙어보는, 검은 머리 파 뿌리로 변하는 희수를 지나 미수의 길에 들어선 안국 장로님께서 짧지 않은 시간의 삶의 숨결을 모아 정리하여 한 권의 책으로 출판하기까지에는 대단한 결단과 용기가 필요했을 것입니다. 그 이유는, 그 책이 바로 저자의 전부요, 신앙과 사상, 인격의 총체이기 때문입니다. 그래서 올바른 신앙과 사상, 높은 인격의 소유자인 안국 장로님이 쓴 회고록은 역경에 부딪혀 좌절하는 우리 모두에게 큰 희망을 불어넣어 주리라 믿습니다.

안국 장로님은 가난하고 억눌린 소외 계층에 대한 깊은 관심을 가지고, '먹고, 입고, 잠재워주는 것'에 앞서 '하나님 형상대로 지음 받은 사람으로서 걸어가야 할 길'을 먼저 제시해주셨습니다. 한 피 받은 동족(장기수)이 눈물과 한숨으로 신음하고 있을 때 뜨거운 마음으로 아픔을 달래주며, 길이요 진리요 생명이신 예수님이 걸어가신 길로 안내자가 되셨습니다. 뿐만 아니라 교회와 사회에서 대립과 갈등을 넘어 폭발하는 인간관계를 화해와 일치, 협력으로 만들어내는 남다른 독특한 지도자였습니다.

안국 장로님의 예리한 판단과 명확한 논리와 '예·아니요'가 분명한 태도 그리고 설득력 있는 말은 교회, 노회, 총회, 학교 강단, 전라남도 도의회에 이르기까지 공감을 불러일으켜 왔습니다.

칸트는 '인간은 타인의 경험을 배울 줄 아는 존재'라고 규정한 바 있습니다. 우리가 지난 과거 눈물의 역사 기록을 기억하지 못하고 망각해버린다면 내일을 향해 오늘을 걷는 발걸음이 방향 감각을 잃게 될 것입니다. 오늘 이 시대는 그 어느 때보다 많은 말과 글들이 있지만 참된 말과 글을 듣고 읽기가 쉽지 않은 어두운 시대입니다. 힘 있는 자의 질서 속에 안국 장로님의 숨결을 모아 엮은 회고록은 꽁꽁 얼어있는 우리 마음을 녹여주는 봄볕이 될 것이며, 삶에 지친 우리 모두에게 아름다운 삶의 휴식과 지혜를 공급해 줄 책이 되리라고 확신합니다.

그동안의 삶의 결실을 되살펴 보시고 앞으로도 더 열심히 땀 흘려, 생명을 살리는 한 바가지 마중물이 되시기를 소망합니다.

"서 의원 오늘 나하고 갈 데가 있네"

서삼석

(국회의원)

존경하는 우석(隅石) 안국 선생님의 회고록 발간을 진심으로 축하드립니다.

봉대산 자락 기룡동 마을에서 나시고, 고향 해제에서 후학 양성과 복음 전파에 평생을 바쳐 오신 선생님의 높고 빛나는 공은 말로 다 형언하기 어려울 것입니다. 그 제자 중에 이제 칠십을 바라보는 이들이 주를 이루니 선생님의 사랑이 크시고도 길어 보입니다.

이렇듯 선생님께서는 자신의 모든 것을 아낌없이 주시고도 흔적조차 남기지 않으시려는 정말 훌륭하신 마음씨에 지역으로부터 많은 칭송과 귀감이 되셨습니다.

어려운 이웃의 자녀들에 등불과 표상이 되셨음은 물론이시고, 하나님을 섬김에 있어서도 누구보다 어디에서도 으뜸이셨습니다. 그 숨은 노력과 한 땀 한 땀이 암울했던 시대를 살아가는 이들에게 나침반이 되셨고, 때로는 아주 소중한 에너지가 되기도 하셨습니다.

선생님의 믿음과 철학 그리고 가치는 단단한 지역을 넘어서 세상에 끼쳤던 살아있는 역사로 엄연히 기록되어 왔고, 그 진실은 앞으로도 계속 이어지실 것입니다.

저에게도 전라남도의회에서의 함께한 4년이라는 시간이 무엇과도 견줄 수 없는 추억으로 남아 있습니다. 늘 그러셨듯이 밝은 웃음으로 "서의원 오늘 나하고 갈 데가 있네"라고 하시며 제 손을 잡아주시고 함께 했던 일들 말입니다.

미수(米壽)를 맞아 모든 것이 더 밝아지시고, 주님의 은총으로 여생도 더 건강하게 지내시기를 소원합니다. 요즘 같은 난국에 선생님을 모시고, 이 나라 이 민족이 나아갈 방향에 대해서 말씀 듣기를 간청도 드리고 싶습니다.

다복한 가정과 화목한 가족 안에서 경천애인(敬天愛人)의 가훈이 더욱 빛나시고, 하나님 나라의 백성으로 이웃을 사랑하며 덕을 베풀며 사시겠다는 천민(天民) 무적(無敵) 시덕(施德)의 인생철학이 더 넓고 더 높고 더 깊어지셔서 하나님 나라에서까지 평안하시기를 충심으로 기원드립니다.

끝으로 지역과 사학 그리고 정치와 한국기독교회에 끼치시고, 남기신 공과 족적은 후대에 영원한 귀감으로 남으실 것입니다.

존경하는 안국 선생님과 이영희 사모님 내외분 그리고 가족 모두의 평화를 빕니다.

2022년 7월
국회의원 서삼석 올림

말과 행동이 일치하는 실천가, 안국 선생님

한화갑

(前 국회의원)

저는 안국 선생님을 처음 만나 뵈었을 때부터 지금까지 늘 존경해 왔습니다.

선생님은 누구에게나 소신 있는 분이었고, 말과 행동이 일치하는 실천가 였습니다. 이러한 선생님에 대한 만인의 느낌은 하루아침에 형성된 것이 아닐 것입니다. 선생님이 수십 년 간 교육계에 봉직하셨던 이력을 통해서 이룩된 고매한 인격과 친화력이 그 바탕이 되었다고 생각합니다.

선생님은 저와 함께 김대중 대통령 만들기에 뜻을 같이 하셨습니다. 제가 선생님을 뵐 때마다 의기투합했던 것은 우리의 소원은 통일이고, 그다음으로 김대중 대통령을 당선시키자는 것이었습니다. 선생님과 저는 김대중 대통령을 당선시키는 데 성공했으니 가히 성공한 사람들 중 한 사람이 되었습니다. 이 또한 큰 인연이 아니고 무엇이겠습니까?

선생님은 독실한 기독교 신자이십니다. 교회의 장로님으로서도 그 활동 이 전국적이셨습니다. 믿음, 소망, 사랑을 가르치는 성경의 말씀대로 기독교 정신을 실천해 오신 분이기도 합니다. 어떨 때는 기독교계의 전국적인 인물이 저에게 요청을 할 때도 있었습니다. 안국 장로님의 도움이 필요하니 당신이 나서서 나를 돕도록 부탁 좀 해 달라는 것이었습니다.

선생님은 저의 고등학교 4년 선배님이십니다. 꼭 학교 선후배 관계 때문만은 아니지만 제가 정치 활동을 하고 있을 때도 큰 힘이 되어 주셨습니다. 제가 새천년민주당 대표로 활동할 때 중앙의 일이 바빠서 지구당에 내려올 수가 없었을 때도 선생님은 저를 대신해 지구당 일을 잘 처리해 주시곤 하셨습니다. 늘 부탁만 드렸지 필요한 경비는 단 한 푼도 드린 적이 없었습니다. 그래도 선생님은 전혀 내색을 하지 않으시고 후배의 일을 자신의 일처럼 대신해서 처리해 주시곤 하였습니다.

선생님은 김대중 대통령을 당선시키는 데도 저와 함께 일생을 바치셨고 저의 정치적 성장을 위해서도 큰 버팀목이 되어 주셨던 분이신데 제가 어찌 선생님에 대한 존경의 마음을 갖지 않을 수 있겠습니까?

선생님은 정당 활동을 하시면서도 주위 사람들에게 도움을 주시려고 노력하셨지 어떤 자리도 탐내거나 부탁해 본 적이 없으셨습니다. 선생님의 이러한 소신이 정당 활동에 있어서 모두 함께 힘을 모을 수 있는 원동력이 되었다고 생각합니다.

무릇 사람의 생애는 무엇이 되느냐 보다도 한평생을 얼마나 충실하게 살면서 주위의 존경과 사랑을 받았느냐가 중요하다고 합니다. 이런 면에서 선생님의 한평생은 저로부터 뿐만 아니라 주위의 더 많은 사람으로부터도 존경받고 있는 성공한 일생이 아니겠습니까?

선생님! 이제 인생의 종장에 서서 살아오신 발자취를 기록으로 남긴다는 것이 얼마나 소중하고 자랑스러운 일입니까? 교육자로서나 기독교인으로서나 정당인으로서도 존경받고 사랑받는 성공적인 일생을 기록으로 남기신 선생님의 자서전 출판을 진심으로 축하드리면서 저의 말을 마치겠습니다.

부디 건강하시기를 빕니다.

저의 모든 정성과 존경을 보내드리면서….

우석(隅石) 안국 장로님은 우리의 보석(寶石)입니다

박지원

(前 김대중 대통령 비서실장)

隅石(우석), 안국 장로님!

이 글을 쓰는 지금도 자상하게 웃으시며, 제 옆자리에 계시는 것 같습니다.

장로님께서는 스스로를 모퉁이 돌, 귀퉁이 돌이라고 항상 낮춰 오셨습니다. 그러나 장로님의 일생은 모범적인 신앙인, 열정적인 민주화 운동가 그리고 가정에서는 더없이 훌륭한 아버지이셨습니다.

장로님은 모퉁이 돌 우석이 아니라, 모퉁이에 있어도 그 자체로 흠 없고, 스스로 빛을 발하는 소중한 보석입니다. 저 역시 장로님으로부터 큰 은혜를 받았고 많은 신세를 졌습니다.

이러한 삶을 기록한 장로님의 인생 일기가 『건축자의 버린 돌이 모퉁이의 머릿돌이 되었나니』로 출간하게 되었음을 진심으로 축하드립니다.

책 곳곳에는 장로님의 할머님, 어머님, 아버님, 장모님 등 선대부터 아드님까지 집안의 모든 분의 반석과도 같은 튼튼한 믿음을 실천해 오시며, 우리 사회의 빛과 소금으로 살아오셨음을 잘 알 수 있습니다.

또한 이러한 튼튼한 믿음으로 민주화 운동과 현실 정치의 세계로 나아가신 장로님의 당시 인간적인 고뇌와 왕성한 활동의 성과도 잘 나와 있습니다.

저도 주변 지인들에게 장로님의 인생 일기를 꼭 권하겠습니다.

존경하는 저자 안국 장로님 그리고 책 출판을 위해 물심양면으로 고생하신 효자 아드님을 비롯해서 관계자 여러분의 노고에 진심으로 감사와 위로의 말씀을 드립니다.

　　장로님과 인연은 저에게 축복이었고, 앞으로도 영원한 은혜가 될 것입니다. 안국 장로님! 부디 만수무강하셔서 우리 곁에서 계속 왕성하고 열성적으로 믿음을 실천하고 활동해 주십시오. 감사합니다.

머리말

중학교 입학하던 해인 1949년부터 일기를 쓰기 시작해 88세인 오늘까지도 거의 매일 거르지 않고 일기를 계속 써오고 있습니다. 6.25 동란 중에 중학생 시절 일기 일부가 분실되었고, 군 복무 시절 내무반 마루 밑에 숨겨가면서 일기를 써오다가 휴가 때 검문에 걸려 압수당한 적을 빼고는 70년의 기록이 온전히 남아 있어 회고록을 집필할 수 있게 됨을 하나님께 감사드립니다.

회고록 원고를 준비하면서 일기를 다시 읽어보니 파란만장했던 내 일생의 기록들이 한 편의 다큐멘터리 영화처럼 펼쳐짐을 느꼈습니다. 내 팔십 평생의 일상을 그날그날 현재적 시점에서 내밀하고 진솔하게 기록한 것이기에 그 간의 일기들을 발췌하고 인생 회상을 함께 엮어서 "ㅡ우석(隅石) 안국 장로 인생 일기ㅡ 건축자의 버린 돌이 모퉁이의 머릿돌이 되었나니"라는 제목으로 회고록을 발간하게 되었습니다.

나는 모태 기독교인으로 태어나 할머님의 신앙 교육으로 성장했고, 아버님의 순교를 신앙의 유산으로 물려받아 오늘 이때까지 살고 있다 보니 일생을 가정과 교회 그리고 교육자와 사회인이라는 맥락과 흐름으로 풀어내고자 했습니다.

이 책은 건축자가 버린 돌처럼 보잘것없는 인생이나마 하나님께 선택받아 쓰임 받고자 살아 온 내 신앙의 증언이자 성찰과 회개의 기록임을

밝히며 내 자식들의 간곡한 바람으로 회고록을 출간하게 됨을 더없이
크나큰 기쁨으로 주님께 감사드립니다.

2022년 8월 8일
우석(隅石) 안국

차례

1부

임마누엘,
예수만 섬기는 우리집

가훈(家訓), 가헌(家憲), 가가(家歌)
- 우리집의 자랑거리

우리집에는 가훈家訓이 있고, 가헌십조家憲十條가 있고, 가가家歌가 있다. 자랑컨대 우리집에만 있는 법이요, 우리집의 노래이다. 가훈은 더러 있는 가정이 있지만, 가정의 법이나 노래는 우리집뿐일 것이다.

가훈은 경천애인敬天愛人, "하나님을 공경하고 사람을 사랑하라"이다. 제자들이 예수님께 묻기를 "율법 중에 어느 계명이 가장 큰 계명입니까" 하고 물었을 때 예수님은 "하나님을 공경하고 이웃을 내 몸같이 사랑하라고 한 계명이 제일 큰 계명이다" 하고 말씀하셨다. 그래서 나는 고등학교 다닐 때 우리집 가훈으로 '경천애인'을 택했고, 가헌십조는 아이들이 철기를 알게 되는 큰 애가 중학교에 입학하고 나서 만들었다. 구약성서의 모세의 십계명에서 얻은 영감으로 열 가지 법을 만든 것이다.

제1조 사친여신事親如神, 어버이 섬기기를 하나님 섬기듯 하라. 눈에 보이지 않는 하나님은 영의 아버지시고, 눈에 보이는 어버이는 곧 육신의 하나님으로 섬겨야 한다. 즉, 하나님 다음으로 섬겨야 할 눈에 보이는 하나님이란 뜻이다.

제2조는 동기수명同氣授命, 형제간에는 자기 목숨까지 내놓을 수 있는 관계가 되어야 한다.

제3조는 진실무위眞實無僞, 삶에 진실하고 위선이 없어야 한다.

제4조는 선생선사善生善死, 선만을 행하고 살아라.

제5조는 구휼약자救恤弱者, 가난한 사람 구제에 힘쓰고 약자를 돕고 불쌍히 여겨라.

제6조는 불욕불주不辱不呪, 사람을 욕하지 말고 저주도 하지 말라.

제7조는 덕업시혜德業施惠, 덕을 세우는 일(직업)을 하고 덕을 베풀어라.

제8조는 삼사일행三思一行, 말이나 행동이나 무슨 일이든지 하기에 앞서 먼저 세 번을 생각하라. 그 세 번은 먼저 자신에게 묻고, 두 번째 부모님께 마음으로 묻고, 세 번째는 하나님께 여쭤 전부 승인이 되면 한번 말하고 행동하고 지불하라는 것이다.

제9조는 시시비비是是非非, 정의롭게 살아라. 이는 예수님께서 하신 말씀이다. 옳은 것을 옳다 하지 못하고, 그른 것을 그르다 하지 못하는 것이 곧 죄가 된다고 하셨기 때문이다.

제10조는 타손절금他損切禁, 남들에게 절대 손해를 입히지 말라. 말도 행위도 금전이나 시간도 어떤 경우라도 타인에게 손해 끼치는 것은 죄악이다.

이것들이 아이들을 훈육하는 우리집만의 헌법인 것이다.

또 우리집에는 가가家歌가 있다. 가훈과 가헌과 맥을 같이 하는 <이웃을 내 몸 같이>(어린이 찬송가 285장)를 가가로 정해 부르고 있다. 내 나라에 애국가가 있고 학교에는 교가가 있고 심지어는 기업에도 사가가 있는데 가가는 마땅히 있어야 하지 않겠는가?

(1절)
이웃을 내 몸 같이 사랑 하라신
예수님 그 말씀을 가슴에 담고

오늘도 우리들은 살아갑니다.
너희는 내 이웃 나는 네 이웃
사랑이 오고 가면 좋은 곳 돼요.

(2절)
네 아픔 나의 괴롬 네 괴롬 내 것
슬픔을 서로 알고 기쁨 나누면
골목은 밝아지고 거리도 환해
사랑이 오고가는 세상 만들려
오늘도 우리들은 살아갑니다.

가족 모임이 있을 때마다 가가를 합창한다. 지금까지 온 가족들이
가훈, 가헌을 마음에 새기고 사는 은혜와 축복을 감사하는 것이다.
세상에 없는 우리집만의 자랑이다.

할머니 우본촌 권사님의 믿음

나는 모태신앙으로 태어났다. 우리 어머님은 비기독교 가정에서 성장해서 시집오셔서 교회 나가기 시작하셨다. 아직은 어린 나이 16세 때(1930년)에 19세인 아버지에게 시집오셔서 나를 낳으셨고, 돌 안에 유아세례를 받게 하셨다. 내가 할머니 등에 업혀 들에 나갔는데 등에 업힌 손자인 내가 "할머니! 수수 모개 하나 꺾어주소!" 하니까 할머니 대답이 "그거 남의 것인데 꺾으면 나쁜 짓이다. 나쁜 짓 하면 하나님께서 야단치신다!"라고 일러주고 그냥 지나가는데 내가 다시 조금 후에 "하나님이 어떻게 야단치셔?" 하니까 "비 오고 번개 칠 때 뇌성이 천둥하는 것이 하나님이 야단치시는 것이란다"라고 말씀하시니 "그러면 내비두소!" 하고 지나갔다는 이야기를 전해 주시면서 할머님 말씀이 "너는 내 등에 업혀 다니면서부터 내가 하나님을 가르쳤다"라고 하셨다. 어떻든 나는 어머님에게서 보다 할머님으로부터 인간 교육, 신앙 교육을 받은 것으로 어른이 되어서도 할머님께 감사했다. 오죽했으면 둘째인 안수경 목사가 유년 시절에 "아버지는 증조할머니가 낳고 작은아버지와 고모들은 할머니가 낳았어요?"라고 질문을 했을까? 그것은 아직 채 여섯 살의 어린애가 보기에도 아버지가 증조할머니와 할머니 두 분 중에 증조할머니께 무엇인가 더 잘해 주는 것 같은 느낌으로 어린이다운 짐작이었고 생각이었던 것 같다.

또 내가 크면서 어른이 되어서도 할머니의 찬송 부르는 것과 기도하시는 모습을 많이 보아 왔다. 그리고 할머니는 교회 봉사나 신앙생활에 더 열성적이셨다. 74년 4월에 이정선 목사님 목회하실 때 할머니는 용학교회 초대 권사가 되셨다. 할머니께서 즐겨 부르시던 찬송가 370장 <주안에 있는 나에게 딴 근심 있으랴>를 얼마나 많이 부르셨던지 막내 수미라가 세 살 때 이 찬송가를 한 글자도 틀리지 않고 불렀을 정도였으니! 우본촌 권사님 마지막 임종의 순간은 아직도 잊혀지지 않고 내 가슴과 뇌리에 깊이 남아 있다. 2주간 병석에 누워계시던 할머님은 그러니까 2주간 교회를 못 나가시고(집에서 교회당까지 약2킬로미터 거리다) 마지막 운명하시는 순간 까지도 찬송가를 불러 달라 하시면서 조용히 영면하시던 모습이 마치 천사들의 옹위함으로 하늘나라에 입성하시는 최후의 순간으로 내게 기억 되며, 나는 지금도 그때를 감사하고 우리 할머님이 영면하시는 것처럼 나도 같은 모습과 태도로 하나님의 부르심 받기를 기도하고 있다.

할머니 우본촌 권사님께서 1976년 4월 1일에 하나님의 품으로 돌아가 셨다. 임종과 장례식 그리고 할머님에 대한 그리움이 담긴 내 일기를 싣는다.

1976년 4월 1일(목)

오전 11시 30분 85세의 일기로 할머님이 운명하셨다.

죽은 사람과 산 사람의 차이를 본다.

죽은 이의 얼굴에서 볼 수 있는 조용한 평화, 산 사람의 얼굴에서 느끼는 평화로움과는 표현할 수는 없지만, 너무도 큰 차이의 평화를 보는 느낌이다.

하루에 두 분의 죽음을 보아야 한다. 아침에 내 손으로 동일 형님 부고를 기안하고 등사까지 해 주고 난 시각에 내 할머니의 부고를 기안해야 하는 괴로움.

무엇을 어떻게 해야 하는 것인지?

상가의 분위기치고는 너무도 평온하다. 조객도 친척들도 손들도.

이것을 호상好喪이라 하는 건가?

1976년 4월 2일(금) 맑음

당신의 얼굴이 수의에 쌓여 지는 순간

내 심장으로부터 눈물이 터졌습니다.

'당신의 얼굴을 이제 마지막 보는구나' 하는 생각에서죠.

관뚜껑에 못을 박는 망치 소리를 들을 때

또 한 번 내 오장육부에서 눈물이 흐릅니다.

인생이란 게 이런 것인가요?

파란 많았던 당신의 생이

눈물까지 말라붙게 한 당신의 인생이 주마등처럼 내 머리를 스치고

계속 필름처럼 지나갑니다.

당신은 지상에 오셔서 여든다섯 평생 얻은 것보다 잃은 것뿐이셨군요.

젊음도

남편의 사랑도

자식도

모든 걸 잃은 자로 사셨지요.

이제 얻으소서 당신의 나라에서.

1976년 4월 3일(토) 맑음

할머님, 당신의 영결식을 위해서 이토록 많은 사람이 모였습니다.

우리 교회 교인들이 당신의 얼굴을 그리며 160여 명,
양촌 마을 사람들이 남녀노소 300여 명
그리고 해제 면민 내가 아는 모든 사람 내 얼굴 보고 300여 명,
원근 친척들까지 모두 800여 명은 모였는가 봅니다.
기룡동 터 잡은 후 처음의 인파라고들 하더군요.
영결식은 아주 경건하고 엄숙했습니다.
약력에서 당신의 위대한 생과
조사에서 당신의 거룩한 삶이 소개됐습니다.
나도 마음 흐뭇했습니다.
손님 대접도 아주 만족할 만했습니다.
모든 것 잊고 가시옵소서.

1976년 4월 4일(주일) 맑음

조위록에 기록된 인원이 300여 명이 넘었고 일금 삼십사만오백 원의 조의금이 들어왔다.

소주가 33되, 사과 1상자, 죽이 11동이, 계에서 돼지 100근, 소주 1상자, 쌀 1가마니 그리고 현금으로 육만여 원.

그러니까 내 집에서 들어간 걸 제하고는 현금 지출만큼 현금 수입이다.

하나님께 감사한다. 해제면 사회에서 나를 이만큼 키워 주셨기에 내 할머님 상사에 많은 조문객이 온 것이고, 날씨도 좋았고, 모든 게 순조롭게 조용하고 경건하게 지낼 수 있음을 다시 한번 감사한다.

1976년 5월 7일(금) 맑음

할머님이 보고 싶다.

퇴근길에 나를 보고 웃으시며 "너 오냐." 언제나 똑같은 말씀.

병석에 몸져누우셔서도 퇴근 시간이면 문을 열어 놓고 기다리셨던 할머니.

임종을 며칠 앞두고 학교를 못 가게 하시던 할머니.

왜 정작 운명하시던 날은 나를 붙잡지 않으셨을까?

유언 한마디 없이 조용히 가셔버린 할머니.

운명 며칠 전 "할머니! 하실 말씀 없으세요?" 물었더니

"할 말 없다." 똑똑히 대답하셨던 우리 할머니.

"예수 잘 믿으라고 하세요" 했더니,

"예수 잘 믿는데?"

"누가요?"

"우리 손자가."

할머니가 보고 싶다.

1976년 5월 9일(주일) 맑음

오늘 어버이 주일!

할머니 생전에 인자한 모습이 눈에 선합니다.

사람이 살다가 죽는 것이 이런 것인가 새삼 생각해 봅니다.

할머니 돌아가셨다는 사실이 밥상머리에 한 식구가 줄었다는 허전함 외에 아무것도 아니군요.

딸네 집에 다니러 가셔서 안 계신 것 같은 그런 공허로움이 있을 뿐.

내 눈으로 직접 보고 내 발로 관 위 흙을 밟아 놓고서도 꼭 지금 어느 하늘 아래 할머님이 살아 계실 거라 떠올려 봅니다.

내 친어머니보다도 나를 더 아끼시고 사랑해 주셨던 할머니.

친어머니 이상으로 존경하고 사랑했습니다.

초등학교 5학년 수경이가 아버지는 할머니가 낳으셨냐고 물을 정도로 할머님께 내 깐으론 잘했는지도 모릅니다. 할머니.

"이놈! 동생을 사랑해야지!"
— 동생의 죽음

내 나이 아직 어린 나이에 동생의 죽음을 보았다. 내가 세 살 때쯤일까? 내 밑으로 남동생이 하나 있었다. 동생 이름은 동민으로 기억하나 정확하지는 않다. 할머님께 들은 얘기다. 손님이 과자를 사 오셨는데 나와 동생에게 나누어 주었다. 그런데 내가 동생에게 내 것까지 몽땅 주더라는 것이다. 이상하게 생각한 할머니가 "어째서 너는 안 먹고 동생 다 주느냐"라고 물으시니 내 대답이 "동민이 이빨 다 썩어버려라!"라고 했단다. 그래서 할머니께서 "이놈! 심술이 궂은 놈이네! 동생을 사랑해야지!"라며 나무라셨단다. 하지만 동생은 기분이 좋아서 희희낙락 좋아했다는 얘기다.

지금 생각해 보면 어릴 때 내가 첫아들로 태어나 과자를 좋아해서 늘 많이 사다 줬는데 이빨이 상해 있어서 할머니 말씀이 "너는 사탕을 많이 먹어서 이가 안 좋은 모양이다"라고 하셨단다. 내가 커서 곰곰이 생각해 보니 그 동생에게 한없이 미안하다. 내게도 그런 나쁜 생각이 있었다는 것이 나 스스로에게도 참회가 된다. 심리학적으로 나 혼자 모든 가족의 사랑을 독차지하고 자라다가 밑으로 동생이 생겨나니 내 사랑을 동생에게 빼앗긴다는 생각에서 동생을 시기했다.

그런데 그 동생이 돌 안에 죽었다. 그때는 병원이 없었고 한약방이 고읍 마을에 있었는데, 거기서 한약을 지어다가 먹였는데 약사발을 입에서

떼자마자 그냥 죽었다는 것이다. 그래서 죽음의 원인이 한약을 잘못 먹어 죽었다는 생각으로 그 이후에는 고읍 이 씨 한약방에 발을 끊었다고 한다.

그 동생을 동네 뒷 야산에 묻었다. 어머님이 거의 매일 묘에 가셨다. 그런데 어느 날 가보니까 묘에 구멍이 뚫려 있고 옷가지가 밖으로 나와 흐트러져 있는 것을 보고 집에 돌아와서 통곡하시는 것을 본 기억이 있다. 물론 아버지가 다시 매장을 했겠지만 나는 가끔 그곳에 가서 묘를 만져보고 돌아왔던 기억이 있다. 지금도 그 동생이 살아있으면 나도 삼 형제에다 또 나보다 더 잘생겼다고 할머님이 말씀하셨는데 나보다 더 똑똑한 동생이 있었으면 얼마나 좋았을까? 아쉬운 생각이다.

주먹과 등잔불
— 아버지의 천체물리 수업

아버지는 학교에 다녀보지 못한 분이다. 그때는 학교가 없었으니 내가 학교에 다닐 때 내 교과서로 공부를 독학하신 분이다. 나는 아버지에게서 학교에서 배우지 못한 천체 과학에 대해 배운 기억이 있다. 밤이면 석유 등잔불을 켜 놓고 "이 등잔불이 태양이다. 그리고 아버지 주먹이 지구이다. 등잔불이 주먹에 직선으로 비추는 쪽이 낮이고, 그 반대쪽 어두운 쪽이 밤이다"라고 설명하시고, "이 주먹이 등잔불을 한 바퀴 도는 것이 일 년이고, 이 주먹이 스스로 한 바퀴 도는 것이 하루이고, 지구가 태양을 타원형으로 돌면서 태양과 가까워지는 쪽이 더워지는 여름이고, 멀어지는 쪽이 겨울이다"라고 가르치셨다.

아버지는 한 뼘도 안 되는 작은 수판을 조끼 주머니에 넣고 다니시면서 덧셈, 뺄셈 계산하시고, 동네 사람들이 붙여준 농업 박사란 별명대로 농업 지식도 남다르셨고, 양파 농사도 무안군에서 처음 시작한 분이고, 생약초 제충국 농사도 제일 먼저 시작하셨다. 농업 기계화에도 남보다 앞서 하신 분이시고, 선박 유통 사업도 크게 하신 분이셨다. 왜정 당시 일본 징용을 면제받는 조건으로 대형 범선 화물선을 구입해서 정부 양곡 운송 사업을 하셨다. 나는 아버지가 사업가셨기에 당시 농촌으로는 불가능한 중학교까지 갈 수 있었다. 지금 생각해도 자랑스러운 내 아버지시다.

다마네기 삼등

　내 초등학교 시절은 급우들로부터 선망의 대상이기도 했지만 시기의 대상이기도 했다. 선생님들이 특별히 귀여워해 주는 데 대해서는 '선생 눈에 들었다'로 시기하고, 급우들이 다 한복 바지에 저고리 차림인데 무명배일망정 양복으로 맞추어 입고 다녔으니 부러움의 대상이기도 했다. 해방 직전 한 반에 한두 명 정도 양복을 입고 다녔던 시절이다.

　내가 초등학교 5학년쯤으로 기억된다. 당시 담임은 양재식 선생님이셨다. 양 선생님은 우리에게 일본에 나라를 빼앗겼을망정 정신을 빼앗겨서는 안 된다는 것을 자주 언급하시고 가르치신 민족주의자셨다. 한번은 기미독립선언서 암송을 숙제로 내주셨는데 한 반에 칠팔십 명 되는 학생 중에서 겨우 세 명만 외워 발표했다. "오등은 자에 아 조선의 독립국임과 조선인의 자주민임을 선언하노라." 무슨 뜻인지도 제대로 모른 채 열심히 외워서 발표했던 기억이 생생하다. 선생님께서 크게 칭찬하셨다. 아버지께서 이를 아시고 나를 대견해하시고는 양파(당시에 다마네기라는 일본말이나 옥총 玉葱이라는 한자로 불렸고 양파는 꽤 귀한 채소였다) 몇 알을 양 선생님께 선물로 보내셨다. 내가 3학년 때 해방이 됐으니까 해방 전부터 아버님께서 무안군에서는 처음으로 양파 농사를 시작하셨다. 선생님께서 학생들이 있는 데서 공개적으로 일동이 아버지께서 양파를 보내 주셨는데 맛있게 잘 먹었다고 하는 바람에 친구들 사이에서 이를 시샘하는 무리가 있었다.

그 학기 시험에서 내가 3등을 했다. 이후에 나는 덕분에 '다마네기 삼등'이
라는 명예로운(?) 별명을 얻게 됐다. 양 선생님이 한국전쟁 중에 월북한
것을 나중에 알게 되었다.

하늘나라에 가면 만날 수 있을까?
— 막내 복례의 죽음

나는 3남 3녀의 장남으로 태어나서 내 바로 밑에 두 살 난 남동생을 잃고 막내 여동생을 두 살 때 잃었다. 아버지 돌아가신 그 이듬해였다. 이름이 복례였다. 예쁘게 생겼다. 내 남매 3남 3녀는 다 미남미녀였다. 아버지는 미남으로 소문이 자자했고, 어머니 또한 미녀셨다. 막내동생이 죽었을 때 추운 날씨였다. 홍역으로 죽어서 매장할 수도, 무덤을 만들 수도 없는 풍속 때문에 이웃 친척 아저씨와 같이 마실산 바닷가에 초분을 만들었다. 내가 목포에서 학교 다닐 때였는데 집에 올 때마다 초분 성묘를 했고, 다음에 무덤을 만들었을 때도 꼭 묘에 먼저 가서 살폈는데 어느 날 갔더니 묘가 온데간데 없어지고 집이 들어서 있었다. 지금도 그 근방에 가면 그 묘 터가 생각난다. 지금 3남 3녀, 6남매가 살아 있다면 얼마나 좋을까? 부질없는 생각이다. 하늘나라에 가면 만날 수 있을까?

"한 번 죽으면 그만이지!"
— 아버지 안성조 집사님 순교

1950년 6월 25일 소련의 지원을 받은 북한 김일성 정권의 일방적 기습 공격으로 전쟁이 시작됐다. 그때 나는 목포중학교 2학년에 재학 중이었다. 할머니께서 전세방 얻어 나와 같이 살고 있었다. 전쟁이 발발하자 무기 휴교령이 떨어져 할머니와 나는 고향으로 돌아왔다. 고향으로 돌아온 나는 인민공화국 소년단인가에 다니면서 "붉은 깃발 높이 들어라!"는 군가 같은 노래를 부르며, 눈치를 살피면서 살얼음 위를 걷는 긴장감으로 살고 있었다.

어느 날 갑자기 인민공화국 분주소에서 아버지와 숙부님을 체포해서 당시 왜정 때 면화 재배 창고가 있던 해제면 소재지에 수감시켜 버렸다. 인민공화국 반동분자란 죄명이었다. 그때 들은 바로는 100여 명 이상이 공산주의 혁명에 반대자들인 삼대 숙청 대상자들(기독교인, 부르주아, 지식계급)이었다. 당시 용학교회 주축 신자가 네 명인데 아버지, 숙부님, 주귀수 전도사, 정덕만 집사를 종교인 반동분자로 지목해서 수감시킨 것이었다. 어머니가 날마다 식사를 지어 배달하는 일을 했다. 그 와중에 인민군이 해제에 진주했고, 소위 인민재판을 해제초등학교 운동장에서 새벽에 열고 어떤 네 명을 즉결 사형 처리했다. 이 인민재판에 강제 참관인으로 동원됐던 주민들이 인민공화국의 혁명이 얼마나 무서운 것인가를 실감하고 겁에

아버님 안성조 집사님 순교비에서

질려버렸다.

아버지와 숙부는 요새 말로 요주의 사찰 대상으로 지목된 채 귀가 조치된 상태였다. 그럭저럭 숨죽이고 살아가는데 9.28 유엔군 인천상륙작전이 시작되면서 중공군의 인해전술과 맞붙어 전쟁이 크게 확전되었고, 인민군의 후퇴 작전으로 지방 공산주의 사상 폭도들이 이미 반동분자로 지목된 해제면 칠팔십여 명을 숙청하기 시작했다. 그해 추석에 인민해방절 추석 축제를 마을마다 벌이라는 통첩을 하고, 농악으로 축제 분위기를 내어 주위 경계를 느슨하게 해 놓고 각 부락 리당위원장을 시켜 임의 동행 형식으로 이들을 불러들이고 있었다.

추석 이튿날 밤이었다. 용학 1리와 2리 위원장 둘이서 아버지와 숙부를 데리러 왔다. 이때 마을 사람들이 여럿이 모여 있는 자리였다. 숙부님이

가기 싫다고 하니까 아버지가 "동생은 싫으면 오지 마시! 내가 다녀올라네!" 하고 나서니까 숙부님이 일어서면서 "형님이 가시면 나도 가야지요?" 하고 형제 두 분이 함께 마을을 떠났다는 것이다. 아버지가 떠나시면서 마지막 유언처럼 "한 번 죽으면 그만이지!"라고 하셨단다. 늦은 밤이었단다. 가다가 장성 부락에서인가 지체하다가 늦게 갔다는 것이다.

마침 깊어가는 밤인데 해제 분주소에서 약 백여 미터 지점에서 숙청 대상자를 결박해서 끌고 나오는 일행을 만나게 되어 무장한 놈들이 누구냐고 하니까 인솔자란 놈이 분주소에 간다고 했고, 두 분은 결박 없이 그 대열에 세워져 약 이백여 미터 산골짜기로 끌려가서 38명을 사살해 버렸다고 한다.

두 분이 돌아가신 소식을 다음 날 아침에 들었다. 집안에서 몇 사람이 죽임당한 현장에 가서 그곳에 땅을 파고 가매장하듯 묻고 돌아왔는데 연락이 왔다. 할아버지와 친하게 지내셨다는 리당위원장 아버지가 어머니께 아들을 얼른 피신시키라고 귀띔해주었다는 것이다. 그래서 나는 학암 외가로 피신했다. 물론 아무도 모르게 밤에 이동해서 외가에 가서 할아버지 쓰시던 사랑채 방에 숨어 살아야 했다.

거기서 두 주 있다가 한곳에 오래 머물러 있으니까 은연중에 내가 드러날까 걱정이 되어 고읍 이모님 댁으로 피신했다. 모퉁이 소 외양간 방에서 숨어 살았다. 일체 외인을 만날 수 없었다. 두 주 정도 지났을까? 새벽인데 "저놈 죽여라! 이놈 죽여라!" 고함 소리와 함께 당시 인민군이 쓰던 딱콩 총소리가 여기저기서 들린다. 그때는 인천상륙작전이 성공해서 이미 인민군은 철수하고 한국 경찰과 군인들이 다시 해제 지서에 들어와 있는 참이었다.

날이 훤히 밝아 오니까 해제분주소의 국기 게양대에 인민공화국기가 펄럭이고 있는 것을 본 주민들이 너도나도 다 집안으로 들어가 버리고 온통 세상이 쥐 죽은 듯 조용해졌는데, 새벽에 총과 죽창 싸움이 임자도와 지도에서 몰려나오는 공산 분자들과 아군 야경을 서던 청장년들 사이에 벌어졌다.

물론 우리 피해가 더 많았다. 공산당 폭도들은 도리포에서 영광으로 배로 건너가 영광 불갑산으로 잠적해 들어가고 다시 아군이 들어왔다. 저놈들이(인민군들은) 마지막 퇴각하면서까지도 피에 굶주린 이리 떼 마냥 많은 사람을 몰살시켰다.

이때였다. 임자도, 지도에서 쫓겨 나가는 악질들이 한 이틀인가 해제에 머물면서 대량 학살을 또 자행했다. 우리집이 걱정된 이모님이 기룡동 집에 한 번 다녀오라고 하시기에 양간리 바닷가로만 걸어서 집으로 가는 길에 도성 마을 언덕배기에 10여 구의 시체가 있는 것을 보고 무서웠는데 나중에 알고 보니 나와는 외종 육촌 간인 장병태 형님 댁 식구 십오 명을 폭도들이 와서 한 곳에서 다 죽인 것이었다.

장병태가 해방공간에서 호국군 활동을 한 것이 죄목이었다. 병태 형은 피신해서 살고 나머지 모든 식구가 죽임을 당한 것이다. 우리집을 걱정하며 거의 한 달 만에 못 만난 가족들을 보려고 집에 들어서는 순간 무서운 기운이 감돌았다. 안방 문이 열려있고, 방안은 옷가지가 널려있고, 부엌에 들어가 보니 가마솥에 밥주걱이 꽂힌 채 열려있었다. 식구들이 피신을 나간 것이 틀림없었다. 더 이상 머물고 싶은 생각이 없어 한걸음에 다시 고읍 이모네 집으로 돌아갔다.

나중에 무안읍까지 피신했던 가족이 돌아와서 들은 얘기로는 아침밥을 차리려다가 급하게 피신하라는 연락을 받고 할머니, 어머니, 안순(열 살), 동인(일곱 살), 길순(네 살), 복례(두 살), 여섯 식구가 손잡고 업고 걸어서

안성조 집사 순교추모비

무안읍까지 나갔다가 삼 일만엔가 집으로 돌아왔다고 한다. 밥은 얻어먹었다는 것이다. 이렇게 기가 막히는 고통을 당했다. 그 후 막내 복례가 죽었다.

지난 2005년 노무현 정부 때 6.25 희생자 발굴 조사가 있었다. 그때 신청해서 나온 조사 결과를 보니, 해방공간에서 대한민국 독립촉성회가 좌익 계열과의 투쟁 당시에 기독교인 중심으로 조직된 독립촉성회에 아버지와 숙부님이 회원이었고, 반동분자로 분류가 됐다는 문서가 발견됐다는 것이다. 그 진상조사서가 내게 와서야 알게 되었다.

그 이전까지는 기독교인이 죄명인 줄로만 알았는데, 용학교회 두 분 집사님과 중앙교회 집사님이 함께 희생당한 독립촉성회 회원들이셨다.

아버님 전상서

1986년 9월 21일(주일) 흐림

아버님! 오랜만입니다.

이렇게 아버님 전에 글을 올리려 옷깃을 여미고 생각을 해 봅니다.

아버님! 오늘 저희 용학교회에서 순교자 추모 예배를 드렸답니다.

아버님, 작은 아버님 가신지 36년째 제사가 지난밤이었습니다.

오늘 예배 시간에 배 장로님이 추모사를 읽는 순간 저는 눈물을 참지 못했답니다.

아버님의 춘추 금년 75세 영감님을 상상해 보면서 아버님 가시던 39세의 젊은 아버지를 연상하면서 나 자신 오늘의 초라함에 눈물을 참을 수가 없었답니다.

아버님은 생존해 계실 때 정말 작은 예수로 세상을 사셨던 것을 지금 기억을 더듬어 봅니다. 가난한 자들을 위해서 무엇인가를 열심히 도우시면서 사신 분. 고아와 과부를 불쌍히 여겨 물질적으로 도우셨던 아버지. 어려운 이웃의 빚 보증 서는 일로 생의 모든 것을 바치신 것 같은 생각이 되는 것은 나이 어린 아들이 느끼기에 어머님의 불만과 함께 역시 못마땅했던 때가 여러 번이었음을 지금 기억에서 찾아봅니다.

언젠가는 가난한 아이를 주어다가 기를 때 그 아이가 밤중에 윗목에 똥을 싸 추운 겨울날 창문을 열어 놓고 구린내를 몰아내느라 웅크리고 밤잠을 설쳤던 일.

언젠가는 마을에 가난한 과부에게 보리 한 가마니를 갖다주고 나서 어머님이 노발대발 불평을 하던 일.

빚보증 서고 나서 빚 독촉을 받을 때마다 어머님과 다투시고 결국에는 아버님 돌아가시고 근거도 애매한 빚들을 갚아내시면서 눈물을 흘리시던 어머님을 보았을 때 아버님이 그렇게도 미웠던 기억들이 지금도 남아 있답니다.

명절에 돼지고기를 사 오실 때는 한 다리씩 사 오시면 어머님은 불평하셨고, 그때 돼지 다리를 들고 변소로 가시면 어머님이 잘못했다고 말리시면서 빼앗았던 일.

화가 나시면 광에 그릇들을 부수어 버리시고 화를 진정시키면서도 어머님에게는 손찌검 한 번 안 하셨던 아버지.

과묵하신 아버님의 말씀 한마디를 저는 그렇게 무서워했지요. 허나 아버지께 매 맞은 기억은 없습니다.

제가 목포중학교에 11 대 1의 경쟁률을 뚫고 합격했을 때 선산에 봉황새가 울었다고 좋아하시면서 당시에는 꿈에도 생각 못할 미국 유학까지는 책임을 지시겠다고 여러 번 친구들과 또 가족끼리 앉아 얘기하셨던 아버지.

아들이 중학교 합격한 것이 무에 그리 대단한 일이라고 동리 사람들마다 술을 대접하시고, 1학년 담임이 결정되자 사람 키만한 농어를 사다 선사하시면서 부탁을 잊지 않으셨던 아버지.

농업 박사란 별명을 들으시면서도 농사일에는 그렇게 등한시하고 세월 가는 줄 모르시던 일하는 시간 보다 오히려 휴식 시간이 많은 것을 못마땅해하신 할머님은 게으르다고 아버지를 조금은 미워하셨던 것을 기억합니다.

일꾼들이 집에 일하러 오면 일 많이 하는 것을 원치 않고 성실하게 일할 것을 부탁하시고 일꾼들이 오히려 갑갑해서 일해 주기를 꺼릴 정도로 농업학교 실습장에서나 해 보는 일을 시키시곤 하셨지요.

가을보리 갈이 때 동리 사람이 일을 오면 허리를 굽히고 금비金肥(화학비료)를 고랑에 정확히 시비施肥해야 하고, 퇴비는 이랑 밖으로 한 줌이라도 나오면 안 되고, 곰뱅이질은 너덧 번씩 해서 흙덩이 없이 완전 가루로 만들어 덮어야 하는 등 일할라치면 역시 일꾼들이 갑갑해하던 것을 기억해 봅니다.

양파 농사를 지으시면 양파 종자 한 되면 총 몇 알이니까 평당 몇 주씩 심으면 몇 평을 심을 수 있고, 수확량은 몇 관이며, 총 수익액은 얼마인지까지 계산이 치밀하셨던 아버지.

수판이 없을 때는 즉석에서 성냥개비로 셈을 하면서도 곧잘 해내시고, 밤에 등잔불 앞에 우리를 앉혀 놓고 왼 주먹을 곱게 쥐신 채 빙빙 돌리시면서 지구의 자전과 공전, 낮과 밤, 춘하추동 사시사철을 열심히 설명하시면서 혹 이해가 늦어지면 알밤을 머리통에 아프지 않게 콕 튕기시던 아버지.

아버지의 별명은 나락밭에 제비, 농업 박사, 법 없이도 살 사람 등으로 불리셨지요.

지금도 생각해 보면 아버님은 고집이 센 분이었지요. 여하한 경우도 어머니의 의사는 무시됐고, 할머님의 의사는 듣지 않으시고, 오직 아버님의 독선만이 있으셨으니까요.

하긴 아버님의 독선이 결국 순교의 길을 가게 하신 것이라고 지금 와서 생각이 되는군요. 그날 밤 주위에선 피신을 종용했다지요. 아버지께서는 죄 없는 내가 왜 피하느냐고 하시면서도 어떤 불길한 예감을 감지하시고 동생에게는 피신하라 이르셨다지요. 동생은 "또 형이 가시면 같이 가고 형님이 안 가시면 안 가겠습니다"라고 타협 아닌 타협을 했으나, 결국 형을 따라나서 순교의 길을 택하신 것이 됐음을 생각해 봅니다.

　아버님! 이 아들(안국이), 아버지가 지어주신 이름 일동이는 제가 바꿨답니다. 아버님의 기도로 장로가 된 것 같군요. 장로가 안 되겠다고 마음먹었는데 결국 장로가 되어 그래도 총회에서 전남노회에서 가는 곳마다 장로로 대접을 받고 살고 있답니다. 지금 생각해 보니 아버님의 순교의 흘리신 피가 헛되지 않아 아들이 장로가 됐는지도 모르겠네요.

　지금 당신의 손자들은 잘 자라고 있습니다.

　참! 아버님이 가실 때 우리 5남매 중 막내가 그 이듬해인가 가고 4남매 살아서 지금 잘 살고 있답니다.

　당신의 큰 손자는 9년 전 고등학교 3학년 때 먼저 가고, 큰 손녀는 수원에서 초등학교 교사이고, 둘째 손녀는 금년 대학 졸업반인데 공부를 썩 잘해서 수석을 하고 있고, 둘째 손자는 서울대 합격해 놓고도 과가 맘에 안 들어 재수하다가 지금은 군대가 있고, 막내 손녀가 중학교 1학년 재학 중이랍니다. 작은 집에는 큰 손녀가 고등학교 2학년이고, 둘째 손녀가 중학교 2학년이고, 셋째, 넷째 손녀가 초등학교 6학년, 3학년이고, 막내 손자는 잘 자라고 있지요.

　어머님께서는 72세의 할머님이 되셔서 지금 광주에 애들과 같이 계신답니다. 안순이, 길순이도 서울에서 잘 살고 있답니다. 현재 우리 4남매 다 아들이 하나씩인 공통점을 지니고 있답니다. 많은 재산도 없지만 모두 행복하게 살아가고 있습니다.

아버님! 저희를 위해 기도 많이 해 주세요. 이다음 아버님 계신 곳 가서 만났을 때 부끄러움 없이 만날 수 있도록 열심히 살겠습니다.

아버님! 안녕히 계십시오.

아들 안국 올림

어머니, 어머니, 내 어머니!
— 김귀녀 권사님

나는 어머님을 생각만 해도 가슴이 시리고 먹먹하다.

어린 나이에 모친을 여의시고, 계모 밑에서 어머니 사랑도 받지 못하고 지나치게 엄격하셨던 부친 슬하에서 숨도 크게 못 쉬고 자라 아직은 어린 나이 16세에 시집오셔서 제대로 살림살이나 며느리 교양도 익히지 못하시고, 젊은 40대 중반의 시어미 시집살이를 힘겹게 살아내신 우리 어머니. 세 살 손위인 과묵하고 다정하지도 않고 부부간 사랑이 무엇인지도 모르셨던 무뚝뚝한 우리 아버지의 아내로 자식 기르는 재미밖에 모르고 사셨던 우리 어머니.

아버지와의 결혼 생활 20년에 3남 3녀를 낳으셨는데 둘째 아들은 두 살 때 잃으시고, 셋째 아들은 농아였고, 셋째 딸 막둥이는 아버지 가시고 난 이듬해에 또 잃고 두 번씩이나 참척慘慽의 고통을 당하신 우리 어머니.

서른여섯 젊은 나이에 청상과부가 되어 나이 어린 자식들 남부럽지 않게 길러야겠다는 그 욕심 하나로 버텨 오신 위대하신 우리 어머니.

아들 둘과 딸 둘 키우고 가르치느라 밤낮 가림 없이 일만 하셨던 우리 어머니는 고통을 즐거움으로 착각하고 사셨을 게다. 당시 여느 촌구석에서는 부자조차 꿈도 못 꾸는 대학까지 큰아들을 가르치시느라 그 고생이 얼마나 크셨을까?

우리 아버님이 다 살지 못하고 가신 연수를 우리 어머님이 대신 다 사시도록 해 달라고 하나님께 이 아들은 간절히 기도하고 기도했다. 2004년 8월 8일에 어머님께서는 90세의 일기로 건강하게 사시다가 하나님께로 돌아가셨다. 우리 아버지의 춘추 39년에 더하기 어머니의 춘추 90년 합해서 130년에서 일 년 부족하니까 그 반을 나누어 64년하고도 반 해를 더 살고 가셨다는 생각으로 나는 위로를 받고 있다.

내가 해제중학교 교사로 농촌에 들어와서 살면서 내 자식들 광주로 서울로 대학까지 보내면서 아이들 밥해 주시고 보살피게 해 드린 것이 죄송스럽지만, 한편 농사일 보다는 편하셨고 어머님이 기뻐하셨으니 그래도 내 나름으로는 불효를 통해 효도했다는 생각이다. 생각하면 할수록 우리 어머님의 일생은 오직 아들 안국이를 위한 희생임을 나는 감사한다. 그래서 나는 우리 어머님은 하나님 다음가는 나의 두 번째 하나님이라고 생각한다. 그래서 내 자식들에게는 눈에 안 보이는 영의 아버지 하나님, 부모님은 눈에 보이는 하나님으로 가르쳤다.

어머님 김귀녀 권사님의 천국 환송 전후의 일기를 아래에 싣는다.

2004년 8월 1일(주일) 맑음

아무래도 어머님 건강이 쇠잔하신 것 같다. 예감이 돌아가실 것 같다. 지금껏 치매는 약간 있었지만 그렇게 밥을 맛있게 잘 드셨는데 어제 아침밥을 조금 남기시더니 오늘 점심은 아예 먹고 싶지 않으시다고 하셨다. 지금까지 몇 년간 사골 엑기스 곰탕만 자셨는데 며칠 전부터 자시지 않겠다고 하신다. 그렇게 좋아하시던 과자, 식빵, 계란까지 거절하시더니 이제 마지막 밥까지 거절하신다.

걸음걸이가 휘청거리시고, 아예 귀도 더 어두워져 버리고, 평소 김치

젓갈 같은 짜고 매운 것 안 드시고, 고기도 돼지고기만 드시고, 소고기는 질기다고 안 자시고, 몸에 살도 다 마르시고 아예 뼈만 앙상히 남아버린 피골이 상접한 상태이다. 그렇다고 어디가 아프시냐고 하면 특별히 아픈 데는 없다고 하시고, 이제 춘추 90세이신데 나이도 모르시고, 오늘도 작은집 손자들이 왔는데 누구인지도 모르신다.

더 사신다는 것이 고생이고 괴로움이다. 식사 기도하는 것까지 잊어먹으시고 하나님도 주님도 잊어버리신 상태이신 것이다.

"식사 안 하시면 돌아가십니다" 했더니 "죽으면 좋지!"

"천당에 가시도록 기도하세요!" 했더니 "죄 있으면 나쁜 데로 갈 것이고…" 그다음 말은 잇지 못하신다. 괴로운 세상 이제 떠나셔도 많이 사신 것이다. 어머님 지켜보는 자식의 마음도 괴롭다.

2004년 8월 3일(화) 맑음

오늘까지 삼 일째다. 만 이틀은 식음 전폐시다. 시간 따라 기력이 쇠잔해지신다. 새벽에 밖에 한 번 나갔다 오시고는 하루 내내 누워만 계신다. 요구르트도 물도 겨우 목만 축이신다. 전혀 먹고 싶지 않다신다. 앓으시거나 부대끼지도 않으신다. 그저 눈 감고 누워 계시는 것이다. 소변을 옷에다 보아버리셨다. 아무래도 내일쯤 병원에 모시고 가봐야 할 것 같다. 어차피 명을 다하신 것 같지만 그래도 자식된 도리인데 다시 회생하실 수 있다면 최선을 다해야겠다. 이제는 말하기도 귀찮으신 표정이다. 그래도 옷을 갈아입히는데 뿌리치는 팔 힘은 아직도 기력이 남아 있었다.

어차피 마음으로 장례 준비가 된다. 장례를 집에서 치를지 장례식장으로 할지, 호상은 누구로 해서 부고를 낼지, 묘소는 어디다 마련할지 아내와 둘이서 결정해야 하는 형제간 고단함이 새삼 외로워진다. 돈이 더 많이 들더라도 일가친척들 덜 고생하도록 무안병원 장례식장으로 하고, 호상은 우리 안씨 가문 최고령자인 안동언 씨로 하고, 장지는 동생네 밭에 우선 마련키로 합의해보았다.

해제면 전화번호부를 놓고 부고 발송 대상자를 뽑아보니 내가 조의에 참여한 수가 750여 명이었다. 외지 친척들, 동창회, 교회, 친목회 등까지 하면 850여 명쯤이겠다.

며느리와 두 손녀가 왔다.

2004년 8월 4일(수) 맑은 후 비

의사가 바쁘다는 이유로 왕진을 거부한다. 부득이 간호사에게 사정해서 영양제 주사를 놓아드렸다. 일금 4만 원이란다. 어떻게 해야 할지 걱정이다. 입원하고 보면 장기 입원이 될 경우 간병할 사람이 없는데, 간병사를 써야 한다면 입원 비용이 문제될 것이고, 입원해서 치료된다면 해야겠지만….

내가 보기에나 누가 보더라도 회생 가능성은 전혀 없고 이제 돌아가시게 됐는데 물도 안 자시고 통증도 없고 탈진 상태로 누워만 계시는데, 경과를 봐가며 결정해야겠다. 영양제 주사와 링겔로 수명이 연장될 수 있다면 계속 치료할 수밖에 없겠다는 생각이다.

그동안 가뭄으로 밭작물이 말라져 가는 상황과 2주 이상 30도가 넘는 무더위를 식혀주는 소나비가 지나갔다. 너무 고마운 소나기였다.

아내가 그렇게 좋아한다. 스프링클러 돌리느라 날마다 물과 싸웠는데 당분간 가뭄 문제가 해결됐기 때문이다.

할 수 있으면 이 무더위 지나가고 서늘해지면 어머님 돌아가시면 좋으련만….

2004년 8월 5일(목) 맑음

오늘도 간호사가 와서 포도당 주사를 놓고 갔다. 이제는 모든 게 귀찮은 듯 손을 저어 표시하신다. 어제까지만 해도 이리 뒤척, 저리 뒤척이셨는데 오늘은 하루종일 반듯이 누워계신 그대로이시다. 이제 움직임이 없으신 것이다. 숯불이 사그라지듯이 서서히 아주 서서히 몰라보도록 그러나 흐르는 시간만큼 없어지고 닳아지고 줄어들고 결국 죽어 가시는 것 같다.

링겔 주사액이 방울방울 떨어지는 곁에 앉아 기도를 드린다.

하나님! 육신의 눈을 감고 계시는 우리 어머니. 눈뜨기도 싫어서 이제 아주 감아 버리시려고 감기 시작하신 우리 어머니의 영靈의 눈이라도 크게 떠서 하늘나라를 보게 하시고, 천국에 계시는 주님의 얼굴을 보며 크게 웃게 하시옵소서.

내 평소에 돌아가실 때 육신의 고통 없이 스르르 잠드시듯 그 영혼 거두시어 천사들의 옹위 받으며 하늘나라 가시도록 기도했는데, 그 기도 들으시고 이토록 아무런 고통 없이 지금 이 세상 떠나고 계시는 것인가요?

하나님, 감사합니다. 감사합니다. 주님의 뜻을 이루시옵소서.

기도하면서 그래도 피골이 상접해 버린 어머니의 육신을 보고 있노라면 눈물이 나온다. 사람의 마지막 가는 길이 이래야만 되는 것인가? 우리 어머닌 이 세상에서 죄 없이 살아오신 분인데, 그 누구에게도 손해를 끼친 일없이 살아온 분이신데…. 어머님 말씀이 맞다. 좋은 곳 하늘나라 가실 것이다.

2004년 8월 7일(토) 맑음

큰아들, 큰며느리, 큰딸 셋이서 어머님 임종을 기다리고 지켜보면서 대기 중이다. 마지막 임종을 지키고 싶어서이다. 회생 가능성은 단 1%도 기대할 수 없이 눈도 감으셨고, 숨만 쉬고 계시고, 팔만 약간 움직이시고, 의사 표시를 묻는 말에만 고갯짓으로 이따금 좌우로 상하로 대답하시는 것이다. 연 삼 일간 영양제 주사와 포도당 주사를 투약했는데 주위에서 모두 말리는 것이다. 오히려 어머님 고생시키시는 것이란다. 어차피 돌아가시게 됐는데 약물로 수명 연장한다는 것이 고통을 안겨주는 것이 아니냐는 얘기다. 그도 그럴듯하나 그렇다고 아무것도 하지 않고 있을 수만은 없는 노릇 아닌가? 그래 오늘은 한 번 건너뛰어 보았다. 경과를 보고 내일 다시 결정하기로 하고서이다.

안순이가 다음 화요일로 병원 예약을 해 놓은 상태인데 서울로 올라갈 수도, 안 갈 수도 없는 딱한 사정이 됐단다. 나는 산 사람이 더 중요하니 서울에 가라고 했지만 망설인다. 만약 돌아가 버리시면 어떡하냐는 것이다. 길순이도 외손자들 때문에 고민이고, 선경이는 계속 연수 중에 있고, 수미라도 화요일 병원 치료 예약이 돼 있으니 다음 주 수요일에 내려온다고 하고…. 진웅이도 박사논문 최종 심사 준비로 바쁘고, 수경이는 급하면 전화하라고 하고…. 살아서 보면 무엇하고, 죽어서 보면 무엇할까? 편한 대로 하라고 했다.

2004년 8월 8일(주일) 오후 12시 50분 맑음

어머님 운명하시다

오후 12시 50분 어머님께서 운명하셨다.

아침부터 굳게 감아버리신 눈, 귀도 닫고, 입도 닫아버리시고, 숨만 쉬고 계시니 살아 있음뿐이시더니… 그대로 조용히 호흡을 멈추셨다.

가족들 합의로 무안종합병원 장례식장으로 옮겼다.

천여 명의 조객이 예상되기 때문에 집에서 상을 치를 경우 비좁고 음식 다루는데 여름이기 때문에 식중독 염려도 있고, 준비하는데 고생스럽고, 시신 변질도 염려스럽고….

출상은 삼일장으로 하고, 장지는 기룡동 동생네 밭으로 정했다. 호상은 안동언 씨로 했다.

영안실에는 먼저 무안제이교회 이태헌 장로 어머님이 돌아가셔서 조문객이 드나들고 있었다. 거기 왔다가 들르는 조객이 심심치 않게 왔다.

나는 아직 부고조차 못 냈는데….

저녁 열두 시까지 분향소를 지켰다.

2004년 8월 9일(월) 맑음

새벽부터 오는 조문객이 계속 밀려 들어와 하루 동안 접견실 두 개가 가득가득이다. 하루 동안 몇 번을 무릎 꿇는 인사를 했는지 무릎에 벌건 멍이 들어 더 이상 무릎 꿇고 인사드리기가 아프다. 붕대를 감아보지만 별 효험이 없다. 오늘에서야 부고가 발송되었기에 소문 듣고 오는 조객이 일몰 전까지이고, 일몰 후에야 부고 받고 오는 조객이 대부분이다. 목사님, 장로님들은 거의 낮에 다녀가시고, 저녁에는 해제 면민 조객이다. 자정까지 붐비고, 계속 새벽 세 시까지 서울 친족들이 내려왔다.

모르긴 해도 어머님 사진 앞에 무릎 꿇은 조객이 일천여 명쯤 되는 것 같은데 어머님 살아계실 때 일천 명쯤의 축하객이 인사를 드렸다면 얼마나 좋았을까를 생각해 본다. 대형 화환이 7점, 소형 바구니 화환이 6점으로 장례식장이 장식되고, 화환대를 현금으로 목중고동창회에서 그리고 위친계에서 해 주었다. 새벽 두 시에 집으로 와서 내일 영결 예배에 쓸 약력 준비를 했다.

2004년 8월 10일(화) 맑음
어머님 장례식 '김귀녀 권사 천국 환송'

장례식을 9시에 드렸다.

교인들이 많이 참석했다. 30도가 넘는 무더위여서 땀이 주체할 수 없이 흐른다. 해제 기룡동으로 운구되어 묘소를 마련했다. 점심은 기룡동 회관에서 교인들과 마을 분들과 친인척이 같이 했다. 오후에 집에 돌아와 보니 집안이 허전하고 서운하고 섭섭하고 할 일이 없어져 버린 무력감과 고독이 엄습하는 것 같다.

가실 때 고생하지 않고 가신 것이 위로가 됐다. 오후에 보고를 받아 보니 조의금이 3천 3백만 원에 지출액이 1천 1백쯤 그리고 잔금이 2천 2백만 원 예금했단다. 방명록 조문객 수는 약 800여 명이란다. 계속 조문객이 심심치 않게 해가 지도록 집으로 줄을 잇고 있다. 동생이 와서 보고한다. 포도 상자를 박스채 이고 가는 사람들, 수건을 두서너 개 받아 가는 사람들, 고기, 술 할 것 없이 감독자 없이 허비해버린 일 등, 당초 50명 식사 예약을 했다가 50명 추가해서 100명분을 했는데 50명분이 그대로 남아버린 일, 점심 식대만 해서 80만 원이 청구됐다는 일 등 불평이다. 어떻든 흡족하게 풍부하게 치러져서 다행이었다.

2004년 8월 11일(수) 맑음
부총회장 출마 인사장 편지 발송

오늘 비로소 부총회장 출마 인사장을 냈다. 700여 명에게 내는 인사장 준비도 여간 힘든 일이 아니었다. 봉투 준비며, 인사장에다 자필로 목사님, 장로님 성함을 일일이 쓰는 일이며, 인사장과 이력서를 봉투에 담는 일 등 아들과 며느리의 도움으로 어제까지 준비해서 오늘 우편 발송을 끝냈다.

또 이번 장례를 치르면서 준비한 물건 대금 정산해서 지불하는 일도 끝냈다. 해제에서만 200여만 원이다.

이제 부총회장 선거 운동을 본격적으로 시작해야겠는데, 쌓인 피로가 아직 풀리지 않아 전화하고픈 생각이 적다. 우선 화환을 보내 준 열댓 분에게 감사의 인사 전화를 올렸다.

부의록은 수경이가 갖고 갔다. 컴퓨터 작업을 해서 만들어 보내겠다는 것이다. 그러기에 누가 얼마의 부의를 했는지, 오지 않고 부의 봉투만 보낸 사람은 누구인지도 모른다. 우선 특별 부조로 인사 전화를 해야 할 분들을 알고 처리해야 할 텐데, 아쉬움이 많다.

2004년 8월 26일 흐린 후 비

어머님 사망신고하다

오늘 미루어 놓았던 어머님 사망신고를 했다. 마음이 이상해진다. 이제 아주 김귀녀의 존재가 법적으로까지 마지막 사라지는 것 같은 생각에서다. 이 세상에서 떠나서 저세상으로 가신 것이고, 이 세상 호적에서 저 하늘나라 호적으로 이적한 것이고, 이 세상 사시다가 저 하늘나라로 이민하신 것이며, 세상 국적에서 천국 국적으로 변경하신 것이지만….

집안에서는 어머님 흔적이 모두 지워져 버렸지만, 아직도 어머님 체취는 가시지 않은 것 같다. 어머님 쓰시던 방에 들어가 보면 그 특유의 체취가 풍기는 것 같은 느낌이다. 이따금 누워 계시던 그 자리 그 위치에 계시는 것 같은 착각 같은 생각이 스치기 때문이다.

하늘나라에서 이산가족 만나는 것 같은 감격으로 우리 할아버지, 할머니, 아버지, 또 아들 하나, 딸 하나 그리고 사랑하는 손자, 친정아버지, 어머니, 두 동생 모두 모두 만나서 행복할 것으로 믿는다.

어머니 금반지

일기에 남아 있는 어머니에 대한 내 마음의 기록 중 몇 개를 싣는다.

1984년 6월 16일

어머님 전상서

어머니, 오늘 이 불효자는 어머님의 장례를 생각하는 죄를 범했답니다.

아직도 어머님의 춘추가 칠십이신데 팔십이어도 겨우 십 년이요, 구십이어도 이십 년 밖인데 이 무슨 불효 망측한 생각이겠습니까?

오늘 박용식 씨 어머님이 돌아가셔서 그 장례를 치르고 돌아와서 어머님을 향해 이 글을 씁니다. 하관 예배 직전에 그 유족들의 애끓는 통곡 소리를 들으면서 저들이 슬퍼하는 이유를 나름대로 곰곰이 생각해 보았습니다. 방 한 칸, 부엌 한 칸, 토담 초가 문자 그대로 오두막집에서 팔십 평생 가난에 찌들게 살다 가신 분. 아들이 3형제였는데 둘이 먼저 가고, 얼마 전에는 큰 손자도 잃고, 고통과 눈물로 한스러운 인생을 저주 속에 마친 분이라는 얘기를 듣고는 역시 후손들이 슬퍼하는 이유를 조금은 이해했답니다. 관이 땅속에 묻히는 순간 나는 불현듯 어머님 생각이 났습니다.

언제일지 모르지만 존경하고 사랑하는 어머니를 땅속에 묻어야 하는 때가 있겠구나 생각하니 눈시울이 뜨거워졌습니다. 목에 차오는 눈물

덩어리를 삼켜 버렸습니다.

만약 내가 눈물을 보였을 때 나를 보는 교인들과 조객들이 내 중심을 이해해주지 못하고 오해했을 때 흉스러울까 봐 그랬습니다.

어머니! 나는 오늘 어머님의 장례를 생각하면서 걱정이 태산입니다. 내 어찌 그 언젠가 어머님을 땅에 묻을 때 그 장소에 버티고 서 있을 수 있을까? 내 눈을 뜨고 그 장면을 지켜볼 수가 있을까? 지금 생각해 보면 자신이 없답니다. 세상에 모든 사람이 자기 어머니 다 땅에 묻고 살겠지만 나는 도저히 자신이 없군요. 나는 사랑하는 조모님을 땅에 묻어 보았고, 사랑하는 자식도 땅에 묻어 보았지만, 지금 생각하니 그때를 어떻게 감당했던가 기억나는 바가 거의 없답니다.

어머니! 신앙적으로 생각하면 잠깐 살았던 육신의 껍데기 벗고 영원한 세계의 영원한 생명을 위한 관문이 죽음이라 하지만, 이를 믿고 당신의 마지막 임종을 웃음과 축복으로 보내기에는 나는 아직 신앙이 부족한가 봅니다.

어머니! 오래오래 사세요! 이 자식이 당신의 명에 싫증이 나도록 말입니다. 앞으로 삼십 년이면 백 세시니 건강하게 백 세 넘어 살아주세요. 그래서 이 세상에서 맺힌 당신의 한의 천분지 일이라도 풀고 가셔야 하지 않겠습니까? 서른여섯 청상과부 되어 가난한 살림 꾸려 가시면서 남같이 자식 가르쳐 보겠다는 그 욕심이 그래도 이 자식 이만큼 길러 주셨고, 오직 인생과 젊음을 한숨과 고독과 불면으로 보내셨던 것을 생각하면 우리 4남매 살아남은 것이 이렇게 죄스러울 수가 없답니다. 차라리 아버지 돌아가실 때 유가족도 함께 숙청 당해 전부 죽어 버렸던들 어머님은 모든 것 떨쳐 잊어버리고 시집이나 가셔서 가슴 한복판에 웅덩이처럼 패어버린 그 한 구덩이 조금씩 메꿔 가시면서 그래도 행복하셨을 터인데,

그때 내가 열여섯 밑으로 다섯 남매 기르시다가 그중에 또 하나 여식을 잃으시고 오죽이나 그 슬픔이 바윗덩이같이 컸으면 눈물도 차라리 말라버린 악착스러운 홀어미로 시어머니까지 모시면서 뜬눈으로 밤을 지새웠을까요. 당신을 생각하면 이 세상 모두가 저주스럽고, 이 천지간 모든 것을 날벼락으로 쓸어버렸으면 하는 악독이 독사 머리 들 듯 일어난답니다.

어머니! 산다고 하는 것이 고통의 연속이요, 꽃수는 아름답고 자수는 고상키라도 하지만, 한숨과 눈물로 수놓은 어머니 인생 수는 슬픔과 한이지요.

더구나 당신은 눈을 편히 감을 수 없는 잊고 가실 수 없는 병신 자식을 둔 슬픈 어머니. 당신의 생명이 닳도록까지 남을 수밖에 없는 그 고통의 씨앗, 그래도 당신에게는 영광의 훈장들이 있답니다. 당신의 삶의 마지막 보람을 이젠 손자들에게 기대하시지요.

이제 오직 유일한 당신의 보람과 기대는 손자에게 있음을 압니다. 그러기에 나는 아들에게 편지하기를 "너의 하나님은 할머니란다. 할머니 모시기를 하나님 모시듯 하거라." 하나님은 당신의 모든 생명까지도 당신의 자녀들을 위해 주심 같이 지금 네 할머니는 자신의 모든 것을 오직 손자만을 위해서 아낌없이 쏟아주고 계시는 분이라는 뜻으로 어머님을 하나님이란 표현을 썼던 것입니다. 손자가 대학을 마치고 성공했을 때 이 세상에서 제일 기뻐할 분이 당신이시며, 또 손자가 제일 감사히 생각할 분이 당신이실 것입니다. 나는 아버지이지만 저에게 해 준 것이 없지요. 가르쳐 준 것이야 부모된 책임을 다한 것뿐이니까요. 허나 당신은 그 숱한 세월 그 어린 것 뒷바라지로 늙어버린 분이시니까요. 초등학교 3학년 때부터 지금 고등학교 3학년까지 무려 10년간이요. 이제 앞으로도 대학원까지 6년이나 더 남았는데….

어머님 건강하십시오.

진웅이가 대학원까지 나오면 어머님 제가 편히 모시고, 당신의 입에서 감사의 노래가 끊임없이 나오도록 한 번 모셔보렵니다. 선경이, 수경이 시집보내고, 진웅이 장가보내고, 어머님 모시고 저희 내외와 수미라 데리고 당신의 여생 행복의 합창을 같이 불러보시지요.

내내 건강하십시오.

불효자 안국 올림

1987년 8월 26일(수) 흐림
어머니 금반지

어머님을 모시고 황옥당에 들러 반지를 맞추었다. 한사코 반대하시는 것을 권해서 맞추게 한 것이다. 금 다섯 돈 반지를 사기꾼들에게 빼앗겨버린 미안함이 아직 가시지 않아서 사양하시는 것이다.

벼르던 병원에 들렀다. 왼 팔목에 신물(시고 저림)이 뭉쳐서 불편하시다기에 수술해 드리러 갔는데, 나이가 많고 건강이 좋지 않아서 위험하니까 수술을 못 하겠다는 의사의 권유로 주사기로 빼내고 돌아왔다.

가로등 불빛을 받으며 여위신 어머님의 손을 잡고 돌아오는데 놓치지 않으려 손을 꼭 쥐시고 함께 걸어오시는 어머님이 한없이 만족해하시는 것 같아 자식된 나도 모처럼 효도해 보는 흐뭇한 기분이 들었다. 언제 어머니 손잡고 길도 걸어 본 경험이 별로 없었기에 말이다.

그러니까 벌써 14, 15년 전부터 어머님은 광주에 사시고 나는 해제에 살아야 했고, 광주에 들르는 아들의 발길은 저녁에 왔다가 아침에 가버리는 정도의 모자간의 만남이었으니까 그 언제 한가롭게 같이 걸어볼 시간이 없었다.

거년去年 제주도 여행 때에도 늙으신 처모님 시중에 우리 어머님 시중은 신경을 못 썼으니까.

저녁 주무시는 어머니의 늙어버린 얼굴에서 평안함이 느껴지고 그 고우시던 젊음을 찾아볼 수 없는 안타까움에서 어떤 불길함 같은 것을 느끼며 '앞으로 십 년만은 꼭 살아주십시오' 당부를 마음속으로 드려본다. 막내 대학 졸업을 기준해 보고, 아들의 성공을 보면서 말이다.

1990년 3월 18일(주일) 맑음
우리 어머니

우리 어머니! 지금도 젖 먹여 기를 때 마냥 관심이 너무 자상하시다.

교회에 갔다 오면 잠옷을 따뜻하게 덥히느라 이불 속에 묻어놓고 기다리시고, 밥상에 마주 앉으면 첫 젓가락 가는 반찬 그릇을 옮겨 놓아주시고, 학교에서 돌아오면 무엇인가 먹을 것을 챙기고 계시다가 내 앞에 갖다 놓으셨다. 며칠 계속 입었다고 생각되면 걸려 있는 옷을 빨아 놓으시고 베개까지 내려서 이부자리를 깔아 주시는 어머니.

지난 4일 아내가 서울에 가고 어머님과 단둘이서 살아가는데 아내보다 훨씬 자상하심으로 관심 가져 주시니까 오히려 더 편하다.

지금으로부터 17년 전에 애들 교육 때문에 광주로 떠나신 후 이번에 집에 오셔서 제일 오래도록 계셨다. 거년 12월 말경에 오셔서 석 달 동안 모시고 있었으니까.

헌데 처음엔 애들이 자기네끼리 살겠다더니 이젠 할머님 계시는 것이 희망인 모양이다. 어머니께서도 서울에 가시겠다고 하신다. 잊지 못하셔서 그런 것이다. 이곳에 계시는 것이 훨씬 더 편하시고, 공기도 좋고, 주위 환경도 낫고… 이곳저곳 갈 곳도 많으신데도 불구하고 말이다.

헌데 이러지도 저러지도 못하고, 참 딱하다. 서울 손주들도 안 잊히면서도 어머님은 내가 여기서 모시고 싶다.

홍시(紅柿)

어머님 즐기시던 홍시
손에 들면
어느새 내 손 안에
바알간 거울이 된다

손거울 속
어머니 얼굴 너무나 선명하다
홍시를 손에 들고
웃으시는 모습이
천진난만 어린이 영락없다

거울 속 얼굴 아닌
어머님
홍시 거울 밖에 저만치 계신다
보고 싶다
보고 싶다

2005. 11. 30.

천상배필 나의 아내 영희
─ "하나님께서 내게 주신 영원히 기억될 첫 번째 축복"

나는 연애에는 실패했고, 결혼은 성공했다.

K라는 해제초등학교 동창 처녀가 있었다. 그 당시 목포로 중학을 다닌 여성이었다. 가정환경도 좋고, 인물도 예쁘다기보다는 오행이 반듯한 잘생긴 여성이었다. 그녀는 여중을 졸업하고 집에 있었고, 나는 당시 고등학교 학생이었는데 내 눈에 예뻐 보였던 모양이다. 그래서 연애편지를 써서 내 여동생 안순이 편으로 보냈다. 곧장 답장이 왔는데 동의 편지여서 계속 사귀게 되었다. 자주 편지를 써 보내고, 답장을 받고 마르크스 뮐러의 『독일인의 사랑』이라는 소설책도 사 보내고, 방학 때 만나서 이야기도 하고, 한번은 양간리에서 만나고 늦은 밤 집으로 십리 길을 돌아오면서 밤길이 얼마나 무섭고 긴장했던지 겨울인데도 땀이 흥건히 젖은 기억도 있다.

연애 중에 나는 대학을 갔다. 일학년 때였다. 나와 동갑인 처녀 집에서 딸의 결혼 문제가 나온 모양이다. 이미 그 부모들은 알고 있었다. 처녀의 언니가 이혼하고 친정에 와 있었는데 그 언니가 반대를 적극적으로 하고, 그 처녀의 어머니는 그런대로 지켜보는 입장이고, 그의 아버지는 왜정 때 해제면장까지 지낸 분인데 반대를 한다는 것이다. 그래서 처녀가 나에게 부탁해 왔다. 집에 와서 부모님을 만나 담판 지어 달라는 요청이다. 내게서 그런 용기가 나온 것은 아마도 사랑의 힘이었던 것임을 세월 지나고 알게 되었다. 내가 그 처녀 아버지에게 그의 가족들이 동석한 자리에서 단도직입적으로 말했다.

"어르신! 딸 때문에 심려를 끼쳐 드려 대단히 죄송합니다. 그동안 서로 사랑해왔는데 이제 결혼하고 싶습니다. 허락해 주십시오"였다.

그러나 처녀의 아버지는 단호했다.

"자네는 이제 대학 일학년이니 대학 마치고 더 좋은 사람과 결혼해야 하고 내게는 과년한 딸이니 지금 결혼시켜야겠네. 그리 알고 돌아가게!"

내 두 번째 이야기는 완전 공갈이었다.

"잘 알겠습니다. 다만 차후 어떤 문제가 발생할 시 저에게 그 책임을 묻지 마시기 바랍니다."

막 그 이야기를 끝내고 나니, 건장한 청년이 나타나더니 다짜고짜 "너 이 자식 잘 만났다. 오늘 밤 내게 한번 맞아봐라" 하고 나를 끌고 마당으로 나가서 치려고 어깨를 뻗었는데, 나도 무의식적으로 안 되겠다고 생각하고 학교에서 교련 시간에 배웠던 훈련 교본에 급소를 치면 넘어진다는 것을 배웠기에 한 대를 쳤더니 비틀비틀 중심을 잡지 못하고 허둥대니까 옆에서 급히 말려 그 청년을 끌고 가버렸고, 나는 돌아서서 나오는데 그의 어머니가 따라 나오면서 우물곁에서 나를 달래어 보내주었다. 나는 할 말이 없어 그 처녀에게 나는 단념할 것이니 너도 단념하고, 부모님께 순종하고 좋은 사람 만나 결혼하라고 돌아왔다. 이삼일 후에 우리집까지 밤에 심부름했던 후배를 데리고 찾아와서 당시 바닷가 언덕에서 이야기했다. 간단하게 서울로 따라가겠다는 것이다. 그건 안 될 말이다. 내가 내 학비에도 어려운 실정인데 너까지 어떻게 감당하겠느냐? 달래서 보냈다.

그 일이 있은 뒤 얼마 안 되어 겨울방학 때 집에 왔는데 당시 우리 용학교회 이매실 집사님이 내게 찾아와서 슬산 부락에 나를 잘 아는 처녀가 있는데 나와 결혼하고 싶다고 하는데 어떤지 물었다.

단번에 거절했다. 공부 다 끝나고 결혼하겠다고 말씀드렸다. 그런데 문제는 우리 할머니와 어머니께서 졸라대는 것이다. 나는 끝까지 싫다고 했다. 며칠 후 친척 형수 한 분이 있었는데 "나 슬산동리 친정에 가는데 동행해 줄 수 없느냐"는 것이다. 동행했다. 막상 슬산에 도착하니 나를 속인 것을 고백하며 결혼 이야기를 하는 처녀를 한번 만나보게 하려고 어쩔 수 없이 그랬다며 이미 상견례 준비를 시켜 놓았으니 이거 어떡하겠느냐는 식이다.

막상 호기심이 발동해서 그러자 하고 처녀 집으로 갔더니 가옥은 우리집보다 작았지만 아주 오래된 고택이었다. 작은방에서 그 처녀를 만났는데 통통하게 댕기를 땋아 내리고 한복 치마저고리 차림으로 앞무릎을 한쪽만 세우고 다소곳이 옆으로 앉아 있는데 첫인상이 좋았다. 정면이 아닌 옆얼굴만 보는데도 해맑은 피부에 예뻐 보였다. 그때 무슨 이야기를 했는지는 기억에 없다. 그리고 집에 돌아왔는데(당시 나는 결혼할 생각이 전혀 없었다), 이제는 집 안에서 난리다. 할머니와 어머니께서는 문벌 좋고, 부자이고, 예쁘고, 그런 혼처 또 나타나기 어려우니 결혼해야 한다는 것이다. 나이도 스물넷이면 결혼이 늦은 나이라는 것이다. 처녀가 두 살 아래이니 나이도 서로 적당하다는 것이다.

두 분이 하도 성화여서 내가 한마디를 했다.

"그러시면 결혼하겠습니다. 단 조건이 하나 있습니다. 현재 내 결혼은 할머님의 손자며느리 어머님께는 며느리 얻어드리는 결혼입니다. 내가 대학을 졸업하고 그때 다시 내가 좋은 여성 만나 결혼하겠다면 승낙하시겠습니까?" 했더니 우리 할머니 말씀이 "남자가 똑똑하면 열 계집 거느린다는 속담도 있지 않느냐! 그리 하자"라고 말씀하셨다. 그래서 나도 "그렇게 합시다" 대답하고, 이웃에 사는 동갑내기이긴 하나 친척 아저씨뻘 되는 홍성근 친구를 데리고 슬산을 같이 갔다. 결혼 승낙을 직접 본인에게 알리고 다시 한번 똑똑히 보고 싶고 말도 좀 해 보고 싶었기 때문이었다. 그래서 다시 만나 우리집은 가난해서 굴 까먹고 사는 집인데 갯벌질도 할 수 있겠느냐고 장난스럽게 물었더니 답했다.

"집안 형편대로 살아야지요!"

대답이 참 마음에 들었다. 그래서 결정하고 급하게 약혼식을 했다.

제일 중요한 것은 결혼 합의와 동시에 교회 출석을 요구해서 해제중앙 교회에 등록했다.

약혼식은 당시 해제중앙교회 박은용 목사님의 집례로 할머니 모시고 처가에 가서 했고, 결혼식은 처녀 집에서 기독교 예식으로 식장을 꾸미고 차일을 치고 만국기를 걸고 웨딩드레스는 만들어 입고 나는 입던 양복 그대로 입고 박은용 목사님의 주례로 결혼식을 올렸다.

중요 하객은 처남이 경찰계 고급 간부여서 무안경찰서장 등 고위급 인사들이 참석했다. 해제면에서 처음 있는 신新예식 결혼식 한다고 소문이 나서 당시 이웃 마을 학송리 대사리 등에서 구경꾼이 몰려들어 대성황을 이루었다. 당시 신랑은 말을 타고 신부는 가마를 타는 게 예식이었는데 나는 말 타고 가는 장가가 싫어서 목포에서 택시를 불러다 타고 갔다.

결혼하고 나서 나중에 아내로부터 확인한 바로 당초 애인이었던 처녀와 언니 동생 사이로 지내면서 내 연애편지를 읽어보기도 했고, 내가 사준 독일인의 첫사랑 책도 함께 읽어보기도 했고, 내 얼굴도 이미 알고 있었는데 연애가 깨졌다는 소식을 듣고 첫 중매쟁이도 자기 집안에 고모뻘 되는 이 집사님을 우리집에 보내 "너는 내 것이다" 생각하고 백방으로 노력해서 결혼했다는 것이다. 나는 비록 여러 과정을 거치면서 별로 내키지 않는 결혼이었지만 지금 생각하면 하나님께서 내게 주신 천상배필이었음을 믿어 의심치 않는다. 그러기에 내가 죽을 때까지 기억하고자 하는 다섯 가지의 축복 중 제일의 축복으로 나와 아내의 결혼을 하나님께 감사하고 있는 것이다.

1958년 내 결혼 이야기와 신혼의 꿈을 담은 일기를 다음에 싣는다.

1958년 2월 2일(주일) 맑음

이상하게도 부지不知의 남성을 사랑하는 여성이 있다고 하니, 이형범 씨의 여동생이 나를 알지도 못하는데 나에게 호감을 가지더라는 것이며 이매실 집사에게 중매해 주기를 부탁하더라는 것이다. 28~29세에 결혼하려고 작정했던 결심도 한두 사람 아닌 중매인들의 조름과 부모님이 안타까이 조르시는데 딱하기도 하고 결혼해 버리고 싶은 생각도 없지 않아 흔들려 그래서 쉬이 단정을 못 하는 갈피 잡지 못한 마음.

1958년 2월 20일(목) 맑음

월암서 반나절을 보내고 집으로 돌아왔다. 이매실 집사님께서 오셨다. 이 집사님은 할머니, 어머니의 허락을 받고 나를 졸라댄다. 나는 중매인의 권유에 부대끼다 못해 중매를 하라고 하였다. 그러나 어디까지나 허락은 아니다. 너무나도 강력히 거부해 오던 바이기에 한번 선을 보자는 정도였다. 여기까지 허락을 하였어도 할머니, 어머니, 집사님까지 아주 기뻐하시는 것이다. 이렇게 볼 때 결혼을 해야만 할 운명을 지고 있는 신세다.

1958년 3월 2일(주일) 바람

덕산리 그녀 전에 송신送信

이 집사님이 오셨다. 그러나 부탁했던 서신과 사진도 가져오지 않았다. 나의 서신을 요구하더라는 것이다. 나는 그럴 필요까지는 느끼지 않았으나 이 집사님의 간곡한 부탁과 조모님, 모친님의 권유에 부대끼다 못해 붓을 들었다. 조모님, 모친님께서 그렇게도 맘에 들어 하시고, 나 자신도 그리 싫지 않으니 연분인지도 모를 일이다.

1958년 3월 26일(수) 바람

영희 전, 형범 전에 서신

4월 10일 자로 결혼식을 해버리자는 소식을 이 집사님 편으로 영희에게 소식하였다. 자기 어머님이 안 계셔서 시원한 답을 주지 못한다고 하는 내용의 서신을 밤에 받아 보았다. 그래서 내일 이 집사님께서 광주까지 가신다는 것이다. 밤 예배 필하고 돌아와 영희에게 서신을 한 통 써 놓고 나니 10시도 몇 분 남지 않았다.

1958년 4월 2일(수) 흐림

박은용, 주귀수, 이매실, 할머니, 나, 김민숙.

결혼! 결혼을 약속했다?

'이젠 어찌할 수 없이 결혼하여야 한다'는 것을 생각할 때 그 무슨 자유인지를 빼앗긴 것만 같고, 그 무슨 책임이 나에게 지워진 것 같고, 무거운 짐이 지워진 것 같은 느낌이 든다. 앞으로 십여 일 지나면 한 여성의 남편이 엄연하다. 아니, 그보다는 총각으로서 누릴 수 있던 자유는 완전히 상실하고 만다. 생각하면 인간 생활이란 한없이 우습다.

1958년 4월 3일(목) 맑음

연애! 그것은 소년의 순진한 마음속에 못을 박아버린 달면서도 쓰고 즐거우면서도 고통스러운 것. 웃다가 울어야 하는 것.

결혼! 그것은 행복의 열쇠를 쥐고 기뻐 날뛰다가 불행의 문 앞에서 실망하며 천진난만한 소년들을 마음 깊이 고이고이 모셔보는 실없는 한숨의 연속.

행복! 그것은 남의 불행에서 나는 저와 같지 않으니! 안도의 한숨.

1958년 4월 9일(수) 맑음

글쎄 꼭 무어라고 꼬집어 형언하기에는 벅찬 다양한 심사다. 여하튼 금후로는 남편이라고 하는 새로운 멍에를 짊어져야만 하는 의무와 권리가 교차하면서 수많은 화폭이 마련되어지고 있다. 무언지 모르게 세차게 등덜미를 억누르는 듯한 무거운 느낌, 그건 결코 우연이거나 무근거한 데서부터 생기生起한 것은 아닐 게다. 어쩔 수 없는 절박한 생활 결과에서 한 줌 한 줌의 죄뿐인 울음으로 나를 장식한 멍에가 굴레 쓰인 것으로 간주하고 싶다. 잡히지 않는 먼 형상의 가히 없는 꿈이 유한한 오늘의 생리에서 다시금 호불호를 검토받아야 하고, 별로 또렷한 목표도 없이 무턱대고 저지른 행동에 환멸을 느끼는 정情! 금禁하기 곤란타.

1958년 4월 14일(월) 맑음

결혼結婚

제일호 택씨(밤색 택시) 이등석에 자리하고 목포를 출발하기는 9시 30분. 질주하는 창밖으로 변하는 산천을 응시하며 무안읍에서 들러리로 윤재 장로 사모님을 태우고 시장을 경과하는데 장꾼들의 시선이 일체

집중한 가운데 결혼한다고 하는 행복감에 하늘까지 올라가는 것 같은 느낌 불금不禁하며 집에 11시에 도착하였다.

집에는 부락민, 친척하여 대만원이다. 부랴부랴 준비하여 한복으로 갈아입고 차에 올라앉아서 점잖이 미끄러져 가는 택시, 이는 분명 일동一童이에게는 지나친 행복이요, 도에 넘치는 사치인 것도 숨김없는 사실이다. 양간교에서 찰그락 샷다 소리에 추억의 한 토막, 한 토막을 카메라에 담고 덕산리에 도착하는 두 시도 몇 분 남지 않아서이다.

본래 대례 시간이 11시경으로 되었는데 요기가 있은 후 3시경에 박은용 목사님 주례로 함희복 선생의 웨딩 마치로 식은 시작되었다. 내빈들은 의외로 귀빈들이 많이 오셨다. 무안 본서장 이하 해제지소장, 면장, 부면장, 면의회의장, 면직원, 서직원, 학교 선생님들, 용학 신정 교우 등 약 210여 명 모인 가운데 식은 성대히 끝났다. 그럭저럭 하루도 다 가고 저녁이다. 신랑을 다루기 위한 청년도 10명도 넘는다. 12시경까지 놀고 1시경에야 결혼 초야의 잠자리가 신부 손으로 꾸며졌다. 자리에 누워 곰곰이 생각에 잠긴다. 신부터 모자까지 전신에 헌것이라고는 없는 새것 속에 쌓인 이름 그대로의 신랑이 사람도 새로운 사람 신부를 옆에 누여 놓고 무척 행복하여야 할 그 시간이 어쩌면 그렇게도 섭섭하여야만 하였을까? 힘없는 한숨만이 아버지 없는 불행을 느끼게 한다. 아무리 단잠을 애태우며 청해도 좀처럼 잠이 오지 않아서 총총한 생각은 마음을 헝클어 놓기만 하고 권태로운 시간만을 원망하고 있는데 어느덧 새벽 첫닭 울음소리가 이웃집에서 들려온다. 새 희망 새 뜻 속에 새 마음으로 새출발하여야 할 신랑 일동一童은 희망도 없고, 뜻도 없는 예전 그대로의 헌 마음 그대로이니 애석하기도 하다.

1958년 4월 17일(목) 맑음
우귀于歸

이불, 요, 베개 세 개, 방석 두 개, 채경화로, 유기, 액자 등 지게꾼 3인이 지고 나서고 나는 천천히 뒤를 따랐다. 양간교에서 현기를 만나 같이 집에 오다. 너무나도 만족해하시는 집안 어른들이 웃음으로 대해주는 것이다. 나는 무척이나 행복감을 느꼈다.

1958년 4월 23일(수) 맑음
서울 착着

이렇게 적막寂寞으로 울어야 하는 먼 이방異邦으로 떠나오고 보니 나에게는 모든 것이 도시 현실로 긍정肯定되지가 않는구려! 너무나도 싱겁게 떠난 나를 영희는 얼마나 원망하였을까? 영희와 헤어진 지도 벌써 일주일. 그동안 나는 의미 없는 웃음과 의식 없는 행동에 두서없이 여러 날 동안의 공백을 채워주기에 부족하였다오.

나는 오늘 아침 7시에 서울에 도착하였소! 그리운 영희! 기다림의 그 쓰라리고도 즐거운 시간을 지금부터 배워야 하나 봅니다. 숙소는 윤용상 군의 호의로 우선 같이 자취하게 되었습니다. 그러고 막상 서울에 오고 보니 대학도 나에겐 그다지 필요하지 않는 것 같이 느껴지는구만요. 대학 생활보다는 내 고향, 내 부모, 내 형제와의 웃음의 생활이 더 즐거울 것만 같구만요. 용서하세요.

1958년 6월 12일(목) 맑음
이발하다

방금 시계가 12시를 칩니다. 이곳 농촌은 숨을 죽이고 밤을 재촉합니다.

우이동 골짝 그늘 밑에서 시원한 밤을 즐기다가 돌아가는 택씨 소리도 그치고 사람들의 말소리도 나직합니다. 이 무렵이면 나의 명상 아닌 공상이 어둠을 타고 설치기 시작합니다. 어두울수록 공상의 세계는 밝아 옵니다.

영希! 이 밤이 새기 전 써야 할 말이 이 적은 가슴에 꽉 차 있습니다. 이 말을 쓰느라고 밤을 밝혀야 할 것 같습니다. 그러나 나는 쓰지 않으렵니다. 그러면서도 자꾸 펜이 저절로 끄적여져 한없이 목적 없이 그저 움직입니다. 지상紙上에 글씨가 나타납니다. 아니 안安의 호소를 들어 줄 이 없는데도 자꾸만 나타납니다. 수없이 많은 날을 "미래의 꿋꿋한 생활을 위해 오늘의 비참을 이겨야 한다"라고 자랑처럼 외쳐왔고, 그 어떤 여성이 쓰라린 연정에 몸부림치다 못해 한숨짓고 눈물 흘릴 때마다 위로하여 주던 내가 누구보다 먼저 자아를 부인해야 되는 서글픔을 사랑하지 않으면 안 되는 인간이 되어버렸을까요?

아마 영希은 알지 못하리라. 들어줄 이 없고, 알아줄 이 없는 이 심정을 나는 허공을 향해 자꾸만 외쳐 봅니다. 왜? 이렇게 "그때는 내가 아닌 나였소"라고 어쩔 수 없이 절박한 생명의 울부짖음을 당신에게 외쳐야만 할까요?

영希! 그 많은 언어에서 아직도 거기에 적합한 묘한 답을 찾아낼 수 없소. 찾아낼 필요도 없는 것 같소. 그리하여 나는 미소를 지어오던 지난날의 행복함보다는 달처럼 찬 손에 눈물조차 메마른 이 심장을 스스로 어루만져보는 이 말라빠진 이 죄인. 인간 생명 상실의 기막힌 명사名詞 앞에 놓여진 오직 하나의 변명으로 생각하고 싶어만지오.

내가 그리워해야 할 영희! 나는 그렇지만 불행을 걸어가오. 불행한 행복이 좋아서 걸어왔고, 후에도 걸어갈 작정이오. 불행과 행복의 교점에서 울고 웃고 살아온 지난날의 추억 속에서 그저 살아갈 작정이오.

영希 원죄에 얽힌 누더기 속에 덮인 삶이긴 하지만 이 세상을 저주하고 허무하다고만 보고 싶지 않소. 모조리 부수어진 자그만 감정으로 엮어진 내 생애가 이제 어떠한 모습으로 죽음 앞에서 호흡하고 있을지는 영희나 나나 모두 다 모르는 사실인가 보오. "인생은 짧고 회상은 길고, 외로움은 남고 후회는 막급…."

1958년 6월 15일(주일) 맑음

오늘은 전과 달리 내 앞길에 대해 사색해 보았다. 해가 멎도록 생각을 했어도 끝이 나지 않았다. 군대에 갔다 와서 한신韓神을 계속하면 적어도 30세 안으로는 대학 졸업을 할 것 같지 않다. 설사 군인에 가지 않는다고 하더라도 문제는 그리 간단하지 않다. 사실 30세까지 공부만 하고 있으면 가장 없는 내 가정은 어떻게 되며, 또 그때쯤 되면 두세 식구는 거느리게 될 터인데 생각할수록 막막하기도 하다.

내 30세 되도록 결혼하지 아니하고 보면 내 경제생활은 어머님께서 책임을 져 주실 것이니 거리낌 없이 30세이건 40세이건 그저 공부에만 열심히 할 수도 있는 문제이며, 내게 지워진 가장으로서의 책임이 없기에 나는 나대로 자유의 몸으로서 거리낌 없이 보다 더 자유로운 생활을 향유할 수 있었으련만…. 생각할 때 그저 마음만 답답해질 뿐이며, 그저 앞길이 막연할 뿐이다.

1958년 7월 25일(금) 흐리고 난 뒤 비

영희라는 인격을 조금씩 알 수가 있어진다. 그럴 때마다 결혼 후 삼일 쉬어 가면서는 신랑 신부의 위신과 체면을 세우느라고 엄격한 의미에서 부부간에 논의되어야 할 심각한 문제까지는 들어가지 못했던 것이다.

그러나 이번에 와서 단 하루의 생활과 저의 언어 행동에 한 가지씩 한 가지씩 만족을 느끼게 되니 정이 드는 연유라고나 해석을 해 둘까? 여하튼 삼 개월간 두고두고 그렇게 고민하던 것도 지나친 나의 과실이었음을 느끼지 않을 수 없다. 그러나 내가 조혼을 하였다는 것만의 후회는 아마 영원까지일 것이다.

저의 인격을 알면 알수록 앞으로의 행복한 가정생활에 자신이 생겨진다. 어디까지나 거짓과 꾸밈과 허영이 없는 진실 그대로의 사람임을 의심할 여지 없이 믿어진다. 어떻든 한마디로 불행 중 다행이라고나 해 둘까?

1958년 7월 27일(주일) 맑음

영희와의 결혼 생활 설계에 하루해를 보내다. 군인에 다녀오고 대학을 졸업하고 나면 나이 30이 넘어버릴 터이니 즐거워야 할 청춘은 피차 아쉬움과 그리움 속에 보내버리고 말 것 같아 섭섭하다는 영희의 소견이었다. 사실 생각하니 그도 일리가 있는 말이었다. 그것은 결혼 후 삼 일만에 떠났기에 만 삼 개월간 그리움 속에서 살면서 받은 지식이요, 느낌이요, 경험에서 나온 말일 것이다.

1958년 8월 29일(금) 비 그치고 흐림

그리움! 영희에게 다녀온 지도 한 달도 훨씬 지난 것 같은 느낌에 손을 꼽아본다. 불과 열흘! 아무리 생각해도 열흘이라는 헤아림이 틀린 것만 같아 이리 계산, 저리 계산해도 틀림없는 열흘인데 한 달이나 두 달이나 그리움 속에서 살아온 것 같이 느껴진다. 죽자고 사랑하던 내 첫사랑에서도 느껴보지 못한 그리움이다. 첫사랑을 그리워했던 것이 사랑에 그리움이었다면 지금의 그리움은 정에 그리움인지도 모르겠다. 사랑에 그리움보다는 정에 그리움이 강한지도 모르겠다. 무엇 때문에 이토록 그리워하여야만 하나? 영희의 얼굴이 보고픈 것도 아니요 영희의 육체가 그리운 것도 아니다. 무엇이 그리 그리워지는지도 모르면서 그저 그리운 것은 사실이다. 그렇다. 그리움! 그리움 때문에 그리워지는 것이다. 예전에 미처 몰랐던 이렇게 사무치도록 그리워지는 그리움.

1958년 10월 19일(주일) 맑음
처가에 가다

신정교회에서 예배 필하고 이발을 하고 중식 후 영희와 같이 처가에 왔다. 초가을이 한창이었다. 저녁! 부부간의 침실, 아니 연인끼리의 대화, 밤 깊어가는 것도 잊고 멀리 아름다움에 잠기기도 하며 가다가는 슬픈 이야기도 나오고 하며 때로는 인생을 느껴보는 철학도 하고 잠이 오지 않는 밤이기도 하였다.

1958년 12월 10일(수) 맑음

처가에 다녀온 지도 오늘까지 50일. 그러니까 오는 12월 20일 우귀하면 만 두 달 만에 만나보는 부부인 것이다. 생각하면 영희에 대해 미안한 일이다. 신혼의 즐거움은 누리지도 못하고 고독과 외로움으로 보내온 9개월간 그동안 원망은 몇 번이나 하였으며 눈물은 몇 번인지? 아내를 아내답게 사랑하여 보지 못한 일동은 그 언제나 영희가 만족하는 남편이 되는 날 있으리.

1958년 12월 20일(토) 맑음

우귀于歸

신랑된 기분에 명주옷에 양단 조끼를 입었다. 다시 장가가는 기분이다. 기다리던 차가 두 시경에 왔다. 그렇게도 걱정하여오던 오늘의 우귀의 잡雜된 순서들이 지나가고 밤의 잠자리. 피곤이 청해 다 준 단잠으로 날 밝은 줄은 잊었다.

1958년 12월 21일(주일) 맑음

두 달 만에 만들어진 신랑 집에서의 신방 초일. 정이 통하고 사랑이 통하는 순간순간의 긴장과 흥분. 그러면서도 새 희망의 새 출발을 약속하며 오늘부터 시작되는 내일의 스위트-홈을 설계하기에 깊어가는 밤 시간을 잊는다.

존경하는 아내 이영희 권사

아내는 나와 결혼한 이후 우리 가정을 일으키고 안씨 문중을 우애하는 가문으로 만들었고, 참 신앙으로 용학교회의 오늘이 있기까지 봉사로 헌신해 오고 있다. 아내에 대한 고마움과 참 신앙에 대한 일기 몇 개를 소개한다.

1976년 1월 29일(목) 흐림
안해(아내)의 이웃 사랑

안해가 대견스럽다.

논농사 짓지 않는 집들을 골라 쌀을 되씩이나 보낸 모양이다. 무려 열 집이다. 술을 보낸 곳, 돼지고기를 보낸 곳이 또 십여 군데다.

나는 나대로 일곱 군데 인사를 차리고 보니 일만사천여 원이 들었다. 모두 삼만여 원이 지출됐다. 우리집 준비까지 그럭저럭해서 과실 찬대가 이만여 원, 도합 오만여 원의 지출이다. 정조로 따지면 쌀 세 섬 값이 해당한다. 언제 더 부자가 되어 이런 명절에 벼 십여 석쯤 들여 가난한 이웃 돕고 즐거운 명절을 맞으며 보낼 수 있는지. 더 주지 못하는 아쉬운 마음이다.

1976년 1월 30일(금) 흐림

안해의 사랑의 마음이 더 커지고 구제의 손이 더 커졌다. 도성 부락 십여 가정에도 쌀을 보냈단다. 고맙고 사랑스럽다.

이웃을 아는 마음, 이웃을 돌보는 마음. 그에게 더 큰 축복이 있으리라.

1985년 6월 26일

60점짜리 남편

어떤 잡지에 남편 채점 설문이 있기에 자신을 채점해 보았다.

나는 60점짜리 남편이었다.

혼자서 생각해 보아도 안해에게 미안한 생각이 든다.

우선 나는 안해에게 남편 대접만 원하는 이기적인 사람.

곧잘 안해의 의사를 무시하고 자기주장만 하는 남편.

안해에게만은 신경질적인 남편.

지나온 27년간의 결혼 생활을 통해서 지금까지 고생만 시키던, 어찌 보면 무능한 남편이면서 더구나 양간으로 이사 온 후는 더 고생이다.

농사하느라 혼자서 버스로 왔다 갔다 거의 매일의 일과가 상당히 고된 모양인데 농사일 그만두었으면 하지만 아직은 쪼들리는 생활에 어찌지 못하고 아들 대학 졸업할 때까지 시한을 정해 놓고 고생하는 것이다.

금년엔 논농사 열두 마지기 밭농사 일곱 마지기를 하느라 작업량이 더 늘어나기까지 했다.

지금 와서 생각하면 양간리로 나온 것이 후회스럽다. 농사 소득 축산 소득이 줄었고, 아내의 고생만 늘어났다.

사실은 농사는 안 짓기로 하고 양간으로 나온 것인데 아내는 놀지는 못하겠다는 것이다. 우선 죄를 짓는 것 같아 놀지 못하겠고, 애들을 위해서는 조금은 더 돈도 필요했다.

나에게 있어서는 그렇게 훌륭한 아내이다.

배움이 많아서 인물이 뛰어나서가 아니다.

정직성, 성실성, 근면성, 순종성 나무랄 데 없는 자랑스러운 사랑스러운 아내이다.

1987년 6월 11일(목) 맑음

고마운 안해

대견스럽고 고마운 안해다.

오늘까지 13일째 양파 마늘 작업을 나갔다.

하루 일당 8천 원을 벌기 위해서라기보다 바쁜 농번기에 일손도 도와줄 겸, 또 노는 것이 죄짓는 일만 같아서란다. 하면서도 감당해내는 건강이 감사하고 축복스러운 것이다. 또 마음으로 즐거움으로 감당을 하니 더욱 감사한 일이다.

오늘은 상당히 더운 날씨였다. 하루에 13시간 작업을 한다. 남의 일을 해주고 품삯을 받아 보니 새삼 돈의 값어치를 생각게 된단다. 한 시간에 겨우 6백 원을 버는 데 천 원짜리 한 장은 돈 같지 않으니. 사람의 품값이 너무 값어치 없이 느껴진단다.

사실 나도 돈에 대해서는 애착 같은 것을 가져 본 적이 없지만 안해가 하루 8천 원을 받고 고생을 하는 것을 생각하면 조금은 마음이 달라진다.

저녁에 항범이(아내의 사촌 동생)가 왔다. 작은어머니(아내의 숙모님) 생신이란다. 밤 열한 시가 넘은 시각 피곤할 터인데 아내는 또 슬산간다고 한다. 인사人事상 가보아야 한단다.

서울 수경이에게 전화를 해 보았다. 어제 시위에 붙잡혀 가지 않았나 걱정되었는데 다행히 붙들려 가지 않았다.

광주도 아무런 연락이 없으니 별고 없겠지.

1988년 5월 23일(월) 흐림

안해 입원

어제 늦게 호스를 뽑았고, 오늘 아침에야 죽을 조금 먹었다.

아직도 두통은 여전하고 복통도 약간이다. 허나 이제 살려놓은 기분이다. 얼굴에 혈색이 돌아왔다.

20일 입원 이후 물 한 모금 못 먹었으니 성한 사람도 병이 날 수밖에.

간장 심장 기능이 좋지가 않다는 의사의 진단, 병원 침대에 안해를 누이고 내려와야 하는 처지가 안됐지만 오는 26일에 종합 감사가 있고 해서 열한 시에 병원을 나섰다. 27일에 다시 오마고 약속을 하고서.

생각해 보면 그래도 천만다행이다. 만약 해제서 병이 났으면 광주에 입원해야 하고 그 뒷시중 간호가 퍽 어려울 뻔했다. 20일 밤은 수경이가, 21, 22일은 선경이가 철야 간호를 했다. 이번에 비로소 입원을 당해보고 나니 지난 20년 전 진웅이 낳고 서울메디컬센터에 안해가 입원했을 때 한 번도 가보지 않고 지나버린 후회가 밀려왔다. 얼마나 고독했을까? 얼마나 원망했을까? 그때 퇴원 후에 가서 만났던 일조차 까마득하다. 역시 나는 무심한 사람인지 모르겠다. 안해가 항상 하는 말 "당신같이 무심한 사람은 천하에 없다." 너무 무심했다. 이제 앞으로 함께 살날이 얼마일까? 10년 20년 이제 유심한 남편이 되도록 노력해야지.

1992년 8월 29일(토) 폭서(暴暑)

안해 존경

아내는 오늘까지 삼 일째. 교인들 집에 일을 도와주기 위해 찌는 듯 더위가 기승을 부리는데 작업복 차림으로 집을 나선다. 정성진 장로네 담배 따주는 일, 유재선 집사네 담배 엮는 일. 오늘은 박삼순 집사네 담배 작업을 간다. 몸도 약한 편이다. 젊었을 때 골병이 들 정도로 일을 했다. 일이라면 넌덜머리가 날 만도 한데, 일에 쫓기는 교인들이 안타까워 자원봉사를 나선 것이다. 하나님께 감사한다. 형제를 사랑하는 마음 주심을 먼저 감사하고, 형제를 도와줄 수 있는 건강 주심을 감사한다.

아내의 처신이 또 참 훌륭하다.

남녀노소 빈부귀천 지위고하 유무식간 안해를 싫어하는 사람이 없다. 가림 없이 사귀고, 가림 없이 대해 주고, 누구에게나 다정다감하다. 그런데 간혹 아내를 시기하고 질투하고 저질스러운 일들이 있기도 하다. 너무 훌륭해도 그 훌륭한 점을 싫어하는 이가 있기 마련인가 보다. 악마의 속성을 강하게 지닌 사람, 허물만 쓴 사람들이 있는가 보다.

2007년 6월 27일(수) 맑음

일감을 찾아서 하고 일을 만들어서 하는 성격!

이영희 권사는 놓고는 못 배기는 성격.

계모임, 친목 모임, 조의, 문병하는 그날들이 쉬는 날이고, 농 작업복 벗고 정장하고 외출복 입고 화장하고 내놓으면 농사꾼티가 전혀 나지 않고, 피부 관리도 어떻게 하는지 그렇게 햇볕에 그을려도 타지 않고, 누가 보아도 농사일한다고 하면 곧이듣지 않는 외모다.

150여 명 교인 얼굴색 중 깨끗하고 하얀 피부의 얼굴은 이영희 권사이다.

모든 것이 타고난 성격이며 체질이며 피부인 것 같다. 하긴 내가 선본다고 처음 만났을 때도 첫인상이 피부가 참 곱다고 느꼈으니까!

오늘도 텃밭 가에 두충나무가 두 그루 있는데 그것을 동생을 시켜 베어서 껍질 벗기는 일을 거의 한나절, 오후에는 양파즙 짜기 위해 밭에 가서 상품 가치 떨어지는 양파 네 가마니쯤 주워 나르는 일, 양파즙 짜서 자식들에게 친구들에게 친척들에게 보낸다. 또 아는 이들에게서 주문받아 팔기도 한다. 오후 늦은 시간에 가서 도와줘야 했다.

어떻든 이영희 권사의 삶은 긍정적 삶인 것이다. 남 도와주기 좋아하고 이해심도 많고 사교적이고, 결점이 있다면 남에게 지고는 못 견디는 것일까?

2008년 8월 1일(금) 맑음

나의 결혼 부부 생활 50년. 옛사람들은 금혼金婚이라 했지. 60년은 금강혼金剛婚이라 했고, 앞으로 10년만 더 살면 금강혼이 되는 것이다. 부부 최장수혼이 되는 축복이다.

내가 하나님께 감사하는 많은 것 중에 이영희 권사를 아내로 만나게 하신 것이 제일 첫 번째 감사이다. 22세에 가난한 집에 시집와서 결혼예물 팔아 전답을 사고 시할머니, 시어머니, 친정어머니까지 세 분 노인을 모시고 살면서 어른 대접 소홀함 없이 시할머니 열여덟 해, 친정어머니 열다섯 해, 시어머니 마흔여섯 해를 잘 모신 효부였다. 자식은 2남 3녀 예쁘고 똑똑하게 낳아 잘 기르고 잘 가르쳤는데, 큰 자식 열아홉 살에 먼저 보내고, 나머지 1남 3녀 기르고 가르치면서 이 세상에 자식 사랑 비교할 사람 없을 정도로 잘 돌보고, 남편 성격 까다로움 다 견디어 내면서 농사일에 재미 붙여 살림 일구어 놓았다.

오늘도 내일 쪽파 심는다며 준비하고 밤 열 시 넘어서야 집에 돌아와 목욕하고 밥 한술 떠먹고 나니 열한 시가 되었다.

내 자식들에게 부탁해야겠다. 너희들 어머니에 대한 최고 최대 최상의 영광과 칭송을 드릴 방법을 생각해 보라고… 죽은 후에 돌비 세우는 것보다 살아서 할 수 있는 것이 무엇이 있겠는가를 찾아보라고 말이다.

아내의 화원(花園)

거기 당신의 꽃 난초(蘭草)는 푸르고
여기 나의 수국(水菊)은 연보라
저 어린 것들의 갈채 같은
채송화 밭으로 둘러선
단조롭고 평화한 아내의 화원

아침에 이슬 먹은 잔잔한 숨결
아내의 기원(祈願)은 낱낱을 더듬는 갈망의 손
당신은 거기 있어도 없는 듯 보이지 않는
햇빛으로 물드는 지상(至上)의 자양(紫陽)

알맞게 차려진 사시절 고운 울
당신의 무심(無心)과 나의 백심(白心)이
그물처럼 얽혀진 담장이 안에
아이들은 아침마다 뻗어가는 나팔꽃 줄기
이슬 같은 마음도 함께

봄 여름 기다림과 묵원(黙願)이 커가는

아내의 화원

1963. 8. 31.

장모님 임석남 여사

장모님은 6.25전쟁 중에 남편을 여의고 큰아들의 거듭되는 도의원 실패로 형편이 어려워져 나와 아내가 15년을 모시게 되었다. 장모님을 추억하는 일기 몇 장을 싣는다.

1987년 3월 29일(주일) 맑음
처모님 상경

처모님 떠난 집안이 어딘지 허전하다.

차에 오르시면서 눈물 흘리시는 것을 보니 어쩌면 우리집을 마지막 떠나시는지도 모르겠구나 하는 생각이 든다.

무엇을 빼앗긴 것 같은 서운함이 있다.

목楠이가 모시고 간 것이다. 그동안 15여 년을 내가 사위로서 처모님을 모신 것이다. 처모님이 계시겠다고 해서 모신 것이고 큰아들, 작은아들이 싫다고 해서 모신 것이다. 헌데 요즈음 상황이 달라졌다.

지난번에 수원에 다녀오신 후로 이젠 목이한테서 여생을 보내시겠다는 주장이 강하셨다. 헌데 지난번에 목이가 그냥 올라간 것이다. 그 후부턴 생병이 생기는 수밖에 없겠다 생각했는데 마침 목이도 심경에 변화를 일으킨 모양이다. 자기가 해서는 안 될 짓을 한 것 같은 죄스러운 생각이 자꾸 들고 요사이 사업이 막혀 잘 안되는 탓도 불효의 죗값으로 이해되어서 모시기로 작정했단다. 참 다행스러운 일이다. 회개한 것이며 깨달은 것이다. 늦었지만 목이를 위해서나, 처모님을 위해서나 얼마나 다행인지 모르겠다. 솔직히 말해서 내가 못 모실 것도 없지만, 이젠 어떤 한계 같은 것이 느껴지게 되고, 힘이 들어서 짜증스러운 때도 없지 않다.

이제 춘추도 89세의 극 노인인데다 까다로운 성미에 망령기까지 약간 있어서 눈치도 모르시고 이제 세 살 어린애로 돌아가 버린 것 같아 걱정스럽고 마음이 놓이질 않아 늘 노심초사였다. 담뱃불 부주의로 화재까지 염려해야 하는 정도가 되었으니까.

하여간 떠나신 후의 집안 공기는 허전하다.

1987년 6월 13일(토) 맑음
장모님 다시 오심

지난 3월 29일 모셔간다고 이제 아주 모셔간다고 하더니 겨우 2개월 반도 못 돼 다시 모시고 왔다. 처모님 모시기 15년, 지치고 뉘났는데('뭘리다'의 전라도 사투리) 떠나신 후 그렇게도 자유롭고 평화롭고 홀가분했는데, 이 어른이 한사코 해제가 좋다고 사위가 좋다고 해서 또 모시고 왔다는 것이다. 한마디로 거절해버릴 수도 있지만, 처남 하는 짓을 생각하면 꼭 거절해버리고도 싶지만, 노인이 좋다시는데 차마 거절할 수 없다. 의지 없는 무의무탁한 노인 여생을 책임지는 기꺼운 마음으로 모시기로 한 것이다. 금년 89세 이제 그만 돌아가셔도 되는데 자식들이 싫다고 하는데 눈치코치 없이 명만 길어 노인장 당신에게도 고역된 생을 사는 것이다.

어쩌면 자식들이 저럴 수가 있을까 싶을 정도로 부모에 대한 정도, 어떤 책임감도, 의무감도 없는 철저한 개인주의, 이기주의를 보는 느낌이다.

건강만 좋으시면, 마음 씀만 좋으시면, 이해심만 조금 있어도 모시는데 별지장 없겠는데, 이건 온통 어려움 투성이다. 주정에, 악담에, 도에 지나치는 잔소리에 망령기까지 더해서 사실 많은 부담을 주는 하늘 아래 둘도 없는 노인장이시다.

1987년 8월 6일(목) 흐림

어제부터 반신마비로 자리에 눕고 말았다.

대소변을 받아내는 고역을 차마 볼 수 없고, 누워 몸부림치는 모양이 차마 보기 딱하다. 아들 손자에게 연락이 갔는데도 모셔갈 생각을 하지 않고 이 노릇을 어쩌면 좋을까? 89세의 노병老病이기에 치료 불능이라는 의사의 진단이고 보면 돌아가시는 날을 기다려야 한다는 결론인데….

사위인 내 집에서 돌아가시게 되면 누구에게 욕이 되는 것인가? 내가 15년을 모셨다. 내가 모신 것은 완전 타의에 의해서이다.

처모님 당신의 원顧과 처남들의 원에 의해서였다. 솔직히 모시고 싶어서는 아니었다. 헌데 끝까지 이러긴가? 괘씸하기까지 하다. 애당초에는 저들의 형편이 그렇기도 했다. 큰아들은 작은 부인이어서였고, 작은아들은 가정 형편이 곤란했으니까. 지금은 큰 손자도 작은 아들도 모든 조건이 나보다 더 좋은 형편이다. 헌데도 부모님에 대한 자식으로서의 어떤 의무감 같은 것을 전혀 느끼지 않는 자식들이다. 불효스러운 작자들. 노인이 불쌍하다. 평소에 하셨던 말씀대로 내 구먹(구명의 전라도 사투리로 관이 누일 자리라는 뜻)도 없는 개 신세 되어 늙어 죽을 곳이 없다고 늘 한탄하시던 처량함이 마음에 걸린다. 쉬이 돌아가셔야 할 텐데…. 저 고생 오래하고 계시면 너무 중한 벌인데…. 노인장이 평소에 남에게 축복을 비는 말씀보다는 저주를 늘상 많이 하시더니 말년이 저 모양인가 싶고, 모시고 있었던 내게도 책임이 느껴진다. 증오의 감정을 용서와 사랑의 감정으로 순화시켜 드리지 못한 책임, 하긴 노인장의 입에서 축복의 말이 나올 수가 없는 형편이기도 했지만….

1987년 11월 11일(수) 흐림
처모님 소천

진웅이가 맹장 수술을 했다는 전화 연락이 왔다. 급한 마음으로 뛰어갔다. 노준채 외과. 저녁 늦게 집에 들어가서 처모님 별세 전화를 받았다. 사실 돌아가시기를 기다리던 참이면서도 서운했다. 지난 8월 5일에 반신마비 증상으로 10일경에 목이가 모셔가서 만 3개월 와병으로 고생하시다가 돌아가신 것이다. 생각해 보면 잘된 일이다. 목이가 수원에서 서울 아파트로 이사하기 때문에 어머님을 모실만한 방이 없으니 다시 나에게 모셔주기를 원하였던 것이다. 그래서 모시기로 결정하고 지난번에 수미라 애미(애미, 어미)가 올라갔던 것이다. 헌데 큰 손자 재승이의 마음이 열려 모셔가서 일주일여 계시다가 돌아가셨다. 생각할수록 고마운 일이었다. 첫째는 재승이로서 당연함을 택했기에 떳떳하고, 둘째는 목이도 마지막 와병 80여 일 모셨으니 그간의 불효를 용서받은 것이 되기 때문이다. 만약 해제로 다시 오셔서 사위인 내게서 세상을 뜨셨다면 목이나 재승이나 영원히 가슴에 큰 상처가 되는 것이다. 또 주위에서의 이목이 무어라고 할 것인가? 아들, 손자 놔두고 사위 집에서 객사했다면, 그도 부득이한 것이 아니고 고의적이었다면 두고두고 얼굴을 깎는 소문이 생겼을지도 모른다. 헌데 모든 것이 정상궤도로 진입한 것이다. 잘된 일이다.

1987년 11월 13일(금) 흐림

지난밤 철야를 하고 새벽 세 시 잠실병원 영안실을 출발했다. 오전 10시경 해제 도착이다.

영정으로 집에 다녀가시는 순서가 마음을 이상하게 움직인다. 15, 16년간 모시다가 돌아가셨으니까.

슬산에 가서 무슨 제사를 드리고 상여를 만들고 손님을 접대하고 야단법석 복잡수선을 떨고 부산 피운다. 마음에 언짢았지만, 집안의 화목을 위해 참는 수밖에.

선산에서 중앙교회 심 목사님을 모시고 하관 예배를 드렸다. 마음 흐뭇했다. 하지만 기독교에 대한 몰이해의 바보들을 보는 순간은 한없이 불쌍하게만 느껴졌다.

여기저기서 둘째 사위 칭찬이 꼬리를 잇는다. 15, 16년간 모신 공에 대한 치하들인 것이다. 별로 큰일 한 것도 아닌데 무슨 특별한 큰일이나 한 것처럼 얘기하니까 그것이 큰일이었나 보다. 복 받을 일이라고 하니까 복 받을 일인가?

생각하면 제 부모 마다하는 세상에서 처모를 마음 편하게 모셨고 임종하실 때까지 안 서방을 찾다가 돌아가셨다니.

사실 나는 처모님은 고사하고 무의무탁한 노인이 있더라도 모실 수 있다. 이 집사만 승낙한다면 말이다. 어떻든 조용하게 끝낸 장례가 하나님의 도우심만 같아 감사하다.

"내 아들 선웅아! 내 죄로 네가 죽었구나"

내 팔십 평생에 가장 큰 불행한 사건은 내 큰아들의 죽음이었다. 광주제일고등학교 3학년 재학 중이던 내 큰아들 선웅이가 여름 방학 끝나는 날 1977년 7월 30일에 화순 적벽강에서 수영하다가 심장마비로 세상을 떠났다.

광주에 전세방을 얻어 어머님께서 선웅이 손자를 데리고 사셨다. 잘생기고 미남이었고 머리도 좋았고 아주 착했다. 결점은 조금은 심약한 편이었다.

나무라면 곧장 눈물을 보이는 순진한 아이였다. 기대를 크게 걸었던 아들이었다. 서울 명문대를 목표로 열심히 공부하던 차에 여름 방학 동안에도 학원에서 공부하다가 방학이 끝나가니까 화순 적벽강으로 휴식차 친구들과 같이 갔었단다.

학교에 근무하고 있는데 학교로 전화가 왔다. 안선웅이가 수상 사고로 전남대 병원 응급실에 있으니 보호자가 빨리 와 달라는 것이었다. 불안했다.

수상 사고면 왜 응급실에 있단 말인가!

전남대 병원 응급실에 도착해서 안선웅이 보호자인데 전화 받고 왔다고 하니 무슨 장부를 꺼내고 보더니 지금 영안실에 있다 했다.

앞이 캄캄했다. 영안실에 가보니 이미 선웅이가 다니던 백운교회 교인들로 보이는 대여섯 명이 모여 있었다. 영안실 문을 여니 즐비하게 늘어진 나무관 하나를 열어주었다. 선웅이! 내 아들이었다. 억장이 무너져 눈물도 나오지 않았다. 관에 담겨진 내 아들 얼굴에 손을 얹고 하나님께 기도했다.

"하나님! 이 어인 일입니까! 우리 선웅이가 죽었습니다. 영혼 불쌍히 여기시옵소서. 하늘나라에서 크게 써 주시옵소서!" 기도하고 나니 관 옆에는 옷 하나가 놓여 있었다. 일주일 전에 내가 서울 출장 갔다 내려오면서 광주 집에 들렀을 때 '아버지 옷 하나 사 주십시오'가 내가 아들에게서 들은 마지막 부탁이었고, 그 옷이 내가 아들에게 준 마지막 선물이었다.

관 뚜껑을 덮고 나니 해제 출신 박연동이가 있었다. 백운교회 교인들에게 고마운 인사를 하고 어떻게 할까 생각하는데 박연동이가 광주에서 매장 처리하는 것을 권했다.

나는 단 일 초의 망설임도 없이 "아니다. 내가 데리고 갈 것이다." 병원에서 내어준 차로 죽은 자식을 싣고 집으로 돌아왔다.

오면서 나의 기도는 "하나님, 선웅이 할머니 위로하여 주시옵소서! 선웅이 어머니 심장이 약해서 동리초상만 나도 몸져 자리에 눕는데 마음 든든하게 먹고 극복할 수 있도록 도와주십시오."

계속 끝도 없는 기도를 하면서 집에까지 왔는데 역시 내 기도를 하나님 께서 응답해주셨다.

동리에 막 도착하니까 선웅이 애미가 차에서 내리시는 시어머니에게 "얼마나 놀라셨습니까? 마음 든든하게 먹읍시다. 하나님의 뜻이 어디에 있는지 모르겠습니다" 하고 담담하게 받아들이는 것을 보면서 나도 놀랐다.

마침 지인들이 집으로 와서 관을 잠깐 보고 우리 선산(기룡 부락)에 묻겠다고 했더니 누군가 날 송장 선산에 묻는 것이 아니라는 것이다. 나는 내 아들 내 선산에 묻는다는데 누가 뭐라고 하느냐고 말 못 하게 하고 선산 제일 아랫자리에 꼭꼭 묻어 주었다.

묻고 나서 집에 왔는데 도저히 실감이 나질 않는다. 이 사건이 현실로 받아들여지지 않는다. 꿈만 같이 느껴진다.

선웅이를 산에 묻고 그날 밤 진웅이(당시 12살)를 안고 자면서 진웅이에게 한 말이다. "진웅아! 니가 형 몫까지 해야 한다."

학교에서 퇴근해서 돌아오는 석양녘에 내 눈은 어느새 선산을 바라보고 내 발걸음은 선산으로 향한다. 한참을 흐느껴 울다가 어두워지면 산을 내려와 집으로 온다. 자다가도 한밤중에 묘지에 가서 소리 나지 않게 흐느낀다. 날마다.

선웅이 선산에 묻은 후 밤중에 산에서 귀신이 나서 울음소리가 들린다는 소문이 동리에서 돌았단다. 그래서 그 소리 듣기 싫어서 꾹꾹 참고, 소리 없이 울고, 울고, 또 울었다.

새벽마다 가서 교회 가서 하나님께 기도한다.
"하나님!
내가 무슨 죄로 큰아들이 죽어야 합니까?
내가 지은 죄가 무엇입니까?
대답을 좀 해 주세요."

거의 억지에 가깝게 하나님께 투정을 부리는 서너 달쯤 드디어 하나님께서 내게 응답하셨다. 깨닫게 하셨다.

안국이 너는 살인자이다.
생명을 몇이나 죽였는지 아느냐?

이남삼녀 오 남매 낳은 후 낙태 수술은 몇 번이었느냐?

생명은 하나님이 주인인데 니가 왜? 왜?

아내와 공모해서 생명을 죽이고 급기야 아내로 하여금 복강 수술까지 강요해서 하나님의 생육하고 번성하여 땅에 충만하라는 축복을 거부한 죄를 나에게 물은 것이다.

내게 주신 하나님의 대답이셨다. 그 뒤로 내 눈에서 눈물도 멈추고 회개했다. 몇 년 전에 선산을 정리하면서 표석비도 세웠다.

'안진웅의 형 선웅이 묘'

그 후 선산 관리를 할 때마다 "내 죄로 니가 죽었구나. 살아서 내 묘에 풀 뽑기를 니가 해야 할 터인데 바뀌었구나!" 혼자 중얼거린다.

내 아들 선웅이를 처음 만났던 그때와 선웅이 어린 시절의 일기를 싣는다.

1960년 2월 27일(토) 맑음

아들 선웅이와의 첫 만남

아침 다섯 시경 송정리에 내렸다. 한시바삐 집안 소식을 확인하기 위해 광주로 향했다. 광주에 아무 소식 없기로 안도의 한숨을 쉬었다. 이제서부터 집에 가서 즐거운 푸로(프로그램)들을 생각해 본다. 이 그리움 속에 행복이 있는지도 모르겠다.

할머니, 어머니, 동생, 아내 언제나 그러하듯 화락한 가정 분위기.

그동안 마음대로 그려보던 내 아들을 보는 순간 서먹서먹한 부끄러움까지 느껴져 안아 보고픈 충동을 저녁까지 참아야 했다.

나는 아들이 태어나기 7일 전인 59년 10월 11일에 자원입대했다.

밤늦게 내 방에 들어와 우리 세 식구가 나란히 누워 전에 느껴보지 못한 행복을 느껴보느라 오순도순 정담에 첫닭이 우는 것도 잊고 즐거워했다.

1960년 3월 25일(금) 비

선웅이가 보고 싶다. 허수아비 까불어 대듯 원기 있는 선웅이가 보고 싶다. 하늘의 사람 천사와 같은 선웅이.

내 대를 이을 선웅이! 아니 할아버지, 아버지의 대를 이을 선웅이! 귀하고 중한 존재가 아닐 수 없다.

손자를 아들을 남편을 오빠를 군에 보내고 고독해하던 식구들에게 위안이 되어 주는 존재! 희망이 되어 주는 존재! 물론 전에도 그러했지만 선웅이로 인해 온 집안이 웃음 속에서 살아가는 화락和樂한 근심 없는 가정, 슬픔 없는 낙원을 만드는 존재! 못 견디도록 보고 싶다.

1960년 3월 30일(수) 흐림

오늘도 몇 번이나 패스보드(군인 수첩)를 꺼내어 선웅을 보았는지 모른다.

28일 아내로부터의 편지에 보내온 깨복쟁이 사진이다. 아무리 보아도 싫지 않고 그 어디를 보아도 못생긴 곳이 없는 선웅이!

폼마저 제대로 재고 있는 선웅이. 이렇게 선웅이가 내 아들이라고 느껴지는 순간마다 아버지 된 무거운 책임감으로 기쁨 속에 고통스러움이 있다.

손자로서의 아들로서의 남편으로서의 오빠로서의 형으로서의 너무도 중한 책임 위에 아버지로서 책임까지 지워졌으니 가난한 일동이에게 과분하지 않을 수 없다. 이 모든 책임을 어떻게 다 감당해내야 할지!

1960년 6월 13일(월) 맑음

고향을 향해 내어 디딘 발걸음이 26시간만인 오늘 네 시 정각에 고향 땅에 내렸다. 웃음으로 반겨 주는 집안사람 중 한 사람이 웃음으로 반겨주지 못하니 서운하다. 안해가 아파 누웠으니 말이다. 별 연고 없는 집안이기에 마음 놓고 십 일간의 휴가를 보낼 수 있을 것 같다.

저녁 선웅이를 가운데 앉혀 놓고 온 집안 식구가 둘러앉아 웃을 수가 있으니 할머니에게 어머니에게 손자 아들 노릇은 다한 것 같은 흐뭇한 만족감과 행복감까지 느낀다.

1960년 6월 18일(토) 맑음

온 집안 식구가 선웅이로 생의 보람을 느끼는 것 같다. 하루의 생활이 그저 웃음의 연속으로 온 식구가 선웅이가 귀여워 어찌할 줄을 모른다. 선웅이의 아버지된 내 마음도 흡족하게 느껴진다. 비대하지도 여위지도 않는 몸집에 깨끗하고 하얀 살결이 도시형 미남이다.

닮기는 저의 외가를 많이 닮아 '작은 형범'(매형)이란 별명이 붙기에 어색함이 없다. 무엇이나 손에 잡히는 대로 입으로 가져가는 양樣이 귀여웁다. 본능이라고 해석하기에는 진실 그대로인 천사에게 모욕을 주는 것 같기도 하다.

무엇이라고 하는지? "엠메 엠메 엠 멤!" 소리도 귀엽고, 행동도 귀엽고, 맵시도 귀여워 귀여움을 빼놓고는 느껴보지 못할 날개 없는 천사 그대로이다.

1960년 10월 3일(월) 맑음

아직 돌도 안 지난 것이 제법 걷는다. 강아지를 부른다고 혀를 놀리고,

소를 부른다고 "음머!" 소리도 제법하고 "업자 냇네깍…" 무슨 소린지 해 보려고 힘을 쓰는 양이 귀엽기만 하다.

그러니까 아침 동이 터서부터 저녁 자리에 들 때까지 웅이 때문에 웃고 사는 집안 식구들인 것이다. 집안 식구에게서 뿐 아니라 온 동리 사람들에게까지 사랑을 받고 있다. 그건 다른 어린이에게서 찾아볼 수 없는 일됨, 또한 일동이의 아들이어서인 것이다.

1961년 3월 8일(수) 흐림

희에게서 편지가 왔다. 시원스러운 소식이었다. 웅이란 놈이 이웃집에 놀러 다닌다고! 못 할 말이 없이 다 할 줄 알고, 춤을 꽤 잘 추며, 복싱을 꽤 잘한다고! 설날 세배는 도맡아 한 모양! 참 세월이 빠르다고 느껴졌다. 집 떠날 때 엄마 소리도 못 했고 아박자박 걸음 배우던 그 모습이 눈에 선한데 칠 개월이 채 지나지 못한 오늘 그토록 자랐단 말인지? 도시 거짓 같기만 하다.

오늘 편지로 웅이의 모습을 보고 나니 미처 느끼지 못했던 보고픔이 제대 날짜를 한 번 더 손꼽아 보게 한다. 하루속히 집에 가서 "아빠 안녕!" 절을 받고 싶다.

1961년 5월 8일(월) 맑음

많지 않은 여섯 식구가 둘러앉아 웅이란 놈 때문에 배꼽이 아프도록 웃어댔다. 하나! 하면 둘! 하고 아리랑 춤을 춘다고 허수아비 춤을 추고, 아이(베개 인형)를 업고 좋아라 하며 곧잘 베개 아기에 젖을 준다고 앞섶을 떠들고 베개를 감싸는 양이란 웃음 없이는 못 볼 지경이다.

확실히 선웅이란 놈 때문에 낮이면 낮마다 밤이면 밤마다 웃음으로 살아야 하는 집안 식구들을 볼 때 나도 따라 웃어야 한다.

오늘 저녁도 웃다가 웃다가 배꼽이 아파 더 웃을 수가 없어 방에서 뛰쳐나오고 말았다. 내 방에 와서 일기를 쓴다. 지금도 큰 방에선 웃음이 그칠 줄을 모른다. 만 18개월 자란 재롱이다.

1962년 4월 9일(월) 맑음

선웅이가 곧 죽어간다. 잘 놀던 애가 갑자기 풍기가 일어난 것이다. 당황하지 않을 수 없다. 처음 보는 일이다. 할머니를 급히 도성 창수에게 보내고 난 후다. 꿀장수가 왔다. 마침 그 아주머니가 사간(몸속의 열독을 제거하는 약재)을 먹이고 나니 좀 정신이 나는 모양이다. 창수 씨가 와서 주사를 놓고 약을 먹이곤 안심되는 바 있다. 만약 선웅이가 죽어버렸다고 할 때 그 허탈을 상상해 본다. 아무리 생각해도 인간으로서 못 당할 것만 같은 느낌이다. 현기의 그 서운해하던 마음의 허황함을 이제 사 이해가 가는 바 있다. 죽지 않고 죽을 듯만 했어도 이토록 큰 두려움과 걱정됨과 서운함이 있는데…. 난 선웅이에게는 마음으로 맹세를 한다. 이제 후론 무서운 아버지가 아니라 사랑스러운 아버지가 되겠다고….

1992년 12월 12일(토) 흐림

선웅아! 참 오랜만이다. 너의 이름을 문자로도 써보고 입속으로도 불러본다. 1977년 7월 30일 너와 헤어진 후 10여 년 동안 하루도 너를 잊어본 적 없이 고통스럽도록 열심히 보고 싶은 정情을 되씹고 살았는데, 요즈음에 와서는 망각의 생리를 저버리지 못해서인지 잊고 사는 날이 더 많아졌구나.

간밤 꿈속에서 너를 만난 것이 아니라 너를 보고픈 정으로 봇물처럼 터져버린 슬픔을 이기지 못해 얼마나 울었는지 꿈을 깼을 때 머리가 아프고 가슴이 미어졌다.

그러니까 꿈속에서 너와 헤어진 후 4년 만에 만났기에 지금 살았으면 대학교 졸업반인데 하면서 소리 내어 엉엉 울었단다. 눈을 뜨고 줄곧 너를 생각한 지 벌써 한 시간이 지나고 있구나. 종소리에 일어나 새벽 기도 가야 하는데 몸이 너무 무겁고 기운이 빠져 포기를 했다. 그리고 이렇게 일기장을 펴고 생애 처음 새벽 아침 일기를 너에게 편지 대신 쓰고 있구나.

생각해 보니 어느덧 지나간 세월이 15년이구나. 니가 그렇게도 존경하고 좋아하던 할머닌 지금도 건강하시지만 너 보낸 후 신경성 위장약을 달고 사신단다. 그 고우시던 얼굴도 몰라볼 만큼 늙으셨지. 두 여동생은 결혼해서 잘 살고 있고, 니가 그렇게 사랑하고 걱정하던 진웅이는 아무 문제 없이 공부 잘하고 있단다. 이제 대학 졸업이란다. 그리고 막내 수미라가 금년에 대학에 들어간단다. 이따금 네 어머니는 아들들 결혼시켜 며느리 본 친구들을 그렇게도 부러워한단다. 부러움보다는 너를 그리는 그리움이겠지.

선웅아! 정말 너를 만나볼 때가 있는 것이냐? 하늘나라에 가서 만날 수 있다는데 믿기지 않는구나. 만난다 한들 무엇하겠느냐마는 꿈속에서라도 자주 만나자꾸나. 이 세상에 없는 너로 만나고 싶지 않다. 다만 이 세상에 살아있는 너로 만나고 싶다. 네가 떠나던 해 네 나이 열아홉 살, 고삼, 한창 피어나던 청년, 날마다 예뻐지던 그때인 너를 만나고 싶은 것이다.

괴로움이 아닌 기쁨으로 만나고 싶다.
눈물이 아닌 웃음으로 만나고 싶다.

지금 천국에 살고 있을 너를 만나고 싶다.

앞으로 꿈속에서라도 자주 만나자.

영靈의 세계에서 육정肉情으로 만나는 것은 괴로움일테니. 너는 육肉이 이미 없으니 나 혼자서 너를 만나는 것이기에 괴로움이란다.

선웅아! 잘 있거라! 행복하거라!

2003년 5월 1일 맑음

자식의 묘에 풀을 뽑다

자식의 묘에 풀을 뽑은 아비의 감회는 20년 전이나 10년 전이나 오늘이나 매한가지다. 그러니까 26년이란 긴 세월이 지났는데도 아직 자식 그리움은 잊혀지거나 퇴색되거나 시들어짐 없이 한결같이 보고 싶고 궁금하다. 묘에 잡초를 뽑으며 묘 속을 연상해 본다. 그래 이제는 뼈만 앙상히 남아 있겠지. 어느덧 19살 고등학교 3학년 그때의 똑똑하고 예쁘고 잘생겼던 청년이 떠오른다. 그놈이 살았어야 했다. 그랬으면 나의 삶은 훨씬 더 풍성했을 것이다. 더 당당했을 것이다. 더 자신만만했을 것이다. 나의 외형적 값어치도 더 높이 평가받을 것이다. 자식 때문에 덤으로 받는 대접도 더 클 것이다. 자랑거리도 있을 것이다. 우리 노부부의 말년도 더 부드러울 것이다. 4남매가 5남매요, 8형제가 10형제 한 다발이 되는 것이다. 손자가 지금쯤 고등학생일 테지. 꼬리를 무는 생각이 한없다.

예부터 사궁四窮에 환과고독鰥寡孤獨이라 했는데 홀아비, 과부, 고아, 자식 없는 늙은이를 일컬었다. 나는 마지막 독獨에 가깝다고 느껴진다. 둘 중 하나를 잃었으니까! 부질없는 생각에 나무 밑 그늘이 어두워지면서 산에서 내려왔다.

7월 유감

7월!
7월은 내게 형벌의 달
잔인한 고문의 달
77년 7월, 777 행운의 숫자
내게는 가혹한 운명의 숫자
엊그제 같은데 벌써 26년
하루도 잊지 못한 그리움!

지금쯤 마흔다섯 중년의 얼굴
그리움을 넘어 보고 싶음
보고픔을 넘어 고통
고통을 넘어 절망
절망 너머에 그 무엇일까?

그래 하늘나라에 가면 만날 수 있다고
정말일까?
정말이 아니면 사기인데
사기일망정 보고 싶다. 만나고 싶다.

무슨 수라도 만나야 한다.
만나 보아야 한다.
만나기만 하면 된다.

만-나-보-자! 천국에서

2003. 7. 1.

효심으로 잡은 명당
— 외할아버지와 우리집 선산

풍수지리에서 말하는 명당이란 일반적으로 복을 받고 부귀영화를 누릴 수 있다는 좋은 집터 좋은 묫자리를 의미한다. 옛말에 "오시하관午時下棺하면 미시발복未時發福이라" 했고 '발복지지發福之地'라는 말도 있어 풍수지리가 하나의 민간신앙으로 자리매김을 하고 있다.

아버님이 돌아가시고 삼 년이 지났는데 어느 날 외조부님께서 우리집에 오셨다. 평소 외할아버지는 한 달에 한 번 정도로 우리집을 다녀가셨다. 우리 어머님이 큰딸인데 어린 나이에 생모가 돌아가시고 계모 밑에서 자랐기에 일남삼녀의 자식들에 대한 부성애가 남달랐다. 특히 큰딸을 어린 나이 16세에 출가시켰는데 아직은 젊은 나이 36세에 청상과부가 되었기에 불쌍히 여기시는 마음으로 격려차 그렇게 딸 집에 먼 길을 마다 않으시고 왕복 16km(해제 학암에서 기룡동까지)의 길을 걸어서 다니셨던 것이다.

한번은 외할아버지께서 내게 너무도 엄숙하게 말씀을 시작하셨다. "일동아, 너는 예수 믿으니까 명당을 믿지 않을 것이다. 그러나 명당은 있는 것이란다. 기왕이면 좋은 집터, 좋은 묘 터가 있다는 얘기다. 니 애비 죽은 지가 3년이 지났는데 대개 3년이 지나면 관을 빼 주는 이장을 해야 한단다. 관을 빼 주는 것은 나무관이 썩으면서 매장된 뼈가 같이 삭기 때문에 부모님의 뼈가 빨리 삭는 것을 방지하기 위해서란다. 이것이 바로 돌아가신 부모님의 뼈라도 더 오래도록 보존하고 싶은 효심으로 하는 것이란다. 그래서 너의 애비 이장을 해야 하는데 내가 유명한 지관을 모셔다가 명당을 잡고 싶은데 너는 그렇게 알아라! 어쩌냐 네 생각은?"

나는 명당을 믿고 안 믿는 게 중요한 것이 아니라 외할아버님의 그 말씀에 순종하지 않을 수가 없었다. 내 대답은 "외조부님 뜻대로 하십시오, 순종하겠습니다"였다.

이어서 명당에 대해 풀이해 주셨다.

명당에 묘를 쓰면 자손이 복 받는다고 하는데 복 받기 위해서 명당을 잡아 묘를 쓰는 자식들은 복을 받지 못하고, 부모님에 대한 효심으로 기왕이면 좋은 땅 누가 보아도 좋게 보이는 묏자리를 택하고 묏자리가 토질이 좋아야 뼈가 오래 보존되는 것이니까 기왕 썩어 흙이 되는 것이지만 더 오래도록 보존되기를 바라는 그 효심을 보고 하늘이 복을 주는 것이지 무슨 땅이 복을 주는 것은 아니라고 말씀하시며, 효심 없이 명당을 잡아 자손들 복 받겠다는 욕심이 먼저 앞서는 것은 불효일 수밖에 없는 것이라고 말씀하시면서 "그러니 그렇게 알아라" 하셨다. 거의 명령에 가까운 말씀이셨다.

나는 아직 나이 어린 20세였지만 그때 우리 외할아버님이 내게 가르쳐 주신 명당 이론이 그렇게도 내 마음에 들었다. 지금에 와서 생각해보면 내가 믿는 기독교적 사상과 통한다고 생각한다. 십계명의 제1, 2, 3, 4계명은 하나님께 대한 계명이고, 제5, 6, 7, 8, 9, 10계명은 인간관계에 대한 계명인데 그 인간에 대한 여섯 계명 중 첫 번째 제5계명이 "네 부모를 공경하라"는 것이다. 인간 윤리의 기본 중 제일 으뜸인 것이 부모에 대한 효인 것이다. 그렇다. 외조부님이 말씀하신 효를 실천하는 자식에게는 하늘이(유학 사상에서 하늘은 곧 하나님) 복을 준다는 말씀이 기독교적이고 성서적인 것을 뒤늦게 나는 깨달았다.

　며칠 지나지 않은 따스한 봄날 외할아버님이 지관을 모시고 우리집에 오셨다. 그때 나는 그 지관의 풍채風采에 일단 압도壓倒되었다. 구척장신九尺長身에 도포道袍를 입고, 큰 대삿갓을 쓰고, 자신의 신장보다 더 큰 지팡이가 마치 전설 속에 나오는 신선神仙처럼 보였다. 집에서 어머님이 준비하신 점심을 대접하고, 우리 일행은 외할아버지와 큰 집 당숙 그리고 나, 셋이서 지관의 뒤를 따라나섰다. 기룡 부락 동쪽으로 왜정 때 만들어진 신작로新作路를 따라 북쪽으로 이성산을 바라보며 능선 따라 월암 부락 뒤로 이성산에 올라가면서 간혹 전후좌우를 관심 있게 살펴보는 지관 따라 산 중턱쯤 올라가서 머물러 있다가 다시 하산해서 기룡 부락까지 거의 와서 소나무가 울창한 산에 이르러 "이 산 주인이 누군가?" 하고 물으셨다. 우리 당숙이 "예! 제 산입니다." "그래. 이 산에 자네 종제從弟 묫자리를 잡을 것이니 허락하시겠는가?" 물으셨다. 당숙의 대답이 "예! 허락해야지요." "그래 가세." 그 산 끝자락까지 왔다. 그때 그곳은 용학교회 바로 뒷자리였다. 지정하는 자리에 푯대를 박고 자리를 정했다. 그 자리에서 외할아버님의 말씀이 "알아보니까 저쪽으로는 자네 밭이고 그 북쪽으로 일동이네 밭인데 쇠뿔도 단김에 뽑는다고 했으니 오늘 토지 교환 조건으로 이 묘지를 약 50평으로 보고 줄로 재서 일동이네 밭을 100평쯤 떼어서 교환 조건으로 끝을 내는 것이 어떻겠는가?" 하고 제안을 하시니 당숙이 받아들여 곧장 새끼줄로 측량을 해서 묘지가 결정되었다.

　나중에 생각해 보니 이 또한 외할아버님의 지혜이셨던 것 같다. 만약 당숙의 마음이 변해버리면 그만이기 때문에 그렇게 서둘러 확실하게 매듭을 지은 것이고, 즉석에서 바로 지관에게 이장 날짜까지 가까이 받아서 아버님, 숙부님 형제분을 모셨던 것이다. 그 후로 40년쯤 지난 후에 내게 전해오는 소문이 있었다. "안국이가 여기 명당 잡는 바람에 도의원이라는 큰 벼슬을 했다"라고 어느 지관이 이야기했다는 것이다. 그 말이 썩 듣기 싫지는 않았다. 내가 생각해 본다. 풍수지리설에 흔히 나오는 '좌청룡 우백호 배산임수 용혈사수左靑龍 右白虎 背山臨水 龍血砂水'라는 말을 적용해보면 그럴만한 것도 같다. 우리 외할아버님의 말씀같이 무슨 땅이 복을 주겠는가? 자손된 자들의 효심에 하나님이 감동하서 복 받는 것이 당연한 것 아니겠는가?

나는 선산 관리에 남다른 애정이 있다. 부모님과 조상의 묘소가 있는 곳이니 당연히 아름답게 깨끗하게 관리를 할 의무가 있다고 생각하기 때문이다. 그 선산에 증조모님, 조부모님, 부모님, 숙부모님을 모셨고, 내 아들 선웅이가 선산 아랫자락에 묻혀 있다. 깨끗하고 아름답게 갖추어진 내 가족 선산이다. 자랑스러운 명당이다.

안수경 목사 임직

2002년 4월 22일(월) 맑음

서울남노회에서 안수경 목사 임직식을 하는 날이다.

안수 기도하고 목사 가운이 입혀지고 붉은 후드가 걸쳐지는 순간 눈물이 눈에 고였다. 지금 가운이 입혀지는 순간 고난의 십자가가 지워지는 순간이며, 후드가 걸쳐지는 순간 성의聖衣가 입혀진 것이라는 감격 때문이다. 입술을 깨물고 눈물을 참아야 했다.

최북렬 목사님의 권면 말씀이 또 나를 눈물 나게 했다. "고통스럽고 어려울 때 배를 쓸어내리며 '나는 쓸개 없는 사람이다'를 되뇌며 한없이 쓰다듬는 그 손자국에 옷이 다 닳아야 한다"는 것이다.

세 번째의 감격이다. 수경이가 한신대학원을 가겠다고 했을 때 수경이의 이름 두 자를 우리집 호적에서 그어버리겠다고 막말했을 때 아무 말 없이 눈물만 흘리던 수경이가 드디어 나이 사십이 다 되어 목사 가운을 입고 높은 단에 서서 두 손 들고 축도했을 때 자식의 축도를 받는 아버지의 감격이 눈시울을 다시 뜨겁게 했다.

오늘 참석해 준 노진태, 김영식, 노준복 세 집사님이 고마웠다. 내 차로 같이 다녀온 것이다. 집에 도착은 밤 열 한시였다.

나의 평소 기도 제목 중 하나는 10대 장로요, 또 하나는 내 자식 1남 3녀 장로에 1자부 3사위 장로, 8형제 장로이다. 첫 테이프를 수경이가 끊은 것이다. 오늘 안수경 목사 임직식에 4남매와 조카딸 등이 참석했다. 아내가 참석 못 해서 서운했다. 넘어져서 발뼈에 고장이 생겨 보행 불능으로 병원에 입원 중이다. 본인도 많이 섭섭해한다. 물론 수경이도 많이 서운했을 것이다.

2014년 3월 2일(주일) 맑음
용학교회 설립 88주년 기념 예배

오늘 용학교회 설립 88주년 기념 예배를 드렸다. 초청 설교자로 안수경 목사가 왔다. 성경 본문은 마가복음 1:16-20, 사도행전 2:42-47에 제목이 "온 백성에게 칭송받는 교회"였다. 제목도 좋았고 내용도 훌륭했다.

용학교회 66년사에서 교회의 목표 사업인 노인복지 요양 사업, 주말 농원교회 사업, 퇴비공장 사업을 읽어보았는데 노인복지 사업은 훌륭하게 하고 있는데 두 가지 사업이 아직 미진한 것을 보면서 그 사업이 이미 선진화 사업이었는데 아직도 늦지 않았다고 권했고, 초등학교 다닐 때 즐겨 불렀던 한국 농촌 제일 교회라는 교회와 용학교회 헌장에서 명실공히 한국 농촌 제일 교회의 꿈이 이루어져 가고 있는데 한국 농촌에서뿐 아니라 대한민국에서, 아니 전 세계적으로 찾아볼 수 없는 좋은 교회라는 것과 계속해서 그 꿈을 전 교인들이 함께 꾸어 가면서 복 받는 만인 구원을 이룩해 내는 교회로의 성장을 축복해 주는 좋은 설교였다.

내가 감명 깊게 받은 말씀은 "기도는 하나님께 요구하는 것이기도 하지만 하나님께 묻는 것이다"라는 말씀이었다. 의미심장한 뜻 있는 말씀이었다.

효(孝), 가족 세미나

2006년 7월 7일 제1회 가족 세미나 양평 대명리조트.

자녀들의 요청으로 우리 가족 전원 16명이 양평 대명콘도에서 제1회 가족 세미나를 가졌다. 주제 발표는 "동양의 효 사상" 15분 발제하고, 안수경 목사가 "성경 속의 효도"를 15분 발제했다. 자랑스러운 자식들이었다. 지금까지 효도하는 자식들인데 세상에 유례없는 가족 세미나를 갖는다고 하는 일이 더욱 자랑스러움이었다.

최 서방이 듣고 나서 오늘 아버님의 강의 내용이 너무 감명 깊어서 자기 회사에 돌아가면 이 원고 내용을 복사해서 전 사원들에게 나누어 주고 전하겠다고 하였다. 또 강의 도중 창원이 고등학교 1학년 생에게 "효도가 무엇이라고 생각하느냐?"고 물었더니 성공해서 부모님을 즐겁게 해드리는 것이라고 답했고, 강이는 부모님을 즐겁게 해드리는 것이라고 답변했다. 둘 다 정답이라고 칭찬해 주었다. 그렇다 효의 정의는 부모님의 심신心身을 평안하게 해드리는 것이며 입신양명立身揚名하여 부모님을 기쁘게 해드리는 것이란 내용이 원고에 있는 얘기이다.

우리 가족 자랑스러운 가족이다. 가훈이 있고, 가가가 있고, 가헌 10조가 있는 가문인데 이제는 가족 세미나까지 행사로 시작한 명문名門이 된 것이다.

강연 자료를 여기에 싣는다.

동양의 효 사상

1. 효 사상의 기원

    북방 민족의 조상 숭배 사상이 기복신앙으로 발전해오다가 유교에
    접목되어 이론화가 됐다.

2. 유교의 도덕적 기본

    삼강三綱의 부위자강父爲子綱 ─ 군신, **부자**, 부부

    오륜五倫의 부자유친父子有親 ─ **부자**, 군신, 부부, 장유, 붕우

    기독교의 십계명적 규범

3. 효의 정의

    부모님의 은혜에 보답(절대가치)

    효孝 = 노老 + 자子

4. 공자의 효 사상

    삼천 죄목 중에 불효죄가 대죄이다. _효경孝經

    견마지양犬馬之養이 아니다(부양의 의무)

5. 맹자의 효 사상

    효는 백행지본이요, 백복지원이다(인륜도덕의 근본이다).

6. 증자의 효 사상

    부모: 심신의 평안

    자신: 입신양명(출세)

7. 효자 이야기

    (1) 한漢나라 한백유韓伯愈는 늙으신 어머니가 때리는 매가 아프지
       않아 울었다. 어머니의 기력이 쇠한 탓이다. ─ 백유읍장伯愈泣杖

    (2) 초楚나라 노래자老萊子는 늙으신 부모님을 즐겁게 해드리려 70
       나이에 색동옷을 입고 춤추고 어리광을 부렸다. ─ 반의지희斑衣之戲

(3) 후한後漢의 곽거郭巨는 노모가 자기 몫의 밥을 손자에게 먹이고 굶는 것을 보고 궁리 끝에 자식을 구덩이에 묻기로 하고 땅을 팠더니 금솥이 나와 부자가 됐다.

(4) 신라 때 손순孫順 부부가 머슴살이로 늙은 어머니를 봉양하는데 어린 아들이 매양 어머니가 드실 고기를 뺏어 먹으니까 취산에 묻으려 땅을 팠더니 석종石鐘이 나왔다. 집에 가지고 가서 쳤더니 임금이 종소리를 듣고 내력을 들은 후 효심에 상을 내려 좋은 집과 매년 쌀 50석을 상으로 주었다.

(5) 고려장 이전의 풍습으로 늙은 아버지를 산에 버리려 지게에 지고 가서 지게와 같이 버리고 돌아서는데 따라간 아들이 그 지게를 다시 지고 오기에 그 까닭을 물으니 아들이 대답하기를 "다음에 아버지를 이 지게로 버리려고 한다" 하니 회개하고 다시 아버지를 모시고 돌아왔다. ― 기로전설棄老傳說

8. 반포지효反哺之孝(반포조의 별칭)

까마귀 새끼는 커서 자기를 키워 준 어미를 3개월 먹인다.

결어: 효자와 불효자는 간발의 차다.

'임마누엘의 집'을 짓게 하신 하나님!

모든 일이 지나놓고 보면 이미 하나님께서 오래전부터 예정해 놓으시고 그때가 차기를 기다리시는 것 같다. 이것이 내가 좋아하는 '여호와 이레의 신앙'이다.

내 나이 칠순 때 이스라엘 성지순례를 내외가 다녀왔다. 그때 가장 인상 깊었던 곳이 갈릴리바다였다. 좌우로 180도 반원형의 전망인 바다이다. 실은 호수인데 예수님 당시 지리 개념이 너무 큰 호수여서 바다로 알았던 것 같다. 전방으로 펼쳐진 반원의 호수, 멀리 보이는 그 주변은 육지로 다 막혀있는 것으로 보이는 그때, 내 머리에 떠오르는 갈릴리호수를 닮은 지형에 전망이 생각되었는데, 바로 해제면 바닷가 할아버지로부터 유산으로 받은 510평짜리가 마치 갈릴리호수 같은 전망이 있는 내 땅이었다. 언뜻 생각나는 것이 그래 바로 갈릴리 호수가 한국 땅에도 있구나. 내 거기에다가 집을 하나 지어야겠다고 생각하고 돌아와서 자세히 감상해 보니 규모만 약간 클 뿐 정확히 갈릴리호수를 닮은 지역이었다. 그래서 집터로 결정을 해두었는데 문제는 지형이 저지대여서 집터로는 썩 좋은 곳이 아니지 않나 하는 생각이 들었다. 이러던 차에 서울에 결혼 주례를 맡아서 갔는데 그 결혼식장에서 내 땅 바로 위쪽으로 600여 평 땅 주인을 만났다. 질병 치료에 돈이 급한데 그 땅을 좀 팔아달라고 부탁을 해 온 것이다. 즉석에서 내가 사겠다고 했더니 땅값이 얼마나 가느냐고 묻기에 그 땅 바로 위쪽(북쪽)으로 농로가 나 있는 땅이 당시 3만 원에 매매가 되었다는 소식을 듣고 있었기에 그 이야기를 했더니 그 값이면 팔겠다는 것이다.

그래서 솔직히 "당신네 땅은 맹지(출입할 수 있는 길이 없음)이기에 리어카도 못 다녀 농지로서는 부적격한 땅이니 그 값을 받을 수가 없는 땅이다"라고 말해주었다. 하지만 나는 그 땅이 필요하니까 그 값을 주겠다고 했더니 즉석에서 구두계약을 했다. 서로 믿고 이전에 필요한 서류를 구비해서 보내주면 그 땅값을 즉시 송금해 주겠다고 해서 그쪽에서 나를 믿고 그런 절차를 밟아서 내가 매입했다. 그리하여 그 땅을 1.5미터 정도 낮추어 기존 내 땅을 돋우면서 부지를 확정했다. 그러니까 그 땅을 산 것만 해도 '여호와 이레'의 축복이었다.

부지 정리를 먼저 하면서 기룡동 안 집에서 기르던 나무들을 옮겨 심고, 마침 농가주택 개량 사업이 있어서 주택자금 4천만 원을 융자받아 별장을 짓게 되었다. 그 별장을 지은 것은 내가 돈이 남아돌아서 지은 것이 아니다. 물론 유언장을 썼다. "나는 유산이라 할 것도 없는 적은 재산이지만 자녀에게 유산은 없다. 내가 필요한 대로 쓸 것이다. 다만 너희들 공부하는 데 최선을 다해서 뒷바라지할 것이며, 결혼하면 아버지 재산으로부터 독립하는 것인데 아들에게는 전세 아파트 하나 마련해주고, 딸들에게는 원하는 결혼예물로 적당한 선에서 해줄 것이다."

별장을 하나 지어서 4남매 공동 재산으로 주어 내 자식들 손자들 대까지 별장으로 쓰도록 하겠다는 생각이었다. 그리하여 2011년 9월 28일에 기공 예배를 드리고, 12월 12일에 준공을 하고, 12월 25일에 낙성 예배를 드리고, 12월 30일에 마침 서용석 목사님 내외분이 오셨기에 입주 축복 기도를 받고 입주한 것이다.

총 공사비는 건축 준비비 설계 기타 1천만 원, 건축업자 1억 3천만 원, 조경 부속건물 1천만 원, 소계 1억 5천만 원, 땅 200평으로 평당 25만 원씩 5천만 원으로 총합계 2억짜리 건축이다.

특기할 것은 건축물 전방 상단에 검은 벽돌로 십자가를 박아놓았고, 머릿돌에다가 '임마누엘의 집'이란 택호宅號를 지어 입구에 박아놓았다. 물론 내가 쓴 것이다. 12월 12일에 준공한 것은 내 장로임직 일자와 같이 한 것이다. 그 뜻은 내생에 큰 축복받은 날을 뜻하는 것이다.

집 이름 '임마누엘의 집'은 "하나님이 우리와 함께 계신다"는 성경적 뜻이다.

자랑하기는 세계적으로 개인 주택에 머릿돌이 박힌 건축물이 없고 가정집이 집 이름을 가진 적이 없다는 것이다. 이 모두가 하나님께서 내게 주시는 영감적 지혜인 것이다.

많은 분이 이 별장에서 쉬어 가지만은 누구든지 전망과 조경, 십자가와 머릿돌에 대한 찬사를 잊지 않고, 풍수지리를 연구한 대가가 다녀가면서 집터가 너무 좋다며 신심이 두터운 장로님이니까 하나님께서 정해주신 집터인가 보다고 칭찬을 아끼지 않았다. 그러기에 더욱 자랑스럽다. 집에 드나들 때마다 하나님께 감사가 절로 나온다.

2002년 7월 31일(수) 맑음
별장 짓고 싶다

내 고향 해제 바닷가에다 내 별장이 아닌 애들 4남매를 위한 별장을 짓고 싶다. 흙과 나무 돌과 철 등 인공 자재가 아닌 자연 자재로만 40평쯤.

여름휴가나 가끔 시간이 날 때 고향을 찾아와 쉬어 가며, 자연 속에서 호연지기를 기르며, 부모를 생각하며, 인생을 사색하며, 조상의 은덕을 기리며, 인격을 닦는 장소로 쓰이도록 하고 싶다.

물론 조상들의 묘소도 그곳으로 옮겨야겠다. 그때 정원에 예수님 동상도 세울 것이다. 물론 기도실도 별도로 지어야 한다. 자식들에게 물려준 유산도 없고, 있다 해도 물려주고 싶지도 않고, 무엇인가 정신적으로 영원한 가치를 느낄 수 있는 일이 4남매 공유 별장인 것 같다. 물론 잘 지어야 한다. 관리인 처소도 같이 지어야겠다. 내가 살아 있는 동안은 내가 관리할 수 있지만, 나 죽은 후의 관리인이 있어야 하기 때문이다.

해변에 내 땅이 500평이 있는데 지대가 낮다. 그리하여 근방 토지를 매입해야 하는데 또 진입로가 없기에 농로가 확실히 터진 후에 착수할 수밖에 없겠다. 생각 같아서는 당장 시작해서 여생을 한가히 보내고 싶은데 예산은 1억 원쯤 소요되겠지? 또 나무를 많이 심어야 한다. 주위가 산이 없어 운치가 좋지 않으니 수목을 울창하게 가꾸어야 한다. 앞으로 20년 후쯤을 생각하고서.

2011년 9월 28일(수) 맑음

별장 기공 예배

오늘 바닷가 별장 기공식을 8시 30분에 했다.

9.28 서울 수복이 연상되는 날이다. 마치 내 인생의 행복을 회복하는 의미의 주택 건축인가 생각해보았다. 기공식은 약식 간소화 그러나 큰 의미를 부여하고 싶다. 초대 손님도 없었고 친지 그 누구도 없다. 우리 내외뿐이다. 박성태 사장, 포크레인 장비 기사 이승연이, 광주에서 온 목수 등 8명, 총 12명이다.

순서는 묵념 드리고, 찬송가 204장 <잘 짓고 잘 짓세> 부르고, 성경은 구약 시편 127:1, 128:1-6을 읽고, 설교 제목은 "인생은 건축과도 같다.

나와 하나님과의 관계, 예수님 중심의 삶, 어떤 집을 짓고 있는가?"였다.

건축의 3요소는 설계, 자재, 시공인데 중요한 것은 기초에 좋은 설계 좋은 자재 좋은 시공이다.

"나는 내 인생에 처음 내 집을 짓는다. 내 나이 현재 77세인데 앞으로 20년 살겠다는 희망으로 집을 짓는다"라고 했더니 모두 소리 없는 웃음을 지어 보였다. 마치 내게는 축복의 미소만 같다.

그리고 내가 기도하고 주기도로 마쳤다. 고마운 것은 우리 내외가 "예배드릴 터인데 교회 다니시는 분 있으시면 같이 합시다" 했더니 "우리 모두 교회는 안 다니지만 같이 하겠습니다" 해서 저들을 하객으로 예배를 드리는 마음이 흐뭇했다.

2011년 12월 7일(수) 흐림
지붕 기와 공사, 방바닥 미장 공사까지 완료

그동안 9월 28일에 기공 예배드리고 첫 삽을 뜰 때 12월 12일로 준공하도록 박 사장에게 부탁했는데, 만 76일 만에 준공 감사받을 수 있도록 되는 것은 그간 날씨가 도와주었기에 가능했다. 아무리 생각해도 하나님의 은혜인 것이다. 날씨 탓에 공사를 못 하지는 않았으니까. 비 오는 날도 많지 않았지만, 비가 와도 밤에만 왔기에 낮에 일하기에 지장 받지 않았다.

오늘이 절기상으로 대설大雪인데 그동안 많이 참아 준 것이 감사한 일이다. 오늘 방바닥 미장 끝나고 기와지붕 공사 끝났으니 앞으로 1~2일간 방바닥 굳으면 창호 달고 방바닥 깔고 도배하고 가구 들여오면 끝나는데 성탄 전까지 됐으면 한다.

지금까지 큰 문제 없이 공사가 진행될 수 있도록 은혜 베풀어 주신 주님께 감사하다.

2011년 12월 8일(목) 흐림
'임마누엘의 집' 머릿돌 제작

모처럼 시간이 나서 새로 지은 집 머릿돌을 써서 진도 석재에 맡겼다. 택호를 '임마누엘의 집'으로 하고, '준공일 2011년 12월 12일'로 했다.

'임마누엘의 집'이라고 한 것은 임마누엘이 예수님의 이름이고 "하나님이 우리와 함께 계신다"는 뜻이기에 '예수님의 집'이라는 뜻도 되고, '하나님이 우리와 함께하시는 집'이라는 뜻으로서이다. 집 전면 중앙에 십자가 표식이 있는 것도 보면 볼수록 정이 가는 것이고, 머릿돌을 읽어볼 때마다 나 자신이 은혜를 받을 것이다.

준공일을 12월 12일로 한 것은 내가 장로 임직한 날이 12월 12일 12시이고, 12라는 숫자가 주는 의미도 12제자 이스라엘의 12지파, 계시록에서 구원받은 숫자가 144,000명도 12지파에서 각 지파 12,000명을 합한 숫자이고, 1년은 12월이고, 동양사상에도 12지支고, 이는 완전히 충만된 수를 의미하기 때문에 12가 좋아서이다.

가로 41센티미터, 세로 21센티미터 크기로 국산 오석烏石으로 맡겼다.

2011년 12월 12일(월) 맑음
머릿돌 부착

금주 말까지 해서 완전히 끝난다는 공사 일정이 오후에 박 사장의 전화에 의하면 내주까지 끝내겠다는 연기 전화다. 무슨 일이 계획대로 진행이 안 되는 것이 화가 난다. 물론 업자들 사정이라지만 옛날의 박 사장은 상당히 정확했던 사람이었는데….

나는 오늘도 공사 현장에서 일했다. 현장 정리 그리고 공사장에서 나온 폐자재 정리하는 일을 했다. 나중에 황토방 짓고 땔감으로 쓸 목재를 정리하는 일이었다. 내년 겨울 땔감이다. 또 창고 부지, 황토방 부지, 주차장 등을 위한 현장 정리이기도 했다. 내일까지 해서 끝낼 계획이다. 공사 처음 기초 공사부터 오늘까지 지켜본 공사 내용이 100% 만족스럽지 않다. 각 분야 기술자들이 그렇다.

'임마누엘의 집' 오늘 머릿돌을 부착했다. 오늘이 12월 12일이다. 이미 받아 놓은 날이다. 머릿돌도 제작해 놓았다. 내가 장로 임직받은 날짜다.

한결 집 전면에 검은 벽돌 십자가와 머릿돌이 한 쌍으로 조화롭다.

오늘 준공 검사가 다녀갔다. 물론 합격이다. 내일 준공 검사 확정한다고 한다.

하나님께 감사한다. 두고두고 하나님의 은혜를 자랑할 것이다. 날씨로 도와주셨고, 사건 사고 없이 공사가 끝날 수 있도록 은혜 주신 것 정말 감사하다.

2011년 12월 25일(주일) 흐리고 난 뒤 비
별장 낙성 예배

성탄! 주님이 세상에 오신 날! 인류 구원 새 역사 시작의 날! 하나님께서 하늘 문을 지구를 향해 여신 이날! 하나님께 영광이요 땅에서는 평화가 선포된 이날! 하나님이 인간의 몸을 입고 세상에 오신 이날에 우리 자손들을 위해 지은 별장 '임마누엘의 집'이라고 명명한 집, 십자가의 표식을 한 유일한 집, 하나님이 우리와 함께 계시는 집.

낙성 예배를 이 권사와 함께 마주 앉아 드렸다. 오후 5시가 다 되어가 만조된 바다를 바라보면서 넓은 바다에 바닷물이 충만하듯 이 집과 연관된 모든 일과 사람들에게 하나님의 은혜가 충만할 것이라는 하나님의 예정된 시간의 선택이라는 생각을 하면서….

마음 깊숙한 데서 우러나오는 감사의 찬송(28장 <복의 근원 강림하사>, 301장 <지금까지 지내 온 것>)을 부르고 성경은 마태복음 1:18-23까지 교독하고, 별장의 택호宅號인 '임마누엘의 집'에 대한 설명과 또 구약 출애굽기 12:12-14을 교대로 읽었다. 출애굽기 12장 22-23절, 첫 구절 설명으로 양의 피를 문인방과 좌우 설주에 뿌린 표증이 예수님 십자가의 피 흘리신 구원의 상징으로 우리집에 표시된 십자가의 의미를 상징적으로 비유했고, 세계적인 유일무이한 개인 주택에 십자가 표식을 설명하면서 하나님께서 계시해 주신 십자가이기에 마귀 사탄들이 범접할 수 없도록 하나님께서 보호하실 것이란 확신에 찬 기도를 드렸다. 감사의 아멘이 절로 나온다.

2012년 5월 26일(토) 맑음
임마누엘의 집에서 첫날 밤

어젯밤에 큰딸네 세 식구가 집에 왔다. 오전은 물리치료 받고, 오후에 박 서방이 농약하고, 선경이, 창원이와 함께 풀 매고 별장에서 오후를 보냈다. 선경이의 제안에 따라 별장에서 하룻밤을 쉬기로 하고 저녁 먹고 우리 다섯이서 별장으로 와서 처음 외등을 다 켜 걸고 집을 한 바퀴 돌아보니 대낮 같이 밝은 집이 자랑스럽게 예뻐 보였다.

우리 내외는 안방에 침구를 깔고, 제2 침실인 가운데 방에 선경이 내외가 자리를 깔고, 제3 침실에는 창원이가 자리를 잡았다. 마음이 너무 평안하다. 하나님께서 내게 선물로 주신 '임마누엘의 집'이다. 하나님께서 우리와 함께하시겠다고 약속으로 주신 집이다. 이 집에서 우리 내외가 행복할 것이다. 아니 내 자식들 모두가 이 집의 주인들이다. 이 집에 주인들 모두가 하나님과 함께 사는 즐거움이 행복의 노래가 되고 감사의 기도가 될 것이다.

2012년 6월 22일(금) 맑음

별장에서 오후를 보냈다.

별장에 들어서면서 '임마누엘의 집'을 소리 나게 읽어보고 "하나님 감사합니다!"를 외치고 현관문을 열고 실내로 들어간다.

거실 창문 블라인드를 걷고 180도 좌우로 시선을 이동하고 나서 예루살렘의 갈릴리호수라고 비유해 보며 멀고 가까운 산들을 본다. 푸른 산이 먼저 보이고 회색 산이 이어 보인다. 오늘 같은 날은 목포 유달산이 보이지 않는다. 목포 유달산이 선명하게 보이는 날은 더욱 기분이 좋다.

별장 주위를 한 바퀴 삽을 들고 돌면서 풀을 캐내 버리고 쓰레기를 주워 정리하고 깨끗하게 풀 한 포기 없이 관리해낸다.

언제 누가 보아도 첫인상이 주위가 깨끗하다는 인상을 받을 것이다. 내가 사는 한 별장에 누가 오든지 처음 느끼는 것은 깨끗하다. 정리정돈이 잘 돼 있다.

이곳저곳 꽃들이 피어 있어 기분이 바뀌어진단다. 이곳 별장도 그렇게 관리하고 있다. 석양녘에 잡초 모아놓은 것, 나무 전정해서 모아놓은 것 등 쓰레기를 소각하고 집에 돌아왔다.

2012년 7월 30일(월) 맑음

해제반도 갈릴리호수

오늘은 별장에서 아침밥도 해 먹고 점심밥도 해 먹고 쉬었다. 30도가 넘는 폭염에 밖에 나갈 엄두가 나질 않는다. 별장에 에어컨도 있어도 에어컨이 필요 없을 정도로 바닷바람이 시원하다.

거실에서 정면으로 마주한 바다를 보고 있노라면 항상 이스라엘 갈릴리 바다가 연상된다. 멀리 보이는 산들이 저마다 멀고 가깝지만 간격을 유지하고 바다를 빙 둘러 좌우로 적당한 간격으로 펼쳐 있어 바다가 산으로 막힌 영락없는 호수다.

할아버지가 물려 준 쓸모없던 땅이 오늘에 와서 내 재산 목록 1호가 될 줄은 꿈에도 몰랐다. 어쩌다 이곳에 집을 지을 꿈을 먹고, 그 꿈이 현실이 되어 별장을 짓고, 이렇게 편히 쉴 수 있다니 하는 행복감이 하나님께서 내게 주신 축복과 은혜가 아니고 무엇인가? 그저 감사할 따름이다.

내 별장이 아니라 아이들에게 물려줄 집이다. 아직도 미완성이다. 동쪽으로 측면 화단이 아직 안 됐고, 장독대, 외부 수도 바닥 공사도 안됐었다. 그리고 향나무 전정을 아직 못하고 있고, 하긴 나무도 더 심어야 한다. 또 집 주위 디딤돌 길도 해야 한다.

앞으로 황토방도 지어야 하고, 팔각정도 지어야 한다. 계속해서 작품을 하는 기분으로 계속 더 좋은 임마누엘의 집을 만들어 갈 것이다.

석양에 뜰에 심어 놓은 잔디밭에 물을 주고 돌아왔다.

2019년 7월 3일(수) 흐림
별장에 보안등 설치

오늘 별장에 보안등을 시설했다.

아들의 생각으로 한 것이다. 일차 군청 건설과에 가서 보안등을 설치해 달라고 신청을 하니 연락을 주겠다고 실무자가 답변을 했는데 두 주일이 지나도록 아무런 연락이 없었다. 아들이 다시 군청에 가서 아무런 연락이 없어 다시 왔다고 하니 현장에 출장까지 가서 확인한 바 현행법상 세

가구 이상이 필요한 곳에 보안등을 설치할 수 있어 단독 가옥을 보고는 안 된다는 답변이었다. 나도 같이 갔다. 민원실에 가서 진정서를 써서 냈다. 진정서 내용인즉 80대 중반 두 노인이 살고 있는 집인데 이웃에 양옆으로 외국인 노동자들이 임시 숙소로 쓰고 있고, 외지인들이 자주 드나드는 곳이라 노인 안전과 복지 차원에서 보안등을 설치해 달라는 것이었다. 그래서 결국 설치해 주겠다는 연락을 받은 것이다. 역시 똑똑한 내 아들이다. 지금 1년간 안식년을 얻어 광주과학기술원에 연구차 와 있는데 연로한 부모와 함께 지내겠다고 해서 내려와 있다. 또 바다 쪽으로 약 100여 평이 포락지가 되어 방조제 밖으로 바다가 되어버렸는데 이 포락지를 복원해서 쓸 수 있는 방법을 강구해서 군청과 상의해 보겠다고 한다. 내 땅을 되찾는 일이다.

2021년 10월 1일(금) 맑음

오늘 별장에서 하루를 보냈다.

거실에 앉아서 툭 터진 넓은 전망을 보노라면 기분이 좋다.

우측으로부터 신안군 증도, 압해도, 지도, 목포 유달산이 보이고, 가을 맑은 날엔 해남 두륜산, 영암 월출산, 목포대학교 뒷산, 무안읍 승달산, 함평산, 영광 불갑산까지 일곱 개 군 산들이 한눈에 들어오는 조경이 가히 볼 만하다. 시원하다. 자랑스럽다. 큰 호수 같이 보이는 바다 또한 절경이다.

오후에 집 앞바다 제방 둑 아래 해변에 밀려와 있는 쓰레기가 보기 싫어서 리어카로 두 무더기 긁어모아 실어내서 소각시켰다. 약 100여 미터가 되는 해변 쓰레기다. 내 청소 구역이다. 책임감으로 치우는 즐거움이 있다.

이 별장 하나님께서 내게 주신 선물이다. 자라는 나무 보는 기쁨이 있고, 내가 심은 왕대추나무에 익은 대추 따 먹는 즐거움이 있다.

뒤안에는 무화과나무가 있고, 입구를 지키는 팽나무가 길가에 도열해 늘어서 있고, 집 주위를 빙 둘러선 종려나무, 옥향나무, 벚꽃 나무, 은행나무, 팔손이, 동백나무, 소나무, 이름 모르는 나무들까지 잘 자라고 있다.

우리집 14점 성화 성구

2013년 9월 13일

우리집 안에 성화 성구들이 자랑스럽다. 먼저 거실에 들어오면 정면으로 첫눈에 띄는 예수님의 겟세마네 동산에서의 기도 성화가 기분 좋고, TV 놓인 벽에 나무 십자가 고리 장식이 눈에 띄고, 그 옆에 "선을 행하되 낙심하지 말지니 피곤하지 아니하면 때가 이르매 거두리라"(갈 6:9)는 성구가 걸려 있고, 그 위로 예수님의 성화가 붙어있고, 응접 의자에 앉으면 정면으로 돌 십자가가 카렌다 위에 걸려 있고, 옆으로 보면 목판에 인두로 그린 예수님의 성화가 걸려 있고, 나무 암각으로 "주의 은혜로 종의 집이 영원히 복을 받게 하옵소서"(삼하 7:23)라는 말씀이 주방 문지방 위에 걸려 있고, 다락으로 올라가는 계단에 "서로 사랑하라"는 목판 암각(요 15:12)이 걸려 있다. 그러니까 거실에만 7개가 있다. 안방에는 중국 한문 사도신경 족자가 걸려 있고, 내 서재에는 책상 유리판에 예수님 성화가 있고, 옷장에 "여호와는 나의 목자시니 내게 부족함이 없으리로다"(시 23:1-2) 예수님과 양 떼들 사진이 걸려 있다. 주방에는 내 삶의 철학이기도 한 "곧 허탄과 거짓말을 내게서 멀리하옵시며 나로 가난하게도 마옵시고 부하게도 마옵시고 오직 필요한 양식으로 내게 먹이시옵소서!"(잠 30:8) 말씀이 걸려 있고, 옆으로 "그리스도는 이 집의 주인이시요, 식사 때마다 보이지 않는 손님이시요, 모든 대화를 말없이 듣는 이시라"는 말씀이 담긴 액자가 걸려 있다. 오래전부터다. 또 화장실에는 "그리스도 안에 있으면 새로운 피조물이라 이전 것은 지나갔으니 보라 새것이 되었도다" (고후 5:17)가 있다. 식탁에는 매일 페이지를 넘기는 성경 구절이 놓여 있다.

'주의 십자가 사랑하리'
― 결혼 60주년 기념 가족 여행

우리 부부 결혼일은 1958년 4월 14일이다. 내가 24살 아내는 22살이었다. 그로부터 결혼한 지 60년, 회혼인 것이다. 생각지도 않았는데 아이들이 합의해서 여행 계획을 세운 것이다. 그 덕분에 4남매 아이들의 일정을 참작해서 2018년 5월 11일부터 5월 14일까지 3박 4일간 여행이다. 출발은 5월 11일 오전 6시 20분 무안공항 발 아시아나항공 편이어서 전날 10일에 큰 사위가 미리 와서 우리집에서 자고 11일 아침 무안공항까지 와서 탑승 수속까지 다 해 줘서 편하게 7시에 제주공항에 도착했다. 마침 진웅이가 학회 참석으로 미리 제주에 와 있어서 공항에서 수경이도 함께 만나 공항 식당에서 아침을 먹고 렌트카를 타고 에코랜드와 곶자왈 관광을 즐겼다. 선경이는 석양녘에 와서 공항에서 픽업한 후 한 시간 거리의 일성 콘도 리조트 309호실에 도착했다. 하루를 지내면서 이미 관광코스며 식사 등 사전 예약이 다 돼 있었고, 여행 계획은 진웅이가 한 것인데 너무 즐겁고 좋은 하루였다.

제2일은 오전에 제주평화기념관을 찾았다. 제주 4.3사건 유족회장의 친절한 안내로 상세하게 제주 4.3사건의 전말에 대해서 많은 것을 새로 알게 되었다. 제주 4.3사건이 좌우익의 싸움으로만 알고 있었는데 김대중, 노무현 대통령 때 와서 그 실체적 진실이 드러나게 된 것도 비로소 알게 된 좋은 시간이었다. 그러나 아직도 그 진실에 마침표를 찍지 못하고 있는 인상도 받았다.

수미라가 오후 늦은 비행기로 제주에 왔기에 공항에서 만나 같이 와서 저녁 식사는 이양향 사촌 동생(고모님 막내딸)의 식당에서 잘 대접 받았다.

제3일 관광은 마라도였다. 주일예배는 1910년에 설립한 모슬포교회에서 드렸다. 한국인 최초의 이기풍 목사로 유명한 교회이다. 오후에 마라도 관광은 우리 가족 6명과 양향 동생까지 7명이 됐다. 그간 여러 차례 제주 여행 때마다 마라도 관광을 계획했었는데 바람이 불거나 비가 많이 와서 못 와 본 곳이기에 오늘 더욱 마음에 드는 관광코스였다. 선경이는 학교 일로 저녁 식사 후 먼저 떠났다.

제4일째 여행은 오전에 우리 숙소에서 가까운 금능석물원 관광을 했다. 제주도 현무암으로 조각된 천태만상의 조각들이 감탄스럽다. 제일 인상적인 것은 '저승 가는 길'이라는 팻말이 붙은 곳인데 양쪽으로 사람 키 높이의 돌담이 좁다랗고 험악한 통로였다. 일명 돌아올 수 없는 길이라는 이름도 있었다. 거기에 조각된 석상들이 험상궂은 마귀의 모습들이었다. 수미라는 직장 일로 먼저 떠났다.

오후에는 '이시돌 새미 은총의 동산'을 찾았다. 천주교에서 주관하고 조성된 곳으로 예수님 생애와 고난의 과정을 동상으로 제작해 놓았는데 감격스러운 곳이었다. 조용하고 엄숙한 관광이었다. 예수님을 십자가에 못을 박고 있는 동상 앞에 서서 손을 모으고 기도하다가 북받쳐 울컥해지며 눈물이 나고 끝내 목이 메어 대성통곡하고 싶은 심정을 꾹 눌러 참으면서 한참 동안 돌처럼 굳은 채 그 자리에 서 있었다. '최후 승리를 얻기까지 주의 십자가 사랑하리' 찬송가를 마음속으로 불렀다. 부활하셔서 엠마오

도상에서 제자를 만든 동상까지 내 생을 두고 잊을 수 없는 걸작을 감상한 것이다.

돌아와서 일기를 쓰면서 이번 회혼 기념 축하 관광을 정리해 보았다. 내 생애 최고, 최대, 최후의 여행이었다. 첫째는 효성스러운 내 자식들을 만남이요, 둘째는 대자연과 하나님의 창조 섭리와 만남이요, 셋째는 한국사의 미완의 희생의 역사인 제주4.3사건의 진실과의 만남이요, 넷째는 예수님의 고난의 십자가 구원의 능력과 성령과의 만남이었다.

오후 6시 비행기로 무안공항으로 돌아왔다. 이번 여행을 통해 다시 한번 효성스러운 4남매 자식을 주신 하나님께 감사의 기도를 드렸다.

2부

장로(杖奴),
지팡이와 종의 길

'너 안국이, 이놈!': 장로 임직
— 두 번째 축복(1972. 12. 12.)

나는 장로가 되겠다는 생각은 꿈에도 없었다.

고등학교 다닐 때 함창근 목사님(작은어머니의 오빠) 댁에서 하숙했다. 함 목사님이 순교자의 자식인 나를 사랑하셔서 목포성경고등학교를 권했고, 친히 목사님 댁에서 학교 다니도록 배려해주셨기 때문이었다. 하지만 그 교회에 김 장로라는 선임 장로가 있었는데 함 목사님이 참 훌륭하심에도 사사건건 목사님의 속을 상하게 하는 것을 보면서 나는 장로는 하지 않겠다는 생각을 자연스럽게 했던 것이다. 그러나 함 목사님 댁에서 3년을 같이 살면서 신앙적 영향을 많이 받았다. 오직 교회에 충성하는 봉사자가 되겠다는 결심은 있었으니까.

이정선 목사님 모시고 목사님께 순종하고 섬기면서 교회 봉사를 열심히 하려고 노력하고 있었다. 교회가 부흥 성장해 가는 데 한번은 이 목사님께서 용학교회가 조직교회가 되어야 한다는 말씀을 주셨다. 장로가 없는 교회는 헌법상 미조직교회여서 담임목사가 아닌 전도목사이고 교회의 치리권도 없으니 마땅히 장로를 세워 조직교회가 되어야 한다는 것이었다. 우리 용학교회만큼 교인 수가 많은 교회가 미조직교회인 경우는 전국 어디에도 없다는 것이다. 목사도 권위가 안 선다는 것이다. 그러니 배종렬 집사와 안국 집사가 목사님 보시기에는 장로가 되어야 한다고 말씀하셨다. 나는 빼고 배 집사만 장로를 만드시라고 요청했다. 그런데도 목사님은 한사코 두 분 집사가 장로가 같이 되어야 한다는 것이다. 이정선 목사님 오시자마자 벌어진 일이었다.

그동안 이정선 목사님이 나를 장로 만드시려고 기도 많이 하신 것을 내가 알고 있었다. 전남노회에서 이름 있는 목사님을 모셔다가 간혹 예배드릴 때면 반드시 '사명, 소명, 하나님의 선택' 같은 제목으로 설교를 하는 것이다. '나 들으라고 하는 설교구나' 생각하면서도 귀담아듣기를 반년이 되었다. 그러던 어느 날 이 목사님께서 설교하시는데 해남 경찰서장이 아들을 못 낳아서 다양한 방법으로 아들 낳기를 원하다가 어떤 점술가에게 문의한 바 세성받이 사는 안방 돌쩌귀를 암수 주인 모르게 빼다가 달여 먹으면 아들을 낳는다고 해서 법을 아는 경찰서장이 주거불법침입죄, 절도죄, 기물파괴죄 등 세 가지 범죄를 하면서까지 그것을 달여 먹었다는 얘기를 그날 뒷서기석에 앉아서 듣는 순간 내 귀에 들려오는 음성이 있었다.

"너 안국이 이놈! 하나님인 내가 너 안국이 이 용학교회에 필요해서 장로가 되어야 한다는데 니가 끝까지 거부하면 너는 아무 쓸데 없는 놈이니까 너를 없애버리겠다" 하는 음성이 들리면서 내 눈에서 눈물이 쏟아지기 시작해 눈물을 훔치고 예배당 밖으로 나오고 말았다. 예배 끝나고 목사님 나오시기에 말씀드렸다.

"목사님, 장로 수락하겠습니다" 했더니 아무런 말씀도 없이 내 손을 잡고 바로 사택으로 들어가 안수 기도를 해주신다. 그래서 노회에 장로 피택 청원서를 내가 장로고시에 응했는데 면접에서 문제가 생긴 것이다. 당시 해남읍 교회 이준목 목사님이 면접관이셨는데 내게 묻기를 "안 집사가 생각하는 장로관(觀)을 이야기해보라" 하시기에 깊은 생각 없이 "목사님을 무시하는 장로는 안 되겠습니다" 하고 대답했더니 이 목사님의 안색이 변하시더니 한참 있다가 "그냥 가십시오"라고 말씀하셨다.

불합격이었다. 이유는 건방지다는 것이었다.

그래서 이정선 목사님이 백방으로 사정해서 면접을 승인받아 나에게 재면접하라고 해서 나는 고집했다. 배종렬 집사 하나 장로 만들면 되지 않느냐 굳이 나까지 장로가 되어야 하느냐고 말씀드렸다.

이정선 목사님 말씀이 배 집사도 안 집사가 장로 안 되면 자기도 싫다는 것이었다. 노회 고시 위원들께 사정해서 그해를 넘기기 전에 장로 임직해야만 한다면서 장로임직 일자를 정해야 했다.

날짜를 언제로 할 것이냐고 해서 내가 12월 12일로 하자고 제안했더니 목사님께서 시간도 12시로 하자고 해서 1972년 12월 12일 오후 12시에 장로 임직식을 했다.

12라는 숫자는 내가 정했는데 이스라엘 지파가 12지파, 예수님의 제자도 12제자, 간지에도 12간지, 1년도 12달, 하루 시간도 낮 12시간, 밤 12시간 그러니까 완전 숫자인 12를 택했다.

장로(杖奴), 지팡이와 종

1972년 12월 12일 12시!

참 추운 날이었다. 상위에 음식 그릇들이 상 바닥에서 스키를 타는 날씨였다. 배종렬 장로와 안국 장로의 임직식인데 노회 목사님들은 이정선 목사님의 손님이고, 우리 임직자 두 사람의 손님들은 내 손님이 훨씬 많았다. 집안 친지, 친구, 친척 그리고 장로 집사님들.

취임 인사는 내가 하기로 돼 있었다.

그때 취임 인사가 유명하게 돼서 지금도 정확히 기억하고 있다.

취임 인사를 요약하면 아래와 같다.

"나 안국이는 한자로 어른 장長 자 어른 노老 자를 쓰는 장로가 아니라 지팡이 장杖 자, 종 노奴 자를 쓰는 장로가 되겠다는 결심입니다.

그 뜻은 우리가 쓰고 있는 어른 장 자 어른 노 자는 어른이고 우두머리이고 대접받는 자리이지만, 내가 쓰는 막대기 지팡이 장 자는 손으로 만지기 싫은 더러운 것을 치우는 데 쓰는 막대기요, 힘없는 노약자가 지탱할 수 있는 지팡이요, 올바른 신앙의 방향을 가리키는 막대기입니다. 또 종 노 자는 글자 그대로 주인에게 절대복종할 의무만 있고, 내 주장은 소용이 없고, 권리는 하나도 없고, 주인이 죽일 수도 있고, 주인이신 하나님의 뜻대로만 시키는 대로만 행동하고 살아야 하는 종입니다. 모세의 손에 들려진 지팡이에 하나님께서 역사하시니 지팡이가 뱀이 되고, 홍해를 가르는 능력이 나오고, 반석을 치니 생수가 나오듯 하나님의 손에 들려진 지팡이가 될 것이며, 종으로서 생명까지 주인이신 하나님 뜻대로 쓰임 받는 종, 하나님께서 마음대로 죽이시던지 살리시던지 오로지 순종하고 복종하는 종이 되겠습니다. 나 안국 장로! 용학교회의 장로뿐 아니라 대한민국 세계교회의 장로가 되겠습니다."

취임사가 끝나자 박수 소리가 우렁찼다.

이 취임사가 전남노회(당시 광주 전남 단일노회)에 유명 취임사로 소문이 났고 두고두고 회자 되고 있다.

안국 장로의 취임사 이야기를 하는 분들을 많이 만났고, 이 취임사로 한편 유명해져 버린 것이다. 이 취임사를 하나님께서 인정하셔서 그 은혜로 전남노회 부노회장, 기장 총회 부총회장까지 한 것 같다.

세계교회의 장로는 아직 못 되었지만, 우리 교회를 다녀간 독일 교회 총회 목사님들, 캐나다 교회 목사님들 그리고 남인도 교회 총회 대표자들은 안국 장로의 용학교회당의 성서적이고 신학적인 상징성을 듣고 감탄과 칭찬을 아끼지 않았던 것을 기억한다.

용학(龍鶴)교회와 우리 할머니

용학교회는 설립부터 우리 할머니로부터 시작된 것이 자랑스럽다. 용학교회 설립은 1926년 3월 1일이다. 교회의 시작은 함평에서 용학리 기룡 부락으로 고부간 과부 둘이 이사를 왔는데 시어머니는 영광댁, 며느리는 함평댁으로 불렸다. 이 두 과부가 바로 우리집 뒤편에 자리를 잡고 제일 가까운 이웃인 우리 할머님과 가까이 지내시면서 예수님을 소개하고 마침 우리집 텃밭에 빈집이 있어서 거기에 예배 처소를 정하고 집회가 시작되었고, 지역순회 선교사가 예배 인도를 하고 전도를 해서 고개 넘어 김홍인(후에 무안제일교회 장로취임, 김윤재 장로의 부친) 씨와 그의 부인 정읍댁이 초대 설립교회 교인이었다.

용학교회가 해제면에 알려지면서 청년들이 모이기 시작했다. 설립 교인인 함평댁의 따님이 절세 미녀였는데 이것이 청년들을 교회로 모여들게 한 이유이기도 했다. 그중 한 청년인 주귀수(후에 해제중앙교회 장로)는 교인이 되었지만, 김길님이라는 그 미녀는 처녀로 세상을 떠났다고 한다.

내 할아버지께서 상당히 완고한 유교 전통 가정에서 성장하셨는데 할머님의 권유로 교회 출석을 하시다가 수개월 후에 교회를 안 나가셨다 한다. 할머니께서 이유를 물었더니 할아버지의 대답이 "자네가 열심히 믿소! 선교사 목사님의 설교가 '예수님의 참 제자가 되기 위해서는 너희 모든 것, 전 재산까지 다 포기하고 너는 나를 따르라!'고 하시는데, 있는 재산 다 정리하고 난 예수님 못 믿어"라 답변하시고는 교회 출석을 끊고 사시다가 아직 젊은 마흔둘의 나이로 세상을 떠나셨다는 것이다.

그 후 교회 또한 크게 성장을 하지 못하고 지내왔다. 그러나 아버지, 작은아버지, 고모 두 분이 열심히 신앙생활을 하셨고, 아버지는 불신不信 결혼을 하셨지만, 작은아버지는 청계면 복길리 함창근 목사님 여동생과 결혼했고, 우리 고모님은 현경 외만리 교회 다니던 청년 김차남 씨와 결혼했고, 작은 고모님은 청계 도대리 양귀연 장로님과 결혼하셨다. 또 초대교회 설립자이시던 영광댁 함평댁 사후엔 김경래 씨 가족이 망운으로 이사했다. 용학교회는 김홍인 집사 가정과 우리 가정이 두 기둥처럼 버티어 오다가 김홍인 집사가 6.25전쟁 전에 무안으로 이사했고, 아버지와 작은아버지마저 6.25전쟁 중에 모두 순교하시어 교회가 문을 닫아야 했다. 당시 나는 목포중학교 2학년이었다. 6.25전쟁이 끝나고 다시 교회 문을 열어 주귀수 집사, 정명국 집사(정성진 장로 부친), 전쟁 중에 월남해 온 정윤환, 김인순 집사 가정이 중심이 되어 다시 교회가 일어서게 되었다. 그 후 북한 출신 두 분 집사 가정은 서울로 이사해 갔다.

이정선 목사님

내가 1972년에 장로 임직받고 4년이 지났다. 그렇게도 기피하던 장로 임직받고서야 하나님께서 나를 택하시고, 이정선 목사님을 통해서 장로 임직으로 그 은혜를 감사히 여기면서 그 은혜를 무엇으로 보답할까 고민하다 목사님 내외분을 모시고 제주 여행을 생각했다. 목사님 내외분이나 우리 내외나 아직 비행기를 타보지 못했기 때문이다.

1976년 내 나이 42세 때 8월 방학 중에 여행을 한 것이다. 8월 17일 오후 1시 55분 광주공항 출발 40분 비행해 제주 공항에 도착했다. 기대했던 것과는 달리 싱거운 첫 비행기 타기이다. 택시로 칼호텔로 직행했다. 숙소 예약을 하는 데 옆에서 지켜보시던 목사님이 내 옷깃을 끌고 몇 걸음 물러서서 고가의 숙박비에 놀라신 것이다. 너무 비싸니 다른 데로 가자고 하시기에 "이미 계획을 세워서 경비는 충분하니 걱정 마세요"라고 했더니 답하신 말씀을 지금까지도 내가 또렷이 기억하고 있다. "고급 호텔이나 일반 여관이나 눈감으면 똑같은 데 불필요한 과소비나 낭비는 죄악입니다"라는 것이다. 그때 호텔은 제주에서 칼호텔 하나뿐이었다. 목사님께서 한사코 말리시기에 내가 지고 다시 택시를 타고 제주시에서 제일 좋은 여관으로 안내해 달라고 해서 제주시 태양장에 여장을 풀었다. 우리 내외는 이미 4년 전에 제주 여행을 다녀간 것이다. 목사님 내외분이 그렇게 좋아하시는 것을 보면서 우리 내외의 마음이 흐뭇했다. 숙박비가 하루에 3,360원이다. 지금으로 치면 1박에 10만 원 이상은 되는 셈이다. 하룻밤을 지냈다.

나는 그때 이정선 목사님으로부터 들은 과소비와 낭비도 죄악이라는 말씀을 내 생활신조로 삼게 되었다. 당초 계획대로 3박 4일간의 즐거운 여행을 마치고, 우리 내외는 서울에 볼일이 있어 비행기 타고 서울로 가고, 목사님 내외는 비행기 표가 없어서 20일 아침 10시 30분 배편으로 목포로 가시도록 해드렸다. 이때 주의 종 목사님 내외를 모시고 한 여행이 내 생에서 자랑스러운 일 중의 하나이다. 또 당시 명성이 높은 부흥사이던 이 목사님이 이 일을 여기저기 많이 자랑하시고 다니셔서 안국 장로가 더욱 유명해지는 계기도 되었다.

1973년 2월 11일(주일) 맑음

"한국 농촌 제일 교회의 꿈이 나의 애인이라" 설교해 주시는 목사님에게서 그의 진실한 신앙 고백을 들어본다. 아내보다도 자녀보다도 누우나 일어서나 집에 있으나 떠나 있으나 온통 이 꿈으로 생활이 되고, 기도가 되고, 사상이 되어 있다고 하는 고백에서 눈물 나는 감사를 느낀다.

이정선 목사님은 나를 위해서 용학에 보내어진 주의 종이다. 나를 장로杖奴 만들려고 보내 주신 예언자이다.

나로 하여 한국 농촌 제일 교회의 꿈을 만들게 한 주의 천사다.

그렇다 내가 만들어 놓은 설계요, 내일이다. 분명 이루어지리라.

1973년 2월 21일(수) 비

재직회 그룹 기도를 밤시간 끝나고 가졌다. 정말 진지하고 진실된 기도를 드릴 수 있었고, 들을 수 있었다.

기도도 드리기 전에 목이 멘다.

한국 농촌 제일 교회를 어쩌다가 이야기하여 이것이 교회의 목표가 되어 밤낮으로 기도하시는 목사님의 얼굴에서 수척함을 보아야 하는 마음이 괴로워서 못 견디겠고, 정말 이 목숨과 한국 농촌 제일 교회와 바꿀 수 있다면 바꾸겠나이다 기도를 드리니 감격이 벅차 눈물이 솟는다.

무엇 때문에 부족한 종에게 좋은 장로를 만나게 해 주셨나이까 목멘 목사님의 기도에선 정말 흐느낌이 터져버리고 만다. 내가 정말 좋은 장로인가?

1973년 11월 18일(주일) 맑음

어제 석양에 우박이 몰아간 밤바람이 금방 집이라도 통째로 불어가 버릴 위세로 몰아치는 손이 시린 첫 추위. 오바를 꺼내 입어야 하는 새벽이다.

이토록 차가운 밤 주님께서 용학교회에서 내 집까지 오셔서 "안 장로야! 새벽 기도 가자! 니가 안 가면 나 혼자 또 가야 한다. 니가 안 가면 너 자리는 비어 있다. 니가 기도하지 않으면 너의 몫은 또 남아 있게 된다. 너 아니면 주의 종의 한 팔이 내려와 버린다. 그 승리의 상징인 모세의 오른팔이 말이다." 일러 주시는 아침이었다. 눈물 나는 감격이 있는 아침이었다.

주여! 어찌하여 나로 하여 감사를 알게 하셨나이까?

내 죄악으로 보면 진즉 멸망했어야 할 자식입니다.

내 행위로 보나 내 되먹은 것으로 보나 더구나 믿는다는 위선자.

나로 보면 진즉 몇 번이고 죽었어야 할 자식입니다.

그러함에도 오늘까지 주님은 나로 하여 숨 쉬게 하시고 대접받는 장로의 위치에 두시고, 나대로 존경받는 교육자가 되어 있는지도 모릅니다.

왜? 무엇을 보시고? 어쩌자고? 나를 사랑하여 주십니까?

주여!

세상이 역겨워 죄악이 미워서 주님을 반역하는 무리들이 싫어서 정의의 칼을 뽑아 한 번 휘두르시면 제일 앞줄에서 제일 먼저 베임을 당해야 할 죄인 중에 괴수요 반역자의 앞잡이이며 세상의 꼭두각시인 나를 사랑하셔서 주님을 생각하는 감격으로 눈시울을 적시는 감사의 눈물을 흘리시게 하나이까?

얼어붙은 양심이 녹아내리는 고드름의 끝 낙수 마냥 삭막한 사막의 오아시스의 넘치는 우물 마냥 거미줄처럼이나 가냘픈 내 믿음을 그래도 인정해 주시나이까?

주여! 감사합니다.

이정선 목사님을 용학제단에 보내 주심을 감사합니다.

어디 가면 용학만한 제단이 없으리요, 어디 가면 용학이 해주는 대접 못 받으리요, 어디 가면 용학 교인이 사랑하는 그 사랑만 못 하리요.

더 큰 제단이 있고

더 큰 대접이 있고

더 한 사랑이 있으리오만

작은 제단으로 만족하답니다.

적은 대접으로 만족하답니다.

적은 사랑으로 만족하답니다.

이 작은 제단이 더 큰 제단이 되고

이 적은 대접이 더 큰 대접이 되고

이 적은 사랑이 더 큰 사랑이 될 것이라고 믿고 있답니다.

믿게 하옵소서.

믿어야 한답니다.

내가 만든 큰 제단

내 만족하는 큰 대접

내 마음 네 마음 엉키는 사랑이

여기 시작되어 움직이고 있습니다.

곧장 터지려는 함성을 머금은 채 궁글고 있나이다.

주여! 감사합니다.

여기 새 역사 창조의 비전이

여기 새 개혁 운동의 출발이

여기 새 혁명 과업의 완수가

여기 새 교회의 이름으로

여기 새 교회의 보람으로

여기 새 교회의 축복으로

약속해 주심을 이정선 목사님으로 하여금 주시옵소서.

1973년 12월 23일(주일) 흐림

목사님의 기도가 언제나 그렇게도 나의 마음에 은혜로 온다.

역시 성령을 받은 자의 영력 있는 기도는 남의 마음을 움직이는 기도라.

틀에 짜인 판에 박힌 기도는 은혜가 없다. 간절함이 없다.

중심에서 터지는 기도라야 은혜가 된다.

나는 언제나 은혜로운 감격 어린 기도를 드릴 수 있을까?

1979년 4월 5일(목) 맑음

뜻밖의 손님이 오셨다. 목포 양동 교회 강 장로님과 명 장로님이시다.

작금 거론되는 이정선 목사님 청빙에 관한 건이었다. 나더러 협조해서 양동교회로 보내 달라는 것이다. 생각하면 우스운 얘기다. 보내고 붙들고가 다 무엇인가? 요새 목사들 자기 하고 싶으면 별일도 다 해치우는 세상인 데….

목사님이 내 핑계를 대시는 모양이다. 솔직한 내 심정은 종신토록이라도 모시고 싶지만, 목사님 자신을 위해서도 도시 교회 진출을 막고 싶은 생각은 추호도 없다. 하기에 이번이 좋은 기회인지도 모르고 보면 가시는 것도 반대할 수 없다. 다만 목사님께서 결정해 주실뿐이다.

1979년 4월 22일(주일) 맑음

오늘 당회에서 공식 사의를 표명하셨다. 목포 양동교회 장로들의 끈질긴 접촉과 주위의 강권이 목사님의 마음을 움직이고 만 것 같다. 담담한 기분이다. 우리는 도시 교회에게 목사를 빼앗겼는데 우리는 어디 가서 빼앗아 와야 하는가? 빼앗고 싶지 않다. 오시고자 하는 분이면 모셔야지.

허나 훌륭한 분을 모셔야 할 터인데…. 이정선 목사님보다도 더 기도 생활 잘하시고 더 열심히 심방하시고 더 부지런하시고 더 실력 있으시고 사모님도 더 덕이 있으신 분, 농촌교회의 이해가 더 밝으신 분 그리고 더 젊고, 더 멋진 목사님이 있을까?

모르긴 몰라도 이정선 목사님만 하기도 드물 것이다.

1979년 4월 29일(주일) 흐림

오늘이 목사님 고별 설교라고 생각하니 마음이 무겁다. 1972년 2월 18일 부임하셔서 만 7년 2개월간 훌륭한 목회자였다. 생각해 본다. 간혹 서운한 것도 있었고 불만족스러운 것도 없지 않았겠지만 그래도 이정선 목사님만한 분도 흔치 않다는 생각엔 변함이 없다.

또 이 목사님 후임으로 이정선 목사님만한 분 모시기는 자신이 없다.

오후 교육관 일하는 데 보기라도 한다는 심정으로 한나절을 서서 지냈더니 피곤했다.

저녁 부인회 헌신예배. 전도사님의 설교가 어떻든 목사님 송별의 뜻은 붙잡았다고 생각해 본다.

한국 농촌 제일 교회의 꿈과 노래

나는 평생 장로는 안 하겠다는 생각이었다. 헌데 그것은 오직 내 인간적인 생각이었다. 1972년 내 나이 38세에 아직은 어린 나이인데 하나님께서 하시는 일 내 어찌 반대할 것인가? 장로가 되었다. 청년회 헌신예배인데 주정미 처녀 회원이 같이 특송하고 싶다면서 부탁해왔다. 허락하고 찬송가 몇 장으로 정할 것인가를 물어봤다. 나는 내가 새벽 기도 다니는 길에서 내 마음속으로 지어 부르는 노래가 있으니 그 가사로 특송하기로 하고 "한국 농촌 제일 교회"라는 제목의 작사를 찬송가 323장 <부름 받아 나선 이 몸> 곡에 맞춰 특송했다.

이 특송에 은혜를 받은 분은 이정선 목사님이셨다. 긴급 당회를 모이자는 목사님의 뜻에 따라 당회가 소집되어 이정선 목사님, 배종렬 장로, 안국 세 사람이 모였다. 당회 안건은 용학교회가歌 제정의 건件이다. 안국 장로가 지은 가사를 용학교회 교회가敎會歌로 제정하자는 것이다. 그래서 그 노래가 용학교회의 교회가로 채택 제정된 것이다. 그 후 한국 농촌 제일 교회의 노래를 계속 박수치면서 온 교인들이 목이 터져라고 부르면서 그 가사에 맞는 부흥 운동이 시작되었고, 교인들의 신앙생활이 열심히 이어지는 기적 같은 일이 벌어지게 되었다. 그래서 주일이면 예배 전 준비 찬송으로 부르게 했고, 특별행사가 있을 때마다 교회가를 불렀는데, 이 교회가가 소문나서 여러 교회가 교회가를 제정하여 부르고 있다는 이야기도 심심치 않게 들었다.

(1절)

한국 농촌 제일 교회 나도 한몫 하오리다.
믿음 없고 연약하나 주의 영이 도우시니,
나의 시간 드리리다 나의 힘도 드리리다.
제물되기 원하오니 이 한목숨 받으소서.

(2절)

한국 농촌 제일 교회 나의 삶의 보람이니,
이 일 위해 태어난 몸 주여 받아 주소서.
십자가를 내가 지고 죽기까지 충성하리.
가시관도 내가 쓰고 죽기까지 충성하리.

(3절)

한국 농촌 제일 교회 이곳에다 세우리라.
내가 사는 현장에다 하늘나라 세우리니.
새사람도 거듭남도 나를 두고 이르리라.
성령 충만 능력 충만 축복 충만하오리다.

(4절)

한국 농촌 제일 교회 모범 교회 되오리다.
낡은 관행 타파하고 새론 전통 세우리니,
교회다운 교회되며 교인다운 교인되리.

주님 칭찬받는 교회 개혁교회 되오리다.

(5절)

한국 농촌 제일 교회 용학교회 되오리다.

믿음 제일 소망 제일 사랑 제일 하오리니,

희생 제일 봉사 제일 목사 제일 성도 제일.

건물 제일 수효 제일 와서 보라 새 교회를.

아멘.

1973년 1월 24일(수) 비

비바람 몰아치는 새벽길이다.

잠시 주저하다 이기자고 나간다.

주여! 불바람이 몰아쳐도 새벽 제단을 향하는 내 걸음 막을 수 없습니다.

기도를 드리면서 걷는 즐거움이 있다.

내 기도가 쉬는 날 한국 농촌 제일 교회의 전진도 멈추는 날이다. 내 신앙적인 이 집념이 내 영혼의 고집되어 얍복강가의 야곱의 씨름 손이다.

결코 놓지 않겠다.

결코 이기고야 말리라.

결코 용학제단에서 죽고야 말리라.

나의 삶의 의미를 여기서 찾고 말리라.

나의 삶의 보람을 여기서 보고야 말리라.

한국 농촌 제일 교회 용학교회와 더불어.

1973년 2월 3일(토) 비

설날 아침 감격스러운 예배를 드릴 수 있었다.

나와 내 집은 대대로 여호와만 섬기겠노라고 온 식구 제창해 본다.

나에게 그리고 내 가정에 대대손손 섬김의 대상이 여호와 이외의 것은 있을 수 없다. 명예도 권력도, 혹은 물질도 그 어떤 무엇도 말이다.

내 아버지, 작은아버지가 예수의 이름으로 돌아가셨다. 나를 나 되게 하기 위해서였는지도 모른다. 용학제단에 피 없는 제단으로 30여 년 초라한 몰골이 역겨워서 주님께서 피를 뿌리시려 예비하신 것이었는지도 모른다.

나는 순교자의 후예다.

장로 임직은 받은 것이 순교 자체이다.

그리스도의 이름으로 이미 한 인간은 죽은 것이다.

그리스도와 더불어 부활의 약속을 받은 것이다.

1973년 2월 13일(화) 맑음

내 주위에 있는 모든 것이 나의 새벽 기도를 도와주는 것으로 꽉 찬 기분이다. 시간을 제대로 조절 못 해 안타까워하는 나를 위해 벨시계를 사 왔다. 아내의 성의다. 새벽 다섯 시 시끄럽고 요란하게 기상시킨다. 아내도 모든 준비를 서둘러 준다. 꿈에도 새벽 기도 드리는 꿈을 꾼다. 제단에 엎드리면 눈물이 나온다. 오늘 새벽부터는 내가 인도한다. 은혜 충만한 새벽이다.

1973년 12월 1일(주일) 맑음

주여! 주님이 나를 보시고 웃으시는 일 때문에 나 또한 하늘을 웃는 자 되게 하옵소서. 내가 세상을 보면 울어야 할 일들이 더 많은지도 모릅니다만 주님이 나를 웃기시면 웃을 수밖에 없는 자 되게 하옵소서.

세상은 내 마음을 몰라줍니다.

내 어머니도, 내 자식도, 내 친구도, 아내도.

하지만 주님은 내 마음을 알아주시오니 다만 주님께만 내 마음을 알리나이다.

주여! 힘이 있어야 세상을 이기고 살 수 있기에 능력이 있어야 악마의 진을 쳐부술 수 있기에 믿음이 있어야 주님을 기쁘게 할 수 있기에 사명이 있어야 힘쓰는 자로 일할 수 있기에 여기 힘을 얻고자 나왔나이다.

능력을 주시옵소서.

믿음을 주시옵소서.

사명을 주시옵소서.

그리하여 앉아있는 자가 아니라 일어나 달리는 자 되게 하옵소서.

보고 있는 자가 아니라 말하는 자가 되게 하옵소서.

주여! 언제까지나 실패의 고백을 넋두리로 읊어놓는 밤새도록 수고했어도 한 마리도 잡지 못했습니다. 이 기도를 드리고 앉아있어야만 합니까?

주님의 말씀에 의지하여 너무 많은 것을 잡았나이다.

나는 죄인이로소이다. 자신을 본 후에 승리의 보고를 드리는 자 되게 하옵소서.

1973년 첫 주일예배에서 그렇게도 부푼 꿈을 안고 희망찬 제 일보의 내디딤이 이제 이 해의 마지막 달 첫 주일을 맞아 허전한 주위를 살펴야 하는 괴로움이 있습니다.

나의 게으름을 용서하여 달라고 기도하기에도 오히려 더한 게으름이 지금까지도 남아 있나이다.

주여! 주님은 지난날을 보시지 않으신 줄 압니다. 오늘을 보시는 주님이십니다. 내일 잘하겠다가 문제가 아니라 오늘 잘하겠다가 문제인 줄 압니다.

오늘 잘하는 자는 내일도 잘할 수 있습니다. 오늘 잘못한 자가 내일 어떻게 잘할 수 있사오리까?

주여! 오늘 저들에게 한국 농촌 제일 교회를 만들라고 책임 주신 것을 감사합니다. 이 일 때문에 나는 오늘도 사는 자 되게 하옵소서.

결코 이루고야 말 한국 농촌 제일 교회 완성에 자신의 모든 것을 드리게 하여 주옵소서. 누가 뭐라 해도 자신의 길을 꿋꿋하게 걷는 자 되게 하옵소서. 아멘.

1973년 12월 5일(목) 흐림

주여! 나의 가치는 이 용학교회에서만 찾을 수 있게 하옵소서.

내가 사는 의미도. 그리고 나의 삶의 전부를.

이 용학에서 나를 인정해 주시지 않으시려거든 차라리 죽여 주시옵소서.

한국 농촌 제일 교회가 내 생의 전부입니다.

주여! 한국 농촌 제일 교회와 나를 바꿀 수 있다면 오늘이라도 바꾸어 주시옵소서.

주님은 세상의 만 인류를 위해 십자가를 지셨습니다. 나는 내 교회만을 위해서라도 십자가를 질 수 없을까요?

1973년 12월 11일(화) 맑음

주여! 제단에 무릎을 꿇으면 눈물이 납니다.

이렇게 약해진 것이 누구의 책임이냐고 묻는 주님의 음성이 들리는 것 같으니까요.

주여! 나의 게으름의 결과입니다. 고백하려고 하면 왜 게으름 부렸느냐고 앞질러 물으시니 할 말 없이 이렇게 눈물만 흘려야 합니다.

오늘 아침 새벽 제단에도 15명이 모였습니다. 남자는 하나도 없었습니다. 배 장로와 나의 기도가 순전히 형식적이었다는 결과만 같습니다.

주여! 어찌해야 하오리까?

이 일을 어찌해야 하오리까?

한국 농촌 제일 교회를 빼놓고는 기도가 되질 않는데 말입니다.

그렇다고 한국 농촌 제일 교회를 위해서 기도하기에는 또 마음이 움직여지지 않고 있습니다. 형식적 기도에 대한 두려움이 있으니까요.

점점 자신을 잃어가는 나 자신을 멍청히 응시해야 하는 불신앙이 내게 도사리고 있음을 느끼니까요.

주여! 하지만 난 기도하렵니다. 죽을 때까지 말입니다.

영원히 이루어지지 않는다고 해도, 내일모레 당장 기적적인 이룸이 있어진다 해도 내 생명을 다하는 순간까지 내 기도의 제목이니까요.

한국 농촌 제일 교회 용학교회의 조경수

교회가가 제정되고 나서 교회 조경을 맘에 품었다. 그래서 제일 먼저 심은 나무가 가이스카 향나무였다. 당시 해제중학교에서 2층 건물을 새로 짓고 학교 조경을 하는데 가이스카 향나무를 사 올 때 같이 묘목을 사왔다. 당시 수고樹高 1m가 조금 넘는 나무였다. 십여 주를 사와서 진입로를 중심으로 심었다. 주당 시가가 6백 원으로 기억된다.

또 특이한 것은 나무가 약간 기형으로 한쪽이 더 발달한 나무 두 그루를 발견하고 교회당 정문 위치에 대칭을 이루도록 약간 비스듬하게 심어서 환영목이라 이름 붙여 양손을 벌리고 있는 환영의 몸짓을 하도록 전정을 계속해서 길러온 것이다. 누가 보아도 특이하게 생긴 나무이다. 기르면서 생각은 철 아치를 세워 고정해서 두 나무를 연결하여 하나의 반원으로 문을 만들려고 구상했는데 이 일은 못 하고 내가 은퇴해서 내 뜻대로 못하고 있는 것이 아쉽다.

그리고 그 외의 나무들은 기룡동에서 양간으로 이사 오면서 그전 우리집에서 손수 길렀던 나무들은 전부 옮겨왔고 계속해서 얻어다 심고 어린 묘목 사다 심고, 산에서 캐오고 해서 조경을 이룬 것이다. 현재 노인요양원을 중심으로 좌우에 교회에서 제일 키가 큰 나무 메타세쿼이아도 학교 나무를 사 오면서 두 그루를 사다가 당시 우리 땅 변두리에 심어 놓은 것인데 그 연결 땅이 교회 땅이 되었고, 그 두 나무가 마치

조경을 위해 심은 나무처럼 우뚝 커서 나는 하나님께서 이미 미래를 아시고 심도록 해주신 것이라고 생각한다. 또 명품 소나무 두 그루가 있는데 그것은 교회 건너 학암 금녕 김 씨 선산에서 내가 파다가 심어 놓은 것인데 뒤늦게 그것을 어떻게 알았는지 "산에다 다시 심어 놓으라"고 연락이 왔기에 내가 외가이기 때문에 문중 대표를 만나 양해를 구했다. 작품으로 내가 가꾸어 놓은 나무인데 그중 하나는 노인 요양원 정면 동산으로 옮겨져 제법 어른 노릇을 하고 있고, 한그루는 신 사택 건축으로 옮겨야 하게 돼서 신 사택 측방 전면으로 옮겨 조경상 제자리에 심어 놓고 보니까 더욱 명품 나무가 된 것이다. 그리고 교회 주위로 심어진 소나무들은 교회 청년들을 데리고 이성산 산주에게 양해를 구하고 수고 1m 이상으로 한주씩 캐다가 기념식수를 한 것인데, 그때 이 나무를 심은 청년들 상당수가 이미 교회를 옮겨 도시로 나간 것이 못내 아쉽다.

이번에 신 사택 조경을 하면서도 30여 주의 조경수를 여기저기 자체 구내에 이식해서 조경을 꾸몄고, 앞으로도 계속해서 가꾸고 다듬고 만들고 해 나갈 것이다. 또 하나 기억해두고 싶은 것은 역대 목사님들 중 임영창 목사님이 교회당 순교 동산에 심은 두 그루의 소나무가 40cm의 크기였는데 따박솔이었다. 그것을 잘 길러 다듬어서 하나의 작품이 되어 있는 것이 마냥 아름답다. 교회도 안 나오는 하숙희 집사의 남편 양성준 씨와 합작이었다. 나무는 예쁘게 커서 교인들의 사랑받고 있는데 양성준이도 하루속히 교회 출석했으면 하는 바람이다. 그 나무를 손질할 때마다 더욱 간절해진다. 또 옥향이 10여 주 예쁘게 컸는데 그도 가이스카와 한 날 우리 교회로 시집온 나무들이다. 가히 교회 조경상으로 한국 모든 교회당에서 으뜸이라 자부할 만한 것이다.

용학 나무

나무야
용학나무야
네 나이 마흔여덟 살

세 번이나 옮겨 심어 놓고
풍성한 열매 기대 했었지
그동안 숱한 꽃이 피고 지고
주인이 거둔 열매는 몇 개 뿐

한 때는 피 흘리는 아픔도 견디었지
무참히 베어 버리려고
도끼를 댔었지만
다만 큰 두 가지 찍고는 도끼 자루 부러지고 말았지

그 무지한 나무꾼들 돌아갔었지
이제 너를 키울 원예사가
능력 있는 정원사가
가장 너를 애낄 영양사가
너에게서 오백 개의 열매를 따겠다는
부푼 욕망을 품고
이제 거름을 주고
가지를 치고

헛꽃을 따고
그리고 버러지를 잡고

숫 머슴 둘을 데리고 많은 일꾼을 데리고
이제 방금 작업이 시작됐단다.
한국 농촌에서 제일가는 나무가 될 때까지란다.

1973. 11. 12.

새 성전 입당

1992년 11월 28일(토) 흐림

새 성전 입당 예배가 내일이다.

십계명 돌판을 붙이고 십자가를 달고 돌 제단을 설치하고 제단 공사 마무리를 하고 페인트를 칠하고 출입구 계단 인조대리석 갈기를 하고 전기시설, 앰프 방송시설 점검, 운동장 정리까지.

정신없이 서둘러댄 하루였다.

밤 열 시 모든 정리를 끝내고 기물을 배치하고 나니 꿈을 꾸고 있는 것 같은 흐뭇함에 젖는다. 용학교회가 이렇게 훌륭하게 건축되어진 것에 대한 감사함과 기도하면서 구상한 설계며 장식이며 건축 양식이며 모든 것 하나하나가 하나님께서 직접 계시해 주시고 지시해 주신 데 대한 만족스러운 감사를 느껴 본다.

대한민국에서 이만큼 훌륭한 교회가 또 어디에 있을까 하는 생각이다.

10시가 넘었어도 교회당을 떠날 줄 모르는 교인들의 얼굴에서 행복함과 축복을 느낄 수가 있었다.

아직도 12월 3일의 목사 취임과 권사 임직식 준비를 위해서는 남아 있는 일감이 많이 있다.

불가능하게만 느껴지던 내일의 입당 예배를 가능케 축복해 주신 하나님께 감사드린다.

1992년 11월 29일(주일) 맑음

참석인원 240명! 기적이 따로 있는 것이 아니다.

기도하면 이루어지는 것이 기적이다.

입당 예배를 앞두고 나는 기도했다.

한 명이 넘어도 200명이 넘게 해 주십시오.

중고등부를 빼고도 성인으로 이백 명이 훨씬 넘은 것이다. 하나님께 감사를 드린다. 4인용 의자가 60개 모두 꽉 찼다.

100명이 겨우 넘는 주일예배 인원이 두 배가 넘은 것은 기도의 힘이었다. 눈물나도록 감사했다. 계속해서 200명은 넘어야 한다. 우리의 책임이다.

멋있는 교회, 아름다운 교회, 교회다운 교회, 참교회, 성령 충만한 교회, 사랑이 넘치는 교회, 은혜 충만한 교회, 능력 있는 교회, 앞서가는 교회, 용학교회 한국 농촌 제일 교회이다.

내 생의 소원이 이루어진 것이다.

80평이 넘는 한국 전통 건축 양식의 교회당. 이제 내 소원은 이 교회당을 채우는 것이다. 240명 이상 300명까지이다.

불가능하지 않다. 목사님이 조금만 노력하면 교우들이 함께 노력하면 가능한 것이다. 오늘 새로 나온 얼굴은 소수였으나.

1992년 11월 30일(월) 맑음

새 성전 첫 새벽 기도회를 인도하게 된 것을 감사드린다.

어제 입당 예배 대표 기도를 하고, 오늘 새 성전 새벽 기도 인도도 내가 한 것이 우연의 일치는 아니다. 주일예배 대표 기도는 원래 순서였고, 새벽 기도도 월요일은 내가 책임이다.

28명이 나왔다. 부흥회를 한 기분이었다.

눈물의 기도가 있었고, 부르짖는 기도도 있었다. 은혜 충만한 새벽 기도였다.

참 좋았다. 하나님께서 천지 만물을 창조하실 때 한가지씩을 창조하시고 하루가 지날 때마다 "하나님 보시기에 참 좋았다"라고 하셨는데 보면 볼수록 참 좋기만 하다. 새 성전 건축을 시작할 때만 해도 어떻게 가능할까 하는 걱정도 있었는데 이제는 자신이 생긴다. 현재까지도 건축예산이 한 2천만 원쯤 부족하지만 부족한 것이 느껴지지 않고 더 좋게 더 아름답게만 하고 싶다.

날마다 머릿속에 새 교회 구상이 가득 차 있다. 건물 구상은 물론 교회의 발전과 부흥 구상이며, 교회의 구제 사업까지.

오늘도 오전 오후 교회에 나가 뒷마무리 작업을 하는 즐거움이 흐뭇하기만 하다.

1992년 12월 3일(목) 맑음

임영창 목사 취임식과 권사 임직식

손님이 예상외로 많이 오셨다.

우리 교인은 들어가지 못하고도 260석이 꽉 찼고, 현관에 서서 예배를 드린 인원이 100여 명은 되었다. 선물을 400개 준비해서 접수자에게만 주었는데도 몇 개가 부족했다고 한다.

우리 교인까지 합하면 600명이 훨씬 넘는 숫자로 짐작이 간다.

다행히 날씨가 좋아서 밖에 운동장까지 손님이 앉을 수가 있어서 다행이었다. 주차장이 넓어서 좋았다.

이정선 목사님의 설교며 모든 순서 진행이 좋았는데 권사 임직 받은 분들에게는 행사가 조금 소홀하게 다루어진 것 같다. 겨우 임직패 받는 순서로 끝난 것은 허전하다. 축도 끝난 후에 꽃다발 증정 시간을 주었는데 주위가 소란스러워져 별로 영광스럽지 못했다. 앞에 일렬로 세워 놓고 똑같은 꽃다발을 증정하고, 박수도 크게 쳐 주고 했다면 훨씬 좋았을 텐데…. 사진 기사까지 와서 임직받은 열여섯 명 전원 단체 사진도 촬영해서 한 장씩 주었으면 했는데…. 다만 비디오 촬영을 해 두었으니 다행이었다.

무거운 짐을 벗은 홀가분함에 그동안 수고한 모든 이에게 감사한다.

'한국기독교장로회 용학교회' 표지석

1992년도에 한국 건축 양식 교회당을 짓고 교회 간판을 구상하면서 자연석 돌 간판을 하고 싶은 생각을 했는데 마침 월암 부락 뒤에 큰 바위가 하나 있어서 동리 어른들께 그 바위를 교회당 정원에 갖다 놓으려고 양해를 구하고 대형 기중기로 실어다 정원 중심에 내리는데 충격이 갔는지 세 덩이로 쪼개져 버린 것이다. 그때는 크게 실망했었다. 돌은 값이 없어져 버리고 기중기 가격이 얼만데 애석하게 생각했었다.

그 후 며칠이 지나서 생각해냈다. 돌이 쪼개진 면이 평면으로 깎아 낸 듯 반쪽이 되어 있었고, 나머지 반쪽이 또 그 중간이 끊어져서 두 덩이가 되어 있는데 그 돌도 보기에 예쁘게 보여 정원석으로 놓아두기로 했던 것이다.

그래서 목포 석공을 불러 돌 간판을 쪼아 냈는데 한국기독교장로회 용학교회를 새겼던 것이다. 당시 석공이 말하기를 수공을 더 주어야겠다는 것이다. 강철 정이 두 자루나 부러져 나가는 아주 처음 보는 강한 돌이라는 것이었다. 세워 놓고 보니 그렇게 좋을 수가 없었다. 이 또한 하나님께서 하신 일이지 인간의 계획이 아니었음을 감사했다. 글씨는 둔필鈍筆이지만 기념석이기에 내가 쓴 것이다.

나는 그때까지만 해도 돌 간판을 교회 간판으로 한 사례를 본 일이 없었기에 자랑스러웠다. 그 이후 돌 간판이 유행되기 시작해서 지금은

마을 이름 돌 간판도 흔히 볼 수 있게 되었다. 하나님이 하시는 일은
인간으로서는 불가사의다.

1992년 12월 2일(수) 맑음

새벽 기도 다녀와서 먹을 갈아 용학교회 간판 글씨를 쓴다. "한국기독교
장로회 용학교회". 어제 월암 뒷산에 있던 바윗덩이를 포크레인과 덤프차
를 동원해 실어 왔고, 밤늦게 석물 공장石物工場에 전화해서 사정해서 글씨를
현장에 와서 각刻해 주기로 약속을 받아 놓았기에….

어제 다 하지 못했던 주위 치우는 일.

돌에 용학교회 새기는 일.

주차장 만드는 일.

보도블럭 까는 일.

저녁 예배 일곱 시 직전까지 일했다.

허리, 다리, 어깨, 온 전신에 피곤이 덮친다.

내일 목사 취임식, 권사 임직식, 원로 권사 추대식 준비 완료이다.

몹시 서두른 한 달이었다.

계약상 준공이 12월 20일인데,

업자인 박 사장에게 미안했다.

오늘 하루 일 중에 제일 흐뭇한 것은 교회 입구에 세워진 표지석이다.
값으로 따져도 100여만 원의 값어치가 있는 것인데 돈도 겨우 10여만
원 정도 들었고, 마침 돌을 구할 수가 있었고, 때마침 장비가 왔다. 이경석에
게 고마움을 느낀다. 그의 덕으로 세워진 것이다. 교회당은 헐려도 표지석만
은 영원히 남을 것이다. "한국기독교장로회 용학교회".

용학교회당 제단

첫째, 두 기둥

한국 농촌 제일 교회의 꿈을 가진 교회당 건축을 시작하면서 우선 건축 양식을 한국식으로 전통 기와지붕, 기둥, 창호의 삼대 조건을 살리는 교회당을 생각하고, 그 첫째로 두 개의 기둥을 제단 좌우로 평면에서 돌출되도록 기둥을 쌓았다. 이는 예루살렘 성전의 두 기둥 중 야긴과 보아스의 상징이다. 나중에 짓고 나서 보니 생각이 모자란 것을 느꼈다. 벽돌 기둥보다 아예 시멘트 둥근 기둥으로 조성했더라면 더욱 운치가 있었을 것이라는 후회를 십여 년이 지난 뒤에 하고 말았다.

두 번째, 십계명 석판과 십자가의 결합

모세를 통해 하나님께서 주신 시나이산에서의 십계명 돌판이 구약을 대표하는 것이라면 십자가는 예수님께서 돌아가신 형틀이며, 이는 구약의 예언을 완성한 것이라고 할 수 있고, 신약을 대표하는 예수님 종교의 완성이라고 할 수 있겠다는 생각으로 교회당 벽돌 공사를 할 때 돌판에 십계명을 새겨 박아놓았고, 십자가를 부착할 철 보도를 아예 내 키에 맞춰 박아놓았다. 거기에 십자가는 우리나라를 대표할 만한 나무가 소나무임을 생각하고 십자가를 만들 소나무를 구하는 데 많은 애를 썼다. 해제면에서 큰 산인 봉대산과 이성산을 이리저리 돌아다니며 소나무의 위와 아래가 비슷한 원통 소나무를 찾아다녔다. 교회에 광고를 내고 해서 마침 이성산 골짜기에 적당한 원통 소나무가 있다는 정보를 얻고 가서 베어왔다. 한국교회당 제단에 있을 십자가는 외국 수입목으로 가공이 된 십자가여서는 안 되며, 못 박힌 십자가가 아닌 걸려 있는 십자가는 하나의 장식에 불과한 것이라고 생각하고, 우리 교회 십자가는 못 박힌 십자가여야 하고 가공이 안 된 자연목 두 개를 그대로를 열 십+ 자로 포개놓은 십자가이어야 한다는 원칙을 갖고 만들었다. 접목 부분도 육안으로도 보이지 않도록 내 동생 안동인의 지혜를 빌려 손수 접목하게 했고, 당초 벽돌을 쌓을 때 박아놓은 철 보도에 끼워서 내가 쓴 십계명 돌 간판 중심에 십계명과 결합된 모습으로 십자가를 세웠다. 이 십자가는 글자 그대로 못 박힌 십자가이다. 기독교는 이슬람이나 유태교와 달리 구약의 예언인 십계명과 신약의 예수님 십자가의 통합 종교이기 때문이다. 우리는 고난주간 기도회에서 십자가에 박힌 못을 보면서 십자가상의 예수님을 연상하며 기도하는 것이다.

세 번째, 돌로 만든 제단

돌로 만든 제단은 이스라엘 백성들이 요단강을 건너 가나안 땅에 들어갈 때 이스라엘 12지파에게 명하기를 각 지파마다 요단강에서 돌 하나씩을 가져다가 첫 제단을 쌓고 제사를 지낸 것에서 그 뜻을 찾아서 돌기둥 12개를 깎아 전면에 여섯 기둥, 좌우 양편에 각각 세 개씩 해서 여섯 기둥을 세워 놓고 기둥 위와 아래에 돌판을 깔았다. 12개의 돌이 12지파를 상징한다면 우리 교회 모든 교인은 하나님의 선택을 받은 하나님의 열두 지파 백성들임을 깨닫게 하고자 한 것이다. 이는 또한 법궤의 상징이기도 하다.

네 번째, 온 교인들의 필사 성경을 제단에 올리다

대부분의 교회 제단에는 큰 성경이 펼쳐 놓여 있다. 우리 교회는 교인들이 저마다의 신앙 고백을 삼 개월 동안 성경으로 필사하기로 했다. 원고지는 인쇄소에서 만들어 나누어 주었고, 당초 계획은 성경 신구 약 전체를 필사할까 했는데 시간으로 무리가 될 것 같아서 은혜 받은 성경 말씀을 무작위로 손수 필사하고 성명을 써오도록 해서 수합한 후 인쇄소에서 성경 표지만 만들어 합본해서 제작된 필사 성경이다. 이는 교인들의 신앙 고백이 제단에 항상 올려져 있기 때문에 성경을 필사했던 교인들은 교회 사랑, 하나님 사랑, 이웃 사랑에 일체감을 느끼는 것이다.

다섯 번째, 반원형 제단

한국에 있는 대다수 교회 제단의 강단은 직사각형 모양으로 구약시대 성전의 지성소와 성소를 구분하게 되어 있다. 예수님께서 십자가에 운명하시는 그 순간 예루살렘 성전의 지성소 휘장이 찢어져서 두 개로 나누어져 지성소와 성소의 구분이 없어져 버렸다. 그러니까 지금까지도 휘장만 없어졌지 지성소와 성소의 구분이 여전히 남아 있는 것처럼 느껴져서 우리 교회는 강단을 반원형으로 축성했다. 그 뜻은 하나님이 창조하신 우주는 무한하고, 하늘과 땅이 무한한 원이라는 상징으로 우리는 눈에 보이는 세상에서 눈으로는 볼 수 없는 하나님 나라에 대한 소망과 확신으로 하나님과 예수 그리스도와 성령 안에서 우주적 자아를 발견하자는 뜻으로 반원이며, 보이지 않는 또 하나의 반원이 있음을 믿는 신앙 고백적 상징이 었다.

용학교회 헌장

한국기독교장로회 용학교회는 웨스트민스터 신앙 고백의 전통과 기장의 신조를 역사의 종말까지 고수할 것이다.

하나님께서 우리 용학교회를 통하여 하나님의 선교 사업에 앞장서도록 독려하시고 돕고 계심을 믿으며 한국 농촌 제일 교회의 긍지를 갖고 선교의 사명에 목숨 바칠 것을 아래와 같이 다짐한다.

하나. 우리 교회는 우리 민족의 전통 문화와 기독교 신앙을 접목하여 민족의 역사와 전통, 문화와 정서 안에서 타 종교에 대한 이해를 깊이하며 온 세상을 하나님 나라로 만드는 일에 노력할 것이다.

하나. 우리 교회는 교회이기주의, 교파주의, 교권주의를 배격하며 세상을 향한 열린 교회로서 교회 구역 내의 불신자를 예비 신자로 이해하며, 지역사회 완전복음화를 위해 저들과 더불어 사는 공동체를 이루는 데 최선을 다할 것이다.

하나. 우리 교회는 농민의 권익과 소외 계층의 이웃으로 정의 사회 구현을 위하고, 이 나라 민주화와 인권의 신장, 민족통일을 위해 앞장설 것이다.

하나. 우리 교회는 순교의 역사를 갖고 있다. 순교자적 신앙 고백으로 교회다운 교회를 위한 개혁 정신에 투철할 것이다.

한국기독교장로회 용학교회에 속한 우리는 모든 영광을 오직 하나님께 돌리며 죽도록 충성할 것을 이에 다짐한다.

1999년 1월 1일
한국기독교장로회 용학교회 교인 일동

용학교회의 설교대와 기도대

한국교회의 전통적 예배 진행은 목사님 혼자서 단에 올라가 사회, 설교, 목회 기도(대표 기도)를 해오다가 차츰 발전해서 사회자와 설교자는 등단하고, 대표 기도는 대부분 단 아래에서 하는 실정이 예전의 관례였다.

나는 신약시대 예배는 제사장이 없고, 그 누구이든지 하나님을 영의 아버지로 고백하고, 예수님을 나의 구원자로 믿고, 성령의 역사를 믿고, 무릎 꿇는 그 순간 내가 제사장이 된다는 신학적 입장을 당회에서 발표하고 예배 순서 변경을 제안했다. 당시 임기준 목사님이 목회하시던 시절이었다. 그 구체적 제안은 강단에 사회자, 설교자, 대표 기도자, 성경 봉독자 모두 네 명이 등단하자는 것이었다. 또 이미 우리 교회는 단상에 강대가 같은 크기로 두 개가 놓여 있었다. 그때 당시까지만 해도 설교자와 대표 기도자만 단 위에 올라갔다. 그때 장로는 두 명뿐이었다. 이때 나는 신학적인 설명을 했다. 목사님은 설교만 하시고, 사회와 대표 기도 그리고 광고까지 장로가 해야 한다고 주장했다.

임기준 목사님은 일본에서 신학을 하신 분이시다. 임 목사님 말씀이 안국 장로 제안에 대해서 광주 양림교회 은명기 목사님(기장 총회장역임)에게 자문받고 결정하겠다고 하시고 다녀와서 하시는 말씀이 "안국 장로님 제안이 맞습니다. 그렇게 하기로 합시다." 그 후 장로가 여럿이 되면서 사회자, 설교자, 성경 봉독자, 대표 기도자 네 명이 등단해 예배를 진행해

오고 있다. 임영창 목사님이 시무하시던 시절에 한신대 총장 주재용 박사 일행이 임자도에 여행 왔다가 우리 교회 예배 참석하고 나서 평하기를 예배 강대에 4명이 등단하고 예배 순서에 '우리 죄의 고백' 노래와 또 두 손 높이 들고 찬양과 감사의 찬양을 하는 것을 칭찬하셨다. 또 다른 교회들에서 사죄 선언을 목사님이 하는데 이에 대한 당회의 입장은 사면권은 구교인 천주교에서 하는 것이니 기독교에서 목사님은 죄의 사면권이 없다고 주장하고 우리 교회에서는 "우리가 고백한 죄가 용서받은 것을 확신합니다"로 고쳐서 시행하고 있는 것이다.

또 하나 우리 기장교회들 대부분은 강대에 설교대와 사회(기도)대 두 개가 놓여 있는데, 설교대는 크고 사회(기도)대는 작은 것을 볼 수 있다. 이는 미관상 불균형해 보일 뿐만 아니라 크기가 서로 다를 이유가 전혀 없다는 생각에서 크기가 똑같은 두 개의 대가 놓여 있다. 우리 교회 교인들은 이런 사소한 것까지 자부심과 긍지를 가진 것이다.

돌 십자가

전국 교회 중 유일무이하게 큼직한 자연석 돌 십자가가 또 명물이다. 이는 내가 은퇴 기념으로 세운 것인데 나는 은퇴 기념물을 무엇을 남길까 생각하다가 자연석 돌 십자가를 세우고 싶어서 목포 광주를 내왕하면서 석물 공장에 들려 순자연석으로 십자가 모형이 나오는 돌을 찾아보았다. 전혀 가공 없이 십자가 모형만 비슷하게 닮았어도 되겠다는 생각이었는데 전혀 만나지를 못했다. 그러던 중에 해제 진도 석물 공장에 가서 보니까 타원형 큰 돌이 있기에 흥정을 해서 내가 자를 대서 줄을 그어주고 상단 좌우로, 하단 좌우로 기계톱으로 니은 자(ㄴ) 모형으로 잘라내 놓으니까 정확히 십자가 모형이 나왔다. 그래서 그것을 대형 크레인을 동원해서 세운 것이다. 그 십자가를 볼 때마다 내 마음이 참 기쁘다. 저런 생각을 하도록 내 마음을 열어주신 하나님께 죽을 때까지 감사할 것이다. 십자가를 세우면서 십자가 하나만 덩그러니 세워 놓으면 주위가 허전할 것 같아 상징성을 기도하면서 하나님으로부터 계시를 받아서 먼저 십자가의 오른 편과 왼편에 작은 예쁜 바위들을 놓았다. 예수님 십자가 지실 때 두 강도를 상징함이다. 그리고 십자가 앞으로 제멋대로 생긴 자연석을 좌우로 길이가 있는 것을 큰 반석으로 놓았다. 겟세마네 동산의 성화에 나오는 주님의 기도 덕이다.

"아버지여! 충만하시거든 이 잔을 내게서 옮기시옵소서, 그러나 내

원대로 마옵시고 아버지의 뜻대로 하소서!"의 기도가 담긴 기도석이고
전면 좌우 측방에 호랑가시나무 두 그루를 심었는데, 이는 십자가의 가시면
류관을 상징하며 이미 교회 정원에 심겨진 나무를 옮겨 심은 것이다.
이 나무를 옮기면서 이미 하나님께서 예정하시고 내가 조그마한 묘목
두 그루를 사다가 길러놓은 나무이기에 더욱 정이 가는 나무이다. 그리고
최후로 잡초 무성을 방지키 위해 누운 향나무 두 그루를 사다가 심어
놓은 것이 저 십자가 동산 전체 면적을 덮어가고 있는 것이 한층 돋보이게
하는 역할을 하는 것 같다.

이 돌 십자가도 용학교회 자랑의 한몫을 하고 있는 것이다. 돌 십자가
좌대에 우석隅石이라 새겨 넣었다. 우석은 '모퉁이 돌'이란 뜻으로 성경에서
영감을 받은 나의 아호이다.

< 그곳에 가 기쁘게 살겠네 >
─ 용학교회 노인대학 교가

　용학교회가 노인대학을 무안군에서는 맨 처음으로 2008년 12월 11일에 개교했다. 첫째는 우리 교회 노인들의 여생을 한층 더 행복하게 하고 싶어서였다. 교양을 더욱 넓히고 건강 강의를 통해 건강을 지키고 신앙을 더욱 돈독하게 하기 위한 목적이었다. 또 하나는 불신자 노인들을 교회로 인도해 전도하고 싶은 목적도 있었다. 매주 금요일을 노인대학의 날로 정하고 주로 건강 강의에 중점을 두었고, 성경 이야기를 하고, 전도를 하는 시간으로 보내면서 많은 노인이 즐겁게 참여했다.

　때마침 서삼석 무안군수가 우리 용학교회 노인대학(당시 노인학교)에서 힌트를 얻어 무안군 9개 읍면에 각 1개소씩 은빛교실이라는 이름으로 군비 지원을 약속하고 이 사업을 시작해서 각 면에 1개소의 은빛교실이 개설되었다. 해제면에서도 해제 중앙교회에 은빛교실이 개설됐다. 덕분에 우리 교회도 지원을 받을 수 있게 되었고, 인원이 많을 때는 칠십여 명이 되기도 했다.

　2018년 9월 노인대학 개강을 하면서 이영희 권사가 제안했다. 용학노인대학 교가를 하나 지어 불렀으면 좋겠다는 것이다. 미처 나도 생각지 못했던 좋은 제안이다. 그래서 용학노인대학 교가를 작사했다. 곡은 찬송가 324장(<부름받아 나선 이 몸>)으로 했다.

여기 우리 다 모였네 건강하신 어른들
오복 중에 제일 큰 복 수복 받은 우리
노래하고 춤도 추고 좋은 강의도 듣고
근심 걱정 떠나가라 너는 야 싫다
한국 농촌 제일 교회 용학 노인대학

노인대학 교가를 짓고 나서 <노인가>를 하나 더 지었다.

노인가(찬송가 450장 <내 평생 소원 이것뿐>)

(1절)
내 남은 인생 소원은 건강히 사는 것
이 세상 이별 하는 날 웃으며 가리라
저 세상에는 근심도 아픔도 없다네
나 그곳에 가 기쁘게 살기로 했다네

(2절)
언니야 동생 부르며 서로가 행복해
이 세상 걱정 버리고 즐겁게 살리라
너 젊은이들 노인을 깔보지 말아라
살 같은 세월 젊음이 노인이 된단다

2008년 12월 10일(수) 맑음

용학교회 복지관 총무 최○○ 집사로부터 전화가 왔다. 내일 오전 10시 30분에 복지관 수용 노인들을 상대로 강의를 부탁해 왔다. 주제는 노인들에게 희망을 주는 얘기이면 좋겠다는 것이다. 소요 시간은 40분이란다. 예수님 만난 얘기라면 자신 있지만 모든 활동을 접고 복지관에서 죽는 날만 기다리는 노인들에게 희망을 주는 얘기라니 조금은 부담이 된다.

그러나 내가 그간 준비해 둔 자료들을 뒤적여 가며 주제를 "남은 인생 어떻게 살 것인가?"로 잡고 동아일보에 발표된 한국인의 평균수명과 기대수명을 메모하고 우리에게 아직도 살아야 할 날이 많이 남았음을 서론으로 하고,

(1) 살아있음을 감사합시다.
(2) 자기가 믿는 신에게 기도합시다. 자손들과 나의 죽음을 위해서.
(3) 내 남은 힘이 있다면 남을 도와줍시다(봉사가 주는 기쁨, 미국 부호 록펠러의 자선 이야기, 젊어서 암에 걸려 1년 시한부 인생 선고 받고 계속 자선사업 문화재단에 기부 사업하면서 병도 잊고 40년을 더 산 이야기).
(4) 남을 많이 칭찬합시다. 하루에 한 번 이상 노력해보라!
(5) 내 생에 자랑할 것이 있으면 자랑해 봅시다. 말을 많이 하라.

그리고 결론으로 우리 할머님, 어머님의 죽음인 신앙인의 죽음은 희망이 있는 죽임이라는 것으로 준비했다. 아주 쉽게 좌담식으로 해볼 계획이다. 내 죽음 준비 기도도 얘기하고 싶다.

2008년 12월 11일(목) 맑음

용학교회 노인대학 첫 강의

오늘 용학교회 노인대학 첫 강의를 했다.

거동 불능 환자, 치매 환자는 참석 안 하고 주간보호자 8명이 참석했다. 간혹 질문식으로 이끌어 갔더니 그렇게 좋아들 했다. 생전 처음 들어보는 좋은 얘기라는 것이다. 모두 경직된 얼굴이 피어나는 것 같았다. 너무들 만족해했다. 발음이 정확하지 못한 환자도 두 분이나 있었다. 그래도 웃으면서 무어라고 자주 응답을 하는 것을 보면서 나도 만족스러운 강의였다. 사실 8명 앉혀 놓고 하기에는 너무 아까운 내용인 것 같다. 기동이 불능인 7명을 만나보았다. 대소변도 가리지 못하는 환자들이었다. 안타까웠다. 희망자가 더 있는데도 정원이 찼기 때문에 더 이상 못 받고 있다는 것이다.

어차피 시작한 사업인데 교회가 힘을 내서 더할 필요를 느꼈다. 다행스러운 것은 주간보호자 8명 중 7명이 교인들이어서 오늘 강의가 더욱 좋은 것 같았다. 1명은 불교인이라고 대답했는데 오늘부터 하나님을 믿기로 약속받고 "하나님 감사합니다"를 복창시켰더니 어눌한 발음으로 따라 해 주었다. 홍용식 집사의 고모님이란다.

2014년 2월 7일(금) 흐림

은빛교실 개강

오늘 10시 용학교회 은빛교실(구 노인대학)을 개강하는 날이다. 내가 자원해서 강의를 맡았다. 오늘 첫날이어서 50여 명 참석했는데 3분의 1쯤이 비교인들이었다. 오늘 첫 강의에 노인으로의 행복한 삶에 대한 이야기를 했다. 재미있게 들어 주었다. 노래 강사가 와서 <내 나이가

어때서>를 율동하면서 불렀다. 제법 웃기는 소질을 타고난 것 같았다.
한 시간을 웃고 움직이고 즐거웠다. 점심 메뉴가 좋았다. 돼지갈비찜이다.
군에서 지원금이 연간 육칠백만 원 나온단다.

2018년 3월 9일(금) 맑음
용학교회 노인학교 강의 시작

그간 쉬었던 용학교회 노인학교 강의를 오늘부터 다시 시작했다.
"교회 출석을 하지 않는 노인들이 안국 장로가 다시 나와서 강의를
해 주십시오"라는 요청이 많았단다.

생각해보니 내가 재능 기부를 할 수 있는 일일 것 같아 다시 시작한
것이다. 또 노인학교 시작을 무안군에서 내가 제일 먼저 창안해서 선교적
차원으로 시작했기에 잘되도록 하는 일이 내 책임 같아서 다시 시작한
것이다. 많은 노인, 비교인 노인들이 내 강의를 그렇게들 좋아한다.

오후에 승용차가 새 차가 되어 돌아왔다. 지난 2월 9일 눈길에 미끄러지
는 사고로 한 달 만에 수리되어 돌아온 것이다. 그간 차 없이 사는 것이
마치 다리 잃은 불편함이 있었는데 기분이 날 듯 기뻤다. 즉시 별장에
다녀왔다. 그 전보다 더 운전 조심 주의하며 마치 초보 운전 시절 같이
신경을 써야 했다.

2019년 2월 15일(금) 흐림
용학노인대학 강의

오늘은 성경에 있는 이야기를 하고 하늘나라에 대해 얘기했다. 흥미롭
게 듣는 것 같았다. 먼저 성경에 있는 이야기라는 전제를 하고, 부자와
거지 나사로의 이야기를 했다. 하늘나라에 가는 것은 교회에 다닌다고,

예수님을 믿는다고 결정되는 것이 아니라고 했다. 다시 마지막 심판에 오른쪽 양과 왼쪽 염소를 가리는 재판 이야기를 했다. 그 판결의 기준이 하나님께서 "내가 굶주릴 때 먹을 것을 주었느냐? 내가 목마를 때에 마실 물을 주었느냐? 내가 나그네 됐을 때 돌보아 주었느냐? 내가 아팠을 때 관심을 가졌느냐? 내가 감옥에 갇혔을 때 찾아보았느냐?"의 다섯 가지를 하고 안 한 것이 천국과 지옥을 나누는 재판이라는 것을 이야기했다.

다시 말하면 기독교 신앙의 세 원칙인 하나님 사랑과 이웃 사랑인데 내가 세상에서 하나님을 믿고 사람을 사랑해야 천국에 간다는 것이라고 했다. 즉, 나보다 더 가난한 사람, 어려운 사람, 병자들, 외로운 사람들을 사랑으로 도와주고, 나누어 주고, 이끌어 주는 것이 하늘나라 가는 조건인 것을 강조했다. 단 하나님을 믿고 교회 다니는 것은 참사람답게 사는 방법과 법을 배우기 위해서이고, 하나님이 내게 원하는 삶을 살기 위해서 교회에 다니는 것을 강조했다.

이것이 우리 용학교회의 노인대학 설립 목적임을 강조했다. 50여 명 노인 중에 삼 분의 일 정도가 교인이고, 그 나머지는 비교인이다. 전부 교인이 되기를 간절히 기도하면서 강의를 준비했다. 그리고 암에 대해서 항암식품 소개를 했다. 내가 노인대학을 만들었고 강의를 자원하여 맡는 목적이다.

용학교회는 나의 인생

1986년 12월 12일(금)

장로 임직 14년!

오늘이 12월 12일 내가 지금으로부터 14년 전에 장로임직 받은 날이다.

나에게 있어 제2의 인생의 생일이기도 한 날이다.

난 그때부터 내 인생의 삶의 의미와 목적이 뚜렷하게 정해졌으니까?

나의 존재의 의미가 무언가?

오직 용학교회를 위해서 태어난 것뿐이다.

용학교회로 하여금 참 하나님의 교회가 되게 하는 일을 위해서 태어난 사람.

아무 욕심도 없다.

용학교회가 참 교회, 그리스도의 교회 되면 그만이다.

그저 이름 없이 섬기다가 갈 것이고,

그저 빛도 없이 섬기다가 갈 것뿐이다.

오래 살고 싶은 욕심도,

부자로 살고 싶은 욕심도,

이름이 알려지는 유명하고 싶은 욕심도 결코 없다.

사는 날까지만 진실되게 살다가 갈 것이다.

이 때문에 나는 나 자신을 위해서는 많은 기도를 하지 않는다.

하고 싶지도 않고 우선 하나님께 죄송스러워서도 못하겠고 별로 할
얘기도 없다.

이번에 상당히 부대꼈다.

월요일 밤에 발병해서 만 삼 일을 앓았으니까? 머리가 빠개지는 두통에
두 눈알이 빠져나올 것 같은 진통에 온 전신의 권태로운 통증에 설사
복통까지 겸했으니 견뎌내기 힘들면서도 병 고쳐주십시오. 기도는 안
했다.

사뭇 아프니까 이러다가 죽는 것 아닌가 생각해 보았다. 다행히 약의
효험이 있어 회복은 되었지만….

나는 죽음을 생각해 보았다.

장로의 임종이 무엇인가 떳떳하고 보통 사람의 임종과는 달라야지.

우선 죽음을 예감하고 유언을 해야 하는데, 먼저 전대병원에 전화하도
록 해서 내 안구와 신장을 빼가도록 하고, 장례에 대한 얘기해야지.

장례 사회는 서용석 목사님,

장례 설교는 이정선 목사님,

조사는 배종열 장로님,

장례 예배 축도는 임기준 목사님으로 부탁을 해야지.

많지 않지만 재산 정리는 진웅이 수미라 교육을 마치고는 나머지
전부 용학교회 장학기금으로 내놓아서 훌륭한 인재 배양에 쓰도록 해야지.

그리고 가족이 둘러앉은 임종 예배에서 찬송가 545장 <하늘가는 밝은
길이 내 앞에 있으니>를 조용하게 부르며 평화로운 얼굴 그대로 하늘나라
를 보면서 조용히 숨을 거두어야지.

나 죽은 후에 세상 사람들은 무어라고 할까?

아마 그놈 잘 죽었다 할 사람은 없겠지?

참 아까운 사람이 너무 일찍 죽었다고 하겠지!

그 사람 참 좋은 사람이었어.

그 사람 참 곧은 사람이었지.

그 사람 자기주장이 뚜렷한 사람이었지.

그 사람 말 잘하는 사람이었지.

그 사람 성질이 급한 사람이었지.

그 사람 행복한 사람이었지.

그 사람 결혼 주례 명주례였지.

그 사람 머리 좋은 사람이었지.

그 사람 미남이었지

그 사람 깔끔한 신사였지

그 사람 멋쟁이였지!

내가 평소에 많이 듣는 내 평이니까!

허나 지금 죽어서는 안 되겠다는 생각이다. 우선은 어머님이 살아 계시는데 나 죽어버리면 우리 어머니 아마 미쳐버리실 거란 생각이 든다. 서른여섯에 혼자되어 열여섯 큰아들 믿고 지금 일흔두 해를 살아오신 분인데, 안되지.

또 하나 있다. 전두환 군사독재 무리들 물러가는 것 못 보고 죽을 수는 없다.

'남북통일 내 눈으로 보고 죽어야지'하고 생각해본다.

1992년 12월 12일(토) 흐림

장로 임직 20주년

1972년 12월 12일 12시에 장로가 됐으니까.

헌데 장로 20년에 해 놓은 것이 무엇인가?

있다면 부로크스레이트(블럭슬레이트)로 지은 40평 미만의 교회당을 100평 규모의 전통 한식 기와집으로 아름답게 지어 놓은 것이다.

누가 뭐라 해도 교회당 신축 계획, 설계, 감독, 추진 등 내 주도로 내 기도로 해 온 것이다. 또 리 단위 농촌교회로서는 모든 면에 용학교회만한 교회가 없을 것이다.

이젠 앞으로 무엇을 할 것인가? 앞으로 10년을 두고 교회 구역 완전 복음화를 할 것이다. 그리하여 완전한 지역 교회, 주민 교회를 만들 것이다. 종합복지관을 짓고 지역민의 복지를 위해 존재 가치가 있는 교회가 될 것이다. 그리하여 십 년 후 장로 임직 30주년 기념식에는 전국 규모의 대행사를 갖고 한국 농촌 제일 교회의 모델 교회 선언을 할 것이다. 그리고 장로직 명예 퇴임을 할 것이다.

1993년 3월 12일(금) 맑음

오는 3월 23일 새 성전 봉헌식을 올리기로 정했다.

아울러 용학교회 66년사를 편찬키로 하고 그간 준비를 해왔다. 우선 역대 교역자들과 초대교회 신자인 김윤재 장로님께 용학교회에 대한 회고 등의 원고를 부탁했다. 미국에서 목회 중인 노별수 목사, 김선영 목사, 이정선 목사 누구의 글을 읽어보아도 거기 안국 장로의 신앙이 적혀 있다. 생각하면 용학교회 66년사는 우리집의 신앙사이기도 하다. 교회 초창기부터 초대 권사가 우리 할머니셨고, 순교자가 우리 아버지

형제분이셨고, 초대 장로가 나이고, 당시 독신인 노별수, 정채진 목사님께 우리집에서 숙식을 제공했다. 또한 제3차, 제4차 건축위원장이 나였고, 이번 건축도 전부 나의 구상이고 내 기도의 결정이며, 십계명도 머릿돌도 돌간판도 다 내 작품이고, 내 글씨를 썼다.

또 이번 역사책에도 정채진 목사를 회상하는 글을 쓰고, 순교자 아버지를 기억함이란 글도 내가 썼다.

안국이 없는 용학교회가 없고, 용학교회 없는 안국이도 없다. 나는 곧 용학교회다. 내가 죽기 전 용학교회를 용학리 유월리 지역의 교회로 정착시킬 것이다. 지역주민의 교회로 만들어 놓을 것이다. 그리하여 명실공히 한국 농촌 제일 교회가 될 것이다. 나의 장로 수락의 제일성이요, 장로 임직의 다짐이기도 하다. 용학교회의 노래이기도 하다.

용학龍鵠교회, 왕의 상징, 용 같은 교회, 장수의 상징, 학 같은 교회. 으뜸이 되고 영원한 교회가 될 것이다. 용학이여, 영원하라! 빛을 발하라!

1993년 5월 14일(금) 흐림
한국 농촌 제일 교회 용학교회

독일 교회 방문단이 왔다. 일행 7명이다. 통역까지 8명. 목사 4명, 장로 4명, 청년대표 1명.

한국에서 처음으로 한국 전통 건축 양식으로 지은 교회라는 소개로 오게 되었단다.

지난번 새누리신문에 소개가 됐고, 금년 기장 총회 회보 5월호에 소개가 됐다. 용학교회의 이름이 유명해지는 판이다. 독일 교회에서 오신 분들이 그렇게 좋아하고 감탄했다. 교회 제단 장식의 성서적 신학적 해석을 듣고는 자기들 생에 있어서 잊을 수 없는 교회이고, 은혜라고 한다.

사실 나의 신앙 고백이 담겨 있는 교회당이며, 내가 계시받은 영감이 스며있는 교회 건축 양식이요, 제단 장식이다. 많이 기도하면서 구상해 낸 것이다.

또 하나, 이농현상의 극심에서 오는 농촌 인구의 감소 추세에도 불구하고 농촌 리 단위에서 150여 명의 교인이 집회에 나올 수 있다는 얘기에는 연구의 대상이라면서 무엇이, 무슨 힘이 2~4킬로미터 거리에서 그렇게 모여들게 하는지 궁금하다는 것이다. 나는 생각한다. 그 힘은 오직 민중 속에 같이 살아 숨 쉬고자 하는 용학교회 특유의 신앙을 축복하신 하나님의 은혜이다. 이로 인해 초대교회부터 지금까지 지역사회 덕망 인사들이 교회에 나오고 있고, 20여 년 전부터 꾸어온 용학교회의 꿈 '한국 농촌 제일 교회'란 이상을 갖고 신도들이 신앙을 지키고 있다고 설명했다. 방문단을 보내고 나서 임 목사님이 제일 좋아하신다. 이곳저곳 전국적으로, 세계적으로 유명한 교회의 담임 목사가 되었으니 말이다.

2018년 3월 5일(월) 흐림

10년 후의 우리 가족과 용학교회 구상

요사이 걱정거리가 하나 더 생겼다.

10년 후의 용학교회의 내일이 걱정이다.

현재 교인들의 평균 연령이 삼 분의 일쯤이 65세 이상 노인들 같은데 젊은이들이 기피하는 농촌의 현실이 갈수록 더 심해질 것이고, 농촌에 젊은이들이 점차 줄어들고 있는데 그때쯤 되면 교회가 부흥되기보다는 계속 위축 현상에서 그 누가 교회를 지켜줄 것인가?

우선 내 주위부터 생각해 본다. 내 자식들 4남매라도 공직에서 은퇴하고 나면 모두 이곳 해제로 돌아와서 살도록 지금부터 장래 계획을 세우도록 해야 할 것 같다. 우선 아들은 농촌으로 돌아와서 살겠다는 계획이 선 것 같아 다행이다. 그때 농촌에 정착하면 장로가 되어야 하고, 안 목사는 70세 은퇴니 고향에 와서 무보수 목회를 했으면 싶고, 큰딸, 막내딸도 이곳 고향으로 내려와서 조상 때부터 섬기던 교회 섬기며 함께 살았으면 싶다.

지금부터 장기 계획이지만 기도하는 마음으로 생각해 보아야겠다. 용학 교회는 우리 가문의 교회이기도 하다. 할머님이 초대교회 설립 교인이고, 아버지와 작은아버지께서 순교하신 교회이고, 내가 초대 장로로 하나님께서 나를 통해 한국 농촌 제일 교회의 꿈을 심어주신 교회기 때문이다.

2020년 2월 25일(화) 흐림
용학교회 창립 백 주년 기념비 구상

오늘은 용학교회 창립 100주년 기념비를 세우는 일을 구상해 본다.

1926년 3월 1일이 용학교회의 창립일이다. 돌은 자연석으로 하고 2미터 이상의 크기에 좌대 자연석으로 놓고 기록은 한글로 "용학교회 창립 백주년 기념비", 그다음 줄에 "주후 1926년 3월 1일", 그 뒷면에 교회의 창립 내력을 실으면 좋겠다. 함평에서 기룡 부락으로 이사해 온 모마리아님과 우리 할머니(우본촌 권사님), 미국인 선교사 유새벽 목사가 교회 창립을 합의하고 토담집 세 칸을 지어 한 칸은 전도사 침실, 두 칸은 예배실로 지었고, 주소는 용학리 103-2번지 198평방미터 종교 부지로 등기가 됐다. 첫 전도사는 유원호 전도사님이셨고, 초대교회는 일곱 가정에 20여 명 교인이었고, 여러 해 후에 김홍인 집사님이 자기 땅에 15평 초가집을 지어 헌납했다. 용학리 기룡 부락 62번지, 제3차 건축은 용학리 6-2, 6-3, 현재 주소지에 시멘트 벽돌, 슬레이트 지붕 80평으로 지었고,

그 후 현재의 건물 100여 평 한국식 건축 양식 철근 콘크리트, 기와지붕으로 건축했다. 대강인데 비에 기록으로 남길 것만 요약해서 비문을 작성할 것이다.

시무장로 34년

― 장로 은퇴

2006년 12월 17일(주일) 눈

1972년 12월 12일 12시 정오가 나의 장로 임직식 날이다. 그로부터 2006년 12월 말로 만 34년 시무장로 근속이다. 먼저 하나님께 감사의 기도를 드린다. 그간 한 번도 장로된 것을 후회해 본 적 없이 꾸준하게 한국 농촌 제일 교회의 꿈을 꾸며, 교회와 교인들을 사랑하며, 세상을 사랑하며, 최선을 다하겠다는 생각으로 간혹 자신을 채찍질하며 살아왔다. 그 평가는 지금이 아니라 내가 이 세상 끝내고 하나님 앞에 갔을 때 하나님께서 해 주실 것이리라. 그러나 지금까지의 나를 알고 있는 모든 사람이, 특히 우리 용학교회 교인들이 어떻게 평가할까 궁금하다. 그렇게 후한 점수는 아니더라도 박한 낙제 점수는 안 주겠지 하는 교만 같은 자부심도 없지 않다.

그간 내가 세상을 살아오면서 늘 기도해 왔고, 계속 감사해 왔고, 계속 마음으로 자랑스럽게 생각해 왔던 몇 가지를 생각해 보니 나는 확실히 복 받은 사람이라는 확신이 든다. 하나님께 감사할 내용이 내가 자랑하고픈 내 인생의 기록이다.

나는 '첫째, 신앙의 복, 둘째, 부모 형제 처자의 복, 셋째, 세상적 명예와 종교적 명예의 복, 넷째, 욕먹지 않고 건강하게 세상을 산 복 그리고 다섯째, 부하지는 않지만 풍요롭게 살아온 복'을 하나님께 감사한다. 세상 사람들은 오복五福을 센다. '수壽, 부富, 강녕康寧, 유호덕攸好德, 고종명考終命'이라 한다. '오래 살고, 부유하게 살고, 건강하게 살고, 덕스럽게 살고, 살만큼 살고 평안히 죽는 것'이란 뜻이다. 생각해보니 세상 사람들이 말하는 오복을 누려 왔다. 마지막 고종명은 아직 모르지만, 그것 또한 반은 살았으니 100점 만점으로 계산해서 복 한 개에 20점이면 제5복 편안히 죽는 것 빼놓더라도 90점 복 받은 셈이니 정말 감사하다. 고종명까지 채워서 100점 짜리 인생의 복을 누릴 수 있다는 확신이 있다.

첫째, 신앙의 복이다. 모태 신앙으로 돌 안에 유아세례 받고, 열아홉 살에 입교 문답하고, 스물한 살에 집사가 되고, 서른여덟에 장로 되고, 일흔둘에 은퇴했으니 나는 내 인생의 전반부를 여기까지로 나누고 싶다. 이제 내 인생은 후반전이다. 전반적으로 후반전이 더 중요하다. 더욱 힘을 낼 것이다. 전반전 인생의 약점은 후반전에서 충분히 보완해서 승리하는 인생으로 마치고 싶다.

둘째, 부모, 형제, 처자의 복이다. 내 아버지는 너무도 훌륭한 아버지셨다. 당시 농촌의 대농들도 자식을 목포까지 유학시키는 예가 적었는데 겨우 중농임에도 미국 유학을 목표로 나에게 꿈을 심어주셨던 정직하시고 성실하시고 고아와 과부를 돌보시는 자애로우신 아버지, 욕설을 절대 못 하게 하시던 아버지. 농업 박사, 동네 은행, 나락밭에 제비, 법 없어도 사는 사람이란 별명을 가진 우리 아버지. 우선 철저한 십일조 생활은 후대에까지 귀감될 정도이고, 배짱이 두둑하시고 과학적 두뇌의 활용. 나는 그 아버지의 아들이었고, 38세로 순교하신 후 내 어머니는 젊은 청상과부로 아직 어린 2남 2녀 기르고 가르치시느라 남보다 더 많이 노동하시면서 자식의 학업을 위해 끝까지 애써 희생해 주시는 어머니.

미모에 심성도 고우셨고, 양반집 딸로 덕스러웠던 어머니 춘추 90세까지 건강하게 사셨던 어머니.

아내도 부잣집 딸로 교양을 갖추었고, 강철 같은 생활력으로 내 대학 학자금 마련을 위해 보부상까지 하며 나락계를 만들어 재산을 증식했고, 전답을 사서 보태 농사일을 남자 못지않게 하고, 큰 머슴, 작은 머슴, 식모까지 거느리고 자식들 가르치고 기르는 일에 자기 전 인생을 희생해버린 아내를 이 세상에서 둘도 없을 나 안국의 아내로 주신 하나님께 정말 감사한 것이다.

말 못 하는 동생이지만 형제간 귀한 줄 알고, 자식들도 예쁘고 똑똑하게 낳아서 다 시집도 잘 갔다. 여동생 둘도 만년의 건강이 약간 안 좋고, 남편들이 두 놈 다 속알머리가 없는 것들이지만 자식들은 잘 살고 있으니까 다행이다. 내 자식들은 어디나 내놓아도 부끄럽지 않은 자랑할 만한 인간성이 훌륭한 예쁘고 똑똑하고 건강하고 앞으로 계속 성장과 발전이 점쳐지는 자랑스러운 1남 3녀이다. 자식 복에 한 가지 흠이 있다면 큰아들이 열아홉 살 고등학교 삼학년 때 먼저 하늘나라로 간 것인데, 그 사건이 나로 하여금 신앙적 깨달음으로 회개하게 하심도 하나님께 감사로 받아들일 수 있었다.

2남 3녀가 가장 이상적인 자녀 수라는 그 시대 사람들의 계산을 어리석게 알고 아내로 하여 낙태 수술을 받게 한 하나님의 축복을 거역한 하나님의 섭리를 반역한 살인의 죄를 저지른 나를 회개시켜 주셨던 사건이었다. 아들은 박사에 대학 교수, 큰딸은 초등학교 교사이면서 현재 박사과정 중에 있고, 둘째 딸은 목사로서 명성을 떨치고 있고, 모두 다 저들의 앞날은 밝기만 하고, 친손녀들에 외손자가 넷인데 모두 다 잘 생겼고 건강하고 인성도 훌륭하게 자라고 있고 머리도 좋아 공부도 잘하고 생각하면 할수록 행복하기만 하다.

셋째, 명예의 복은 30년 교직 생활에서 훌륭한 선생님으로 제자들에게 존경받았고, 세상에서 내게는 과분한 전남도의회의원, 농수산위원장, 전국협의회 회장을 지냈고, 민주당 무안지구당 수석부위원장으로 인정받은 인격으로 군수나 국회의원 적격자로 인정해 줄 정도의 신임을 받았다. 종교적 명예로는 어린 나이에 장로가 되어 전국장로회 부회장, 전남노회 장로회 회장, 전남노회 부회장, 전남노회 재판국장 등을 역임하고, 한국기독교장로회 총회에서 정치부, 법제부, 헌법위원회, 재판국 등 주요 부서 서기, 기장 역사상 처음으로 장로가 법제부장을 역임했다. 그리고 기장 총회 제9대 부총회장, 기장 역사상 두 번째로 장로가 총회장 도전까지 하는 최고의 영예를 누린 것이다.

네 번째, 칠십 평생 살아오면서 욕먹지 않고 살아왔고, 그 누구한테 단돈 일 원 손해 끼친 일 없고, 부담 준 일 없이 몸도 마음도 정신도 생활도 건강하게 살아왔다고 자부한다.

다섯 번째, 결코 부유하지 않는 경제력임에도 늘 부족을 못 느끼는 풍족한 경제생활을 해 왔다. 많이 있어서가 아니라 바울의 신앙 고백처럼 부한데 처할 줄도 알고 가난하게 살 줄도 아는 신앙심의 힘으로 늘 가진 것으로 족한 줄 아는 마음이 가난한 자가 받는 축복을 누린 것이다.

이러고 보면 세상이 말하는 오복을 누린 것이다. 내 나이 72세의 수명도 부유함도 건강도 덕도 명예까지 다 누린 것이다. 이 어찌 하나님이 함께해 주신 큰 축복이 아닐 손가? 이 세상에 나만큼 복 받은 사람은 많지 않을 것이다. 멀리 넓게는 모르겠으나 이곳 해제면에서 아니 무안군에서만은 나와 동시대에 나만큼 축복받은 이 누구인가? 내가 부러워하는 사람이 누구인가? 솔직히 부러운 사람 하나도 없다.

돈이 많다고 하는 누구누구와 같은 자리 앉기도 거북스럽다. 내 동년배에 도의원은 나뿐이다. 자식 중 박사들이 더러 있다지만 국립과학기술의 최고 카이스트 박사는 내 아들뿐이다. 여성 목사 내 딸이다. 교회에서도 나만큼 성공한 사람이 없다. 앞으로도 어려울 것이다.

다른 것은 차치하더라도 제일 중요한 것은 덕德이다. 얼마만큼 덕을 세우고 덕을 베풀고 섬기고 나누고 돕고 살았느냐이다. 남에게 욕을 먹지 않고 정직하고 신용 있고 성실하게 살았느냐이다. 내가 존경하고 싶은 사람이 하나도 없다. 신앙인 비신앙인 통틀어서 내가 아는 사람 중 말이다. 내가 너무 교만한 것일까? 교만이어도 좋다. 내 마음에 꼭 맞는 사람이 없다는 것이다. 그러고 보면 어떤 의미에서 나는 외로운 사람이다. 외로워도 좋다. 하나님이 나와 함께하시기 때문이다. 끝까지 나와 함께 해 주실 것을 확신한다. 하나님 감사합니다. 아멘.

2006년 12월 31일

시무장로 은퇴 명상

용학교회는 내 인생 그 자체다.

지금으로부터 만 34년 전 38세의 어린 나이에 장로 임직을 앞두고 기도하면서 '한국 농촌 제일 교회'의 꿈을 꾸었고, 그 꿈을 용학교회의 노래로 당회가 결정했을 때 나는 눈물 나는 감격을 느꼈던 기억이 앞으로도 죽을 때까지 나의 신앙 고백으로 간직하고 저 하늘나라로 갈 것이며, 저 하늘나라에 가서도 내 기도는 계속될 것이다.

"한국 농촌 제일 교회 나의 삶의 보람이니, 이 일 위해 태어난 몸 주여 받아 주소서!"가 용학의 노래 시작이다.

이제 나는 은퇴 후 '용학교회를 위해 무엇을 할 것인가?'를 고민하고 있다. 지난 34년 동안 교회가 나에게 준 책임은 크게 당회 서기, 재정부장,

교회장기발전위원회 위원장, 교회당건축위원장 등이었다. 이제 은퇴와 동시에 나는 모든 책임에서 자유로워진다. 자유로워짐에도 한편 홀가분함 보다는 섭섭함이 조금 더 한 것이 솔직한 내 심경이다. 그러나 지금까지 교회가 내게 준 짐진 책임이었다면 이제 후로는 하나님께서 내게 은혜로 주시는 자유로운 책임이 오히려 더 중하다고 생각한다.

우리 용학교회를 여기까지 오게 하시고 있게 하신 하나님은 한국 농촌 제일 교회라고 하는 비전을 보시고 이끌어 주셨다고 나는 생각한다. 한국 농촌 제일 교회의 꿈은 지금도 유효하고, 앞으로도 계속 유효한 비전이어야 한다. 시무장로에서 물러나는 마당에 감히 노파심에서 나의 부탁이 있다면 교회의 내일에 대한 확실한 비전, 즉 꿈을 제시하는 교회가 되기를, 특히 교회 지도자들에게 간곡히 당부드리고 싶다.

나는 용학교회 시무장로를 은퇴하면서 이제부터가 '내 신앙 인생의 후반전이다'라고 생각한다. 모든 경기는 전반전의 승리란 없다. 전반전은 절반의 의미밖에 없다. 후반전에서 승리해야 전반전이 다소 부진했더라도 역전승으로 이겨야 완전히 이기는 것이다. 내 인생도 전반전에서 이겼다면 후반전에서도 이겨 완승을 거두는 신앙 인생을 살아야겠다는 결심, 각오한다.

인생은 그 사람의 끝맺음에서 그 사람에 대한 평가가 결론지어진다. 총회에서는 별명이 법통法通으로 기장 역사상 처음으로 법제부장을 지냈고, 노회에서는 별명이 면도칼로 이것도 노회 역사상 처음으로 장로로서 재판국장을 지냈고, 교회에서는 호랑이로 무서운 장로였는데 이제 이 세 가지 이미지를 완전히 벗어야겠다. 나 죽은 후에 양같이 순한 장로였다고 별명이 바뀌도록 노력하겠다. 그러나 시시시비是是非非는 나의 신앙적 절개다.

2007년 1월 21일(주일) 맑음

장로 은퇴

이번 내 은퇴식을 앞두고 말이 좀 많았다.

당회와 재정위원회에서 은퇴 기념 성지순례 비용 반액 지원을 예산에 세우면서 2년 전에 은퇴한 배 장로님 분까지 세웠다. 그런데 예산 승인 공동의회에서 배 장로가 "나는 성지순례 안 갈 테니 내 몫은 농민회에 지원해 달라"고 큰 소리로 강연하듯이 발언했다. 한국 농촌 제일 교회를 부르짖는 교회가 통일 비용 예산이 있느니 없느니 장시간 목사님까지 책망하며 교인들을 책망하는 바람에 당회가 어떻게 해야 할지 걱정을 해 왔다.

오늘 이정선 목사님의 설교가 은혜스러웠다. 임영창 목사님의 기도, 서용석 목사님의 축사도 좋았다. 초청도 안 했는데 상당히 많은 친지가 왔다. 고마웠다. 애들이 전원 참석했고, 박종린 집사님도 내려오셔서 고마웠다.

은퇴사

할렐루야!

먼저 오늘이 있게 하신 에벤에셀의 하나님께 찬양을 드립니다.

오늘까지 나와 함께해 주신 임마누엘의 하나님께 영광과 감사를 드립니다.

아울러 오늘 이 자리에 참석해 주신 모든 분께도 감사 말씀을 올립니다.

농담 한마디 하겠습니다.

어느 며느리가 잔소리 많이 하는 시어머니가 살아 있을 때는 그렇게도 보기 싫어서 어서 죽기를 바랐는데 시어머니 죽은 후에 겉보리 방아 물 부어 놓고 시어머니 생각이 간절했다는 얘기입니다.

이 며느리의 시어머니 그리움 같이 우리 사랑하는 용학교회 성도님들도 저 안국 장로를 그리워해 주실 수 있었으면 하는 바람입니다. 그렇게 해 주시겠습니까?

1. 사랑하는 용학교회 성도 여러분!

이 용학교회는 제겐 인생 그 자체였습니다.

지금으로부터 만 34년 전 1972년 12월 12일 12시 내 나이 38세의 어린 나이에 장로 임직을 앞두고 기도하면서 '한국 농촌 제일 교회'의 꿈을 꾸었고 그 꿈을 당회에서 용학교회의 노래로 결정했을 때 나는 눈물 나는 감격을 느꼈던 기억이 아직도 새롭습니다.

이 노래를 나와 여러분은 34년간 불러왔고 앞으로도 죽을 때까지 나의 신앙 고백의 기도로 간직하고 저 하늘나라에 가서도 이 기도는 계속될 것입니다.

"한국 농촌 제일 교회 나의 삶의 보람이니

이 일 위해 태어난 몸 주여 받아주소서."

용학교회의 노래 시작입니다.

이제 나는 은퇴 후 우리 용학교회를 위해서 무엇을 할 것인가를 고민하고 기도하고 있습니다. 이 고민과 기도 역시 내 생명이 다하는 그 순간까지 다 할 것입니다.

지난 34년을 회고하면 한국 농촌 제일 교회의 꿈이 흔들린 적도 있었고, 회의에 찬 눈물을 흘리기도 했지만, 그때마다 하나님께서는 한국 농촌 제일 교회의 꿈을 보여주시며 격려해 주셨음을 늘 감사하면서 살아왔습니다.

지난 34년 동안 교회가 나에게 준 책임은 실로 무거운 짐이었습니다. 당회 서기 30년, 재정부장 30년, 교회장기발전위원회 위원장 20년, 교회당건축위원장 2번 등이었습니다. 이제 은퇴와 동시에 나에게는 모든 책임에서 자유로워진 것입니다. 지금까지의 교회가 준 책임은 짐 지운 책임이었다면 이제 후로는 나 스스로 져야 할 책임들이 더 많이 있다고 생각합니다. 이 책임들은 하나님께서 내게 은혜와 축복으로 더 주시는 책임으로 오히려 더 귀중한 책임으로 기꺼이 받겠습니다.

나는 믿습니다.

우리 용학교회를 면 소재지도 아니고 일개 리 단위에 있는 전형적인 농촌교회, 많이 가진 자도 없고, 많이 배운 자도 없고, 명예가 있는 자도 없는 교회인데도 여기까지 키워 주시고 오게 하시고 있게 하신 까닭은 하나님께서 우리 용학교회를 '한국 농촌 제일 교회'라고 하는 비전과 꿈을 보시고 이끌어 주셨다고 나는 확신합니다.

이 꿈은 지금도 유효하고 앞으로도 계속 유효한 비전이어야 합니다.

우리 주님께서 재림하시는 그때까지 유효한 꿈이어야 합니다.

2. 나는 용학교회 시무장로를 은퇴하면서 이제부터가 "내 신앙 인생의 후반전이다"라고 생각합니다.

모든 경기가 전반전과 후반전이 있고 인생도 저마다 전반기 인생과 후반기 인생이 있습니다. 그렇다면 전반전은 그 절반의 의미밖에 없다 할 것입니다. 전반전에 좀 못했더라도 후반전에서 역전승하는 승리가 기쁨이 더 큰 것입니다. 내 전반전의 신앙 인생이 이제 후반전에서 완승을 거두는 신앙 인생을 살아야겠다는 것이 저의 결심이고 각오이며, 기도입니다.

인생의 평가는 그 사람의 끝맺음에서 결론지어지는 것입니다.

제 신앙의 전반전에 대한 평가를 지금까지 대강 들어왔습니다.

기장 총회에서 제 별명이 법통(法通)입니다. 그 덕분에 기장 총회 역사상 처음으로 법제부장을 지낸 장로가 되었고, 부총회장까지 지냈습니다.

기장 노회에서는 별명이 면도칼입니다. 그 덕분에 노회 재판국장을 지냈고, 부노회장까지 했습니다. 우리 용학교회에서는 '호랑이'라고 한다면서요? 제가 좀 의외였습니다. 내가 그렇게 무서웠나요? 저도 알고 보면 부드러운 사람입니다. 어떻든 이제 이 호랑이 이미지를 벗도록 하겠습니다.

나 죽은 후에 '양같이 순한 안국 장로'였다고 별명이 바뀌도록 노력하겠습니다. 하지만 나는 끝까지 우리 예수님께서 내게 가르쳐주신 마태복음 5:37 "오직 너희 말은 옳다 옳다, 아니라 아니라 하라 이에서 지나는 것은 악으로 좇아나느니라"의 말씀대로 "옳은 것은 옳다 하고 잘못된 것인 잘못이다" 할 것입니다. 이것이 나의 삶의 철학이기도 한 시시비비(是是非非) 주의입니다. 나의 신앙적 절개이기도 합니다.

끝맺겠습니다.

사랑하는 성도 여러분!

이 용학교회 신앙의 주인은 하나님이십니다.

주인 되신 하나님께 절대 순종하는 착하고 충성된 종들이 되십시다.

눈에 보이는 교회와 교회당의 주인은 바로 용학교회 교인 여러분 자신들입니다.

용학교회 주인 노릇 똑바르게 하십시다.

여러분의 가정과 하시는 일에 하나님이 주시는 축복이 항상 넘치시기를 기도드립니다.

감사합니다.

2007년 1월 21일 은퇴장로 안국

제5회 전국장로대회

1986년 8월 22일(금)

제5회 전국장로대회가 19일부터 21일까지 강원도 용평리조트에서 있었다. 그간 4회 대회가 진행하는 동안 나는 한 번도 참석하지 않았다. 그것은 전국장로대회가 외국인이 투자한 호텔에서 모이기 때문에 가지 않은 것이다.

각 교회에서 여비 받아 갖고 간 그 가난한 성도들이 낸 헌금인데 어찌해서 외국인 투자 호텔에 숙식비로 낼 수 있느냐 하는 문제를 반대하는 입장이었기에 제2회 때 전남장로회에 불참할 것을 제안했다가 뜻이 이루어지지 않아서 나는 장로대회 안 가기로 마음을 먹었다.

1회가 워커힐에서, 2회가 경주 도큐호텔에서, 3회가 속리산 관광호텔에서, 4회가 설악산관광호텔에서 개최됐다. 이번에도 가지 않기로 마음먹었다가 시일이 임박해서 한 번 가볼까 말까 생각하다가 한 번 가서 보고 평가를 하자는 생각으로 출발 전날 밤에서야 결정하고 여행 삼아 가본 것이다.

여하튼 그렇게 썩 내키지 않는 기분이었다.

도착하자마자 개회 예배가 시작되었다.

내빈 입장 시 기립박수부터가 기분을 상하게 했다.

박정희, 전두환에게서 배워먹은 기립박수.

내빈이라야 부총회장 그리고 예배위원인데, 아홉 명이나 등단하기에 무슨 예배위원이 예배에 무슨 내빈까지 등단하는지….

증경 회장단이란다. 앞으로 증경 회장이 60명 되면 예배 제단에 50, 60명이 등단할 셈인가.

예배 설교 대신 강의에 들어간 강○○ 목사. 전두환 자문위원. 아예 마음에 안 맞는 강사인데 첫마디부터가 개나발이다.

한국교회가 병들었느니 한국의 삼위일체 신관이 근본적으로 잘못됐느니 횡설수설하더니 한국신학대학 교수 두 분을 여지없이 깔아뭉갰다.

하필이면 우리 교단의 700여 명 장로 앞에서 물론 자기의 의사와 맞지 않는 어떤 학설이나 이론이 있다고 하더라도 한국신학대학 교수라고 밝혀서 짓밟아야 강○○의 인격이 돋보인다는 것인가?

또 그는 말한다. 소위 운동권의 민중혁명 이론을 반박하면서 마치 기장교회의 어떤 선교 정책인 양하면서 공산주의로 몰아붙였다.

나는 반박했다. 그동안 군부독재에 시달려 오면서 수없는 사회선언 성명서가 나갔지만 언제 기장 선언 중에 민중혁명이라는 단어가 나왔거나 민중혁명 좌경사상을 지지했었다는 말인가? 이는 기장성에 대한 매도이며, 700여 장로들에 대한 모욕적인 망언이다.

그는 또 미 제국주의 물러가라는 얘기는 안 될 말이라면서 마치 힘의 균형을 상실하면 곧장 이북의 김일성이가 쳐 내려와서 대한민국이 망한다는 군부독재의 안보 논리를 그대로 풀어 먹고 있었다.

참 기가 막히는 얘기다.

미 제국주의 물러가라는 얘기와 미군 철수하라는 얘기를 같은 뜻으로 해석하는 마치 무지한 대중을 기만하는 현 정부의 선전 술책을 그대로 녹음해서 옮기는 기가 막힌 얘기를 하면서 열을 냈다.

미 제국주의 물러가라는 얘기는 이조 말엽에 가쓰라-테프트 밀약에 의해서 필리핀을 미국이 점령하여 식민지로 하고 한국은 일본이 식민지화하기로 밀약한 때부터 미 제국주의는 시작됐던 것을 천하가 다 아는 터에 미 제국주의 물러가라는 얘기는 그동안 이 나라를 못 살게 한 책임을 지라는 얘기이며, 한국의 생존권을 보장하라는 얘기이며, 핵으로부터 한국을 책임지라는 얘기인데도 마치 아무것도 모르는 국민학생에게나 할 수 있는 논리를 전개하고 있는 양이 정말 미친개 소리만 같았다.

또 그는 이런 말을 했다. 양 김 씨(김대중, 김영삼)를 만나 당신네 신민당에서 대통령 직선제를 부르짖는데 대통령은 하나이니 둘 중 한 사람이 대통령이 되면 정말 하나가 되어 정치를 잘 할 수 있느냐고 물으니까 대답을 못하더라면서 신라와 백제가 싸우면 자기는 고구려 사람이니까 구경이나 하면 된다고 얘기했다. 참 천박하기 짝이 없는 얘기다.

명색이 강의 제목이랍시고 "평화의 가교"인데 그렇지 않아도 분단된 조국의 설움이 큰데 남한에서는 또 하나의 분단을 획책하는 악마와 같은 발언을 하는 것이다. 참 기가 막힌다.

여하튼 그는 평화를 파괴하는 구조악의 문제에 대해서는 일체 언급이 없이 그저 용서하고 악과 악의 대결을 중간에서 막는 역할을 해야 한다는 어처구니없는 결론을 내렸다.

분해서 살 수가 없었다. 질문 시간을 달라니까 집행부에서 시간을 주지 않는다. 또 회중에서 반대하는 무리가 있었다. 기가 찼다.

전남실행위원회에서 항의 발언을 하기로 제안해서 내가 지명받았다. 정식 사과를 받고 두 번째 강의는 보이콧하기로 결의했는데 여의치 않아 못하고 결국 제2 강의를 듣고 질의하기로 했다.

강의 끝난 즉시 질문을 하기로 마음먹었다. 질문 시간을 주지 않는다.

장내는 소란했다. 하도 열이 나서 퇴장했다. 상당수가 퇴장했다. 밖에서 악을 써버리고 나니까 속이 좀 후련했다. 집행부에서 쩔쩔매는 꼴이 시원했다.

무슨 기관원이 녹음하고 있다는 얘기도 들었다. '변질도 유분수지. 또 저녁 남북대화 수석대표인지 뭔지 하는 서울대 교수 이OO 박사, 무슨 감리교회 장로라는 작자도 강의랍시고 제목은 "민족 분단과 평화 통일"인데 듣고 난 소감이 마치 초등학교 4학년 반공 교과서를 복습한 느낌이라고 내가 평했더니 어느새 회중 사이에서 '초등학교 4학년 교과서 수업'이라고 회자되고 있었다.

하나부터 열까지 머리 아픈 강의였다. 다행히도 마지막 날 김이곤 박사의 "요나서와 평화신학"과 "거룩한 전쟁 신앙에 나타난 평화 사상", 두 강의는 마음을 가라앉혀 주었다.

돌아오는 버스 안에서 차분히 평가하여 보니 전남 장로들의 의식을 조금은 깨우쳐 주는 일에 공헌했다고 할까?

김영진 장로는 "이번에 안 장로님 잘 오셨습니다. 이번에 이렇게라도 해주고 가니까 천번 만번 다행이며 내년부터 장로대회 체질 개선해야 할 필요가 드러났고 장로대회의 조그만 명분이라도 세웠습니다"라고 한다. 사실 생각하면 잘 간 것이다. '내년에도 가서 잘못된 것 시정하고 해야겠구나' 하는 생각이 들었다.

용학의 성탄

1986년 12월 25일(목) 흐림

오늘 성탄 예배 사회가 맡겨졌다.

묵도가 끝나고 사회자의 기도이다.

첫마디부터 목이 메어 할 말이 목에 턱 걸린다.

베들레헴 마구간에 오신 주님!

여기 꾸밈없는 마구간이 있사오니 오시옵소서!

기도가 겨우 토막토막 이어진다.

참을 수 없는 북받침이 눈물 되어 터져 나옴을 억누른다.

교회마다 십자 첨탑에 휘황찬란한 깜박이는 전등불로 꾸며지고 수만 원, 수십만 원 츄리로 장식이 되고 시간과 돈 들여 배경이 장식되고 <기쁘다 구주 오셨네> 성탄송이 높아지는 그 예배 장소에 오늘 주님은 과연 오실까?

고급호텔에서 초호화 주점에서 먹고 마시고 춤추고 징글벨 축제의 그곳에 주님은 오실까?

장식이 없어도 전혀 준비한 흔적조차 없어도 재림의 메시아를 사모하는 간절한 눈물의 기도가 있는 곳에 오시는 주님 그 예수 만나보고파 눈물이 난다.

언제부터일까? 크리스마스가 떠드는 절기가 됐으며, 웃고 즐기는 절기 됐으며 가진 자의 절기, 방종 하는 자의 절기, 배부른 자의 절기가 됐단 말인가.

아니다. 아니다. 이건 아니다.

성탄은

고요한 침묵의 절기이어야 한다.

슬픈 자의 절기이어야 한다.

가난한 자의 절기이어야 한다.

갇힌 자의 절기이어야 한다.

배고픈 자의 절기이어야 한다.

예수는 세상에 살려고 오신 분이 아니다.

예수는 세상에 죽으러 오신 분이셨다.

세상에 죽기 위해서 태어나신 그분의 생일이 어찌 축일일 수가 있겠는가?

예수는 세상에 나시는 그날 죽음의 선물인 몰약을 받으셨다지.

예수는 세상에 나신 그날 제사의 상징인 유향을 받으셨다지.

세상 죄를 지고 가는 하나님의 어린 양.

광야로 쫓기는 속죄양으로 오신 날

어찌 즐거운 날일 수 있겠는가?

감사와 감격의 눈물 없이 지낼 수 없는 날이기에 언제부터인가 나의 성탄은 슬픈 날이 된 것이다.

주여! 이 민족의 현실이 이토록 각박한데 주님께서 오시지 않으면 안 되겠습니다.

주님 다시 새롭게 성탄해 주시옵소서.

내 기도는 성탄이 축일이 아닌 애원의 날이요, 기다림의 날이요, 눈물의 날이 된 것이다.

나는 자신 있게 기도했다.

"이 세상에서 이 나라에서 단 두 개도 있을 수 없는 초라하고 꾸밈없는 조촐한 이 성탄 예배. 우리 용학의 성탄 예배를 주님은 기쁘게 받으셨음을 확신합니다. 앞으로도 용학의 성탄 예배는 전혀 꾸밈없는 눈물과 감격의 예배일 것입니다."

예배 후 공동 식사는 은혜로웠다. 구역별로 준비해 온 팥죽, 사과, 귤, 석화 등 잔치가 풍요로웠고, 자연스러워 퍽 좋았다.

헌데 오고 가는 선물이 어쩐지 어색하다. 교사, 성가대원 등 주님 흐뭇해하시는 봉사도 아닐 텐데, 결코 자연스러운 것이 못 되는 것 같았다. 금년 성탄 선물에 쓴 돈이 25만 원이다. 차라리 불우한 이웃을 위해서 써졌다면 주님은 더 기뻐하시지 않으셨을까?

오! 주여, 오시옵소서. 아멘.

삼일절 기념 예배와 긴급조치

1987년 3월 1일(주일) 흐림

오늘 삼일절 기념 예배 및 용학교회 창립 기념 예배로 드렸다.

태극기를 강단에 게양하고, 국기에 대한 경례, 애국가 제창, 삼일독립선언서 낭독 등의 순서가 우리 용학교회에는 익숙한 풍경이었다. 헌데 교회 창립 61주년 기념 예배에 대한 순서는 아무것도 없어 약간 서운했다. 내년에는 62주년 기념 예배에 맞는 다채로운 준비를 해야겠다고 생각해 본다. 기념 타올이라도 만들어 하나씩 들려 보냈으면 서운치가 않았을 터인데 하는 생각이었다.

지난 주일예배 인원이 140명 오늘 예배 인원은 150명은 되어 보인다. 중고등부까지 합하면 200명 교인이다. 자랑스러운 것은 순교자를 낸 교회이며, 군부독재에 대한 반체제교회로서 군부독재 악법인 집회시위법 구속자를 낸 교회인 것이다. 이것은 삼일 독립 정신과 교회 설립 정신이 그 맥락을 같이하고 있다고 보아야겠다.

앞으로도 용학교회는 영원히 민족교회, 민중교회, 민주교회로서 존재의 뜻을 다해야 한다. 민중이, 민족이, 민주가 없는 교회는 교회가 아니다. 민중과 민족사의 위기 앞에서 교회의 보편적 기능인 '예수 믿고 천당갑시다, 예수 믿고 축복 받으십시다'보다 복음의 참뜻을 이해하는 시대적 사명에 앞장서 온 것이 하나님의 원하시는 역사 참여일 테니까! 앞으로 기독교와 사회 구원의 사명을 다하지 못하면 박물관에 진열되는 골동품이 되든지 아니면 민중의 돌팔질에 돌무덤이 되든지 하고 말테니까!

1987년 3월 6일(금) 흐림
긴급조치

오늘 오후 2시 광주계림교화당에서 긴급 노회다. 즉석에서 고문 추방과 구속자를 위한 기도를 맡았다. 고문 살인 정권, 폭력 정권, 전두환 군사독재 정권 추방시켜 달라고 강한 톤으로 기도했다. "구속된 민주인사들 한꺼번에 석방되는 하나님 선포하시는 은혜의 해를 주시옵소서. 민족을 사랑하는 저들이 이 나라 대통령도 하고 국회의원도 장관도 하게 하여 주시옵소서" 하고 기도했다. 문제가 붙으려면 붙어버려라 하는 생각에서였다.

예배 끝나고 시위하기로 결의하고 다음 주일 날 전 노회 내 교회가 선교 자유와 고문 추방을 위한 예배를 드리기로 하고 플랜카드를 게양키로 결의했다.

시위가 시작됐다. 최루탄에 쫓긴다. 각개 행동으로 도청 광장 분수대에 집결키로 했다. 약속된 5시 30분 분수대를 중심으로 모였다. 노회장 진입 신호에 따라 동시에 분수대로 뛰어들었다. 미처 구호도 외치기 전 이미 잠복해 지키고 있던 특수부대 애들에게 연행됐다. 닭장차. 젊은 교역자들이라 차내에서 몸싸움이 벌어졌다. 아수라장이다. 이래서는 안 되는데 우리의 싸움은 비폭력 투쟁이어야 한다. 어디인지 모르고 실려 간 곳이 화정동 쪽이다. 알아보니까 제7기동대란다. 차내에 감금된 채 30분간을 지냈다. 책임자도 안 만나주고 시간 끌자는 김 빼기 작전인 것이다. 또 실려 온 곳이 다시 계림교회다. 차에서 내리란다. 우리는 계속 항거이다. 광주서장 나와서 정식 사과하지 않으면 우리 계속 투쟁하겠으니 광주서장 오라는 항거이다. 차내에서 찬송가를 부르고 운동가를 부르고 8시경에 차에서 내렸다.

　저들은 다 끝난 것으로 알고 철수했다. 우리는 다시 데모다.

　계림교회에서 계림파출소 앞까지 행진했다. 구호를 외치고 만세삼창을 하고 마쳤다. 모처럼 사람 노릇 한번 해 본 기분이다. 무슨 결과를 얻어내서가 아니라 기장교회의 독재에 항거하는 투지력을 상당수 시민에게 보여주었고, "전두환 물러가라"를 목 터져라고 외쳐보았으니 말이다. 도청 광장에서 순간적인 기습과 연행을 많은 시민이 지켜보았고, 박수와 응원으로 응수해 준 것을 생각하니 속이 시원하다. 독재 권력 군사 깡패 악당들이 무서운 놈들이지만 이놈들 무서워하지 않는 정의의 집단.

　계림교회 김경식 목사님은 교회가 살아 움직이고 있다는 것을 소시민들께 보여준 일이 통쾌한 것이다. 지역 전도에 일익해 주신 고마움에 저녁을 내신다며 저녁 식사를 부담하셨다.

　역사의 그루터기가 남아 살아 숨 쉬는 한 역사의 내일은 보장의 꿈으로 꿈틀거리고 역사의 밝은 빛은 서서히 동터옴을 그 무슨 힘인들 막을 것인가.

부활절 새벽

4.19! 이 나라 민주역사의 시발점.
이 땅에 민주 형성의 출발점 4.19.
무덤에 인봉된 봉인이 찢겨지던 그 날.
독재의 돌문이 굴러 열리던 아침.
억압과 착취와 폭악의 시대는 끝나고

자유와 정의와 사랑의 시대는 시발됐건만.

군대 마귀 별호하던 그 날 몸서리처지는 5.16

아! 치떨리는 군부독재 악마들

자연의 봄은 또 왔는데

역사의 봄은 언제쯤일까

4월의 봄기운은 꽃을 피우고 있는데

4월에 피었던 민주의 꽃은 또 언제 다시 피우려는가?

국민은 있어도 주권은 없고

신문 방송은 있는데 언론은 없고

국회와 정당은 있는데 정치는 간 곳 없고

종교와 교회들은 있는데 신앙은 어디 갔는가.

광주민중의거로 죽어간 숱한 영혼들

주여! 부활의 새 역사를 주시옵소서.

군부독재 사반세기 죽어간 민주열사들 부활의 새 아침을 주시옵소서.

독재권력과 위선된 종교 지도자들

민족 반역의 집단들

우매한 군중들이 예수님을 십자가에 못 박아 죽였는데

오늘도 독재권력과 위선된 종교 지도자들과

민족반역의 정당들과

우매한 군중들이 이 땅에 민주주의를 십자가에 못 박고 있사오니

주여! 저들의 죄를 용서하시고 부활의 산소망을 저들에게 허락하셔서

승리하게 하여 주시옵소서.
하나님의 역사에 반역하는 반민주 반민중 반민족의 악당들을
주님의 이름으로 이겨내게 하여 주시옵소서.
분단된 조국을 긍휼히 여기셔서 통일의 새 아침이
부활의 역사로 일어나게 하시옵소서.

주여!
우리는 비겁과 두려움에 다락방에 숨지 않게 하시고
그리스도의 부활의 증언자로 입이 열리게 하옵소서.

주여!
우리는 십자가에 죽어버린 예수 믿지 않게 하시고
지금 나와 같이 계시는 부활의 주님을 믿는 자 되게 하여 주시옵소서.

하나님 아버지!
이 땅에 정치도 부활하게 하시고
경제도 부활하게 하시고
사회도 부활하게 하시고
문화도 부활하게 하시고
교회도 부활하게 하셔서
하나님이 선포하시는 희년의 축복이 임하게 하여 주시옵소서.

자유와 해방이 선언되게 하시고
정의와 평화가 넘쳐나도록 은혜로 허락하시옵소서.

이 역사의 4.19를 또 한 번 허락해 주시옵소서.

1987. 4. 19.

야훼여 구원하소서

— 6월 민주항쟁

1987년 6월 6일(토) 맑음

현충일 32주년

오늘이 제32주년 현충일이다. 1950년 6월 25일 민족 상쟁의 비극이 남겨 준 전사자들을 추념하는 날. 저들은 제국주의의 희생 제물들이다. 미·소 제국주의의 전쟁 놀음에 아무런 뜻도 없이 죽어간 수많은 희생 영령들. 저들은 지금 구천에서 무엇을 원하고 있을까? 이 나라의 민주화와 남북통일을 원하고 있을 것이다. 저들은 저들의 죽음의 의미를 죽은 후에야 알았을 것이다. 그리고 죽음의 뜻을 찾으려 목숨값의 보상을 요구하고 있을 것이다. 그것은 바로 이 지상 제국주의자들의 멸망과 독재자들의 멸망을 기도하고 있을 것이다. 이는 어찌 저들의 기도만이겠는가? 우리 산 자의 기도이기도 하다. 정말 살아있는 자는 이 기도를 드리지 않을 수가 없다. 이 지구상에서 제국주의의 멸망이 그리고 공산주의자들의 멸망이 그리고 독재자들의 멸망이 오는 날이 해방의 날이요, 구원의 날이 되는 것이다.

이 땅의 육천만 민족에게도 마찬가지다. 이북 김일성, 이남의 전두환을 두목으로 하는 독재 집단의 무리가 깡그리 역사의 뒤편으로 추방되는 날, 깨끗하게 그 씨까지 말려 없어지는 날이 이 역사의 해방이며, 이 역사의 중생이며, 새 역사의 시작이 되리라. 헌데 이것이 언제 가능할 것인가? 생각하면 답답할 뿐이다. 주여! 어서 오시옵소서!

1987년 6월 7일 비

야훼여! 구원하소서!

아버지! 살려주시옵소서!

더 이상 버틸 힘이 없습니다.

더 이상 참고 견딜 수도 없습니다.

이제 죽는 일만 남았습니다.

주여! 어찌하시렵니까?

오는 6월 10일 오후 6시 민주헌법쟁취국민운동본부에서 이 땅에 민주화의 함성을 마지막 모으는 날입니다. 주여! 도와주시옵소서.

이날이 이 땅에 민중이 해방 받는 날이 되게 하여 주시옵소서.

경찰력과 최루탄으로 원천 봉쇄하겠다고 떠벌이는 독재의 무리들을 회개시켜 주시옵소서. 단 한 사람의 조그만 희생도 없이 평화적 시위가 성공하게 하여 주시옵소서.

군부독재 25년의 여리고성이 무너지는 날이 되게 하여 주시옵소서. 이 땅에 4천만 민중의 빼앗긴 인권과 국민권을 회복 받는 날 되게 하여 주시옵소서.

정말 이 땅에서 학생 시위가 오메가의 시위가 되게 하시고 더 이상 데모가 필요 없는 날이 되게 하여 주시옵소서.

아버지! 이 나라 대통령이 노태우가 된다고들 합니다. 전두환이는 박정희보다 더 악독한 독재자였는데 노태우는 전두환보다 더 극악한 독재자가 될 것이 뻔합니다. 우리는 독재자를 우리의 대통령으로 원치 않습니다. 우리의 손으로 우리의 대통령을 뽑게 하여 주시옵소서.

아버지! 6.10 민족대회가 성공하는 날, 이 땅의 민중 해방이 선언되게

하소서.

1987년 6월 10일 맑음

6월 민주항쟁

오늘 6시를 기해 6.10 국민대회가 시작된다.

퇴근길 곧장 교회로 달려갔다.

준비 기도를 하고 여섯 시 정각에 종을 치기 시작했다.

신앙적 완전 숫자인 7분간 종을 치면서 계속 기도하는 마음이다.

주여! 이 종소리가 우리 국민 모두의 마음을 울리는 종소리 되게

하소서.

저 군부 독재자들의 완악한 마음에도 울리게 하여 주시옵소서.

우리에게는 군부독재의 종식을 전하는 희망의 종소리 되게 하시고,

저들에게는 악마의 성이 무너지는 조종弔鐘이 되게 하소서.

우리에게는 자유와 해방 선언의 종소리 되게 하시고,

저들에게는 죄에 대한 보응을 알리는 징벌의 종소리 되게 하소서.

시작된 국민대회를 주여 지켜주시고, 우리 머리털 하나라도 상함이

없도록 도와주시옵소서. 우리 비폭력 평화의 시위가 저들의 총칼을 무력케

할 수 있도록 도와주소서. 최루탄을 쏘는 저들의 팔을 마비시켜 주시고,

저들의 독기 어린 눈을 멀게 하시고, 악심 품은 저들의 사탄의 심장들을

얼어붙게 하셔서 역사의 주관자이신 하나님께서 다시 한번 영광 받으시옵

소서.

독재자들의 말로를 한번 실감 나게 구경할 수 있도록 해 주시고, 폭악자

들의 비참한 최후를 우리로 하여금 목도하게 하여 주시옵소서. 오늘 밤이 지새기 전에 대한민국 만세의 소식이 이 지구촌을 덮어 버릴 수 있도록 역사해 주시옵소서.

하나님! 이 민족이 지은 죄와 벌이 너무도 중하오니, 주여! 탕감의 은혜를 오늘로 내리셔서 오직 한 번만, 이번 한 번만, 꼭 한 번만 당신이 긍휼을 내려주시옵소서.

그리하여 감옥에 갇힌 삼천여 양심수들, 아직 복권 받지 못한 민주인사들, 강간당하고 고문당하고 쫓겨나고 핍박받는 내 동포들이 새 역사의 보상을 받는 날이 오늘이 되게 하여 주시옵소서.

주여! 저들은 오늘 이 시간 민정당 대통령 후보 선출이랍시고 먹고 마시고 노래하고 춤추며 악마의 잔치를 벌이고 있사오니, 주여! 저들의 상을 엎으시고 채찍을 들어 추방하시고 큰 호령으로 책망해 주시옵소서.

사필귀정 역사의 진리를 깨닫게 하시고 인과응보의 천리를 깨닫게 하시고, 심은 대로 거둔다는 평범한 진리를 깨닫게 하시옵소서.

하나님! 이 민족의 임종의 몸부림을 그대로 지나치지 마시고 능력의 손의 안찰按擦로 이 민족의 역사를 어루만지는 날이 되게 하여 주시옵소서.

주여! 군대 귀신이 쫓겨나는 기적을 우리로 하여금 똑똑히 보는 날이 되게 하여 주시옵소서. 그리하여 사천만 이 백성의 축제의 날이 되게 하여 주시옵소서.

눈물을 닦고 나니 여섯 시 삼십 분이 되었다.

집에 돌아와서 못다 한 기도를 또 드린다.

민주의 새 아기

1987년 12월 20일(주일) 맑음

"하나님!" 한마디하고 나서 목이 메었다.

가까스로 "예배하는 우리 마음이 허전합니다." 계속 목이 메어온다. 눈물 없이 기도할 수가 없게 되었다. 흐느낌으로 기도했다.

많은 교우가 같이 눈물을 흘리며 같이 흐느꼈고 같이 아멘, 아멘, 주여, 주여를 외쳤다. "하나님! 이 민족을 버리셨습니까? 아직도 받아야 할 징벌이 더 남아 있습니까? 차라리 소망이 없거든 소돔 고모라처럼 멸망시키시옵소서. 이스라엘 백성의 지도자 모세는 민족의 죄악과 고통을 보면서 하나님 내 이름을 당신의 생명책에서 제하시더라도 이 백성을 구원해 달라는 기도를 했는데 김대중, 김영삼이도 이 기도는 못 했습니다. 주여! 이 모세와 같은 새 지도자를 이 백성에게 허락해 주시옵소서. 하나님! 우리의 아들 딸들의 피가 더 이상 흐르는 일이 없어야겠습니다. 이제 백성의 주권이 강탈당했는데 누가 이 주권을 찾아주어야 합니까? 우리의 힘은 이제 지쳤습니다. 우리는 지난 26년간 숱한 많은 기도를 했었고, 그렇게도 많은 희생을 치러왔습니다. 주여! 이번 한 번만 당신의 긍휼을 내리셔서 저 군사 악당들 회개하게 하시고 물러가게 해 주십시오. 이번에 저지른 부정선거 개표 조작 발표가 백일하에 양심선언으로 고백되게 하여 주시옵소서."

기도를 끝내고 단에서 내려왔는데 정말 북받치는 설움을 주체할 수가 없었다. 엉엉 소리 내어 한바탕 울어야 속이 터질 것 같은데 씹어 삼키는 통곡에 계속 목이 메인다. 계속되는 목사님의 사죄 선언도 같이 목이 메셨다.

"주 예수여! 오시옵소서. 금번 성탄에 민주의 새아기로 탄생하시옵소서!"

새벽 기도 단상

1991년 1월 17일(목) 흐림

삭풍이 몰아치는 새벽!

새벽 기도를 다녀온 후 그 쾌감,

승리감, 만족감, 자랑스러움, 충만함, 기쁨, 행복함,

체험 없이는 느낄 수 없는 은혜 바로 그것이다.

아침 다섯 시 십 분 전 벨소리에 기상해 교회에 다녀오면

일곱 시가 조금 남은 시간이다.

이른 아침의 두 시간이 내 하루의 삶에 에너지를 공급받는 시간이고,

새벽의 이 두 시간이 내 인생에 알맹이로 채워지는 시간이며,

하루 스물네 시간 중 십일조의 시간이다.

내 기도는 미래에 대한 희망이며, 내일에 대한 약속이며, 앞날에 대한 보장이다.

내 기도는 가정의 행복이며, 교회의 부흥이요, 나라의 민주화요 통일이며, 세계의 평화요, 이웃에 대한 사랑이다.

내 한마디 기도는 주의 뜻이 이루어지이다.

주의 뜻 안에 내가 있게 하옵소서.

새벽 기도는 나의 건강이며, 나의 소원 성취요, 나의 만사형통이며, 나의 영원한 기업이다. 그러기에 대축복인 것이다.

새벽 기도 가는 길

주룩주룩
비내리는 새벽 길 삼키로
산들이 나무들이 집들이
진회색 선으로만 그어진 드로잉처럼
새벽 기도 가는 길

하늘가는 밝은 길
주욱 뻗은 비 내리는 아스팔트
큰 줄기 곧게 비춰주는
교회 가로등 불빛
새벽 기도 가는 길

끝없이 걷고 싶어
주여! 감사합니다.
비에 젖은 바지의 촉촉함
주여! 감사합니다.
또옥 또옥 우산의 낙수(落水) 소리
주여! 감사합니다.
저벅 저벅 비를 밟는 신발 소리
주여! 감사합니다.

주룩 주룩 비내리는 새벽 길

주여! 감사합니다.

하늘가는 밝은 길 내 앞에 있사오니

주여! 감사합니다.

1992. 4. 19.

부흥 집회 체험

1991년 2월 14일(목) 흐림

4일간의 부흥 집회가 끝났다. 내 생에 처음 가져 본 경험이다.

내복이 땀에 젖도록 목이 쉬도록 마지막 끝나는 시간 오랜 기도가 내게는 은혜로웠다. 서원 예물은 방언 은사 받기로 준비했다. "주여! 방언을 한번 해보고 싶습니다. 방언 은사를 주시옵소서!" 기도를 시작했다. 응답이 왔다. '방언은 은사 중에 제일 적은 은사인데 방언 은사 받아서 무엇하겠느냐? 교회의 새로워짐이 더 중요하지 않느냐?' 하신다.

기도를 바꿨다. "아버지! 이번 기회에 용학교회가 새로 태어나지 않으면 교회 부흥도 교회당 건축도 교회 사랑도 끝장이겠습니다. 교역자와 교인들 간에 간격이 멀어졌고, 교회가 힘도 능력도 사랑도 봉사도 희생은 다 약해졌사오니 200명 이상 참석한 모두를 만나 주시고, 성령 충만 주셔서 안수받는 모든 이들 소원 이루게 하시고, 모두 병 낫게 하시고, 서 목사에게도 거듭나는 은총을 주시옵소서!"라고 기도했다.

"안 장로 저는 구원 못 받아도 됩니다. 나는 지옥 가도 됩니다. 오늘 밤 모두에게 다 병 고침 받는 은사만 주시옵소서! 다음 주일 이만큼의 성도가 예배드릴 수 있게 하시옵소서! 믿습니다!" 확신이 왔다. 주체할 수 없는 눈물을 감당할 수 없었다. 열두 시 경 집에 돌아와 목욕하고 나니 모든 것이 새로워진 느낌이다.

신앙

1992년 9월 30일(수) 맑음

교인들을 동원시켰다. 30여 명이 나와서 열심히 일한다.

모처럼 교회를 짓는 것 같은 인상을 느낀다.

교회당을 지으면서 교인들이 땀을 흘려보지 않으면 그 교회는 남의 교회인 것이다.

내 교회가 되기 위해서는 손수 벽돌을 나르고 땀을 흘려야 한다. 마침 공기 단축을 부탁했더니 자재 정리를 의뢰해 왔기에 잘된 것이었다. 박 사장에게도 도움을 주는 일이 되겠고, 우리에게도 일감이 주어져서 좋은 일이다.

내 힘이 들어가지 않는 곳에 내 관심이 있을 수 없고,

내 재물이 들어가지 않는 곳에 내 마음이 있을 수 없고,

내 땀을 흘리지 않는 곳에 내가 느낄 기쁨이 없는 법이다.

신앙은 더욱 그렇다.

헌금에 인색한 교인 축복받은 교인 없고,

봉사에 인색한 교인 은혜 받는 교인 없다.

신앙은 관심이다. 마음 씀이다.

신앙은 자기희생이다. 나를 드리는 것이다.

신앙은 계산이 아니다. 산술이 아니다.

신앙은 불가사의이다. 나만 아는 불가사의이다.

신앙은 이해가 아니다. 조건도 아니다.

과학도 논리도 학문도 아니다.

그저 무조건 하나님을 믿어버리는 것이다.

용학교회 성전 건축에 땀을 제일 많이 흘린 사람이 제일 많이 관심 가진 사람이 크게 축복을 받을 것을 믿는다. 전체 교인들이 똑같은 관심과 똑같은 땀을 흘리게 하옵소서. 아멘.

교인들을 위한 기도

1993년 6월 20일(주일) 맑음

교회 문을 들어서면 "아이고 다리야! 아이고 허리야!" 천근만근의 무게를 견디며 신음하는 교인들을 보는 순간 안쓰러운 생각이 든다. 예배가 시작됐는데 빈자리가 오늘따라 너무 많다. 양파 마늘 작업이 한창인 농번기의 절정인가 싶다. 교인들을 단에서 내려다보는 순간 모두 새카맣게 타 있고 늘어진 어깨 굽어진 등에서 저들의 삶의 고달픈 곡선이 출렁인다. 대표 기도를 시작하는 데 목이 멘다. 간신히 겨우 울먹이며 조심스레 더듬더듬 말을 이어 기도를 한다. 내 눈에는 뜨거운 눈물이 이미 고였다.

농촌에서 태어나서 농사일로 잔뼈가 굵었고 한평생 농부로 살았는데 신앙적으로 육신으로 해 놓은 것도 없이 이제 몸이 늙어 병만 남아 저녁 잠자리에 들면 쑤셔대는 삭신의 통증으로 잠을 이루지 못하고 객지에 떠나보낸 자식들의 성공을 기도하는 저들의 안타까움을 생각하니 기도가 막히고 만다.

"하나님 아버지! 이들에게 믿음과 삶의 용기와 보람을 주시고 이들에게 건강과 희망을 주셔야만 하겠습니다. 세상에서 가진 것 없고 부러워할 만한 것 없어도 오직 당신의 사랑을 확인하면서 살게 하시고, 예수 그리스도가 나의 구주임을 믿는 자로 행복하게 하시옵소서." 기도를 드려본다.

한낱 장로의 눈에 이토록 안쓰럽게 느껴지는데 하나님 보시기에 얼마나 안타깝습니까? 차라리 저들의 한의 소리를 대변해 주는 것 같이 자꾸 눈물이 난다. "세상을 살아온 날이 거의 50, 60, 70대 교인들인데 저들의 육신 덩어리에 흔적으로 남아 있는 것은 중노동에 시달린 골병뿐이오니 이들의 영원한 삶에는 주여, 영광과 평화와 안식과 건강의 축복을 주시옵소서."

기도를 마친다.

"최후 승리를 얻기까지 주의 십자가 사랑하리"

2004년 4월 4일(주일) 맑음

오늘 예배 성가대의 입례송을 듣는 순간 눈시울이 뜨거워지더니 개회 찬송 135장을 부르다가 목이 메었다. 예배 사회를 보다가 주체할 수 없도록 눈물이 솟구친다. "최후 승리를 얻기까지 주의 십자가 사랑하리!"에서다. 4절까지 부르는 동안 계속 눈물이 주체할 수 없다. 목이 메어 소리가 나질 않는다. 4절 마지막 소절에서 겨우 진정하고 따라 불렀지만 계속 그칠 줄 모르는 눈물 콧물이 주체할 수 없어 손수건이 젖어서 더 이상 눈물을 닦기에 거북할 정도가 되어서야 마음을 진정할 수가 있었다.

예수님이 지신 십자가, 예수님의 그 고통, 머리에 가시관 씌워 피가 얼굴에 줄을 긋고, 손과 발에서 흐르는 피, 옆구리 창구멍에서 솟구치는 피의 분수, 고개 떨구고 괴로워하시는 주님이 연상되어 나를 위해서 대신 당한 고통이라고 생각하기 때문에.

설교 끝나고 성찬식인데, 성찬식 때도 같은 찬송가 135장이다. 따라 부를 수가 없다. 눈물이 다시 솟구친다. 아무리 참으려 해도 안 된다. 얼마나 울었는지 얼굴이 무겁다. 성찬식이 끝나고 광고 시간인데 얼굴을 들 수가 없다.

내 생애 처음의 경험이다. 기도하면서는 더러 목이 멜 때도 있었고 전두환 정권 때는 기도하다가 많이 울었지만, 찬송가 부르다가 단상에서

운 것은 처음이다. 그 전에 135장 찬송을 부르다가 혼자서는 울었던 경험이
많다.

"기뻐, 바빠, 예뻐", 삼뻐 신앙

2016년 7월 23일(토) 맑음

오늘 하루를 보내면서 여간 힘이 들지 않았다.

30도가 넘는 더위여서 농장에도 못 나가고 거실에 선풍기를 틀어놓고 앉아있으려니 지루하기만한 시간 보내기가 힘이 든 것이다.

다음 주 수요일 밤 집회에 해제 충만한 교회 설교를 맡았기에 모처럼 성경을 뒤적이며 말씀을 준비했다. 안창남 목사님으로부터 간증 설교를 부탁받았다. 성경은 데살로니가전서 5:16-18을 택하고 제목은 "하나님의 인간을 향한 뜻"으로 하고 "항상 기뻐하라, 쉬지 말고 기도하라, 범사에 감사하라"를 기독교인의 삶의 대원칙이라고 설명하고 여러분은 "왜? 무엇 때문에? 어떻게 믿는가?"를 설명하려 한다.

간증으로는 30세 때 결핵을 앓았는데 6개월 복약, 3개월 입원 진단을 받고 3주 입원, 자진 퇴원, 가정 치료 2개월로 완치 받은 이야기와 내 생애 30년 운전에 3번 교통사고, 두 번 폐차인데 한 번은 4주 진단에 2주 입원했고, 한 번은 전혀 다친 데 없이 기적을 체험한 이야기와 80 평생 병원 입원 두 번에 5주 입원이 하나님께서 나를 사랑하시는 증거라는 말씀을 준비했다.

그리고 나의 신앙생활의 좌우명인 "1일日 1선善 10기祈 100감感"생활을 소개하려 한다.

"하하하" 신앙 고백, 즉 "**하나님 하**시고 싶은 대로 **하**십시오" 하는 기도와 삶이 일등 신자라고 할 것이다.

또 '삼뻐 신앙'도 전할 것이다.

"삼뻐는 하나님이 **기뻐**하시는 삶이 곧 내게 기쁨이 되고,

하나님 일에 **바뻐**하는 삶이 내 신앙의 축복이 되고, 하나님이 **예뻐**하시는 삶이 곧 나의 예쁜 삶이다"이다.

예수님 생일 축하합니다

2018년 12월 23일(주일) 흐림

오후 예배 후 성탄 축하 공연

오후 성탄 축하 공연에 많은 교인이 남아서 좋았다. 나의 거년 성탄 축하 10행시로 개회가 됐다.

"예수님 생일 축하합니다."

예루살렘 온 세상 깊이 잠든 밤

수고하고 무거운 죄 짐 진 우리 위해

님께서 나를 위해 세상에 오셨다네

생명을 구원하신 나의 주님을

일평생 따르오리 죽는 날까지

축복해 주소서 은혜 주소서

하늘나라 이루소서 용학교회에 온 세상에

합장하고 기도하는 우리 손 붙잡고

니느웨 같은 세상으로 가라하신 명령 따라

다 같이 소리 높여 성탄 만만세!

모두 한목소리로 합창했다. 거년에 발표했는데 금년에 다시 또 한

번 성시 낭독을 합창했다.

2021년 12월 19일(주일) 맑음

CBS 영상 예배를 드렸다. 방 안에서 지내야 하니 시간이 무료하다.
그래서 성탄 축하 시를 써본다.

"예수님 성탄 축하합니다."
예루살렘 성에서 아기 예수 나셨다네
수없이 기다리고 기다리던
님이시여 오셨어요. 나의 예수님.
성령의 역사하심 세상 구원하시려고
탄일종이 땡땡땡 온 세상 울리네
축복받은 우리 사랑하시려고
하늘 보좌 내려와서 인간 세상 오셨다네
합창하고 박수치며 성탄 찬송 부르세
니느웨 같은 죄악 세상 가슴치며 회개하고
다 같이 소리 높여 성탄 만만세!

3부

우석(隅石),
건축자의 버린 돌이
모퉁이의 머릿돌이 되었나니!

우석(隅石), 안국(安國)

젖먹이였을 적 내 이름은 충렬이었다.

할아버지가 지어준 이름이다. 한자로는 무슨 글자를 썼는지는 모른다. 그다음 유년 시절 집에서 부르는 이름이 동주東珠였고, 이는 족보에 오른 동자 항렬자 이름이었다. 초등학교에 입학하면서 갑자기 내 이름을 일동一童이라 불렀다. 호적 출생 신고할 때 호적부에 오른 이름이다. 그래서 일동이라는 이름으로 대학까지 다니고 군대까지 다녀왔다. 그런데 내 이름이 내 생각에 마땅치 않았다. 이유는 일동으로 부르는 육촌형의 호적 명이 일동인 것을 뒤늦게 알았고, 그 형은 집에서나 학교 다닐 때도 동일로 불렸는데, 내가 어른이 돼서 채무 독촉장이 나왔을 때 내게로 우편물이 왔기에 짐작되는 바 있어 확인해 보니 육촌형에게로 갈 우편물이 내게로 잘못 온 것이었다.

또 하나는 해제 임수리에 안일동이라는 이름이 있었는데 그것 또한 싫어서 개명하려고 법원에 알아보니 군대 의무 이행하고 나서 개명하라고 하였기 때문이다. 1964년 1월 15일, 광주지방법원 목포지원에 개명신청을 내가 내 이름 지어서 외자 이름 국國으로 개명 허가를 받아 사회 활동을 안국으로 하게 된 것이다. 나는 내 이름이 좋은 이름으로 알고 있다.

그 뜻이 편안한 나라이다. 국태민안國泰民安에서 따온 글자인데 "나라가 편안해야 백성이 편안하다"에서 첫 자 나라 국을 내 이름자로 택한 것이다.

국태민안은 옛날 왕정 시대의 말이고 지금은 민주주의 시대이니 백성이 나라보다 우선한다는 뜻에서 안민국태安民國泰의 안安 자와 국國 자를 내 이름으로 한 것이다. 그 후 내 이름이 참 좋다는 말을 많이 들었다. 작명학을 공부했다는 어느 분도 참 이름 잘 지었다고 했고, 작명학이 아니어도 쉽게 외울 수 있고 부르기 편하고 외자여서 독특하고 등등의 칭찬을 많이 듣는 이름이다.

나는 어디 가서 자기 이름을 소개해야 할 때는 농담으로 소개한다. 나는 서울시에 일개동이 내 것인데 안국동이 있고, 보험회사가 하나 있는데 안국생명보험이 내 것이라고 하면 다 웃는다.

또 나는 아호를 갖고 싶어서 우석隅石이라 지었다.

그 이유는 비문을 많이 지어주면서 호가 필요했기 때문이다. 그 뜻은 모퉁이 우隅 자에 돌 석石 자인데 '모퉁이 돌'이란 뜻이다. 시편 11:22-23은 "건축자가 버린 돌이 집 모퉁이의 머릿돌이 되었나니 이는 여호와께서 행하신 것이요, 우리 눈에 기이한 바로다"를 예언하고 있고, 신약 성경의 곳곳(마태 21:42; 행 4:11; 엡 2:20; 벧전 2:6)에 '모퉁이 돌'이 증언되고 있다.

나는 별로 똑똑한 것도, 잘난 것도 없는 '버려진 돌'에 지나지 않았지만, 하나님께 선택 받은 돌이 되는 축복을 받은 사람이라는 뜻이다. 자랑스럽게 생각하는 내 이름 안국安國, 내 호 우석隅石이다.

1956년, 스물두 살 청년 집사

2월 12일 음력 정월

1956년도의 새 아침, 돋는 해도 새롭고, 내 마음도 새롭고, 모든 것이 새롭다. 아침부터 동리 아이들은 붉은 치마, 노랑 저고리 색동옷을 입고, 이리 뛰고 저리 몰려 가고 야단법석이다. 한국 풍속으로 새해에는 세배하는 것이 있다. 나는 생각해 보았다. 세상의 인간 앞에 고개 숙이기 전에 먼저 하나님 앞에 예배하는 것이 하나님으로서 기뻐할 일이다 하고 생각한 나머지 교회로 향하였다. 오후에 집안 어른들을 뵈옵고 저녁은 예배하고 그냥 집으로 돌아와 잠자리에 들고 말았다.

3월 7일(수) 비

아침부터 바람과 함께 내리는 눈은 10시까지 계속하였다. 학교 공부를 마치고 눈 내리는 거리에 바쁜 걸음으로 집에 돌아왔다. 어제 목사님으로부터 설교 부탁을 받았기에 설교집을 뒤적여 보았으나 적당한 것이 눈에 띄지 않았다. 나의 설교 창작집을 뒤져보니 얼른 눈에 띄는 것이 "십자가애+ 字架愛의 삼대정신"이었다. 그것을 꺼내어 읽어보고, 그것 그대로 단상에 올라 20분간에 걸친 설교를 하고, 예비 공과공부하고, 내일 류행선 결혼식에 축하비로 찬양대원 인당 100환으로 가결可決.

3월 11일(주일)

눈(雪) 겨울을 쓸어가는 마지막 눈

주일 날은 어쩐지 더 바쁘다. 오늘도 분주히 공과를 들고 교회로 가서 유년 주일학교를 마치고 찬양 연습을 하였다. 장년 예배 후에 동년이와 같이 학교로 가서 이구선李口善 목사님의 부탁이었던 목포노회 관내도管內圖를 그렸다. 돌아와서 유년 주일학교 예배 시간이 되어 오늘 밤 내가 책임인지라 그냥 교회에 들어가서 예배를 보고 동화를 하여 주었다. 밤 예배 마치고 돌아오는 즉시 이불 속에 몸을 파묻고야 말았다.

3월 25일(주일)

세우細雨 암탉 470환에 팔다

실컷 자고 일어났는데도 시간을 보니 여섯 시였다. 나는 시간을 의심하였다. 11시 30분에 예배를 마치고 오후에는 유년 주일학교에 나갔다. 학생들은 모두 나를 향해 미소를 던진다. 동요를 가르쳐 주고 나서 모세의 사적을 들어 동화를 하여 주었더니 아주 흥미 있게 듣고 있는 학생들이 귀여웠다. 오늘 해도 넘어간 지 벌써 오래인데도 비는 그칠 줄 모르고 여전히 내리고 있다. 밤 집회 시간은 되었는데도 나는 자리에 누워있었다. 우비도 없고… 이거 어쩌나 하고 있는데 동생은 교회로 갔다.

5월 27일(주일) 맑음

오늘은 유달리도 더운 날씨다. 교회 뜰에 서서 건너 형무소 뒷산을 건너다 보니 보리밭이 누런색으로 물들인 양… 보리가 여물이 들어가는 모양이다. 농번기도 가까왔구나 생각하는데 오래간만에 겨울 샤쓰를 벗고 런닝을 걸친 살결에 파고드는 미풍에 간지러움을 느꼈다. 고개를 돌려

천주교당을 건너다보니 추위에 앙상히 뼈만 남았던 나무들이 제법 녹음을 이루고 있었다. 밤 예배 후에 이상길 장로님의 보고에 의하면 학습제 폐지廢止, 여장로제 설치, 부목사제 설치로 총회의 가결을 보았다는 것이다.

8월 19일(주일) 맑음

아침에야 전도사님이 "오늘 아동 설교 하십쇼"라고 부탁을 받았다. 아동 설교이기에 대수롭지 않게 생각하였다. 생각해 놓고 보니 모순인 듯하였다. 장년 설교나 아동 설교나 다 같은 하나님의 말씀을 외치는 것인데… 비단 이렇게 생각하는 이가 나뿐이 아닐 것이다. 우선 전도사님 자신도 그렇기에 아침에야 부탁했겠지! 오늘 성일의 하루도 잠자는 것으로서 일과를 마치고야 말았다. 요사이의 생활이 너무나도 허무한 것을 알면서도 가치 있는 하루를 보내지 못했다.

8월 26일(주일) 맑다가 비

22회 동창회

오늘이 동창회라고 누차 통지가 왔다. 그러나 주일이어서 어찌할 수가 없었다. 예배를 필하고 집으로 와서 오늘 청년헌신예배 설교 준비를 하느라고 무척 분주하였다. 저녁 예배 우천 관계로 겨우 13명이 예배하고 억수같이 쏟아지는 비를 맞으며 집까지 오니 옷이 물에 흠뻑 젖었다. 돌아와서 생각하니 감사하였다. 만약 전도사님이 아니 계신다면 오늘 밤 같은 때는 교회 불참하였을 텐데!

9월 16일(주일) 흐림

예배 후에 시장으로 향하였다. 간밤 시장 타는 불빛이 온 목포를 밝혔음에도 놀랐거니와 앙상한 벽돌담만 우뚝 군데군데 서 있을 뿐 그대로 잿더미가 되어 버린 시장. 아직도 무엇이 타느라고 냄새와 함께 연기가 군데군데 나고 있다. 잿더미 위에 둘러앉아 우는 여인, 미친 사람 마냥 날뛰는 사람, 넋 빠진 사람들의 모습은 인정심 갖고는 차마 볼 수 없는 광경이었다. 나는 느꼈다. 세상에 소망을 두고 사는 자들 주님 나타나실 때 저렇게 되어 버릴 줄을 모르는 백성. 재물이 영원하지 못함이여!

10월 10일(수) 비

학기말시험이 너무나 부정당하게 커닝 아니한 사람 없다 해도 과언은 아닐 정도임에 불평을 품어오던 나는 오늘에야 붉힌 낯으로 정 목사님과 한바탕 언성하였다. 정 목사님의 너무나도 비인격적이요, 너무나도 자존自尊하는 양樣이 미웁기도 하고, 우습기도 하였다. 목사님은 고성으로 나를 책하지만 나도 강력히 주장하였다. "내 목아지가 달아날망정 나는 어디까지나 정당성을 논합니다." 이 말에는 정 목사님도 어찌할 수 없는지 좀 낮은 어조지만 폭발된 나의 감정은 진정은커녕 걷잡을 수 없는 신경질을 어찌할 수 없어 방을 나오고 말았다.

10월 17일(수) 맑음

시간마다 잊혀지지 않는 내년의 진학 문제… 생각만 해도 괴로워지는 마음 걷잡을 수 없었다. 왜? 나에게는 오래 살지 못한 아버지에게 태어나서 시대에 뒤떨어진 인간을 만들어 놓았으며, 이다지도 외로운 세상의 번민을 겪어야만 하는 운명으로 만들어졌는지! 항상 버릇대로 운명의 신을 저주해 본다. 그러나 나의 배후에는 전능자가 계신다. 그의 뜻대로 인도하여 주실 것을 의심 없이 믿는 나는 마음에 잦아드는 위안 때문에 불안은 씻어지고 "오! 주여! 도우소서!" 하는 힘 있는 한마디가 부지중不知中 입 밖으로 뛰쳐나오고 있다.

10월 22일(월) 맑음

여름 날씨에 못지않게 청량한 날씨다. 오전 중은 집에서 보내고 중식을 하고 교회당에서 올겐을 타고 있는데 병주가 찾아왔다. 교회 소식도 들었고, 특히 반가웠던 소식은 지난 주일 어머니께서 교회 나오셨더라는 말을 들을 때 어찌나 기뻤던지 가만히 웃어 보았다. 병주를 전송하고 집으로 들어와 옷을 입고 시가로 나갔다. 용상이와 대남이와 재미있는 시간을 보내고 집으로 돌아오는 길 바지저고리를 입은 시골 아저씨가 앞에 가시는 것을 보니 옛날 아버지께서도 목포 오시면은 저 모양이었을까?

10월 24일(수) 흐림

오늘도 세 시간 수업이 끝나고 집으로 돌아와서 악착같이 상설영문법을 보아 치웠다. 해가 서산을 넘으면서부터 바람이 제법 차게 불어친다. 벗어던졌든 샤쯔(셔츠)를 다시 주워 입고 교회에 갔다. 예배 필하고 집에 돌아와 책상에 앉아서 고향 집의 분주할 모습을 그려본다. 농번기 때이면 으레 등불을 밝혀 놓고 일하시는 어머니이신 것을 너무도 잘 알고 있는 나는 무척 죄송스러움을 안타깝게 느껴 본다. 어머니! 어머니! 이 불효자식을 용서하십시오 한때의 불효자식일망정 후일의 효자 노릇 할 때가 결단코 있어질 것을 믿어주세요.

10월 27일(토) 맑음
그리던 고향 부모 집에

경건회 시간이다. 조 목사님이 열네 살 나든 해 윤유월 스무닷새 밤에 기도를 들어주시는 하나님을 체험했노라고 하시면서 "학생들 기도합시다" 하시는 힘 있는 말씀에 감동 받았다고 할까? 어떻든 나는 내일 아침부터 기도하여야겠다는 결심을 마음 굳게 하였다. 대남이와 같이 역전까지 나와서 세 시 버스(버스) 금성 여객에 몸을 실어 무언의 두 시간 반이 흘러갔다. 잿등에 내리기는 다섯 시 사십 분, 어두컴컴하였다. 집에 이르니 할머니, 어머니, 동생들 그리고 전도사님 모두가 반겨주었지만 한 가지 섭섭한 것은 아버지가 안 계신 것이었다. 오늘 차에서 전에 아버지가 쓰시던 것 같은 모자를 쓰신 오십가량 되어 보이는 어떤 아저씨를 보고 나는 '이이가 우리 아버지가 아닌가?' 하는 결단코 불가능한 일을 망상에 더듬으며 속으로 아버지를 불러보며 육신의 아버지 가진 자들이 무척 부러웠다.

10월 28일(주일) 맑음

용학교회 강단 앞에 새벽에 엎드려보기는 아마 생후 처음이다. 새벽 미명에 교회에 갔다 오는 기쁨은 말로 이루 형언할 수 없을 정도다. 중식을 하고 노 전도사님과 같이 신정리로 향하였다. 실은 강대남이 중매하기 위해서였다. 다섯 시 십 분을 바라보며 집에 돌아오니 저녁 준비가 다 된 후였다.

12월 3일(월) 맑음

오고 가는 행인의 체면 불구하고 거리에서 대성통곡하는 약 서른

가량 되어 보이는 젊은 여인의 울음은 오가는 행인의 발을 멈추게 하였다. 목멘 울음소리에 섞여 나오는 소리. 아들을 잃었다는 것이다. 나는 생각해 보았다. 저것이 바로 모성애렷다. 아무리 효도하는 자식인들 어머니를 잃었다고 저와 같이 거리에서 통곡을 할 수 있을는지는 의심되지 않을 수 없었다. 달구똥(닭똥) 같은 눈물을 떨어뜨리며 오가는 어린이들의 얼굴을 가벼이 어루만져 주는 그 젊은 여인. 저물어가는 병신년의 마지막 달에 보는 서글픈 사정이 아닐 수 없었다.

12월 19일(수) 흐림

오늘은 방안에서 하루를 보냈다. 공부라고는 단어 좀 외웠다. 저녁 예배 필한 후 제직회가 소집되어 Christmas 준비에 관한 토의가 있는 중 구제 안건을 내가 내어 불쌍한 어느 할머니에게 옷 한 벌하여 주기로 가결을 보았다. 그리고 X-mas 선물로 전도사님에게 사지쓰봉(바지)을 사드리기로 하고, 2시에 제직회를 필하고 집에 돌아왔다. 바깥 일기가 어찌 추운 날씨인지 방안에 앉아있어도 뼈마디가 아파서 견디기 곤란할 처지였다. 그러나 책상에 앉아서 책을 펴 놓는 수밖에….

1957년, 한국신학대학 입학

2월 1일(금) 흐림

무심코 쳐다보던 월력에서 2월 1일을 발견한 나는 놀랐다. 오늘이 2월 1일이었다는 것을 몰라서가 아니라 이제 후로 한 달이 지나면 입학시험 일자라는 것을 연상하기 까닭이다. 모락모락 싹트는 명절의 즐거움을 같이하여줄 벗을 찾아 본촌本村을 거쳐 도성을 다녀 월암까지 갔지만 유일한 벗 현기마저 나에게 벗이 되어 주지 못하여 섭섭한 정을 금치 못하며 집으로 되돌아오고 말았다.

2월 19일(화) 흐림

등교일자 목욕하다

할머니! 저녁상을 대하니 할머니 생각이 자꾸만 납니다. 주름살 잡힌 얼굴이 보고 싶어서가 아니어요. 할머님께서 항상 말씀하시던 '외씨 같은 쌀밥'과 할머님께서 잡수시는 잡곡밥과 바꾸어 먹고 싶어서예요. 할머님! 이 손자가 성공하는 날을 기다려 주세요. 이 손자 성공하여 할머님 즐기시는 외씨 같은 쌀밥에 장작 쪽 같은 무김치에 펄펄 끓는 개정국으로 내 꼭 대접하리다. 할머니! 이 밤도 손자 위해 하시는 기도, 내 귀에 들리는 듯하구만요. 할머니 평안히 주무십시오.

2월 20일(수) 흐림

오랜만에 오늘 학교에 갔다. 학생 겨우 이십여 명밖에 오지 않았다. 다섯 시간의 수업을 마치고 집으로 돌아와 곰곰이 진학 문제를 생각해 보니 두뇌가 복잡해짐과 동시에 마음 갑갑하여진다. 찰나 번갯불같이 머리에 떠 오는 것은 왜 진학 문제를 가지고 고민을 하여야만 하느냐? 오래 사시지 못한 아버지의 아들이기 때문이 아닌가? 목중 교표 달린 모자를 쓰고 놀며 공부할 때는 얼마나 행복스러웠더냐? 아버지를 삼키고 나를 불행하게 만든 내 영원한 숙명의 적, 중공 오랑캐 놈들아. 불행을 모르는 일동이에게 불행을 알게 하였느냐 말이다.

2월 23일(토) 맑음

해제에 도착하다

2시 40분 광주 여객 버스는 움직이기 시작한다. 한 번 디딘 발을 옮길 수조차 없을 만큼 복잡한 버스다. 침묵의 네 시간이 흘러가서야 이윽고 해제 땅에 발을 디뎠다. 저녁 어머님과 같이 자리하여 앞으로 불과 60, 70일밖에 남지 않은 입시에 대하여 의논하여 보건만 차역난피역난此亦難彼亦難으로 입시에 파스(패스)를 해도 걱정이요 낙제해도 걱정! 합격이 된들 그 많은 학자금은 다 어디서 나며 진학 못 하고 볼 지경이면 군인軍人이 되어야 하는 판이니. 이런 문제를 생각하는 순간 부재중 새어 나오는 "후유" 하는 한숨은 얄궂은 운명을 저주하는 듯.

2월 26일(화) 맑음

목포에 도착하다

2월 26일 오후 다섯 시 오십 분 급행에 몸을 실어 열네 시간의 말로 못 할 피곤과 권태의 시간 속에서 잠 한숨도 못 하고 졸릴 대로 졸리다.

2월 27일(수) 맑음
한국신대 심방하다

목포에서 가져온 김밥으로 아침을 하고 일행 4인은 시내로 나갔다. 선뜻 눈에 뜨여진 것인 차가 많음에 놀라지 않을 수 없었다. 그러나 그 외에는 별다른 훌륭한 건물도 없고 사람들의 옷차림 기타 목포와 별로 다른 것이 눈에 띄질 않았다. 집에 돌아와서 준비 불충분으로 중식도 못 해 먹고 다섯 시경에 저녁 겸 중식을 하였다. 서울 날씨는 확실히 목포와 달라 훨씬 추웠다. 저녁 불 땔 장치조차 없는 냉골방에 자리하였더니 수백 리 타향에서의 첫날밤은 좀 더 고독하였다.

3월 3일(주일) 비
효동교회에서 예배하다

해주는 밥만 먹기가 미안하기에 오늘 아침밥은 내가 해 보겠노라 부엌으로 나갔다. 희선의 지도를 받아 가며 그럭저럭 밥을 하여 먹었다. 희선 씨와 같이 효동교회에 나갔다. 시골이나 목포에서 보던 강대와는 색다른 바가 있어 정면 십자가와 촛불이 어쩐지 경건미를 북돋아 주고 있었다. 저녁 예배를 필하고 돌아오니 옷이 젖었다. 오늘 밤도 내일의 시험을 위하여 일찍 잠자리에 들다.

3월 4일(월) 맑음
입학시험(성경, 국어, 사생, 수학, 과학)

성경, 국어, 사생 연 세 시간은 자신 있게 시험을 보았다. 그러나 네 시간 다섯 시간째의 수학, 과학은 거의 백지로 내다시피 하고 말았다. 그러나 수학과 과학 합쳐 백 점이기 때문에 과히 걱정은 아니었다. 상경하기까지 그렇게 자신이 없었지만, 오늘 시험을 보고 나니 어쩐지 자신이 생겼다. 저녁에 함 목사님께서 오셨다. 바깥 일기가 어찌나 추운지 방안에서도 페이지 위의 손끝이 쓰리다.

3월 5일(화) 맑음
영어 시험과 면접

세탁소에 가서 와이샤쓰를 찾아 입고 전차에 몸을 실어 동자동에 내렸다. 날마다 왕복의 코-쓰다. 예배 시간 필하고 열 시 오십 분부터 영어 시험이 시작했다. 과히 어렵지는 않았지만, 쉽지도 않았다. 중식 시간 함 목사님과 박은용 전도사님을 모시고 식당에 들렀다. 곰탕으로 식비 600환 지출하고 식당을 나와 다시 학교에 가서 수험번호 50번 차례를 기다려 면접을 마치고 다섯 시도 넘어서 집에 돌아왔다.

3월 6일(수) 맑음
영원한 추억의 날 합격

조이다

조이는 마음으로 한신대에 들어섰다. 첫눈에 눈에 뜨인 '안일동安一童'의 세 글자는 나도 모르는 사이 웃음이 눈가에 지어지고 형언할 수 없이 기뻤다. 서무과에 가서 합격증과 지시사항을 받아서 한신 교문을 나서는 나의 발걸음은 누가 보든지 활발하였을 것이다. 남대문 시장에 들러 중식을 하고 보스턴 가방을 하나 사 들고 큰 거리까지 나와 무의식중 옷 포켓에 눈이 멈추어지자 기분이 나빴다. 만년필을 쓰리 당했기 때문이다. 집으로 돌아와 합격의 즐거움을 집으로 전하려고 붓을 들었다.

3월 7일(목) 흐림

하목하다

아홉 시 발 태극호(特急)에 몸을 실었다. 지정된 좌석에 자리하여 아홉 시 정각 차는 스르릉스르릉 기적을 요란히 울리며 움직이기 시작하다. 어찌 그리 차중 걸인이 많은지 백십 환을 동정금으로 사용하였다. 불구자, 봉사, 어린애들… 손을 벌릴 때마다 차마 거절치 못해 준 것이다. 지루하게 달려오기 하루 동안 시간으로는 열 시간 동안 하오 7시 15분 이슬비 나리는 목포에 내렸다. 어쩐지 조용하고 거리에 차가 드문드문 인식하는 순간 서울에 비하면 조용한 산간과도 같이 느껴진다.

3월 9일(토) 흐림

상해하다

학교 수업 세 시간 하교 후 집으로 돌아와 중식을 하고 상해할 준비하고 광주여객 뻐-쓰 정유소로 향하였다. 벌써 만 원이다. 발을 옮길 수 없을 정도로 사람을 집어 실었으니 발보다 큰 몸뚱이는 어떻게 하였다는 말은 할 것도 없다. 생후 처음 복잡한 차 중의 부자유의 몸이 되어보았다. 새로 산 가방을 들고 집에 이르렀을 땐 나의 대학 합격 소식은 나보다 먼저 와서 집안 식구들을 기쁘게 한 후였다. 어제 목포에서 만난 윤우탕이 편에 알려진 모양.

3월 20일(수) 맑음
재헌이 집 심방하다

대학에 입학한 기쁨보다도 학자금을 생각할 땐 걱정됐다. 23일까지 기숙사 수속 완료라는데 오늘이 20일 그러나 돈이 수중에 없고 보니 이도 딱한 사정이다. 생각 끝에 숙부님 댁으로 향하였다. 숙모님께 부탁하여 놓고 일어서는 나를 강력히 붙드는 재헌이와 이남이의 친절에 주저앉고 말았다. 저녁을 하고 숙부님께 형편을 이야기하였더니 내일 밤에 오라기에 놀다가 아홉 시에 집에 돌아왔다. 고요한 내 침실에 들어와 책상에 자리하여 희선 씨를 향해 펜을 들었다.

3월 22일(금) 맑음
목성고 제9회 졸업식

오전 중은 학창 시절(고등)에서의 마지막 유달산 등산. 중식을 하고 중앙교회당으로 가서 졸업식장을 손수 꾸미고 바쁜 걸음으로 조 목사님 댁으로 향하다. 저녁을 하고 졸업식장으로 달려왔다. 7시 30분 졸업식은 시작되었다. 상장 및 상품 수여식에 제일 먼저 3년간 성적우수특등상을 받는 그 시간의 즐거움이란 식장에 운집된 내빈들만 보기에는 너무나도 서운하였다. 다만 그 장면을 우리 어머님이 보셨으면 아마 기쁜 눈물을 흘리셨을 것이다. 아니, 명명冥冥('하늘나라에 계신'의 뜻) 중에 아버지도 웃으셨을 것이다.

4월 1일(월) 맑음
상경하다

8시 30분, 목포발 서울을 향한 호남선, 달리기 시작한 태극호(제7호

66석)에서 기적소리를 들으며 형님과 희복이의 전송을 받으며 차는 어슬렁 어슬렁 목포역을 미끄러지고 있었다. 지우知友라곤 없는 낯선 타향의 냄새가 풍기는 차 안에서 외로운 몸으로 고요히 묵상하여 본다. 이것이 희망봉을 향한 제일보려나? 성공을 붙잡기 위한 출발이라고나 할까? 어떻든 간에 출발한 것만은 사실이다. 그러나 출발보다도 성공에 이르는 것이 더 중한 과제였다.

4월 2일(화) 맑음
입학식 및 개학식

입학식이 끝나고 음식점에 가서 희선 씨와 같이 중식을 하고 집으로 돌아왔다. 저녁! 할 일 없이 책상에 턱을 괴고 앉아 곰곰이 생각해봤다. 오늘 오만 환 가지고 학교등록은 필하여 정식 한국신학대학생이 되어 내일부터는 공부하게 되었으나 기숙사에 입사를 못 하고 보니 앞으로 한 학기 동안의 학사 생활이 벌써 싫증이 난다. 오늘 학교에서 받아온 시간 배정표를 놓고 나의 한 학기 수업 시간표를 만들어 본다. 이것부터가 대학인 감感을 주었다.

4월 11일(목) 흐림

학교 수업에 흥미를 느끼지 못하고 시간 중이면 적어도 다섯 번은 시계를 들여다본다. 끝 종소리만 기다리는 심정에서다. 어째서일까? 나는 분명 안다. 본래의 어학 지식의 기초가 서지 못한데다가, 영어 일주일에 7시간 하여 아홉 시간의 어학 시간을 하여 따라가려니 힘도 드는 데다가 스피드가 어찌나 빠른지 알고 넘어가는 것보다 모르고 넘어가는 것이 많으니 공부에 흥미 있을 리 만무하다. 악착같이 해 보아도 오히려 시간이 부족하다.

4월 14일(주일) 맑음

예배 시간을 알리는 종소리들 귀찮게도 들려온다. 사실 교회도 못 갈 형편이려니와 가기도 싫어서이다. 간밤 옷을 세탁소에 맡겼기에 옷이 없어서이다. 그러나 가고만 싶었다면 입고 갈 옷도 없는 것은 아니었다. 저녁 예배도 나가지 않고 말았다. 고요히 묵상해 보니 이것이 한국신학대학생으로서의 신앙 상태려나 생각하니 자꾸만 죄송스러운 생각 금할 수 없다.

달도 밝다. 내일 식사 당번 준비를 위하여 양동이를 들고 우물로 걸어가는 발걸음은 도살장에 끌려가는 소 마냥 힘이 없었다.

4월 23일(화) 흐림

도대체 나라는 존재가 무엇하기 위해서 신학교에 왔는가? 나는 목사는 안되련다. 그러면 무엇? 나도 몰라! 참 딱한 노릇이다. 길 가는 사람이 목적 없이 아픈 다리 끌고 걷는다면 이에서 더 불행한 노릇이요, 우스운 일은 없을 것이다. 지금 내가 그 사람이 아닌가? 분명하다. 앞으로 나의 생의 방향을 어떻게 어디로 정하여야 할 것인가? 이 무지한 인간아! 세상은 영원하되 세월은 빠르다. 그럭저럭하다 보면 너의 머리에 흰서리 덮인다. 그때가 오기 전…

5월 1일(수) 맑음

인간은 환경의 지배를 받는다는 말은 너무나 뚜렷한 진리라고 보아 틀림없을 것이다. 과거 삼 년간 집회 시간(예배 시간)에 빠져본 일 없는 나이면서도 서울에 와서는 어쩐지 예배 시간 참석하고픈 생각보다 가기 싫은 생각이 더 강하니 그 이유를 무엇이라고 결론을 내려 버려야 할까? 물론! 이곳 서울에선 나를 아는 사람이 적기 때문에 교회에 가지 않아도 신학생이 그런다고 비웃을 사람도 없다. 뿐이랴. 교회에 가도 도무지 흥미가 없다. 흥미를 보러 교회에 다닌다고 해서야 도저히 안될 말이지만 아직 깊은 신앙에 들어가 보지 못한 나로서는 응당 그렇게 생각할 수도 있다는 것이 당연지사일지도 모른다.

5월 2일(목) 맑음
한신대 기도의 날

오늘은 한신 기도의 날이다. 강홍수 목사님의 설교를 듣고 느낀 바가 많았다. 느낀 바가 많았다기보다는 은혜가 많았다가 더 적절한 말일 것이다. 그래서 나는 이제 후로는 기도의 생활을 하여야겠다고 결심하여 보았다. 오후에 지도교수인 전경연 박사님을 따라 대학원실에 가 한 시간 동안 기도에 대해 토의하고 집으로 돌아왔다. 저녁 후 식사 당번을 위한 준비로 물을 길었다.

5월 4일(토) 맑은 후 흐림
이발하다(조 목사님, 동선, 안순에게 발신)

경동교회에서 스탠리 존스 박사 강연. 이른 아침 부슬부슬 나리든 비도 그치고 갠 날씨였다. 어디서 날아왔는지 흰나비 한 마리가 그 날씬한 자태를 자랑이나 하는 듯 이제 갓난아이 손바닥만큼이나 큰 상치(상추)잎 위에 앉았다. 꽃인지 잘못 알았다는 듯 선뜻 다시 난다. 어느새 두 마리가 되었다. 또 한 마리가 날아왔다. 세 마리는 장난하는지 싸움을 하는지

서로 덤볐다가 다시 도망치고 쫓고 한다. 제법 봄기운에 신이 난 모양이다. 한 마리 공중으로 높이 떠서 아물아물 사라질 때 나머지 두 마리도 간 곳 없다. 잡념으로 가득 찬 내 머릿속을 잠시라도 정돈해 주는 봄을 맞는 첫 느낌의 유일한 벗이었다.

5월 11일(토) 맑음

돈 떨어진 지도 오래. 여태까지 먹어오든 김도 다하여 버렸다. 저녁밥을 하여 간장으로 밥을 먹으려니 쌀 냄새만 후각을 괴롭히고 배는 고프면서도 밥맛이 제대로 나지 않는다. 문득 고향 집이 그리워진다. 공연히 사내자식 마음이 고독감에 사로잡히면서 자꾸 슬퍼만 진다. 찰나刹那 박 장로 집회소의 전기 종소리가 나로 하여 비곡悲曲을 터트려 놓게 하고야 말았다. 책상에 앉고 싶지도 않았다.

5월 12일(주일) 맑음
어머니주일

어머니! 난 오늘이 무슨 날인지도 모르고 예장 도원동 교회에 갔더니 정문에서 꽃을 든 여인이 어머니 생존해 계시느냐고 묻더구만요. 나는 무슨 뜻도 모르고 대답했지요. 그랬더니 붉은 카네이션 한 송이를 꽂아주기에 생각하니 어머니주일이었어요. 그런데 내 옆에 앉은 사람은 흰 꽃을 달았더구만요. 어머님 돌아가신 분이 다는 꽃인 것을 알았을 때 나는 얼마나 행복했는지 모른답니다. 어머님! 과거 20년 동안은 불효자였지만 앞으로는 효도하는 자식이 되어보겠습니다. 어머니! 날 사랑하시는 어머니!

5월 17일(금) 맑음

학교에 다닌다는 것이 왜 이다지 괴로운 노릇이 되었는지 모를 일이다. 마땅히 만족하여야 할 대학에서의 배움도 나에게는 만족과 희열을 주지 못한다. 그저 공식적으로 되풀이되는 생활이요, 일과는 너무나도 간단하다. 강의 시간 따라 학교에 나가고 학교에서 돌아오면 자거나 혹은 놀고 이따금 책상에도 앉아본다. 이 모든 행위가 결코 하고 싶어서가 아니라 의무감에서 어찌할 수 없이 그날그날 된 마지못하는 행동이라면 결코 칭찬할 만한 것이 못 될 것이다.

5월 22일(월) 맑음

오늘 해도 서산에 기울어지자 섭섭하였다. 오늘이나 등기가 올 줄 알았는데 오지 않고 말았다. 저녁 멍하니 책상에 턱을 괴고 앉아 곰곰이 생각하니 앞길이 막막하다. 한 달에 최소한도 만 환을 가져야 밥을 먹겠는데 가난한 농촌 살림에 한 달에 만 환이란 돈이 결코 적은 돈은 아니다. 가정교사라도 하여 밥이라도 얻어 먹어가며 공부하고 싶은 생각도 있지만 아는 사람이 있어야 붙들고 사정 이야기라도 하여보지! 참 딱한 노릇이다. 호소해 볼 곳이라곤 다만 하나님뿐이시니 하나님께 맡기는 수밖에.

5월 29일(수) 맑음

비옷을 입었기 때문에 고등학생인지 중학생인지는 확실히 모르겠지만 선뜻 느껴지기에 아마 고등학교 일학년은 되어 보였다. 선뜻 보아 밉지도 않게 생긴 얼굴에 옷차림도 가난한 집 아이 같지 않는 열다섯 세의 여학생이 내 앞에 선다. 무의식에 그이 가방 든 손에 내 시선이 멈추어지자 불쌍한 생각이 자꾸만 나고 너는 어찌하여 그 같은 손병신이 되었느냐고 따지고 싫었다. 말 못 하는 동생을 가진 안타까운 심정이 되살아나자 그 학생을 보는 것이 너무나 무안하여 창밖에 시선을 던지고 말았지만…. 오늘 이 시간도 갑갑한 심정 움켜쥐고 애가 탈 사랑하는 내 동생이 보고 싶어지고 순간 부지중 한숨이 얼굴 앞에 공기를 힘없이 헤칠 때 전차는 동자동에 정차하였다.

5월 30일(목) 맑음

어찌할 수 없이 군문軍門을 향한 대학생들이 약 오백 명가량 되더라고 원재로부터 말을 들었다. 2년 전부터 운위云謂 되어오던 대학생 징집 문제가 오늘에야 비로소 결론이 난 셈이다. 그러고 보니 일동이 기피자 수용소이든 대학이 이젠 대학으로서의 대학이 되는 모양이다. 비록 그렇다고 하나 "돈 있는 놈은 군인에 가지 않는다"는 말은 삼척동자라도 입버릇처럼 뇌까리는 세상이고 보니 돈 없는 인간의 눈에서 피눈물을 짜내는 말이기도 하다. "돈 있는 놈 군대 안 간다"는 말이 거짓말이 되어 버리는 날은 그 언제가 될는지?

6월 16일(주일) 흐림

자신이 생각해 보아도 타락한 것만은 사실인 것 같다. 하루하루의 시간이 지루하고 얼른 가버리기는 원하면서도 삼 일 밤 주일날 예배 시간 돌아오는 것은 귀찮기만 하다. 어쩐 연고인지? 신학도로서 취해서는 안 될 태도임을 알면서도 밤 집회는 그리 중하게 느껴지질 않으니! 신학교 오기 전만 하더라도 집회 시간 불참한다는 것이 큰 죄악이나 되는 것처럼 생각하든 순진성도 마음 한구석에 자리 잡아버리고 말았으니 오히려 무교회주의자가 되고 싶어진다.

7월 3일(수) 흐림

아침에 죽을 끓였다. 먹고 싶어서가 아니다. 간밤에 양식은 다하고 돈이라곤 200환밖에 없었다. 그래서 밀가루 두 근을 사다가 간밤에 희선이가 죽을 끓였는데 만약 사람이 빠졌으면 죽을 지경이요 거기에다 소금국이 되고 말았다. 아침에 일어나니 배에는 물 흐르는 소리가 계속했고, 나머지 한 근으로 아침 원재가 죽을 끓였는데 간밤과는 정반대로 간밤에 그 죽물이 아쉽도록 만들어 놓은 것이 풀 같았다. 겨우 한 양지(한 그릇)를 먹고 나니 이젠 질려서 더 먹을 수는 없었다. 그렇다고 배가 부른 것은 아니었다.

7월 7일(주일) 비
6일 석양과 함께 오기 시작한 비가 오늘 저녁도

세 사람이 돈 떨어지고 외상 밥 먹어 온 지도 오늘까지 1년째다. 외상이나 1,000환도 꿔오고, 500환도 꿔오고, 쌀집에 가서 다섯 되도 외상이며, 그럭저럭 겨우 굶지는 않고 살아온 것이 일종의 기적이 아닐 수 없다. 오늘도 일곱 시도 넘고 여덟 시가 가까워 오나 돈 10환도 쌀 한 톨도 없어 밥 지을 생각조차 못 하여보고, 그렇다고 종일토록 끊임없는 악수惡水를 헤치고 집을 나설 용기도 없고, 그렇다고 사정할 곳도 없다 생각하니 어처구니가 없었다. 그러나 다행히도 옆방의 서대섭 씨의 친절로 저녁은 굶지는 않았다.

7월 12일(금) 흐림
제1학기 시험 종(終), 하계 방학

눈코 뜰 사이 없이 바빠하던 4일간의 시험이 끝났다. 모든 것이다 끝나버린 것 같이 정신만이 가벼운 것이 아니고 몸마저 가볍다. 또 내일부터 방학이다. 그토록 손꼽아 기다리든 방학도 정작 당하고 보니 그리 즐거운 것은 못되었다. 집에 와서 짐을 꾸렸다. 내일 아침 열차로 가기 위한 준비다. 제2 학기 개학 8월 27일 오전 10시(노회장 추천서 한 통 지참).

7월 13일(토) 비
하경하다
주룩주룩 나리는 빗속에 서울역까지 왔다. 31호 열차에 몸을 실었다. 부패물에 모여든 파리떼의 웅성거림 같은 복잡하던 서울을 뒤로 두고 평화로운 농촌의 가라앉은 생기를 헤치고 남으로 남으로 목포를 향해서.

정각 9시에 출발한 열차는 오후 8시도 몇 분 남기지 않고 목포역을 점잖이 미끄러 들었다. 목사님 댁에서 저녁을 하고 이발을 하고 돌아와 12시도 넘은 후 잠자리를 폈다.

7월 17일(수) 흐림
텃밭 조 같다
"어제 남석이는 셋째 아들 낳았다고 하더라. 니 동갑 점기는 딸이 걸어 다닌다더라" 하시는 어머님의 말씨가 몹씨 부러워하시는 눈치다. 삼십 전에는 결혼 않겠노라고 주장하는 나에 대해서 그건 안 된다고 하시는 어머니. 왜냐하면 손이 귀하다는 것이 가장 중요한 이유인 것이다. 그리하여 금년에는 결코 결혼해야 한다고 주장하시는 어머니시다.

7월 21일(주일) 맑음

맥추감사절 지키다

박은용 전도사님이 식전에 오셔서 식사 후 일 분의 여유도 없이 교회로 나가 예배 필하고 맥추감사절을 지키고 열 시 삼십 분에 마치다.

집에 돌아오는 길에 거리에 찢어져 날아다니는 성경을 발견하고 황송한 생각에 주워 들고 어린애들에게 물어보니 동열이가 그랬다는 것이다. 내용인즉 가정불화였다. 집에 돌아와 곰곰이 생각해봐도 용학교회에 아직도 참 신자信者는 없는 듯싶었다. 삼십여 명 교인들이 보리 한 섬을 못 내고 마는 형편이니 내가 한 섬 한 것과 합하여 한 석이 겨우 되는 둥 마는 둥 한심할 노릇이다.

7월 22일(화) 맑음

오늘이 우리집 논매기 날이다. 농촌의 아들이면서도 논매기가 무언지 어떻게 하는지조차 모른다고 해서는 안 될 말일지로되 나는 모른다.

오전은 그럭저럭 심부름이나 하였다. 그러나 오후에는 인부는 적은 대 일이 많이 남아서 하는 수 없이 논바닥에 들어섰다. 그러나 일꾼들의 십분지일을 감당 못 하는 나이지만 약 두어 시간 따라다니고 나니 기분도 진盡하였거니와 권태스러웠다.

7월 28일(주일) 흐림

아동 설교, 낮 예배 설교, 밤 예배 설교 그러니까 하루에 세 번 설교하였다. 배움이 적은 나에게 있어선 그도 고된 정신노동이 아닐 수 없었다. 더구나 많은 교인 앞에 나서서 설교하기가 보다 어렵고 힘이 나지 않는다는 것도 설교를 많은 준비로 단에 오르는 나에게 있어서는 또한 섭섭한 일이 아닐 수 없었다.

겨우 남녀 이십여 명의 청중 앞에서 열광적인 설교도 쑥스럽거니와 지식이 얕은 저들에게 지적으로 설교하기도 안 되었고?!

8월 1일(목) 비

동생이 눈이 붓도록 터지고 왔다. 무슨 잘못으로 누구에게 맞고 온 줄도 알길 없이 동생을 데리고 집을 나섰다.

이 산 저 산 도성 아이들의 종적을 찾았으나 찾지 못하고 고개에서 영규와 같이 그럭저럭한 이야기에 완전히 반일도 허무하게 보내버렸다. 해도 서산 넘은 후 기다리던 아이들이 오기에 싸우게 된 동기를 물어보니 조금 큰 애들이 싸움을 강요하여 남용이 아들과 싸웠단다. 저들을 동생같이 눈이 붓도록 때려 주고 싶었지만, 그리스도인이라는 양심이 허락지 않았다.

9월 13일(금) 맑음

약 2개월간 그리던 서울역이기도 하다. 변함없는 서울의 거리 이른 새벽부터 각 전차들의 크락션 소리가 악마 보따리를 풀어 놓은 것 같은 시끄러운 서울의 거리를 몇 발 걸어 나와 버스에 탔다.

눈익은 골목을 빠져 '효성학사'란 때 묻은 간판이 붙은 집 대문에 들어섰을 땐 내 집이나 찾아온 것 같았다. 맹원재와 서울의대생 김동규가 반겨 주었다. 간밤 멋진 잠을 오전까지 다 자고 오후 학교에 나가 교무과장을 만났더니 등록은 안 받아주기에 그냥 집으로 돌아왔다.

9월 14일(토) 맑음

등록금을 가지고 학교로 나갔다. 끝내 문익환 목사의 거절로 등록치 못하고 말았다. 등록기일 초과라는 것이다. 나는 K를 한없이 원망했다. 나를 일주일 이상을 붙잡아 놓고서도 끝내 만나주지도 않던 K. 분명 그는 나의 성공에 장애임이 틀림없다. 휴학하는 수밖에 도리가 없다. 생각하니 어처구니가 없었다. 내 연애에 손해 본 것만도 이만저만 아닌데, 결국에는 한 학기를 공부를 못하게 되었으니. 학교보다도 K를 중요시했던 자신이 미친놈이 아니고 무엇일 것인가?

9월 15일(주일) 맑음
독감에 시달리다

10시 30분! 여기저기서 성일을 알리는 종소리도 침상에서 나를 일으키지는 못했다. 열한 시 예배 시간의 종소리는 의인을 천국에 들이고 천국문이 절크덩 닫히는 소리만 같았다. 자신을 생각하니 무한히도 안타까이 느껴진다. 이것이 타락한 인간에게도 조금 남아 있는 양심의 책망일까? 그렇지 않으면 신께서 주시는 계시일까? 밤이다. 두통도 개의치 않고 교회로 나가서 "오! 주여! 죄인을 돌보시어 이성異性에 바보를 만들어 주옵소서. 아멘" 하는 참회의 그 시간이 은혜스러웠다.

9월 20일(금) 비

지난 일요일 오후에 발병이 밥을 못 먹게 하여 버리더니 겨우 오늘 저녁으로 수저를 잡았다. 그동안은 계란과 사과 등으로 식사를 대용하였다. 약대까지 합해서 1,300환을 의외로 무가치하게 써진 감이 있었다. 남은 힘을 다하여 학교에 나가서 학생들을 만나서 대강의 이야기를 들었다. 아직 등록 못 하고 있다는 것이다. 저녁, 되만큼한 방에서 대인들 오인이 합숙하려니 부자유하였다. 박병수, 김정웅, 맹원재, 노일배 등 인물들이다.

9월 23일(월) 맑음

몇 권의 책을 사려고 동대문시장까지 갔다. 『벙어리 냉가슴』, 『법의 정신』, 『서양철학사』, 「사상계 10월호」, 『독일어 2권』 합하여 4,130환 어치를 사 오는 길에 넥타이 2,300환짜리를 샀다. 생각하니 분에 넘치는 사치였다. 집을 나온지가 불과 며칠에 벌써 이만여 환이 한 것 없이 써졌다. 저녁 자리에 누워서 앞으로 반년간의 푸로(프로그램)를 머릿속에 적어보며 웃어도 보고 찌푸려도 본다. 나에게 수양으로 주어진 이 반년을 그야말로 가치 있게 보내야만 오는 새 학기에 있어선 내 앞길이 비로소 결정되어질 것이다.

9월 25일(수) 맑음

하경하다

학교에 가서 휴학계를 내고 집으로 돌아왔다. 오늘 밤 하경 준비를 대강했다. 저녁 식사 후 원재와 같이 역으로 나와서 약 두 시간가량 기다려 열 시 차에 몸을 실었다. 지태수 작은어머니와 같이 자리를 잡았다. 차는 기적을 울리며 서울역을 떠나 어둠을 헤치고 달리고 달려 열세 시간 만인 다음 날 오전 11시 목포역에 도착했다.

9월 28일(토) 맑음

파릇파릇 다마네기 모종들이 자라는 양이 마치 때아닌 봄을 장식하는 것만 같다. 가뭄에 씨를 뿌려 여태껏 비가 아니 왔기에 날마다 물로 가꾸어 온 것이다. 이 때문에 건실히 자리지 못하고 고루고루 싹이 나지 못한 데다가 난 것마저 더러는 죽는 형편이다.

깨끗이 만들어진 묘판에 옹기종기 자라는 것들을 지켜보며 나는 그들을 향해 중얼거려본다. "너희들이 나의 학자금이다. 부지런히 건실하게 자라다오." 저들은 허리를 굽혀 "당신을 위해 최선의 희생을 하겠나이다"라고 대답하는 듯하다.

10월 6일(주일) 비

오랫동안 기다려오던 비이기에 농부들의 이마에 천川 자를 씻어주는 비이기도 하다. 그러나 종일토록 오다말다 한 비는 겨우 채소에나 적당할 정도밖에 되지 않았다. 정말 퍼붓기가 아까운 모양이다. 저녁에도 보슬보슬 비가 내리고 있으나 갈증 나 있는 오곡에게 시원스럽지 못할 정도였다. 책상에 턱을 괴고 멍청이 앉아있는데 이름 모를 물새 울음소리가 처마 끝 낙수 소리의 여운을 뚫고 삐삐, 그 어떠한 심사의 토로인지?

10월 7일(월) 흐림

오늘 밤은 별달리 책상에 일찍부터 앉아 내 앞길을 곰곰이 생각해 본다. 신학이란 말도 두렵다. 더구나 목사란 생각도 하기 싫다. 그렇다면 사회 어느 길로 나가야 할 것인가? 정치인이냐? 법조계냐? 실업가가 되어야 하나? 교육자가 되어야 하느냐? 생각해도 막막하고 암담한 것뿐이다.

아버지 생전에 하시던 말씀. 미국 유학까지는 자신하고 보내겠다고 하시던 말씀을 생각하면 가슴이 찢어지는 것만 같이 참을 수 없는 그 어떤 울분이 치밀어 오른다. 아버지께서만 생존해 계셨던들 목고를 졸업하고 서울대를 졸업하면 미국 유학도 어려운 문제는 아니었으련만… 생각하면 너무나도 불행한 과거요, 이같이 한 인간을 무가치하게 만들어 버린 것을 그 누구를 대고 원망을 해야 할지 난 몰라! 얄궂은 운명을 생각하면 곧 미칠 것만 같다. 어떻든 간에 내가 이대로 신학대를 다녀야 하느냐?

그만두어야 하느냐? 다시 운명에 맡긴다 하더라도 부친의 소원이었던 유학은 어떻게 해야 하나?

10월 14일(월) 맑음

오늘도 허무한 생을 보내버리고 저녁 책상에 턱을 고이고 앉아 왜 내가 휴학을 해 이같이 허무한 생활을 하고 있는가? 깊은 사색에 잠기는 순간 나의 대학 생활 반년간을 회고해 본다. 입학부터 오늘까지 그러나 나의 대학 생활은 다른 사람들보다는 더 현실적이었다고나 할까? 하여튼 학문을 한다거나 인격도야를 위한 것이라거나 무슨 문화 창조이거나 등은 생각조차도 할 수 없었고, 다만 특권 의식에서의 그럭저럭 보내어진 대학 생활 반년이었다. 이 때문에 내가 다니는 학교가 신학대라는 데보다 큰 불만과 불평이 있었던 것도 사실이었을 것이다. 나의 진학이 인격을 닦고자 하는 데 목적이 있었던들 이상以上 없는 한신대를 자랑할 수도 있으련만….

나의 마음속에 강하게 자리 잡혔던 특권 의식 때문에 학교 등록 일자 근 이십 여일을 결석하여 버렸던 것도 있을 수 있는 일이었으리라고 믿어 그리 잘못은 아니었을 것이다. 여하튼 보기 드문 대학 일학년 휴학자로서의 자신을 생각할 때 지나치게 영리하였던 탓일지도 모른다.

10월 22일(화) 맑음

아침 여섯 시 삼십 분에 내 침실을 기어나가 저녁 여섯 시 삼십 분에 내 침실이오 서소書巢에 찾아 들었다. 종일 일했기에 보리 갈기, 담배잎 따기, 고구마 종자 선별하기. 전신에 스며드는 피곤이야 말할 수 없으면서도 책상 앞에 앉아 먼지 앉은 책들을 뒤적이는 부지런함이 부풀어 오름을 금할 수 없다. "신량입교허新凉入郊墟 등화초가친燈火稍可親"이라는 글귀가 거짓되지 않음을 새삼스레 느껴 본다. 분명 가을은 독서삼매에 들어갈 만한 계절이다.

10월 25일(금) 맑음

단배(담배) 나무를 뽑다가 손바닥이 아파서 손바닥을 펴들었다. 며칠 전에 보던 내 손은 아니었다. 며칠 전만 해도 문어 다리 모양 희고 가늘어서 그야말로 학생의 손이었다. 책과 펜만을 벗하던 내 손이 며칠간 괭이, 삽, 쇠스랑 따위에 닳고 닳아 부르트고 풀물 들고 손에 거스럼이 일어 손톱이 금방 빠질 것만 같아 보인다. 생각하면 우습기도 하다. K의 말을 거절하고 며칠 만 더 빨리 상경을 하였던들 아니, 그보다도 내 정신이 조금만 살아있었던들 내 손이 이렇게 안 되었을 것을 생각하니 이 모든 것을 운명에 책임을 지워야 할지?

10월 26일(토) 맑음

"한집안 식구도 못 믿을 세상이다"라는 말은 진작부터 배불리 들었다. 과연 세상은 험상궂은 세상인가 보다. 종교적으로 해석하자면 말세가 분명한 모양이다. 요사이 가을이 들어 야경夜警을 하느니, 풋 나락을 집으로 들이느니, 누구네 벼를 훑어갔느니, 팥을 따갔느니, 깨를 털어 갔느니 뒤숭숭한 소문들이 떠돌아 야단들이다. 그야말로 자기 외의 타他는 누구를 막론하고 의심하는 세상이 되고 만 것 같다. 이러한 통한사痛恨事를 울어야 가실지, 웃어야 풀릴지? 참으로 복통할 노릇이다.

이것이 나의 과문寡聞의 탓이거나 정와井蛙의 인생 관찰이요 세계관이라고 하면 오죽이나 다행한 일이랴마는 이 강토疆土 안에서는 어디나 같은 현실이라고 하면 이러한 국가나 세계가 어찌 평화를 바랄 수 있으랴. 필경에는 망하고 말 것이라는 것은 군이 설명을 붙일 필요까지도 없을 것이다. 두 번 다시 말해 보고 싶지 않지만, 세상은 막된 세상임을 그 누가 감히 변명할쏘냐? '부지명일지계不知明日之鷄', '단지금일지란但知今日之卵'이라는 말도 있지만, 오늘만 알고 사는 천치 인간들에게만 있을 법한 일들인 것 같이만 느껴진다.

11월 20일(수) 맑음
무심코 펴든 법학개론에서 한 조각 종이에 정성 어린 글을 발견했다. 언제 쓴 것인지 날짜도 없고 연필로 쓰인 희미한 글이다.

환한 대낮엔 금족령의 그 길
밤이면 나홀로 헤매는 그 길
들끓는 사람 틈 놓치인 그대
어쩌다 꿈에나 만나는 그대
낮밤에 못 잊는 불멸의 영상(影像)
금족령 해제되는 날 만나리 만나리.

읽어보고, 읽어보고, 읽어보아도 부자유하였던 내 연애를 증명하는 글임에는 틀림없었다. 사색에 잠겨 마지막 남은 공상의 자유를 누려본다.

11월 22일(금) 맑음
종교인은 후진성이 많아지고 사교성이 적어지며 염증, 염세증이 생기기 쉽고 고독을 찬미하며 사색적인 인간이 되기 쉽고 가치 없는 사회도당과의 무익한 접속은 않느니만 못하다고 합리화하곤 한다. 고로 사회로부터 유리되어지고 약자와 같이 보여지는 적도 없지 않다. 이 모두가 일종의 현실도피일망정 종교적 분위기에서 참다운 양심인으로서 생활을 할 수 있고 허무한 세상에서도 기망新望 때문에 살맛을 찾아본 적도 있어 무한히 기쁘게 생각하곤 한다.

12월 1일(주일) 흐림

어제 왔어야 할 목사님이 아니오셨기에 오늘이나 올까? 가졌던 기대도 박 집사님의 신정교회 다녀오심으로 완전히 포기하고 말았다. 아침 식사 후 설교 준비에 착수했다. 이 책 저 책 뒤적이다가 『회고관망回顧觀望하는 바울』이란 제목이 마음에 들기로 한 번 읽어보고 비필飛筆로 약 한 시간 만에 설교 한 편을 복사했다. 생각하면 하나님께 죄송스러운 노릇이다. 그것이 흉내는 될지언정 소위 하나님의 말씀을 외친다고 할 수가 있을는지? 저녁 청년헌신예배라는데 설교자가 없어 성경만 갖고 단 위에 서야만 하는 준비 없는 자의 고통을 그 누구라서 알아주리!

12월 4일(수) 흐림

조식 후 친우 찾아 월암으로 향했다. 그다지 즐거운 하루도 아니었지만 그렇다고 싫증 나는 하루도 아니었다. 저녁 삼일예배인 줄 뻔히 알면서도 고적한 내 집 찾아오기가 싫어 하룻밤이나마 벗들과 즐겨보고 싶어 영규네서 화투로 잠시나마 모든 잡된 생각에서 해방 받을 수가 있었다. 생각하면 주의 제단에서 받는 은혜와 위로에 비길 바 못 되는 줄을 알면서도 경건한 시간에서 오는 위안보다는 소란한 주위에서 오는 위안이 순간적으로 나은 감도 없지 않아서였다고나 할까? 어떻든 타락한 인간에게 있을 수 있는 사고방식이다.

12월 7일(토) 맑음

어제 못다 한 울타리 막기를 오전 중 끝냈다. 오후에 희복이로부터 편지가 왔다. 내용인즉 12월 12일 장가가는 날이라는 청첩장이었다. 저녁하고 뜰에 나섰더니 불덩이 같은 빨간 달이 동산에 오르고 있었다. 바람 한 점 까딱 않는 포근한 날씨다. 그러나 옷소매를 파고드는 공기는 싸늘한 감촉을 주는 가을날 찬 달밤이다. 뜻 없이 방에 들어와 람푸(램프)에 불을 켜고 할 일 없이 책상에 앉아 또 과거를 회상한다. 무진장한 그 달콤한 꿈 많던 시절도 한고비 넘어 사회가 무섭고, 악한들의 생존 경쟁의 장에 선 한 사람임을 생각할 때 몸서리나도록 공포에 질린다.

한때는 정치가, 실업가, 무역가, 은행가도 되어 양옥을 짓고 절세의 미인과 함께 거리를 헤매고 하룻저녁에도 몇 채의 기와집을 지어 보았건만 이제 와선 이 모두가 헛된 이상임을 내 알았으니 아서라 초로와 같은 인생이 고해 같은 세상에서 부운(浮雲) 같은 생활로 사라지고 말 무참한 인생이 아니냐? 참다운 삶의 가치를 안 연후에 이상도 희망도 아름다우리…:

12월 8일(주일) 맑음

금년 여름부터 입에 술을 대기 시작했다. 기독교 헌법에서 금하는 것이지만 위생상 술 조금씩 마시는 것이 좋다는 말을 여러 친우에게 들어서 아는 지식이 기독교 헌법을 위반하고 술잔을 들게 만들었다. 성경적으로 보아 결코 죄될 것도 없는 것인 줄 내가 잘 알고 있다. 그런데 술을 먹기 시작해 놓고 보니 큰일이다. 하루에도 한두 차례는 술이 먹고 싶어 술 있는 집을 찾아다니는 부지런함이 생겼으니 말이다. 여름 시작한 술이 요새 와서는 한 잔쯤은 보통으로 해치우는 것이다.

12월 24일(화) 맑음

성탄 준비를 위해 청년들이 아침 일찍부터 나왔다. 오전 중은 대화극에 탈을 만들고 졸업장 상장을 쓰고 나니 점심이다. 오후에는 베들레헴 마구간에 앉은 요셉 부부와 예수님을 그려 붙여서 오늘 끝냈다.

저녁 예정대로 주일 학생들을 모아놓고 내일을 위한 총연습을 했다. 준비 불충분으로 인한 한 장면 한 장면의 어색함이 보기에도 딱할 지경이다. 저녁 철야를 위한 윷놀이에 닭이 한 마리 생겼다.

12월 25일(수) 흐림

새벽 네 시에 교회에 나가 기도회를 보고 교회 뜰에서 새벽송을 했다. 유년 주일학교 졸업식 및 상장·상품 수여식이 있은 후 크리스마스 축하 예배 후 파티! 파티에서 시작된 작란(장난)은 좀처럼 끝을 맺지 않고 연속하다가 교회 유리 한 장이 깨져! 야만적이면서도 지나친 주○○의 행동에 약이 올라 필경에는 신경질을 내어 청년들을 향해서 쏘아주고 그냥 집으로 돌아왔다. 간밤 철야 하면서 만들어 놓은 닭 한 마리 잡아 죽을 끓여 저녁으로 먹었다. 오늘 밤에 아담하게 가지려던 순서도 사회인들이 너무 많이 왔기 때문에 형편상 약하고 간단히 예배 후 집으로!

12월 26일(목) 흐림

크리스마스를 지내버린 오늘은 무거운 짐이라도 벗어버린 것 같은 기분이다. 그러나 좀 섭섭하기도 하다. 며칠간 성극 준비에 잡념의 세계에서 해방 받을 수가 있었는데 주위가 다시 조용해지고 보니 일종의 향수와도 같은 애사수와도 같은 형용하지 못할 고독과 허무감을 느낄 수 있는 자유가 다시 주어진 셈이다.

때문인지 현기가 와서 즐거웠던 것도 주 장로님이 오심으로 현기는 가고 단 한 시간이라도 내 마음에 위안을 줄 수 있는 장로님마저 사람이 와서 데려가고 말았다.

1959년, 삶의 혼선(混線)
— 군대 자원입대

1월 19일(월) 맑음

병무兵務! 하루도 생각 없이 넘어가는 날은 없다. 병무와 내 인생을 견주어 생각하면 통곡이라도 하고 싶어진다. 봄에 입대하면 스물여덟 살 되는 해에 제대이다. 그러면 간판 없는 28세를 어디에 쓸 것인가?

3월 14일(토) 맑음

해제면에 영장이 나왔다는 소문이 들린다. 어쩐지 마음이 종잡을 수 없이 뜬구름 같다. 입대해야 한다는 마음이 있는가 하면 그대로 기피를 해 버리자는 마음이 슬며시 일어나곤 하는 것이다. 그 때문에 양자택일 중립의 내 마음이 아직 결정을 보지 못하고 상충되어 있기에 극도의 회의와 고민 속에서 하루가 권태로웁다.

이러한 사정을 그 누구에게도 말 못 하고 나 혼자서 속으로만 애를 말리고 있으니 뺨에 살이 붙을 수 없고 눈이 안 들어갈 수가 없는 것이다. 아무리 이리저리 생각해 보아도 이 고민에서 헤어나는 길은 오직 하나의 길! 군문을 향해서 달음질치는 수밖에 별 도리가 없는 것 같다.

그렇다. 가자! 백지로 돌아가서 남의 집 머슴살이의 신세가 되어 고생을 각오하고 가자! 고생만 각오하면 만사는 해결이다.

3월 17일(화) 맑음

주님! 이 마음 약한 바보는 비로소 군에 입대할 것을 결의하였습니다. 비록 부족하지만 옛날 에녹에게 300년 동행하신 주님은 나에게도 같이 하시옵소서. 그 어느 사회로 가든지 주의 뜻대로 사는 자 되게 하시옵소서.

20일부터 시작되는 내 인생 공부가 배움의 수확이 많게 하시옵소서. 내 군인 생활을 통해서 신앙만이 돈독해지게 하시옵고, 내가 군에 있는 동안 나를 재창조하여 주시어서 오고 오는 시간 안에서 가치 있는 존재가 되게 하시옵소서. 집안 식구에게 항상 위로하옵시고, 외로워할 아내에게 남편이 되셔서 고독을 모르는 행복한 사람이 되게 하시옵소서.

원하오니 주여! 할 수만 있으시면 보다 적은 고생으로 군인 생활을 마치게 하시옵소서. 하나도 모르는 바보가 되어 하나부터 배워가는 사람이 되게 하시옵소서. 아멘.

3월 29일(주일) 비

소복단장에 집을 나서면서 소리 없이 눈물만 흘리시는 조모님과 모친님을 보는 순간 터져 나오는 눈물을 어쩌지 못하고 집안 어른들께 간다는 인사를 남기고 바쁜 걸음으로 월암으로 향하였다. 현기 집에서 눈물 자국을 말리고 웃음으로 식구들과 작별하니 기분이 명랑하였다. 의외로 춘배의 성의 있는 전송에 감사까지 느끼며 현기와 같이 양간에 도착했다. 벌써 많은 사람이 대기하고 있었다. 장도식長途式도 끝나고 점잖게 나리는 봄비를 맞으며 버스에 올랐다. 옛날부터 기적과 작별과는 무슨 인연이나 있는 듯 기적이 울자 전송나온 부형들과 가는 장정들이 일시에 울음을 터트리고 있는 꼴이 그리 볼만한 것은 못 되었다. 악을 쓰며 노래를 부르며 싸움을 걸고 밀거니 잦거니 처음 목격하는 인간의 잡된 행동에 적이 불만을 느끼며 자신에게 백지로 돌아가자 하는 생각으로 자위를 하며 함구불언한 채 비 내리는 목포 거리에 내렸다.

비록 한복 차림 촌놈이지만 30여 명 장정은 나에게 위압감을 느끼는 것 같았다. 얼마까지 안 가서 안형安兄이라 부르며 자리를 양보하는 이가 있는가 하면, "안형이 군에 간다니 도저히 믿어지지 않네", 더러는 차내에서 "자네의 고매한 인격에 진압을 당했네" 등이다.

비 내리는 목포 거리를 몰려가는 무슨 짐승 떼들 마냥 무질서하게 걸어가는 삼십여 명 대열에 섞이고 싶은 생각은 실오리만큼도 없기에 느린 걸음으로 저들로부터 훨씬 뒤에 몇 친우들과 군청에 갔다가 숙부님 댁을 찾았다. 첫날의 내 인생 공부에 배움도 많았고 느낌도 많았다.

3월 30일(월) 맑음
한복쟁이 촌놈 목포 거리에 나 하나뿐!

대성동 숙부님 댁에서 유달국민학교까지 가는 동안 지인을 만나지 않은 것이 퍽이나 다행이었다. 그러나 의상과 나의 면상을 번갈아 훑어보는 눈들이 많음을 나는 연방 보았다. 목적지에 이르고 보니 커다란 유달 교정에 운집한 사람들 가운데는 아는 사람들이 더러 있었지만, 장소가 장소인 만큼 좀 열등감 외에는 아무것도 없었다.

찝차가 몇 대 기어들더니 총을 맨 군인들이 맥을 쓰는 판이다. 이 새끼! 저 새끼! 마구 치는 판이다. 진도, 완도, 함평, 해남, 목포, 차례로 인계가 되고 무안만 남았다. 충용 인원이 초과라는 것이다. 단기 4271년생은 무조건 삭제하고 영장 수령자에 한해서 우선 인수하고 자기들의 마음에 드는 대로 호명하여 수건 하나씩 주는 것으로 표를 삼았다. 그러나 수건이 다 떨어져 버렸는데도 내 이름은 불리지 않았다. 무려 몇 시간 동안을 안일동이 불리기를 긴장 속에서 고대하고 바랐으나 이미 붉은 줄이 그어진 후였다. 혈서 자원이라도 하고 싶었지만 이미 충원된 후였기에 어찌할 수 없이 되돌아서는 발걸음이 힘이 풀렸다.

약속 없는 비극! 끝내 주인공이 되어야 하나! 앞으로 유월에야 영장이 나온다고 한다. 그러면 차기에 입대한다손 치더라도 삼 개월은 손해 보아야 하나보다 생각할 때 가슴이 미어지는 것 같았다. 돈이 없어 학교에도 못 가! 취직도 못 해! 집에서 썩자니 그도 안 될 말! 아무리 이리저리 생각해도 이번이 가장 적기였는데 그만큼의 복도 나에게는 결여되어야 하나 생각할 때 정말 박복한 내 청춘이 한없이 안타까이 느껴졌다. 어찌할 수 없이 집을 향해서 면성 여객에 몸을 실었다.

7월 11일(토) 맑음
학생과에서 편지가 왔다. 문교부 당국의 공문에 의하여 자진 입대를 권유한다는 거며 만약 병역의무를 불이행 시에는 학교 당국에서는 제적할 수밖에 없다는 요지의 서신이었다.

이미 군에 갈 것이야 작정된 것이지만 절기 문제인데 양력 구월에만 영장이 나오면 남 먼저 달음질할 계획이 확고하게 서 있는 사람이니 문교부에서고 병사국에서도 이러쿵저러쿵 문제 될 것도 없다.

9월 26일(토) 맑음
산고를 앞둔 아내는 여간 걱정을 하지 않는다. 어쩐지 난산일 것만 같은 예감이 들며 심하게는 죽을 것만 같다는 불길한 예감이 든다고 하면서 슬픈 표정까지 짓는다. 사실 초산부에게 있어서 누구에게나 당하는 공포일 것이다. 이러한 공포증으로 하여 우울한 아내의 남편인 나는 제발

순산해 주기를 지금부터 마음속으로 빌어야 한다.

9월 28일(월) 맑음

태중의 아이가 남식인지 여식인지도 모르면서 작명까지 하여 본다. 어쩐지 남식일 것만 같이 생각되어진다. 생각되어진다기보다 그렇게 믿는다. 어째서 그렇게 믿게 되었는지는 모르지만, 여하튼 그렇게 믿고 남식으로서 창욱昌燁이라고 생각해보는 것이다. 돌림자가 화火 자인 환煥 자이기에 욱燁으로 한 것이다. 혼자서 쓴웃음을 지어가며 입속으로 아니 나만이 들을 수 있는 소리로 길고 혹은 짧게 창욱, 창욱을 불러보는 것이다.

10월 1일(목) 맑음

해제면에 오십여 명 영장이 나왔다. 기다리던 영장이기도 하다. 정작 영장이 나왔다는 소식을 접하고 보니 마음이 이상해진다. 가야 하느냐? 가지 말아야 하느냐? 상극된 마음은 차역난피역난彼亦難此亦難으로 진정키 곤란하다.

가야 한다고 다짐을 하고 보면 그냥 되어가는 대로 살자고 마음 한구석에선 슬며시 머리를 든다. 차죽피죽 화거죽此竹彼竹 化去竹이라 읊었던 김립의 마음가짐이 자못 부러워진다. 그러나 나는 김립이 되기엔 너무도 무거운 책임이 있고 세상이 용납해주지 않을 것이며 이상이라고 하는 거추장스러운 것이 분명 나에게는 있기 때문이다.

10월 2일(금) 맑음

오늘부터 음력 9월! 산월로 접어드니 걱정도 많은 내 인생에 한 근심이 더해진다. 다름 아닌 아들이건 딸이건 어여쁘게 똑똑하게 낳아야 할 터인데 만약 믿게 못나게 낳아놓으면 자식으로서의 정이 들 것 같지 않아 걱정인 것이다. 멘델의 유전 법칙이 아니어도 천상 아버지인 나, 어머니인 아내를 닮아서는 안 될 텐데…. 만약 아버지를 꼭 닮아야 하는 법칙이 있다면 칭찬받았던 미모만이 닮고 어머니에게서는 활발성과 총명만이 닮아 주기를 은근히 마음속으로 바라기도 하지만….

10월 3일(토) 맑음

가야 하느냐, 가지 말아야 하느냐?

가자니 가기 싫고, 가지 말자니 가야 하겠고….

아무리 이리저리 두루 생각하고 생각을 해 보아도 어떻게 해야 할지 심사 답답 괴롭다. 그럴 때면 차라리 강제 소집이나 있어 붙들어 보내 주기라도 하면 좋겠다. 어찌할 수 없는 자포자기를 해 버리곤 한다.

오늘도 종일토록 이런 잡념에서 벗어나지 못하고 생각 또 생각, 끝없는 생각. 어제를 생각하니 피나는 상처뿐이며, 오늘을 생각하니 공허뿐이며, 내일을 생각하니 암담 그것뿐이다. 그러기에 울어야 하고 한숨 쉬어야 하는 젊음이요, 죽지 못해 사는 인생이다.

10월 9일(금) 맑음

11일! 간다고 마음에 작정하고 보니 그간에 청산 해결 지어야 할 일들이 수두룩이도 많다. 내일 지나면 모레 아침! 마음먹어온 지 십여 일 동안 어머니에게도 아내에게도 친우에게도 그 누구에게도 말하지 않고 비밀로 혼자 마음을 썩혀온 십여 일이 어느새 내일모레로 박두하였구나고 생각하니 공연히 서글퍼진다.

어쩌다가 나에게는 돈이 없었던고…. 그 누구누구는 돈으로서 병역의

무를 다하고 세상을 세상답게 마음대로 청춘을 엔조이하고 멋지게 세상을 살아가건만 나는! 나는?

죽자니 청춘이요 살자니 고생이라고 그 누구는 말했을지 몰라도 내 청춘은 죽고 싶은 청춘이요, 내 인생은 고생하여 보고픈 인생이기도 하다.

기대하기 어려운 승리를 그래도 기대하면서 매일매일의 악착한 현실들과 부둥켜 잡고 물고 찢고 해야 하는 삶. 가장 엄숙하고 두려우면서도 또한 매혹적이며 인생을 그저 그렇게 속이는 웃음도 아닌, 눈물도 아닌, 없지도 않으면서 또한 있지도 않은 그것, 그것 때문에 울고 웃고 죽고 살고 시기하고 살인하며 수없는 마귀 같은 것들로 하여 지옥의 길을 닦고 지옥을 장식하여 만가와 곡성으로 음악을 삼는, 전율할 만치 무서운 무의 존재!

분명 그것 때문에 일동이도 내일모레 끌려가는 곳이 논산이더란 말이냐! 그러나 '삶', 그 얼마나 고상하고, 그 얼마나 아름다운 말이냐? 이 때문에 나는 웃는다. 지금 살고 있기에 살아가고 있어야 하기에.

10월 10일(토) 맑음

오늘로써 모든 일이 끝났다. 그러나 아는 이는 오직 한 사람 현기뿐이다. 오늘 현기는 나에게 마지막 이별을 고하러 왔지만, 저와 나와는 이별이 아닌 공동운명에 내일부터 살아야 할 사람들이다.

간다! 오늘 밤 자고 내일은 간다. 내 인생에 있어서 새 출발이면서도 낡은 생활을 마지막 다 살아버리기 위한 것이기도 하다. 오늘 밤으로서 오늘까지의 나는 완전히 죽어버리고, 내일부터 나는 백지로 돌아가서 가장 무지한 우자愚者가 되어 기역니은부터 배우고, 1, 2부터 배우는 사람으로 자족할 줄도, 비겁할 줄도, 자존할 줄도 배워야 하는 처세를 공부하자!

인생을 공부하고 인간을 연구하자! 인생 대학 일년생으로 내일 입학을 하는 날인 것을 잊지를 말자. 영원히!

10월 11일(주일)
어머니 갑니다. 불효자는 갑니다.
간다는 말 한마디 없이 불효자는 갑니다.
마즈막 가는 길 아니 오나 어머님의 눈물 보기 무서워 속이고 갑니다.
제발 용서하십시오.
안해여! 갑니다.
당신에게마저 속이고 가는 못난 남편을 용서하시고
제발 후일 상봉의 날까지 안녕히 안녕히 계십시오.
당신이 원하는 남편이 되어 주지 못한 것이 항상 미안하였기에
이젠 당신이 원하는 남편의 자격을 갖추기 위해 나는 가야 합니다.
끝내는 가야 합니다.
독수공방 외로움 꾹꾹 씹어 삼키시고
꿈속에서만 누릴 수 있는 자유를 버리지 마시고
찾아주오. 만나주오. 웃어주오.
건강과 평안을 위해 복 빌어주오.

군 자원입대 출발.

1961년, 제대-복학-귀향

3월 6일(월) 맑음

제대가 하루하루 가까워 오면 올수록 그만큼 내 종잡을 수 없는 마음의 갈등은 더욱 심해져만 간다.

가난한 가정 경제는 다시 복학할 생각을 꺼내지도 못할 형편인데다가 여의어야 할 동생이 있고 가르쳐야 할 동생이 있는가 하면 아내가 있다.

그래 복교를 단념한다고 치자. 집에서 어머님의 농사일이나 도와준다고 하자. 아내는 발끈할 것이다. 발끈해도 좋다. 그러나 나에게 책임을 따질 웅이란 놈이 있으니 그때 나는 대답할 말이 궁해서는 안 된다. 그 때문에 괴로운 것이다. 그렇다고 가정을 등져버리고 배우겠다고 발 벗고 나설 수도 없는 노릇.

4월 1일(토) 맑음

4월!

그동안 얼마나 기다리던 사월이냐?

얼마나 손꼽아보던 사월이냐?

사월은 희를 만난 달이요,

사월을 또한 푸른 수의를 벗는 달!

사월은 내 인생을 값있게 해준 달이요,

사월은 새 희망을 주는 달이다.

사월도 첫날!

명랑하고 즐겁게!

사월이 다 가기 전!

내 인생의 설계를.

4월 11일(화) 비

부슬비 나리는 하루를 고스란히 놀고 보내다. 사실 할 일 없이 한가하다. 앞으로 집에 갈 날도 많이 남아야 일주일이다. 17일 출발한다 해도 늦어도 19일이면 집에 도착하겠지. 집에 가서 느껴질 행복한 가정 분위기를 생각하면 금세 마음이 설렌다. 화목한 가정이라는 생각이 든다. 그러나 내가 결혼하기 전만 해도 그러지 못했다. 할머니는 할머니대로 비명에 먼저 간 아들들 생각에, 어머니는 어머니대로 가난한 경제에 이 아들을 가르친다고 육체적으로 정신적으로 피로하였고, 물론 그렇다고 불화하지는 않았지만….

그러나 내가 결혼해 새 사람을 맞은 후 거기에다 꿈에도 소원이던 손자까지 보았으나 웃음 천국이 될 수밖에. 그러고 보면 결혼한 보람이 느껴지기도 한다.

4월 16일(주일) 맑음

무슨 피난민 수용소 같다.

커다란 천막 안에 짐짝들이 무질서하게 흩어져 있고 땅 위에 매트리스를 깔고 십여 명 본부 요원들이 둘러앉아 식사도 하고, 잠도 잤다.

오늘 밤 이 천막 안에서 자면 내일은 열차에서 자고 모레는 우리집에 가서 잔다고 생각하니 시원섭섭하였다.

4월 17일(월) 맑음

사단부관부에 가서 복향증을 찾아서 공제회서 서울 버스에 몸을 실었다. 그러니까 이 강원도 산골짜기를 찾아올 때 탄 버스를 오 개월 만에 다시 탄 셈이다. 서울에 하차하기는 여섯 시경.

부랴부랴 서울역에 뛰어와 일곱 시 십 분 급행에 몸을 실었다. 차비는 2,500환을 주었다. 막상 제대하여 가는 길이지만 제대해 간다는 생각 또는 기분은 없고 마치 휴가로 가는 기분이었기에 그 누구와 이야기하고픈 흥도 없이 열 한 시간 동안의 긴 시간을 침묵과 졸음으로 무감각, 무흥미로 보냈다.

4월 18일(화) 맑음

집에 들어오기는 열한 시 경.

죽어라 싫은 군복을 만 십팔 개월 만에 훨훨 벗어던지니 이제야 제대한 기분이다. 할머님은 어제 고모님 댁에 가시고 안순인 목포에서 아직 돌아오지 않았다. 그러나 그간 보고프던 어머님 그리던 처자, 사랑하는 영주, 길순이 온 식구가 반가웠다.

이토록 다정다감한 내 화락한 가정을 18개월이라는 장장 세월을 떠나 살았으니 아니 군대라고 하는 감옥살이를 하였으니 이제 자유의 몸이 되어 자유로운 마음이 되어 정말 내 맘대로 살 수 있는 별세계가 주어진 것 같은 홀가분함을 혼자서 느껴보기엔 아까운 감정이었다.

5월 6일(토) 맑음

재향군인 신고하니 학도 제대한 것이 후회되기도 한다.

패휴敗休되어 복학도 못 하고 재소집되는 것보다는 차라리 일반병으로 32개월 깨끗하게 마칠 것을 하는 생각이다. 사실 당장 가정 형편으로 등록은 생각조차 못 할 형편이다. 그렇다고 다시 군문에 들어가기는 죽기보다도 더 싫고 차역난피역난이라니 진퇴양난이다.

하는 수 없다. 학교 당국에 사정하는 수밖에 사정해서 안 되거든 그때는 그 어느 쪽이라도 하나를 택해야지! 종일토록 이 생각 저 생각에 골치만 아프다.

8월 4일(금) 맑음

현기에게서 편지가 왔다. 학교에 들고 갈 것을 부탁했었기에 기다리던 소식이었다. 교무과장 부재로 확실한 것은 몰랐다니 불행 중 다행이다. 제적된 걸로 간주한다는 정도이니 말이다. 마음이 걷잡을 수 없이 설렌다. 제적! 복교! 등록! 돈! 재복무! 폭음 대취하여 대성통곡이라도 해버려야 속 시원할 것 같다. 만약 제적된 경우라면 일여 년을 어떻게 군에 가서 고생하며, 만약 제적이 안 된 경우라 할지라도 무슨 놈의 이십여만 환의 돈이 당장 어디 있어 복교한단 말인가? 이래도 저래도 어려움뿐이다. 생각하면 미칠 지경이다. 아니 미쳐라도 버렸으면 쓰겠다.

8월 11일(금) 비

두 통의 편지가 왔다.

한신대로부터의 편지다.

기다리던 소식이다.

제적되지 않았다는 것이다.

2학기에 복학하여야 제적도 되지 않고 전역된다는 것이다.

금월 29일이 개학일이라는 것이다. 퍽이나 다행한 소식이었으나 우선 약한 대로 5, 6만 환의 돈이 어디서 나오나?

어머님께서는 이젠 염려도 하지 않는다. 알아서 하라는 심사이신 모양이다. 소를 팔아먹을 수밖에 없나 생각하니 미칠 지경이다.

8월 31일(목) 비

오늘 교무과장으로부터 간신히 가등록의 허락을 득하였다. 개학이 9월 5일로 연기되었기에 등록은 그때 하라는 것이다. 그러고 보니 등록은 언제 되든 안도의 한숨을 쉴 수가 있었다. 이젠 군대는 면했다는 심정에서다. 사실 학교에 와서 보니 학교에 다니고 싶은 마음 없지 않다. 그러나 경제 문제도 문제려니와 문제는 삼 년이라는 긴 시간을 두고 책과 인연을 끊었으니 완전히 백지가 되어 버린 머리고 다시 학문에 임할 자신과 용기가 나질 않는다. 삼 년 세월에 이렇게도 뒤떨어졌을까 싶다. 동기들이 대학원 일년생이니 말이다.

고향으로 돌아오다!
─ 농촌 계몽의 꿈

초등학교는 아홉 살에 해제초등학교에 입학해서 1945년 그때 초등학교 3학년 때 제2차 세계대전 일본의 패전으로 해방되었고, 6학년 졸업하고 전남의 명문인 목포중학교에 입학해서 2학년 때 6.25전쟁으로 인해 그만두었고, 당시 전남노회에서 설립한 목포성경고등학교에 입학해서 3년 졸업하고, 전남노회의 주선으로 한신대학 입학시험 자격을 얻어 한신대학에 특대생으로 입학했다.

2학년 때 군대 입영 통지가 나왔는데 학도 혜택 복무기간 1년 6개월인 학도병(당시 일반군은 3년 복무)을 포기하고 응소하지 않고 있었다. 먼저 학보 입대한 선배들이 학도 입대는 최전방 보병 병과인데, 그때 군대 수준이 너무 낮아서 학도병에 대한 일반 선임 군인들로부터 핍박이 심해서 견딜 수가 없다며 차라리 3년 복무 일반병을 권했다. 나도 6개월쯤 지났다가 한신대학의 신학이라는 학문이 성격에 맞지도 않고, 나는 이미 결혼한 상태인데 어차피 가야 할 군대라면 군 복무를 우선 마치겠다는 생각으로 일반병으로 자원입대했다.

논산훈련소에 입소해서 정규 훈련 과정 마치고, 부관 병과를 받아 부관학교를 졸업하고, 진해 육군대학으로 배속받아 육군대학 비서실에서 1년 3개월인가 복무했다. 복무 중에 때마침 대학 재학 시에 학도병 포기하고 일반병으로 입대한 군인들은 학도 신청을 하라는 특혜가 주어져서 학도 신청하였다. 그래서 강원도 춘천 11사단 최전방 한탄강 비무장지대 최전방으로 전보되어가서 3개월 복무하고, 만 1년 6개월 의무기간 마치고 제대했다.

제대하고 나서 6개월 안에 복학해야 하고, 만약 복학을 안 하면 다시 군대 소집영장으로 3년 의무 복무를 하게 돼 있어 2학년 가을 학기에 복학했다. 복학을 했으나 신학 공부에 전혀 취미를 잃어 차라리 사법고시 준비나 해야겠다는 마음으로 법률 서적을 준비하고 공부를 독학으로 시작했다. 그때 마침 가나안농군학교 교장이자 막사이상 수상자인 김용기 장로님이 서울에 와서 특별 대강연회가 있어 거기 참석했는데, 김 장로님이 토해낸 열변 중 한마디가 나에게 "농촌으로 고향으로 내려가라"는 강력한 메시지가 되었다.

마침 그때 맞춰 내가 대학에 취미를 잃고 있는 것을 알아챈 처남 이형범 형님이 당시 한진버스회사 사원으로 자리를 부탁해 놓은 상태였다. 당시 월급이 5천 원이라는데 내 하숙비 교통비 책값 용돈 하면 한 달에 5천 원이 들어가는 것이었다. 그래서 거기도 마음이 내키지 않았고 거기에다 김용기 장로의 피를 토하는 한마디 외침이 내 마음을 움직이고 말았다.

대학을 다니고 대학을 나온 이 얼간이들아! 농촌으로 들어가라! 이 나라의 살길이 농촌에 있고 한 인간의 대성공이 농촌에 있다.

그래서 "대학 학자금도 고민이고 결혼해서 아내가 있고 아들도 있는 놈이 이까짓 대학 나와 무엇을 한다고 가정이 중요하고 농촌에 가서 성공하자"라고 귀향을 결심하고 봇짐을 싸서 집으로 내려왔다. 어머님도 좋아하고 아내도 좋아했다. 이렇게 고향에서 정착이 시작됐다.

농촌 계몽의 꿈을 키웠던 청년 시절 그리고 초보 농부 시절의 일기를
다음에 싣는다.

1956년 5월 13일(주일) 맑음
이남규 목사 위임식

오늘이 성례식. 예배 후에 성례식이 시작되는 무렵 김○○ 장로가
앞에 나가서 목사 행실의 불법을 지적하며 폭언으로서 장내를 소란케
한다. 다름 아닌 세례문답 학습도 쓰지 않은 사람에게 행했다는 것이었다.
그러나 그자는 가버리고 성례식이 끝났다. 오후에는 이남규 목사님 위임식
이 2시 반에 있다기에 거기에 참석했다. 내빈축사에 김○○ 그자가 단에
서더니 축사의 말은 한마디도 없고 두서없는 말로 목사님의 서부교회
물러갈 것을 선언하매 장내는 긴장될 대로 긴장되어 모두 숨소리를 죽이고
서로서로 옆 사람과 시선이 마주치고 단 위에서도 일단의 극이 연출되고
있었다. 나는 오늘 낮부터 교역이라는 것이 죽음의 길임에 틀림없는 것을
모르는 바 아니지만 뼈저리게 다시 한번 느꼈다. 즉, "교역의 길은 내가
죽는 길임에 틀림없다."

1956년 7월 27일(금) 맑음

이광수의 『흙』을 읽고 있는 나는 농민들에 대한 애착심을 다시 느끼게
되었다. 과연 요사이 농부들의 모습을 볼 때 흙냄새 땀에 젖은 노랑 옷에서는
쉰내가 코를 괴롭힐 정도요, 그들의 생활을 볼진대 종일토록 뜨거운 고열에
시달리고 밤이면 방아 찧는가 하면 곰팡이 냄새, 흙냄새 나는 자리에는
때가 한 치씩이나 쌓인 위에 피곤한 몸을 눕혀 서너 시간 자고는 새벽부터
일어나서 활동하지 아니하면 필ル 아니되는 그들의 생활… 농촌 계몽의

필요성을 절실히 느꼈다.

1956년 10월 6일(토) 맑음
믿어 보려고 애를 써도 반신반의인 나라의 현상 그야말로 박재석 목사님의 말씀이 정말이라면 세상의 천국이라 아니할 수 없다. 삼애 정신에서 이루어진 정말의 천국을 그려보니 이 한국에는 정말 같은 나라가 불가능한가? 왜? 기후나 공기나 자연환경이 정말 나라에 비할 수 없이 좋은 우리 한국이 정말로 정말 같은 나라가 되는 날이 그 언제나 있을지! 나는 장차 한국의 농촌을 위해서 진정으로 우리 한국에 지상천국을 실현하리라는 결심과 함께 자리에 들다.

1956년 10월 8일(월) 흐림
진학을 생각할 때마다 마음이 무척 괴롭다. 먼저는 경제 문제도 있으려니와 실력 면에 있어서 자신이 없고 보니 이도 딱한 노릇이다. 그뿐인가. 만약 합격한다손 치더라도 그 많은 하숙비는 어디서 어떻게 하며 우리 살림의 분에 넘치는 학비는 어디서 나올 수가 있을 것인가? 생각할 때 보던 책도 덮어 버리고 공부도 집어치우고 농촌에 가서 농사하는 것이 이상적이 아닐까 생각되어질 때 "아니다. 농사를 지어도 알아야 하느니라" 는 한마디가 다시 나에게 용기를 주곤 한다.

1956년 10월 16일(화) 맑음
"농촌계몽사업에 일생을 투신하고프다"는 것은 내 이상 고백이다. 오늘도 함희복이와 자리를 같이한 데서 '정말' 농촌 말이 나서 오고 가는 이야기 중에 짧은 시간이나마 농촌계몽사업가로서의 꿈을 아담하게 그려

보는 그 시간이 나에게 다시 없이 행복하였다. 나는 농촌의 순박한 농군의 아들이요. 농촌에서 자란 농촌의 아들이니 불쌍한 농민들의 생활을 개선하며, 이상적인 농업을 장려하며, 평화로운 농촌의 품에서 살 수 있다면 그 얼마나 행복할까?

1957년 9월 27일(금) 맑음

전원생활의 취미라는 게 여간 즐거운 일이 아니다. 고개 숙인 벼며 조들 오곡이 무르익어 가는 가을 들을 거니는 농부의 심정은 봄부터 한여름 동안 피땀 흘린 피로를 완전히 잊게 하고, 미래의 수확이란 희망이 저들에게는 최대의 행복일 게다. 배움에 있는 학생으로서 내가 오늘 마을 앞들을 거닐어보니 순간 농부가 되어 오곡의 속삭임에 귀를 기울이고 미소 짓는 순간 장차 농업으로 살고 농업으로 죽어야 할 농업인이 되어야 한다는 소명 의식이 마음 가운데 싹트는 듯. 익어가는 가을 들판 한낮의 공기를 마음껏 호흡해본다.

1957년 11월 6일(수) 맑음

지게를 빌려지고 벼 한 짐(열 단)을 지고 오는 나를 보는 사람이면 유심히 바라보며 혹은 "지게가 마다고(싫다고) 하요" 혹은 "오늘 밤 날이 궂겠구만!" 등으로 놀려대는 이도 있다. 두 번째 지고 오면서는 죽을힘을 다해 집까지 오고 나니 더 이상 생각이 없었다. 내가 해 본 일 중에서는 가장 고된 일이었다. 발가락부터 발목 다리 허리 어깨까지 전신에 느껴지는 아픔이란 좀처럼 맛보기 어려운 고된 노동에서 오는 아픔! 이 세상에서 농부들만이 가장 높은 지위에 있는 사람이요. 가장 좋은 것으로 먹고 입고해야 만 할 것 같았다.

1962년 2월 21일(수) 맑음

오늘 협동조합총회일이다.

무슨 보궐 선거를 한다고 야단들이다. 이사에는 나를 감사에는 정창수 씨를 두고 말하는 모양이다. 일은 예상한 대로 들어 맞아갔다. 입후보제를 없애버리고 무기명 비밀 투표로 했기로 승리를 했다. 감사 역시였다. 누차 사양을 했지만, 선거 마당이 되고 보니 그렇게 싫지도 않았다. 당장 이사가 되고 보니 일이 바쁘다. 인감을 내야 되고, 신원보증서를 해다 등기변경을 해야 하고…. 하는 수 없이 창수 씨와 같이 면에 가서 일을 보아다 주었다. 돌아오는 길에 이발했다. 어두워서 양간리를 출발했다. 일행은 봉천이, 병철이, 진무 등이다. 집에 돌아오니 교회 시간이 늦었다.

1962년 4월 17일(화) 흐리고 난 뒤 비

아침부터 날씨가 흐리다. 유재를 식후에 보내고 작업복으로 갈아입었다. 비가 올 것 같은 날씨로 마음이 부적 바빴다. 부랴부랴 서둘러 단배(담배) 묘상을 오전 중에 끝냈다. 파종播種까지 했다. 비도 오기 시작한다. 바람이 사뭇 세다.

씻고 방에 들어앉으니 홀가분한 느낌이다. 단배 묘상도 했고, 텃밭에 고추도 갈았고, 텃논 못자리도 갈아엎어 놓았으니 시급했던 일들이 끝난 것이다. 일하기가 제법 재미가 있다.

내 손으로 심은 감자가 싹이 나온다. 전원의 정취를 느껴보기에 조금도 어색함이 없다. 보리가 잘 되어 나고 마늘이 잘 되어 나고 다 내 손으로 심은 것들이어서 파릇파릇 포동포동 자라는 그 모습에서 만족을 느껴보는 것이다. 난 이렇게 행복스러운 농촌에서 이상을 찾고 희망을 찾고 싶다. 아니 인생을 찾고 싶고 젊음을 찾고 싶다.

1962년 5월 29일(화) 맑음

오월부터 일 년 분 구독 신청했던 「농민 생활」이 왔다. 제5호와 6호다. 기대했던 내용보다는 약간 빈약했다. 그러나 앞으로 내 농사일에 지도의 벗이 되어 줄 잡지로 다정한 맛이 있다.

석양 녘 노을이 대지에 깔릴 때 소 풀을 뜯기면서 소나무 그늘에 앉아 페이지를 넘기는 맛은 여간한 취미 생활이 아닐 수 없다. 그래서 나는 농촌이 좋은 것이다. 농사와 더불어 살아야 되고 내가 살다가 죽을 농토가 되어졌기에 흙냄새가 주는 향취 또한 신선한 공기가 느끼게 하는 쾌감이 모두가 나로 하여 농촌을 좋아하도록 만들어 준 것이다. '흙', 신이 준 축복 중에 이에서 더한 것이 그 무엇일 것인가. 흙에서 난 인간이 흙을 모르면, 아니 흙을 천대하면 자기 먹고 사는 소산이 흙에서 나온 줄을 모르는 천치일 게다. 아니면 저는 복 받을 수 없는 자이리라.

1962년 10월 15일(월) 맑음

오늘 송아지를 끌고 시장에 갔다.

육천 원을 못 받아도 팔아버릴 계획이었다. 다행히 시장 최고 시가인 육천이백 원에 팔았다. 송아지가 워낙 좋아서였다. 서너 장 전에 육천오백 원은 받을 수 있었던 것을 칠천 원 받으려고 팔지 않은 것이 밑진 셈이다. 어떻든 팔린 것이 다행이었다.

1962년 11월 8일(목) 흐림

오늘은 식전부터 쟁기질이다. 호밀을 가는 일 때문이다. 식후론 고구마를 캤다. 15관작으로 서른한 가마를 담았다. 그러니까 열대여섯 가마, 이미 수확을 한 것까지 합하면 오십여 가마 가까운 수량이 나온 것으로 추산된다. 평수는 약 450여 평에서다. 그러고 보면 100평당 10가마가 넘는 꼴이니 200평에서 20가마를 잡으려면 관당 8.5원을 잡고 2,550원 수익을 본 셈이니 서숙(조의 전라도 사투리) 두 섬 값인데 아무리 따져도 고구마 농사가 제일 수지가 맞는 농사일 듯싶다. 우선 31가마니 대금만 해도 칠만여 원의 돈이 되니 말이다. 명년엔 고구마 농사에 힘쓸 것을 온 집안 식구 한결같이 실감을 가져 본다.

오후로 오겠다는 차가 들어오지 않고 빗방울은 하나씩 뿌리니 저물 때 마람(가리의 전라도 사투리)으로 덮어 놓았다.

1966년 4월 28일(목) 맑음

오늘 밤 야학夜學을 개강했다. 열네 사람이 왔다. 회장, 총무, 사업부장 그리고 문화부원인 선생들까지 이십여 명의 모임이었다. 회장 인사, 강사 소개, 권면 등 간단한 순서였지만 퍽이나 의욕이 넘침을 보았다. 가르치려는 사람이나 배우려는 사람이나 뒷받침을 약속한 협회나 혼연일체가 되어 목적한 바 명실공히 문화촌을 이룩할 수 있으리라 믿어진다. 특히 회장이신 장판수 씨의 그 열열함에 감동 가는 바 있고, 사업부장인 정창수 씨의 의욕에는 박수라도 치고 싶은 심정이다.

1966년 4월 29일(금) 흐림

일 년 전에 세웠던 뜻을 비로소 오늘 밤에 시작하게 되었다. 초등학교를 졸업하고 중학에 가지 못한 마을의 이십여 명에게 중학 과정을 가르쳐 주자는 것이다.

다행히 마을의 협조를 얻었기에 앞으로 잘 되어 가리라 생각한다. 정남이 하고 둘이서 하려고 했는데 판수 씨가 추천한 강사를 무시할 수 없어서 셋이서 하기로 했다. 과목은 내가 국어와 농업, 정남이가 국사와 도덕, 길수가 영어와 사회(일반)를 각각 맡았다. 욕심 같아서는 혼자서 전 과목을 맡고도 싶지만 아직까지도 몸이 불편한 중에 있고 하기에 실은 두 과목도 나에겐 무리였다.

하지만 나 개인의 무리가 문제는 아니다. 20여 명에게 한가지 지식이라도 참 인간으로 깨우침이 된다고만 하면.

1966년 8월 10일(수) 맑음
난농難農!

내가 집에 눌러앉아 있는 것을 이상하게 생각하는 사람들이 내 주위에 많다. 조용한 자리에서 나를 대하는 사람들은 으레 궁금함으로 물어온다. 그럴 때마다 농사지어야지요! 난 자신 없는 대답을 힘없이 해버리곤 한다.

요새 부쩍 아내도 졸라댄다. 무엇을 하든지 여하튼 집을 떠나라는 것이다. 농촌 아닌 도시에서 생활의 기반을 잡으라는 것이다.

농촌의 가난함과 고생스러움을 후손에게 물려주지 않기 위해서는 도시로 나가야 한다는 것이다. 그렇다, 전 농촌의 모든 사람이나 도시의 사람들이 다 같은 생각이리라. 하기에 이 나라가 가난하고 살기 어려운 나라가 되었으리라.

1966년 8월 13일(토) 맑음

벌 기르기 시작한 사 년 만에 한 통이 늘어 두 통이 되었다. 시가 오천 원을 얻었다고 해서가 아니라 벌 한 통에서 또 한 통이 생기는 기적과도 같은 봄부터 목놓아 기다리던 일이었기에 퍽 만족스러운 것이었다.

벌 가져오던 첫해에는 처녀 왕봉을 잘못 사서 실패한 후 김 목사님

벌과 반 통씩을 합한 것이 그 이듬해 분봉을 하여 가을에 실패했고, 하다 보니 목사님과 합자가 되어 버렸던 것이 또 일 년. 채밀採蜜에는 상당한 재미를 보았던 삼 년째인 작년이었고, 금년엔 김 목사님 벌을 가져가시고 내 몫으로 한 통을 놓아둔 것이 이제 분봉한 것이다. 금년에 한 통쯤 더 분봉해야겠다. 우선 늘려 놓고 보자. 적어도 십여 군群은 되어야 꿀을 따도 좀 풍성한 맛이겠지.

1966년 8월 20일(토) 비

비가 온다.

그토록 기다리던 비다.

물가가 뛰어도 보릿값이 헐해도 이젠 비가 왔으니 살 것 같다.

가뭄에 타들어가던 곡식들이며 더위에 지쳐버린 사람들이 생기를 얻어 걸음걸이 활발하고 얼굴들이 평화롭다. 이젠 비가 왔으니 대문간도 지을 수 있다. 작은 방 한 칸 수리도 할 수 있다. 흉년은 면했으니 말이다. 내년 봄에 교회도 지어지겠다. 참 만사가 해결되어 버린 것이다.

이러한 감정을 일컬어 행복감이라 할 수 있을 것이다. 농사꾼이 아니고서는 참 느껴 볼 수 없는 감정을 말이다. 이런 뜻에서 도시에 갔던 족속들보다 한 번 더 행복해 본 것이다. 맨발 벗고 버는 수고로움에 비할 바 아닌.

1966년 8월 24일(수) 흐리고 난 뒤 비

김동방 목사님께서 오셨다. 벌을 집으로 다시 옮겨와야 하시겠다는 것이다. 신정교회를 떠나시게 된다는 것이었다. 사실 정들었던 김 목사님이시다. 목사님의 소탈하심이 좋았고, 솔직하심이 좋았었다. 이제 목사님이 가신다. 목사님 자의인 것이다. 진즉 떠나실 것을 교회 건축 때문에 늦어지셨다는 것이다. 금월 말일경에 떠나신다는 것이다. 후임지도 없지만 좀 쉬고 싶다는 것이다.

교역敎役의 어려움! 모든 것을 은혜라는 이름 아래 희생당해야 하는 괴롬이 있고 목사라고 하는 멍에에 얽매어 기망과 위선에의 짓눌림도 참아야 하는 은혜라는 미덕으로 삼고 사는 족속, 바로 자신을 죽여 버리는 그런 것이 목사이다.

'참된 사람, 맑은 사람, 굳센 사람'
― 해제중학교

대학도 그만두고 회사도 마다하고 고향으로 돌아와 할머니, 어머니, 아내, 아들, 동생들이 사는 일곱 식구 내 가정이 천국이었다. 그간 해 본 적 없는 농사를 일구다 보니 일 년 만에 큰 일꾼, 작은 일꾼, 식모까지 식구가 모두 10명 대가족이 되었다.

그러던 어느 날 해광중학교(현재 해제중학교) 교사이던 배종렬 선생과 김용택 교장 선생님이 집에 왔다. 내용인즉 당시 해광중학교가 무인가 중학교인데, 3년 과정을 마치고 이제 제1회 졸업생을 내야 한다는 것이다. 그래서 학생들이 고등학교 입학 자격 검정고시를 치러야 하는데, 지난 삼 년 동안에 음악과 미술 과목은 단 한 시간도 가르치지 못했다는 것이다. 그래서 고민하던 중에 배종렬 선생이 추천하기를 안국이가 대학을 그만두고 현재 집에 내려왔는데 안국이 그 사람이면 중학교 음악, 미술 등 예능과목 충분히 가르칠 수 있는 수재라고 소개받고 왔으니 학교에 강사로 나와서 이 자라나는 아이들 앞길을 열어주어야 할 것 아니냐고 사정을 하러 온 것이었다.

나는 한마디로 사양했다. 내가 음악과 미술에 대해서 특별히 배운 것도 없거니와 농사지으러 내려왔으니 농사가 내게 훨씬 더 중요하다고 거절했다. 그런데도 김용택 교장은 생각해 보라고 한사코 여운을 남기고 돌아갔다. 그 이튿날 배종렬 선생이 집에 와서 사정이다. 그때도 사양했다. 다시 사흘째 되던 날에 또다시 김 교장으로부터 연락이 왔다. 하루에 두세 시간씩만 수업하고 자전거도 구해 줄 테니 도와달라고 애원이다. 그래서 해광중학교에 음악, 미술 강사로 1966년 9월에 해제중학교 부로크(블럭) 담벼락에 기와지붕인 맨 흙바닥 교실에서 분필을 들었다.

　하루에 졸업반인 한 개 반에 나가 두세 시간씩 가르쳤다. 한문에 교이학이반敎而學而半이라는 말이 있는데 "가르친다고 하는 것은 반은 배우는 것이다"라는 말이다. 한 시간 수업을 위해서 정확히 한 시간은 공부했다. 3개월인가 가르치고 검정고시에 나간 학생들이 음악, 미술 과목은 전원 합격했다. 그래서 학교가 동리에 소문이 나기 시작했다. 실력 있는 선생이 왔다는 것이다. 이제 그만두려던 참에 학교가 문교부 인가 신청을 해서 드디어 인가가 나왔다면서 김 교장이 함께 학교를 키워보자고 권유했다. 당시 교사 봉급이 3천 원이었는데 문교부 인가로 5천 원으로 올랐다.

　또 나는 나대로 학생 교육에 대한 어떤 자신감도 얻었다. 학생들도 나를 따르고 무척 좋아했다. 내 실력이 인정받게 되자 당시 시골 학교에는 교사가 부족하다 보니 음악, 미술, 체육, 사회, 세계사, 지리, 반공 도덕까지 내가 도맡아 가르쳤다. 이 자신감 때문에 그대로 해광중학교에 묶인 것이다. 인가가 나면서 문교부로부터 교훈과 교가를 보고하라는 공문이 왔다. 김용택 교장이 안국 선생이 책임지라는 것이었다. 그래서 내가 만든 교훈과 교가를 작사하고 작곡은 모 중학교 음악 교사인 서만종 선생에게 부탁해 만든 것을 오늘까지도 학생들이 부르고 있다.

해제중학교 교훈

참된 사람, 맑은 사람, 굳센 사람

해제중학교 교가

1. 백두산 줄기 뻗어 봉대 정기 머무는 곳
한 덩이 뭉치었다 우리의 고장
참된 사람 맑은 사람 모여들어라
굳센 사람 길러내는 해제중학교

2. 반만년 넋을 받은 우리의 고장
우뚝이 솟아났다 진리의 전당
온누리 빛나라 억만 년토록
장하다 그 이름 해제중학교

해제중학교와 맺은 1966년 첫 인연의 기록을 아래에 싣는다.

1966년 9월 1일(목) 맑음

김용택 교장 선생님과 배 집사님이 오셨다.

해제중학교 일반사회와 음악 선생이 없어서 나에게 교섭차 왔다는 이야기부터 하시고는 막무가내 내일부터 나와야겠다는 것이다. 그저 억지다, 못 하겠다 해도 내일 학교까지 나와서 결정짓자는 것이다.

사실 망설여진다. 가정 형편이 용납하지 않는다. 그리고 자존이 용납하

해제중학교

지 않는다. 배웠다는 것이 아니고 인가認可 없는 중학이어서도 아니다.
문제는 해 줄 사람이 없으니 아쉬운 대로 찾아온 것을 내가 알고 있으니
말이다.

지방의 문화 발전과 내 고장을 위하는 뜻에서는 이렇게 어려운 때에
힘이 되어 주고도 싶지만 가정 형편도, 또 우선 마음 내키지 않는다.
생각해 봅시다 하고 보냈지만 마음으론 찬성하지 않는다.

1966년 9월 2일(금) 맑음

조후朝後로 배 집사님께서 오셨다.

승낙 얻을 때까지 교장 선생님이 날마다 오시겠다는 것이니 어떻게
하겠느냐고 거의 애원조로 나오는데 마음 약함으로 승낙해 버리고 말았다.
학교 사정 보아주는 셈으로 말이다.

좋은 후보 선생이 생길 동안 만이다. 사실 지역사회를 위하는 뜻에서 배우겠다고 중학이라고 다니는 저들을 위해서 다시 거절해 버릴 수 없는 조금 배운 사람으로서 의무 같은 것을 느껴서 말이다.

1966년 9월 3일(토) 맑음

현기 말마따나 취직 첫 출근이 될까?

난 취직이거나 첫 출근이거나 하는 느낌은 손톱만큼도 없이 그저 담담한 심정으로 학교에 나갔다. 선생님들과 인사를 나누고 토요 조회에 인사해야 한단다. 막상 앞에 서니 약간 마음 두근거림이 있었다. 가르치는 사람으로서 섰다고 하는 하나의 의무감에서 이리라. 마침 사회과목을 맡은 여선생이 나오지 않아 네 클래스에 네 시간을 들어가서 누구나가 그러하듯 그럭저럭 시간을 메꾸었다.

앞으로 맡은 과목은 국사, 세계사, 음악, 미술, 도덕, 정치 생활이란다. 선생으로서 단에 서는 것이 처음이지만 어색함도 없고 자신이 만만했다. 시간 필하고 환영 다과회까지 베풀어 주신 교장 선생님이 무척 고마웠다.

1966년 9월 7일(수) 맑음

애들 교과서 때문에 오후 2시 30분 발 버스로 목포에 갔다. 5시 30분 도착으로 겨우 6시 20분 막 버스까지 당도했다. 상당히 쫓기는 50분간이었다. 부지런히 걸어 다녀 분무기 다마도 사고, 선웅이 우의도 교환하고, 작은어머니 약도 사고, 그럭저럭 일을 보았다. 집에 밤 아홉 시 삼십 분 경에 돌아왔다. 바쁘고 고된 하루였다.

1966년 9월 8일(목) 맑음

하루에 네 시간씩 수업 더구나 계속 세 시간 네 시간하고 나면 심신이 공히 지쳐버린다. 목이 칼칼해진다. 물론 입맛이 쓰다. 오늘도 가벼운 후회를 해 본다. 인사고 뭐고 딱 거절해버렸던들 이 고생하지 않으련만….

걸어서 가고 오기가 제일 힘이 든다. 자전거라도 하나 사야 할 것 같다.

1966년 9월 11일(주일) 흐리고 난 뒤 비

민주 생활 과목 하나는 자신 있게 준비 없이도 단에 설 수 있지만, 음악, 미술은 약간의 준비를 해야 하고, 특히 우리나라 역사와 세계사는 많은 준비가 필요하게 된다. 사실 선생을 한다는 것이 공부하는 사람이 되어졌다. 역사나 세계사에 있어서는 한 시간 수업을 위해서 두 시간쯤은 준비해야 자신 있게 단에 설 수 있다. 즐거운 고역이기도 하지만 이러다가 건강에 무리가 될까 걱정되는 바 없지 않다. 하루에 네 시간씩 일주일에 스물두 시간, 주로 2, 3학년 시간이다. 먼지 앉은 책을 펴야 하고 멀어졌던 책상과 친해졌으니 학생 기분이 난다. 그도 7~8년 만에….

1966년 9월 13일(화) 맑음

학교에 나가면서부터 얼굴 살이 빠진다고 집에서는 그만두라는 것이다. 하기야 얼굴에 살 올리러 나간 것이 아니니 다행이기도 하지만….

사실 고되다.

정신적으로 육체적으로 말이다.

이왕 교단에 섰으니 교육자로서의 보람을 위해서 살이 빠지는 게 오히려 정상일지도 모른다. 한 자라도 더 알게 해 배우고 자라는 저들에게 진정한 안내자로 참 벗으로 나타나야 되겠기에 말이다.

1966년 9월 26일(월) 맑음

안 선생, 9월분 7,000원. 이렇게 써진 두툼한 흰 봉투가 내 앞에 놓였을 때 안 받아야 할 것 같은 미안함이 든다. 그러니깐 나에게는 생후 처음의 봉급이 되는 것이다. 처음으로 내가 벌어 본 돈이기도 한 것이다. 하지만 내가 이 학교에 나오는 것은 애당초 돈이 아니었기에 봉급을 받는다고 하는 것이 죄송스럽게만 느껴졌다. 하지만 그만두어야겠다고 마음에 작정 했던 바도 사실 그리할 수 없어 다시 생각이 바꾸게 된다.

일금 칠천 원이면 후한 편도 박한 편도 아니지만, 학교를 돕고 싶은 의욕이 생긴다. 집에서도 그 정도면 고생할 수 있겠다는 정도다.

1966년 10월 5일(수) 맑음

어디를 가는지 내가 그곳에 있음으로 하여 더 밝아지고 더 즐거워져야 한다. 집에서 학교에서 혹은 교회에서 무슨 모임에서 어디서든지 말이다.

나로 하여 그 시간이 그 장소가 더 어두워지고 우울해지고 해서는 안 되겠다. 적어도 난 예수를 믿는 집사이니 말이다.

가정에서는 성실과 사랑으로,

교회에서는 믿음과 사랑으로,

학교에서는 열과 성으로,

사회에서는 존경과 봉사로 나타나야 한다.

알아주는 이 없어도 좋다.

나 혼자만의 신념에서 살아가면 그만이다. 예수님께서 알아주시는 것으로 족하고 말이다.

이를 위해서 더욱 노력해야겠다.

1966년 10월 19일(수) 맑음

그럭저럭한 일로 목포에 다녀왔다.

주목적은 자전거 때문이다.

일금 만 원짜리를 산다.

분명 나에게 있어선 사치에 속하는 것이다. 월 칠천 원 봉급쟁이가 만 원짜리 자전거를 산다. 그도 출근용으로 말이다. 한 시간이면 걸어 다니는 길을 무슨 실리를 보고 하는 짓일까? 주위 사람들이 웃지나 않을까 싶어진다. 하기는 생활에 여유만 있으면야 자전거 하나쯤 사 두는 것도 꼭 필요 없는 짓은 아닐 것도 같다.

1966년 12월 21일(수) 흐림

스승의 자리에 앉고 보니 감개 새로운 바가 있다. 졸업생을 보내는 시원섭섭함을 가슴에 안은 채….

석양 거리에 이사장님을 뵈어 마침 오늘 신문에 해광중학교 설립인가 기사가 난 것을 확인하고, 너무도 많은 시간을 기다렸기에 한 잔씩만 하자는 것을 뿌리치지 못해 밤이 늦어서야 집에 돌아왔다.

도리포서 돌아오신 어머님께서 학송리 외가에 가셨다. 외조부님 병세가 위독하셔서 사람이 와서 같이 가신 것이다. 오늘 가보지 못한 후회가 있다. 아침의 계획은 가려고 한 것이 사은회에 늦어졌고, 수요 예배 때문에 들어가지 못한 것이 목사님께서도 오시고, 쥐머리 일군이 단배 일을 도와주기 위해서 온 것이 고맙다.

1966년 12월 23일(금) 흐림

북풍이 사정없이 휘몰아치는 졸업식장.

벌벌 웅크린 학생들을 차마 보기 민망했다. 반가운 것은 지방 각 직장장이 한 분도 빠짐없이 참석해 주었고, 특히 육군 준장 윤성민 씨가 참석하게 된 것이었다. 특상까지 베풀어 주어 학교로서 고맙게 느꼈다.

그간 말썽꾸러기들 졸업을 지내버리고 보니 한결 마음 홀가분함이 있다. 모든 것이 끝나버린 것 같은 차분함이다.

사람값이 어디에 무엇에 있는 것일까? 붙어있는 감투로 값을 따지는 교장 선생이 비위에 맞질 않아 오늘도 언쟁하다시피 했지만 그럴 수 없는 짓이다. 똑같은 성격의 상품인데 별자리의 것은 공식적인 수여가 되고, 한낱 미약한 해제 서점의 성의는 무시를 당해 버리는 것을 추호의 양심에 미안도 느낄 줄 모르는 얌체 교장이 내 마음에 들 리 없다.

2007년 6월 26일(화) 맑음
해제중학교 고산학원 이사

해제중학교 김영기 행정실장으로부터 고산학원 이사를 맡아 달라는 부탁이다. 내 인생의 끝까지 해제중학교와의 인연은 연속되어야 하는가 보다. 해제중학교 교사로 부임해서 교직 10년, 행정직 20년(법인과장, 서무과장), 30년 근속하고 나와서 도의원하고 어언 10년이 지났는데 이제 여생을 다시 해제중학교 이사로 이어지는 모양이다.

학교가 엉망진창이다. 내가 학교 관리할 때에는 휴지 하나 볼 수 없었고, 잡초 하나 자라지 못했다. 전남도에서는 제일 깨끗한 학교로 교육감이 칭찬할 정도였고, 전남 도내 소재 학교로서는 제일 훌륭한 학교 관리를 한다고 했던 학교였다. 정문부터 잡초동산에 쓰레기 천지이다. 학교 정원에는 잡초들이 무성하다. 운동장에도 잡초가 번성해 있다.

1개월에 인부 1명만 쓰면 깨끗한 학교 관리, 환경 미화할 수 있을 텐데 말이다. 교육 현장이 저토록 지저분해서야 애들이 무엇을 보고 느끼겠는가 싶다. 교육은 인성 교육부터 시작하고 교육 환경 개선부터 시작해야 하는 것 아닐까?

2008년 2월 27일(수)
해제중학교 고산학원 이사회 첫 참석

30년간 몸담았던 해제중학교 이사가 됐다. 오늘 첫 번째 회의다.

2007년도 법인비, 학교 추경 예산안 심의와 2008년도 법인비, 학교비 예산안 심의였다. 기간제 영어 교사 임용 문제는 이사장에게 위임했다. 수익용 기본 재산 임대도 이사장에게 위임한 것이나 다름없이 처리했다.

2018년 3월 2일(금) 맑음
해제중학교 입학식, 안선경 교장 취임식

오늘 해제중학교 입학식이다. 학교법인 고산학원 이사로 초청받았기에 참석했다. 입학생이 20명이란다. 미니 중학교가 된 것이다. 그 어느 때보다 입학식이 짜임새가 있어 보였다. 내빈 소개에서 이사장 다음으로 내 소개를 한다. 해제 중학교 초창기 교사로 서무과장으로 재직했고, 해제중학교 교가를 작곡 작사한 사람으로 소개했다. 교훈도 내가 만든 것인데 소개에서 빠졌다. 홍명표 교장이 현대 교육의 진수를 얘기하면서 해제중 교훈을 설명했다. "참된 사람, 맑은 사람, 굳센 사람"을 잘 설명해 주었다.

문교부 인가를 받은 후 문교부로부터 교가와 교훈을 제작해 보고하라는 통지가 왔다. 당시 교장이 나에게 책임을 주어 내가 만든 것이다. 해제중 역사와 함께할 것이다.

점심 대접받고 오후에 산책 50분을 했다. 김진자 권사가 다른 일로 수영장에 못 데려가게 되어서이다.

오늘 선경이가 교장 취임하는 날이어서 아침에 전화했더니 손님들도 못 오게 하고 조용하게 치루기로 했단다. 오후에 전화해서 축하해 주었다. 학교에 소속된 직원이 40여 명이 넘는다고 한다.

"나 안국이 국 자는 나라 국(國) 잡니다"
— 전남도의회 의원 당선

1995년 6월 28일! 내 생애 세 번째의 큰 축복의 날이다. 내가 전남도의회 의원으로 당선된 것이다.

나는 정치는 꿈도 꾸어본 일이 없는 사람이었다. 그러나 박정희 군사독재에 항거하는 민주주의 투쟁에는 음으로, 양으로 내 신앙의 일부분처럼 항거해왔고, 전두환 군사독재정권에 반대했었다. 노태우로 이어진 군사독재의 종식이 선언되자 만세를 불렀다. 김대중 민주당 정부가 들어서자 나를 좋아하시던 광주무진교회 강신석 목사님이 나를 찾아와 이제 민주화가 되었으니 안국 장로님이 정치를 한번 해 보시는 것이 어떻겠느냐고 하시며 도의원에 출마하시면 민주당 공천 문제에 대해서 힘써보겠다 하셨다.

나는 단호하게 거절했다. 정치하고 싶은 생각이 없었다. 먼저 정치하려면 돈이 필요하고 정치권에서 이미 무엇인가를 배웠어야 하는데도 정치에 관한 한 일자무식이기 때문이었다. 하지만 강신석 목사님의 생각은 달랐다.

안국 장로님이 정치하시면 잘 할 수 있는 소질이 있다. 두뇌와 논리와 언변을 갖추고 있다고 추켜세우는 바람에 마음이 솔깃 움직여 당시 박석무 국회의원일 때 무안 제3선거구(해제·망운·운남) 도의원 후보로 공천 신청을 했다. 물론 해제중학교 서무과장은 사표를 냈다. 당시 내 나이가 61세였다.

공천 신청을 했으나 선거를 치러 본 경험이 없어서 주위의 권면을 즐겨 새기면서 사무소를 내고 유권자를 만나기 시작했다.

"안국입니다. 도와주십시오." 간절한 소원이 담긴 한 마디를 하루에도 수만 번씩 반복하며 돌아다녀야 했다. 상대는 사회 활동도 하고, 정치권에서 정치도 수련한 해제 출신 후보였다. 선거 운동은 상대측이 조직적이고 돈도 많이 쓰고 패거리 운동원들도 많고, 내 쪽은 모든 면이 열세였다.

각 면마다 무안군선거관리위원회에서 주관하는 유세들이 있었다. 첫 유세가 해제면 해제초등학교에서다. 선거 연설 순위 추첨에서 내가 두 번째였다. 상대 후보가 연설문 원고를 읽어가는 식의 연설인데 한 대목이 내게 걸렸다. "상대 후보는 민주당 우세지역 배경을 의지하고 나왔는데 민주당에서 공천만 받으면 작대기도 당선된다고 생각하는데 이번 선거에서는 그렇게 안 될 것입니다."

상대당 후보의 선거 연설이 유권자의 마음을 움직일 수 없는 내용이었고, 선거 유세조의 연설도 아니어서 청중들의 박수가 미미한 입장이었다.

내가 두 번째 등단했다.

손에는 연설원고가 있는 것이 아니라 손바닥 안에 들어가는 메모 용지 한 장뿐이었다. 등단하자마자 "방금 상대 후보가 민주당 공천받으면 작대기도 당선된다고 하셨는데 알기는 알고 있네요. 나는 작대기가 아니라 몽둥이올시다. 그러면 나는 이미 도의원에 당선됐습니다." 힘을 다해 외쳤더니 박수가 터져 나왔다. 또 나는 이어 "어떤 유권자가 이번 도의원 선거는 국 자끼리 싸운다 하시는데 그 말씀 맞습니다. 나 안국이 국 자는 나라 국國입니다. 상대 후보의 국 자는 판 국局 자인데 술판, 재끼판, 싸움판하는 국 자입니다. 어느 국 자가 이겨야 하겠습니까?"

또 박수가 우렁차다. 그러고 나서 내가 쪽지에 메모한 도의회 의원이

하는 일이 무엇이며, 기능이 무엇인가를 설명했다. "행정부 견제 기능 및 감독, 조례를 만들어내는 입법 기능, 행정부 감사 기능, 이 세 가지인데 이에 대한 공무를 이미 한 바 있고 계속 공부해서 똑똑한 도의회의원다운 도의원이 되겠습니다. 여러분 믿으시지요!"

박수를 받았다. 연설 끝나고 나서 후문이 이미 오늘 도의원 선거 끝났다고 하는 입소문이 퍼지기 시작했고 귀빈석에 있던 무안경찰서장, 교육장 등이 중학교 선생하고 서무과장을 지낸 사람이 어떻게 저렇게 명연설을 할 수 있는가 하며 좋은 평이 났다는 것이다. 그러고 보니 자신감이 생겼다. 선거 유세차가 지나가면 학생들이 손을 흔들어 주고 해제면 유권자를 만나면 "우리 아들이 전화 왔습디다. 안국 선생님 찍으라고요." "우리 딸이 전화 왔습디다. 안국 선생님 꼭 찍으라고요." 결국 내 중학교 제자들이 선거 운동을 해 준 것이다. 나는 운동원도 적다. 우리 아이들, 외갓집 이모네 사촌 형제자매들, 조카들 중심으로 선거 운동을 했다. 선거 운동원이 많으면 그 일당 주기에도 많은 예산이 필요했기 때문이다.

또 망운, 운남 지역 선거 유세에서도 첫 연설 내용 그대로 연설해서 좋은 반응을 얻었다. 특히 기억에 남는 것은 우리 교회에서 시무하셨던 임기준 목사님이 망운에 오셔서 지원 유세를 한번 해 주시겠다기에 부탁했더니 "용학교회 장로인데 전국적으로 유명한 능력 있는 장로이고, 머리가 수재이며, 미래지향적 창조성이 뛰어나고, 도덕적으로 흠이 없고, 사람 사랑의 선구자로서 신체 장기 전체를 기증한 똑똑한 안국 후보를 꼭 당선시켜야 전남도 살림이 잘 될 것이다"라고 우렁찬 발성과 똑똑한 발음으로 구수하고 재미있게 유세해 주신 것이 어쩌나 고마웠던지 잊을 수가 없다. 운남도 아주 좋았다. 선거 판세 평이 윗바람은 상대가 좋은데 아랫바람은 내가 좋다는 평이었다. 나는 일체 돈 안 쓰는 선거였다. 개표 날이다. 개표가 끝나기도 전에 석양녘에 상대 후보 측에서 자기네가 당선되었다고 소문을 냈는데 개표 결과는 반대였다. 이 모두가 하나님이 하신 일로 나는 지금도 확신한다. 그래서 도의원 활동을 열심히 했다. 전반기를 끝내고 후반기 원 구성 선거에서 전남도의회 농림위원장이 됐고, 전국도의회 농림위원장으로 선출되었다. 도의회 역사상 초선 위원장은 처음이었다. 도지사가 긴장했다고 한다. 전혀 생각하지 못한 질문이 터져 나오기 때문이란다. 나름대로 지역 사업도 많이 했다.

목포대학교 경영행정대학원

1995년 3월 9일(목) 비

입학

목포대학교 경영행정대학원 관리자과정 입학식에 참석했다. 오후 7시! 할 것인가 말 것인가? 여러 번 생각하다 하기로 작정하고 간 것이다.

이태근 총장의 입학 특강이 흥미로웠다.

얼굴 아는 분들도 몇 분 있었다. 이제 앞으로 1년간 목, 금 학생이다. 오후 7시부터 8시 50분까지 두 강좌씩이다. 공부이니까 열심히 해 볼 것이다.

정치에 입문하면서 널리 사람 얼굴 알리기와 또 공부하고 연구하는 정치인의 인상을 얻고자 입학을 한 것이다.

해제 사람이 셋이 있는데 배우겠다는 것보다는 간판 따기인 것으로 느껴진다. 또 몇 분 아는 분들도 보니까 간판 따기인 것으로 짐작이 간다. 그러고 보니 120명 거의 다 학벌도 아닌 대학원 간판 따자고 온 것 같은 생각이 든다. 저들의 현재 직업을 보니 학벌도 그렇고 거의 고졸에 장사꾼들이었다.

1995년 11월 13일(월) 맑음

11. 4.~11. 13. 캘리포니아 연수

지난 4일에 출국하여 오늘 돌아왔다.

철들면서 가보고 싶었던 미국이었다.

캘리포니아주립대학과 목포대학교 간에 자매결연이 되어서 캘리포니아 대학에서 최고경영자 유통과정 프로그램 연수가 주목적이었고, 미국 관광도 함께 끼어 있었다.

김포 공항에서 11시간 비행하여 캘리포니아 국제공항에 도착해서 곧바로 미국 유통센터 몇 곳을 견학하고, 아울러 시내 관광도 겸하고, 캘리포니아대학에서 유통과정 강의를 듣고 수료증을 받고, 금문교, 라스베이거스, 그랜드 캐니언, 콜로라도강 후버댐, 로스앤젤레스 시내 관광, 공원 등 8박 9일간의 여행이었다. 일행은 행정대학원생 제5기 24명, 제4기에서 12명, 책임교수 2명 등.

미국에서 계속 느낀 점이다.

부러운 것이 한 가지 있다. 넓은 땅. 끝도 갓도 없는 사막, 동서남북으로 보아도 지평선뿐인 대지大地, 역시 세계를 지배하는 저력이 이 넓은 땅에 있음이 한없이 부럽기만 했다. 농장 지대가 태평양 바다처럼 광활하게 펼쳐져 있고 쭉 뻗은 직선 도로들을 메우는 컨테이너 차량의 행렬. 60량 이상을 달고 달리는 화물 열차를 하루에 예닐곱 차례를 만나고 일직선 곧은 고속도로를 한 시간 이상씩 달려야 하는 넓은 땅, 그 땅속에 묻혀 있을 지하자원이 눈에 보이는 듯 부럽기만 했다.

또 무질서한 것 같은데 질서가 정연한 나라, 그렇게 많은 차들이 과속 없고, 거의 추월도 없고, 물결이 흐르듯 밀려가는 차들은 한없이 평화로워 보였고, 사람이 사는 곳이면 그 울창한 숲들. 그리고 사막 위에 세워진

도시이기에 그 많은 수목이 관개 시설로 자라고 있고, 손바닥만한 공간만 있으면 푸른 잔디를 심어 스프링클러로 살리고 있는 것을 보면서 '역시 미국은 아름다울 미美자 미국이구나'를 느껴보았다.

또 하나 놀란 것은 미국 사람들의 그 넉넉한 마음 씀이다. 서둘지 않는다. 기다릴 줄을 아는 사람들이다. 둘만 모여도 줄을 선다. 뛰는 사람을 거의 볼 수가 없다. 남을 앞질러 가려 하지 않는다. 거리를 거닐어도 그저 물 흐르듯 흘러가는 것이다.

또 하나. 미국이라는 나라가 축복을 받은 것은 감사할 줄 아는 마음 씀인 것 같다. 어디를 가서 인간과 인간 사이에 어떤 행위가 끝나고 나면 "Thank You"를 저절로 하고 미소를 잃지 않는다. 오히려 이쪽에서 감사해야 할 일인데 저쪽에서 감사를 먼저 한다. 어떤 경우 이쪽에서 실례했는데 저쪽에서 먼저 "Excuse Me"라고 사과를 한다.

교통법규도 인간이 우선이다. 건널목이 아니어도 사람이 마음대로 건너간다. 사람만 보면 차는 세워준다. 넓은 땅, 풍부한 나라, 신의를 중요시하는 사람들.

그런데 어째서 한국인에게는 그렇게도 문제가 있는가? 한인촌에 가면 철조망이 창문마다 담장마다 가게 문마다 앙상하게 쳐 있다. 흑인들의 강도 침입이 무서워서란다. 기분이 나쁘다. 저들에게 미움을 받는 것도 기분이 나쁘지만, 강도 표적이 된다는 것이 더욱 기분 나쁘다.

또 거지들이 사는 거리 도심 한가운데 지역들이 음산하고 더럽지만 자유스러움은 느껴진다.

지난번 호주와 뉴질랜드에 갔을 때는 그곳에서 살고 싶은 충동을 느껴보았는데 이번 미국에 가서는 미국에 살고 싶은 생각은 손톱만큼도 없었다. 내 나라 한국이 좋은 나라임을 새삼 깨닫게 됐다.

1996년 2월 9일(금) 흐림

수료

오늘 목포대학교 경영행정대학원 제5기 관리자과정 수료식이다. 생각지도 않은 공로상을 받았다. 부회장이라고 주는 상이었다. 또 수료생을 대표해서 수료사를 했다. 또 총동창회에서 주는 기념패 수령을 수료생 대표로 받았다. 그러니까 단상에 세 번 나간 것이다.

총 수료생 115명! 가운데 학사모가 모두에게 어색하게 보였다. 나만의 느낌이었을까? 단상에 총장, 대학원장, 교수들은 의젓하게 그렇게 잘도 어울리는데….

그것도 수료식이랍시고 거의 다 가족들이 나오고 꽃다발을 들고 목에 걸고 수료생 수보다 너다섯 배나 많은 수에 수료생 수만큼의 카메라맨들, 자동차 수, 모든 게 어색하고 궁상스럽기까지 하다.

둘러보니 나만 혼자이다. 불편한 것은 상패, 상장, 수료증, 기념패 등 대신 들어 줄 사람이 없어 그것 한 가지가 불편했다. 생각이 못 미친 것이다. 누구 하나 보좌역으로 데리고 가야 하는 것인데….

수료생들에게는 무슨 큰 영광이나 되는 듯 모두 좋아하고 애들 같이 사진 찍고 이리 몰리고 저리 몰리고, 모든 것이 유치하게만 느껴진다.

오늘 수료사는 당당하고 자신 있게 해냈다.

수료사

1996년은 전라남도 개도 100주년이면서 또한 전남 서남권의 자존심인 국립목포대학교 개교 17주년을 맞는 뜻깊은 해이기도 합니다.

오늘 목포대학교 경영행정대학원 제5기 관리자과정 수료식에 총장님을 비롯한 내외 귀빈을 모시게 된 영광을 가슴 벅찬 감격으로 감사를 드립니다.

돌이켜 보면 1995년 3월 9일 입학 특강에서 이태근 총장님이 "한 사회의 발전을 위해서는 부단한 건설과 창의적 노력이 필요하지만 보다 세심한 관리가 중요하다"고 역설하시면서 우리의 관리자과정 입학을 환영해 주시고, 축하해 주셨습니다.

그리고 우리가 소정의 과정을 이수하는 동안 대학원의 경영에 많은 애로를 극복해 가시면서도 수준 높은 교육과정을 위하여 권위 있는 전 국무총리 이현재 박사님, 전 교통부 장관 손수익 장관님, 전 통일원 장관 김덕 장관님, 일본 나가사기 현립대학장 시게오 미나베 학장님, 캘리포니아주립대학 김은철 교수님 등 그 외 국내외 다수의 석학을 모셔다 강의를 해주신 데 대한 감사를 잊을 수 없는 기억으로 간직할 것입니다.

존경하는 이태근 총장님 그리고 경영행정대학원 손형섭 원장님과 박석호 교수님. 그 외 관계 직원 여러분!

지난 1년 동안 보살펴주신 은혜로 우리는 너무 많은 것을 배웠고, 익혔습니다.

새로운 세계에 대한 도전에 자신을 얻었습니다.

국가와 민족을 위해서 한몫해야겠다는 결심도 섰습니다.

목포대학교가 이젠 남의 대학이 아닌 나의 자랑스러운 대학임도 깨달았습니다.

국립목포대학교 발전을 위한 일인자임을 새삼 터득했습니다.

경영자로서 갖추어야 할 능력과 자질도 나름대로 갖추게 되었습니다. 같은 지역에서 사회를 이끌어갈 동지들과도 뜻을 합하고 힘을 합하는 지혜도 얻었습니다. 이젠 자신이 있습니다.

다가오는 21세기를 힘차게 앞서가는 선두주자로 향도가 될 것입니다.

오늘의 수료식을 기점으로 하는 또 하나의 새로운 출발을 웅비의 기상으로 나래를 펼 것입니다.

존경하는 총장님 그리고 원장님!

특히 잊을 수 없는 것은 우리 생에 있어서 가장 큰 명예와 자긍심을 갖게 해 주신 미국 캘리포니아주립대학에서의 유통과정 연수는 앞으로 목포대학 경영행정 대학원의 이수 과정으로 발전시켜 주실 것을 간곡히 부탁 말씀 드리는 바입니다.

존경하는 총장님 그리고 원장님!

우리 목포대학교 경영행정 대학원을 전국에서 제일가는 대학원으로 발전시켜 주셔서 21세기 세계화의 주역들을 배출해내는 명문대학원, 세계 속의 대학원으로 키워 주실 것을 믿으며, 오늘 우리는 자부심과 긍지를 가지고 수료에 임하면서 이제 떠나는 자가 아닌 새로 목포대학교 동문 가족의 일원으로 들어온 자로서의 다짐을 하며 오늘의 이 영광을 우리를 지켜보는 모든 분께 돌리며 여러분들의 앞날에 무궁한 행운과 신의 가호가 있기를 기원하며 이만 수료사에 갈음합니다. 감사합니다.

1996. 2. 9.

목포대학교 경영행정대학원 제5기 관리자과정 수료생 대표 안국

전남도의회 농림위원장 당선

1996년 12월 23일

도의회 농림위원장 출마 기도

주여! 주님만 믿습니다. 힘이 없는 자의 힘이 되시며, 정직한 자의 편이시며, 의로운 자에게 의지가 되시는 주님!

도의회 농림위원장에 출사표를 던져 놓았는데 인간적 노력이나 방법으로는 나는 어렵습니다. 50만 원 봉투가 전해지고, 선물, 티켓들이 전해지고, 집까지 찾아다니며 선거 운동을 하고 있습니다.

이 모두가 부정한 방법이며 양심으로 용납돼서는 안 되는 일들 아닙니까? 적어도 도의회 의원의 수준이면 후보자 없는 선거이니 75명 중 적임자가 누구인지를 자유롭게 투표해 결정해야 하는 것 아니겠습니까?

주님! 저는 티켓 한 장도 만들지 않을 것입니다. 한 가정도 방문 않을 것입니다. 다만 하나님께 기도함으로 심판받을 생각입니다. 허나! 주님! 불안합니다. 주위에서 모두 다 나를 걱정하면서 다른 사람들이 하는 방법을 같이 해야 한다고 원합니다. 그러나 저는 그럴 수가 없습니다. 자존심이 허락하지 않습니다. 돈도 없습니다. 설사 돈이 있다 해도 싫습니다.

주님! 예수 믿는 장로의 힘을 한번 보여주고 싶습니다. 그 힘은 믿음의 힘입니다. 오직 기도로 승리했다는 신화 같은 일화를 남기고 싶습니다.

도의회 상임위원장 출마해서 단 천원도 써본 일 없이 주류, 비주류

지명 후보 틈에 무소속으로 입후보해서 3명의 후보 중 재선을 제치고, 돈 많은 후보를 제치고, 오직 인격적 신사적 운동으로 이겨냈다는 의회 선거 사상 일화를 남기고 싶습니다. 조직도 돈도 능력 앞에는 무릎을 꿇는다고 하는 본을 보여주고 싶습니다.

주님! 목사님께 그리고 송희성 의원과 이명자 의원에게 또 우리 아이들에게 기도를 부탁했습니다. 기도하는 자의 앞길을 인도하시는 주님의 능력만 믿습니다. 세상적인 어리석음이 주님 보시기에 가장 큰 지혜임을 믿습니다.

투표에 임하는 의원들에게도 은혜 주셔서 '깨끗한 사람에게 한 표 주어보자!'는 생각들이 일어나도록 해 주시옵소서.

투표 결과를 보고 모든 의원이 깜짝 놀라는 일이 일어나서 하나님의 이름이 한 번 더 놀람 받는 기적이 일어나도록 주여! 큰 은혜 주시옵소서.

1996년 12월 25일 맑음

성탄 예배를 드리고 교회에서 떡국 한 그릇으로 점심을 먹고 광주행이다. 막상 선거 운동을 하겠다고 광주에 오긴 했는데 나의 선거 운동은 의원들 만나서 악수하기가 고작이다. 4, 5, 6층, 6개 상임위실을 돌아다니며.

의원들이 없다. 선거 운동이 소극적이라고 주위에서 야단들이다. 최선을 다하라는 독려이다. 나는 최선을 다하고 있는데, 나의 최선의 운동이 기도인 줄을 모르는 저들이 보기에는 출마자인지 아닌지, 진실인지 장난인지 이해가 안 된다는 것이다. 그렇다고 운동원도 없다. 그래도 서삼석 의원이 걱정하면서 운동을 해 주는 것으로 알고 있다. 찻값으로 단 천 원도 준 일이 없다. 다만 입으로만 해 주기를 바랄 뿐이다.

저녁에는 많은 의원을 만났다. 6개 상임위에 21명이 후보이니 3.5

대 1의 경쟁이다. 결국 후보자들끼리 서로 부탁하는 것이다. 나는 선언했다. 도의원의 참 정치 수준을 시험해 보기 위한 입후보이고, 나는 가장 깨끗한 선거 운동을 하는 후보에게 표를 던지겠다고 했다.

나를 아끼는 동료 의원이 표를 내쫓는 발언이라면서 충고를 한다. 하지만 나는 그렇게 할 것이다.

1996년 12월 26일 맑음

도의회 의장 선거

6개 상임위에 21명의 후보!

내가 입후보한 농림위에 3인의 후보!

상대는 재선에 돈 많은 후보, 선물을 들고 전企 의원 댁을 방문하여 현금 봉투로 공략하고… 다윗과 골리앗의 싸움이 연상된다.

내가 다윗이기에 승리는 내 것이겠지.

상대 의원인 서용식, 염판형, 좋은 분들이다. 두 분 다 나에게 입후보 사퇴를 사정해 오는데 저들이 나를 두려워하는 것만은 사실인 듯하다.

나만 빠져주면 서로 자신이 있다는데 나에게만은 자신이 없다는 것이다.

내가 저들에게 두려운 존재라면 내가 벌써 이긴 것인가?

21명의 후보 중 내가 최고령이다.

75명 의원 중 단 두 분의 장로 중 내가 선임 장로다.

이번에 나의 승리는 하나님의 승리, 덕과 능력의 승리, 기도의 힘을 보여주는 승리가 될 것이다.

나 자신과 우리 애들에게 교훈도 될 것이다.

오늘 의장 부의장 선거가 끝났다. 울먹이는 배광언 의장 당선자의 인사말을 들었다. 부의장엔 이상운, 박종호 의원이다. 돈이 사람을 만든 것이다.

1996년 12월 27일 맑음

상임위원 선거 마지막 날이다.

장흥에서 이승창 의원의 전남 광주 라이온스 총재 취임식이다. 다녀오고 나니 하루가 거의 지나갔다. 밤이다. 주류, 비주류 캠프들이 어수선하다. 돈 봉투가 티켓들이 난무하다. 나는 호텔에 앉아서 득표 활동을 하러 온 사람들을 만나서 선거 운동을 했다. 유일한 선거 운동은 저들과의 대화이다. 인격적 감화를 주기 위해서이다.

상반기 의회를 비판한다. 의정 활동 실력을 입증받기 위해서이다. 내가 도의원으로서 능력이 검증받은 것은 1994, 1995년 결산검사위원으로 한 것이고, 1996년 예결특위를 하면서 실력을 인정받은 것이다. 즉, 도정 질의응답을 통해서 논리 정연성이 인정받은 것이다. 이 때문에 같이 앉아서 대화하면서 나에게 표를 결정하도록 운동을 한 것이다. 나는 주류도 비주류도 아니다. 주류 측에서는 비주류로 분류하나 나는 결코 비주류가 아니다. 의장단 선거에서는 친주류고, 상임위 선거에서는 친비주류다. 나는 신新주류다.

재선인 서용식 의원 그리고 초선인 염판형 의원이 상대인데, 저들이 각각 주류와 비주류의 지원을 받고 있다. 그중에 내가 끼어든 것이다. 그래서 더욱 어려운 싸움이다.

내일 선거를 위해 임영창 목사님께, 아내에게, 선경이 · 수경이에게 기도를 독촉하고 12시 넘어서 자리에 들었다.

1996년 12월 28일 맑음

도의회 농림위원장 당선

1차 투표 26:24:22로 2등, 2차 투표 30:26:17로 2등, 3차 결선 38 대 37로 승리.

주님! 오늘 이 종은 하나님이 살아계시는 증거를 보았습니다.

6개 상임위원장 선거가 시작됐습니다.

1차 투표에서 75표 중 24표로 2등을 했습니다. 2차 투표에서는 26표로 2등을 해서 결선투표가 시작됐습니다. 저는 기도만 했습니다. 결선투표에서 75표 중 38 대 37, 단 한 표 차로 승리했습니다.

이 결과를 보고 전체 도의원들은 의아해합니다. 어떤 이는 덕德의 승리라 했고, 어떤 이는 능력의 승리라 했습니다. 기독교인은 주님의 승리라고 했습니다.

단돈 일천 원도 쓴 일 없습니다. 티켓 한 장 준 일도 없습니다. 선물을 택배로 보내고, 선물을 들고 가정을 방문하고, 밤마다 술자리가 벌어지고… 선거가 너무 타락해도 나는 정중히 전화 한 통화씩 한 것뿐입니다. 그리고 만나는 대로 자연스러운 얘기만 했을 뿐입니다. 그러면서도 염치도 없게 당선을 확신하는 어리석음으로 아들, 딸들에게 기도를 부탁하고, 저도 계속 기도만 했을 뿐입니다. 기름 부어 세운 종인 장로의 힘이 무엇인지를 보여주시라고요.

헌데 하나님은 오늘 저의 기도를 들어 주셨습니다. 감사합니다. 이는 분명 기적입니다. 도의회 선거 사상 있을 수 없는 일이 일어났다고들 야단입니다. 티켓 한 장 없는 선거 운동은 오직 저 하나뿐이었으니까요. 주여, 감사합니다.

1996년 12월 29일 맑음

상임위원장이 그렇게 대단한 것인가?

경축 전보, 경축 전화가 사람을 가만두지를 않는다. 귀찮을 정도다. TV 뉴스에 보도가 되고, 신문에 보도가 되고, 온통 야단법석들이다. 그러고 보니 도의회 상임위원장 자리가 대단한 것 같다.

그럴수록 감사한 마음이 더욱 커진다.

목사님도 교인들도 그렇게들 좋아하신다.

오후 예배 끝나고 정책 당회가 모였다.

오후에 남신도회 단합대회도 있었다. 용학교회 남신도회는 모범적이다. 회원이 35명쯤 되는 농촌교회가 드물기 때문이기도 하고, 사회봉사에도 관심이 많고, 친목도 잘 되고, 피차 협력이 잘 이루어지고 있다.

밤늦게 집에 돌아왔다.

당선 소감

천학비재하고 사회 경륜이 부족한 제가 전국 제일 농도인 전라남도의회 농림위원장으로 당선되었음을 매우 영광스럽게 생각하면서 일면 책임이 중차대함을 느낍니다.

우리 전남은 농업을 발전시키지 아니하면 어떤 형태로든 발전할 수 있는 길이 없습니다. 따라서 복합 산업인 농업을 중심으로 발전의 길을 모색해야 한다고 생각합니다.

정부에서는 농어촌구조 개선사업비로 42조 원을 농촌에 투자하고 있으며, 15조 원의 농특세가 농업 기반 조성을 위해 쓰고 있습니다. 우리 5천 년 농업 역사에서 처음 있는 일이라고 생각합니다.

이 많은 사업비가 제대로 써지면 농촌이 잘살게 되리라고 여깁니다. 이 사업비가 잘 활용될 수 있도록 도의회 차원에서 계속 주시하여 나갈 계획입니다.

특히 농업정책은 꾸준히 이어져 나가야 되는데 우리 농정은 일관성이 없이 너무 자주 바뀌는 것 같아 안타까운 생각이 듭니다. 전라남도의회 농림위원님들과 지혜를 모아 앞으로 전남 농정이 농민 위주의 정책으로 계속 추진되어 나가도록 힘쓰겠습니다.

이번 농림위원장으로 뽑아주신 동료 의원님들께 지면을 통하여 다시 한번 더 감사드립니다. 열심히 일하겠습니다.

취임 후 중점 추진 사항

1. 식량안보를 위한 쌀농사 우선 농업정책 유도
2. 농촌구조개선사업추진 감시 감독
3. 농업 기반 시설 조기 추진
4. 무한경쟁시대 농산물시장 개방에 따른 한국농업 활로 모색
5. 농림축산업의 유통구조 개선과 현대화 조속 마무리

의회 그리고 도민에게 하고 싶은 말

75분 의원님의 뜻을 받들어 전라남도 농림축산업의 발전을 위하여 열심히 노력하겠습니다. 그리고 전라남도가 명실공히 전국 제일의 농도로서 자타가 공인할 수 있게 발전되도록 최선을 다할 각오입니다.

농림위원장 안국

전남도의회 유럽 연수

1997년 2월 15일(토) 맑음

유럽 순방 준비

유럽 3개국 순방 연수를 내일 떠난다.

일행 14명이다. 의원 10명, 기자 2명, 도직원 2명 등이다. 프랑스, 이탈리아, 영국이 계획이다. 나로선 이번 해외여행이 세 번째이다. 95년에 회갑 여행을 부부 동반으로 호주와 뉴질랜드를 다녀왔고, 95년 하반기에 미국 캘리포니아주립대학 경영대학원 유통 관리자과정 연수차 다녀왔고, 이번은 의회 예산으로 연수를 가게 된 것이다.

외국에 나가보면 부러움 때문에 신경질이 난다. 풍부한 자연 자원이 부럽고, 광활한 땅덩이가 부럽고, 국민의 질서 의식이 부럽고, 사회복지 보장 제도도 부러움이었다.

경비 지참금은 얼마쯤 갖고 갈까? 아예 안 사 오는 쪽으로 생각을 해야 한다. 나 혼자라도 외화 낭비를 줄이기 위해서 해외여행을 해 보면 그 사람의 인격적 수준도 엿볼 수 있다. 돈 쓰는 자랑을 추한 짓인 줄 모르고 하는 부류들도 있으니까! 나는 장도금을 준 이들에게 가벼운 선물 하나씩 사 오면 된다. 살 것이 없다.

1997년 2월 16일(주일)

프랑스 파리 도착

광주공항 발 11시, 서울 발 13시 30분 대한항공으로 파리 샤를드골국제공항에 파리 시간으로 오후 6시에 도착했다. 12시간 비행이었다. 그러니까 한국 기준 시차가 8시간이다.

우선 공항의 구조가 웅장하기는 한데 공간들이 좁고 답답하게 느껴진다. 우선 거리에서 느껴지는 승용차들이 거의 대다수 소형차였다. 파리시가 적기 때문에 유류 절약 등의 이유라고 가이드가 설명했다.

저녁을 하고 넛고 호텔에 도착했다. 호텔도 규모는 큰데 로비, 복도, 거실, 욕실 등이 왜소하고 답답하고 일본인 기질이 느껴졌다.

가이드로부터 소개받은 프랑스의 인상이 좋지 않다. 귀중품과 현금 보관 관리를 잘하라는 것이다. 소매치기가 심하고 도난의 염려가 많다고 했다. 저녁 숙박은 권용희 의원과 한방을 썼다.

1997년 2월 17일(월) 흐림

파리 제2일

역사가 있는 민족, 자존심이 있는 민족, 긍지와 자부심을 가질 줄 아는 민족성을 보았다. 제1 개선문, 제2 개선문의 그 웅장함 그리고 에펠철탑의 그 거대함도 놀라움이었지만 노트르담성당에서는 인류 역사의 최고의 자존과 긍지와 자부심을 확인할 수 있었다. 그 거대함과 웅장함과 조각 하나하나의 뜻을 새기며 하루쯤 감상하고 싶은 충동이 느껴지는 일류가 만든 최고 걸작이 아닌가 싶다. 역시 기독교 문화의 자긍심을 느껴보았다.

이번 여행의 최고의 보람이라고 느껴졌다. 사람이면 꼭 한 번은 보아야 할 인간의 가능성을 노트르담성당 석조 건물의 기둥, 조각, 천정 그리고 건축 양식에서의 예술성을 찾아야 할 것이라는 생각을 해 보았다.

저녁의 센강 야경 선상 유람도 좋았지만 리도쇼에서 인간의 무한한 잠재적 가능성을 남성 4인 팀의 텀블링과 체조에서, 아이스댄싱에서 그리고 뭇 여성들의 여체의 아름다움에서 보았다.

특히 아볼랑스양로원 시찰에서는 460명 수용인데 직원이 160명이 되는 최고 최대의 복지 정책을 들을 수가 있었다. 평균 연령이 88세였다.

1997년 2월 18일(화) 흐림
프랑스 제3일

비디오카메라를 안 갖고 온 것이 후회스럽다.

나폴레옹 묘소에 갔다. 300년 전에 지은 성당인데 나폴레옹 묘소로 정한 곳이란다. 천정과 벽에 그려진 성화가 그리고 제단의 예수님의 십자가상이 마음을 이끈다. 어제 노트르담성당에서보다 오히려 더욱 장엄함과 경건함이 느껴지는 곳이다.

하수처리장 시설을 견학했다.

완전 지하 터널을 이용해서 폐수처리가 되고 있었고, 식수, 가스, 전기 기타 모든 관이 지하 터널에 집중 설치 관리되고 있다. 파리시의 전체 폐수가 한 곳으로 집결 정화 처리된다는 것이고, 그 시설이 이미 100년 전부터 이루어졌다니 경이롭기까지 했다.

부국이어서가 아니라 발전 가능성이 있는 민족의 잠재력이라는 생각이 들었다. 오후 시간을 쇼핑으로 보내버린 것이 아까웠다.

1997년 2월 19일(수) 흐림

이탈리아 로마 도착

세계적 예술의 본당이란 루브르박물관 관람이다.

비너스 여신상과 모나리자 진품을 볼 수가 있었고 세계적 명작들을 볼 수가 있었다. 두 시간여 돌아보았지만 겨우 한쪽 구석밖에 볼 수가 없었고, 너무도 경이롭고 감탄스러워서 더 보나 마나 보아도 보아도 새로움뿐이었다. 우리 애들 생각이 났다. 언제쯤 선경이, 수경이, 진웅이, 수미라 보여줄 수 있을까? 서운함과 아쉬움을 뒤로 하고 돌아서는 게 차마 안 됐지만….

오후에 몽마르트언덕에 세워진 성심성당에 가보았다. 기적의 성당이라 소개받았다.

오후 세 시 반 비행기로 이탈리아 로마 레오나르도 다빈치 국제공항에 여섯 시 반에 도착했다. 기독교 문화의 전성을 이룬 로마, 저녁에 도착해서 차창 밖으로 보이는 건물들이 프랑스 파리에서 보았던 것 같은 느낌이었다.

저녁 숙박은 로마 최고의 호텔이란 힐튼 호텔에서 쉬었다. 내 생애 최고의 호화판 호텔 숙박이다. 하나님께 감사하고 자리에 들었다.

1997년 2월 20일(목) 맑음

로마 제2일

기원전 1세기, 서기 1세기의 유적과 문화재로 꽉 차 있는 도시 로마.

바티칸 박물관에서 미켈란젤로의 천지창조 천장화, 최후의 심판 벽화 등 수백 점, 수천 점의 작품을 감상하고 트레비 분수, 스페인 계단, 이탈리아 독립기념관, 콜로세움, 벤허 경기장, 진실의 입, 베드로와 바울의 감옥, 개선문, 도시 전체가 유적이요 문화재였다.

외형의 건물들은 거의 1세기경에 건축 되어진 것이기에 꾀죄죄하고 때묻고 시커멓지만, 그 내부는 대리석으로 꾸며진 화려한 건물들이었다. 로마 시청 건물도 뒤편에서 보면 완전 폐가이며, 또 전 도시가 보잘것없는 낡은 건물인데 말이다.

로마는 대리석 조각 문화이며, 예술 문화요, 고전 문화임이 부러울 정도였다. 나 혼자 보기에는 아까운 관광이다. 카타콤 지하 무덤에서는 사뭇 순교의 경건함이 느껴졌다. 베드로와 바울의 감옥에서는 베드로를 만나고 바울을 만나보는 것 같은 이천 년 시간을 초월한 거룩함이 느껴지기도 했다.

매일 느껴지는 경이로움이다.

1997년 2월 21일(금) 맑음
로마 제3일

오늘은 세계 3대 미항인 나폴리와 산타루치아를 거쳐 기원전 7세기 도시로 추정되는 화산재에 묻혀 멸망한 도시 폼페이를 관광했다. 기원전 7세기 도시로 이해되지 않는 부분들이 많았다. 건축자재이며 도시 계획이며 목욕탕 시설, 수도 시설까지 그리고 공연장까지 갖추어져 있었던 흔적들을 볼 수가 있었고, 사창가로 추정되는 곳의 성행위 벽화가 생생히 남아 있는 것 등 감탄할 만한 유적지였다. 또 석고가 되어 버린 시체들, 유물들.

이탈리아가 부러웠다. 관광 수입이 부러웠다. 두고두고 인간의 역사가 계속하는 한 세계적인 관광 상품으로 팔릴 것이며, 국가의 부의 축적이 국민 소득을 보장해 줄 것이 아닌가? 때문에 후손들은 사회복지를 누릴 수 있고, 물질의 풍요를 누릴 수 있게 되는 것이 부러움이었다.

우리나라는 무엇인가? 자원이 부족하다. 후손에게 물려 줄 물질의 풍요가 없다. 계속해서 가난하게만 살아야 한다. 이번 유럽 여행에서 너무 많은 것을 보고 배우고 느낀다.

1997년 2월 22일(토)
로마 제4일, 오후 런던행

120년간 건축했다는 베드로 대성당엘 갔다. 인류 역사 이후 영원한 대결작임에 틀림없겠다. 인간의 작품이기엔 너무 거작이며 신비작이라 느껴졌다.

가이드의 설명에 의하면 천정 높이가 137미터나 된단다. 황금이 197톤이 사용됐다는 것이다. 28만 명이 모일 수 있는 대광장. 기둥이 336개인데 각 주가 88개, 원주가 248개, 순교 성인 석상이 142개, 완전히 조각으로 꽉 차 있는 건물. 성당 실내가 5만 미사 인원이 참여할 수 있고, 의자를 치우면 미사 인원 수용이 17만 명이란다.

나는 생각해 본다. 이 건물이 완성되기까지 얼마나 많은 노예가 목숨을 바쳤을까? 로마의 기독교 박해로 죽어간 순교자들은 그 수가 얼마였을까? 아마 하나님의 이름 때문에 죽임을 당한 이 성전 건축을 위해 죽어간 후손들을 축복하기 위해 하나님께서 그 후손들에게 수천 대까지 내리신 물질적 축복을 주시기 위해 이 로마의 문화를 주신 것이 아닌가 생각을 해 보았다.

오후에 런던 히드로국제공항에 도착 인터콘티넨탈 호텔에 들었다.

1997년 2월 23일(주일) 흐림
런던 제1일

영국에서 제일 큰 성당 성 바오로 성당에서 주일 기도를 간단히 드리고 타버브릿지, 버컹엄궁, 국회의사당, 대영박물관 등을 관광했다. 대영박물관의 거대함과 자료의 풍부함. 이집트, 바빌로니아 문명 세계의 유물들을 총집결시켜놓은 인상을 받았다.

우리나라의 유물인 대형 불교 탱화 두 점, 부처 1기, 세계에서 가장 오래된 목판 인쇄 서적 등이 눈에 띄었다.

기원전 수 세기 전의 미라들 수십 기를 볼 수가 있었고, 충분한 시간을 두고 보고 싶은 유물들이었다. 미술관에도 보고 보고 뜯어보고 싶은 그림들이 너무도 많은데 시간에 쫓기고 일행을 놓치면 출구를 찾아 나오는 일도 어렵다.

감기가 재발해서 두통, 기침이 심하다.

1997년 2월 24일(월) 비
런던 제2일
지난밤에 많이 부대끼었다.

가져간 감기약도 별 무효다.

음식을 전혀 먹지 못하겠다.

오전 킹스턴 의회 방문인데 나는 아예 정장도 하지 않고 버스 안에서 지냈다.

오후 윈저성 관광도 기권했다.

그러니까 만 하루를 버스에서 보냈다.

런던 히드로국제공항에서 서울행 대한항공에 탑승했다.

열두 시간의 비행을 어떻게 감당할지 걱정과 함께….

1997년 2월 25일(화) 흐림

서울 도착

런던에서 서울까지 12시간.

오후 4시 30분 서울 도착. 수경이, 강, 건 만나다.

오후 7시 30분 서울발 광주.

광주에 8시 30분 도착.

내 차를 운전할 만한 건강 상태가 아니었다.

도청에서 내준 승용차로 수경이, 강이, 건이 같이 집에 돌아왔다.

일생을 두고 기억에 남을 여행이 됐다.

환자의 몸으로 죽을힘을 들여가며 "주여! 건강을 회복시켜 주옵소서!" 기도를 수없이 해야 했고, 기도하면서 회개했다.

주일 아침에 출발하는 여행이 돼서 새벽 예배는 참석했지만, 마음이 꺼림칙했는데 하나님께서 주의 촉구로 주신 것이 아닌가 생각을 해 보았다.

동료 의원이 "성지순례 여행인데 독실한 안 위원장이 아프시면 어떡합니까?"도 미안하게 들렸다.

사실 이번 여행은 조금 무리였다. 감기 치료가 완치 상태가 아닌 채로 출발했던 것이다.

전국농수산위원장협의회장 당선

1997년 4월 10일(목) 맑음

전국농수산위원장협의회가 서울교육문화회관에서 모였다. 조직으로 회장, 총무 선임이다.

전반기 때도 전남도의회에서 최병순 위원장이 하셨는데, 한 사람의 의사만 아니고 전원 일치로 회장에 나를 선임했다. 실은 어차피 정치인으로 발을 내디딘 이상 회장이 되고 싶은 생각이 있었다. 그래서 하나님의 뜻이었든 회장이 되도록 기도했었다. 감사한 일이었다.

들어보면 전국도의회 운영위원장 협의회에서는 회장 경선이 치열했었 다는데 역시 농(農)자가 붙은 농림위원들은 깨끗한 면이 있었다. 서로 눈치만 보는 것 같았다. 경남위원장(박정웅)이 나를 추천하고, 충북농림수산위원 장인 이향래 의원이 재청하고, 전북농림수산위원장 송영선 의원이 삼청해 서 전원 찬성으로 선임이 됐다. 전원 위원장들이 바뀌었기에, 오늘 수(首)인사 를 한 처지이기에 피차의 능력 같은 것은 서로 검증할 시간이 없었다. 다만 회의 전에 좌담으로 한 시간 동안 현 정치 상황 등의 이야기 도중 약간씩의 실력을 확인할 수는 있었다. 실은 나도 의식적 발언을 통해 나를 알리는 계기를 만들기도 했다. 총무는 제주 강호남 의원이었다.

노인요양원 건립

1996년 2월 23일

노인요양원 건립 추진 시작

공립치매전문요양병원 건립 추진 계획이 시군에 공문 하달된 정보를 입수하고 도청에 갔다. 전남도에 1개소인데 이미 동부 지역인 순천 지역으로 내정이 된 것 같았다.

실은 희망적인 생각을 갖고 간 것인데….

어떻든 용학교회의 관심 사업임을 도에 군에까지 알리는 효과로 만족할 수밖에 없었다. 차후 국책사업인 양로 사업에 국가의 지원을 받으려면 우선 사회복지법인을 설립하고 소규모사업부터 시작을 해야 할 것 같다.

노인 복지사업을 내 생의 보람 사업으로 결심한 이상 이 일을 위해서 나는 계속 기도할 것이며, 나의 모든 생의 역량을 기울여 노력할 것이며, 나의 정치 역량까지 동원해서라도 이 일만은 반드시 이룩해야 한다. 먼 훗날 안국이가 무엇을 한 사람이냐고 묻는 이가 있다면 노인복지 문제를 이렇게 해결했다고 하는 말이 세상에 남아 있어야 하고, 말뿐이 아니라 기록으로 남아 있기를 소망한다.

내가 하나님 앞에 가서 유일한 보고 내용이 그것이기 때문이다. 또 그 사업이 내게서만이 아니라 내 자식 중 경제적으로 성공한 이가 있어 계승 발전해 가기를 기도한다.

1999년 10월 3일(주일) 흐린 후 맑음
교육관 복지관 기공식

2004년 3월 26일
사회복지법인 한기장복지재단 무안사랑의 집 개소식

2005년 1월 6일(금) 흐림
전남도청 노인복지과 다녀오다

2007년 3월 11일(주일) 흐림, 정부 사업 신청 승인

반가운 소식이다. 정부에 신청한 재가 노인복지센터 지원이 승인이 났단다. 건축면적 107평에 3억4천3백만 원 보조 신청을 했던 것이다. 사업 승인이 났으니 3월 20일 한 보조금 신청을 하라는 것이다. 앞으로 용학교회는 복지사업을 통해서 하나님의 선교를 이루어 갈 것이다.

하나님께서 도와주실 것으로 확신한다.

2007년 9월 27일
용학교회 노인복지센터 공개입찰

용학교회노인복지센터 공개입찰을 했다. 정부 지원 사업이기 때문에 공개경쟁 입찰을 해야 한다. 광주 주소 업체에 신용등급 B등급 이상 그리고 노인복지 건축시공 경력업체로 조건이 붙었던 업체들이 참가했다. 8개 업체가 써낸 금액에서 4개 업체를 추첨해 평균 가액을 입찰 금액으로 하고 가장 근접한 업체를 선정했다. 공평무사하게 진행된 입찰이었다. 선정된 업체를 확인해 보니 기독교인이라고 했다. 하나님께서 미리 정해주

무안노인복지센터

신 것을 알고 감사했다.

2007년 10월 11일(목) 맑음

용학교회 노인복지센터 재입찰

지난달 27일에 노인복지센터 건축 공개입찰을 해서 2억6천6백만 원에 낙찰이 됐는데 계약 포기를 하는 바람에 오늘 제2차 입찰을 했다. 지난번에 8개 업체가 응찰했는데 이번엔 두 개 업체가 참여했다. 무슨 이유에서인지 입찰에 응하지 않고 그냥 돌아갔다. 설계가 너무 까다롭게 돼서라는 것이란다. 어찌 생각하면 잘 됐는지도 모르겠다. 이제는 지명 경쟁 입찰에 의한 수의계약을 하게 된 것이다. 공사비 3억3천7백만 원 예산이니까 우리 손으로 하면 해낼 수 있다는 것이다. 하나님께서 정해 놓으신 좋은 업자가 있는 것으로 믿는다.

2007년 11월 4일(주일) 흐림

오후 예배드리고 노인복지센터 기공 예식을 한다기에 부지로 갔다. "빙 둘러서십시오. 예식을 갖겠습니다." 목사님의 안내. 푸랑카드(플랜카드)도 하나쯤 걸어 놓고 삽도 몇 자루 준비해 놓고 성가대도 있으니 찬양도 준비하고 설교도 기공식에 맞도록 준비하고 했으면 얼마나 좋을까? 급히 삽이나 당회원 수만큼 가져오라 했더니 삽 세 자루 가져왔다. 건축위원장의 인사말도 있어야 하는데 그것도 없고, 업자의 인사말도 있었으면 좋은데 그것도 없고, 찬송 한 장 부르고 배 장로 기도하고 설교랍시고 이스라엘 백성 요단강 건너 12지파 12돌로 기념비 세웠다는 추운데 길고 긴 얘기. 그리고 건축위원장의 경과보고 있은 후 시공업자 나와서 고개만 숙이고 첫 삽질하고 축도로 끝나는 싱거웁고 준비 안 되고 기쁨도 느껴보지 못한 형식적인 장난 같은 기공식이었다.

2007년 11월 11일(주일) 맑음

지난 주일 기공식을 했고 엊그제 터 작업을 했는데 오늘 교회 나가니까 철근공들이 10여 명 나와서 일을 하고 있었다. 신경질이 난다. 가슴이 두근거릴 정도다. 노인복지센터 건축이다. 교회가 건축주이다. 주일날 공사를 해야 하는가? 시공업자도 예장교회 장로라 했다. 예배 끝나고 목사님께 주일에 공사를 해도 되는 겁니까? 물었더니 형편이 어쩌구저쩌구 변명이다. 듣기가 싫었다. 점잖게 "그래서는 안되지요! 교인들에게 주일 성수를 어떻게 설명하겠습니까?" 하고 말았다. 곰곰이 생각해도 화가 안 풀린다. 업자란 작자도 명색이 장로라는데….

또 목사님의 신앙의 내면을 보는 느낌이다. 또 건축위원장은 무엇인가? 집에 와서 건축위원장에게 전화했더니 변명이다. 시공업자가 결정할 사항이지 우리가 이래라저래라할 사항이 아닌 것 같아서 어쩌구저쩌구 화가 버럭 났다. "도대체 무슨 얘기하는 것인가? 우리가 건축주인데 주일 날은 공사 못 한다고 해야지. 용학교회 역사상 처음 있는 일인데 이럴 수는 없는 것이다"고 고함을 치듯 말하고는 전화를 끊고 말았다. 용학교회의 앞날이 날로 걱정이 된다. 주일 교회 공사를 하는 것을 대수롭지 않게 받아들이다니.

2007년 12월 9일(토) 흐림

노인복지센터 2층 콘크리트 타설을 오전에 한다고 문자메시지가 왔다. 건축위원장이다. 시간이 없다 전화로 확인해 보니 상량식도 없고 남신도회에서 인부들 점심 대접하는 것이란다. "점심같이 하십시다"고 연락이 왔다. 나가 보았더니 건축위원 3명이 현장에 나와 있었다. 그간 내가 지적했던 부분이 시정되지 않아서 몹시 기분이 상해 있는 형편이라 했더니 한마디도 놓치지 않고 변명이다. "그래도 된다던데요. 다음에 하지요. 그렇게 안 된다고 하데요"란다. 위원장은 옆에 섰다가 현장을 떠나 버린다. 듣지 않겠다는 것이다. 속이 뒤집혔다. 건축위원들이면 한 교인의 의견까지 존중하고 들어보아야 하고, 시정할 것은 시정하고, 되도록 할 일을 하려고 노력하지 않고 일만 업자에게 맡겼으니 두고 보자는 심산인 것이다.

건축 설계 겉모양부터가 마음에 들지 않는다. 어린이집 모형에서 따온 것인데 노인 시설과 어린이 시설 건축 양식은 정서적으로 문화적으로 달라야 하는데 원로장로인 나에게도 한 번도 상의 없이 해 놓은 것이다. 한마디로 교회의 내일이 걱정이다. 교회 교양도, 교회의 제도나 신학이나 신앙이나 모두 내가 보기에 수준 미달이다.

2008년 1월 14일(월) 맑음

노인복지센터 정초석定礎石에 쓸 성경 구절을 부탁해 왔기에 두어 시간 시편, 잠언, 전도서를 읽었다. 두 구절을 선택했다. "백발은 영화의 면류관이라"(잠 16:31)와 "호흡이 있는 자는 여호와를 찬양하라"(시 149:6)이다.

노 장로에게 전화가 왔기에 두 구절 중 하나를 택해보라 했더니 잠언이 좋다는 것이다. 물론 내 설명에서 선택했을 것이다. 잠언의 '백발은 영화의 면류관'은 이미 나이가 많이 먹도록 살았다는 것이 영화를 누린 축복을 의미하는 것이며, 건강 장수의 축복이 면류관이 된 것이기에 하나님께 감사하며 보내는 여생이 되어야 한다는 뜻이며, 혹 예수님을 믿지 않는 노인들에게도 거부감을 안 줄 것 같다고 말해주었다. 시편의 말씀은 나이 많도록 살아 있음의 큰 의미는 하나님을 찬양해야 하는 감사하는 삶으로 여생을 보내라는 의미가 있겠다고 설명을 해 주었다.

2008년 4월 6일(주일) 비

노OO 장로가 노인복지센터 건축위원장이다. 기와지붕 공사 감독하고 내려오다가 사다리가 넘어져서 팔꿈치 골절상을 입어 목포한국병원에 입원 중이어서 오후 예배 후에 이영희 권사와 교인 세 분과 함께 문병을 다녀왔다.

나는 간절히 기도했다. "하나님께서 크게 쓰시려고 택하셔서 훈련 중인 줄 압니다. 지난번에는 나무 전정하다가 기계에 손가락을 베어 고생 많이 했는데 이번에는 공사 건축위원장으로 감독하다가 큰 상처를 입고 수술받아 통증이 있습니다. 믿음이 없는 사람이 볼 때 하나님 영광을 가리는 일이 될 수도 있는지 모르지만 나 안국 장로가 볼 때는 '네가 정말 나를 사랑하느냐?'는 질문으로 일하게 하시는 것 같습니다. 두 번째 받는 어려운 훈련이 마지막이 되게 하시고 크게 복 주셔서 기적적인 치유 효과가 나타나 치료하는 의사가 놀라는 역사가 있게 하시옵소서!" 노 장로님이나 부인 김OO 집사님이나 나의 눈에 이슬방울이 맺히는 감격이었다. 용학교회 시무 장로 중 두 분의 봉사와 섬김이 일등 장로로 끝까지 하나님 사랑받는 장로로 앞장서서 모든 교인을 이끌어가는 축복을 주십사 기도했다. 평소 나의 기도였다. 또 내 기도로 만들어 낸 장로라는 생각을 하는 것이다.

2008년 7월 6일(주일) 맑음

무안사랑의 집 용학교회복지원장으로부터 전화가 걸려 왔다.

노OO 장로가 교회노인복지위원회 위원장인데 무안 노인복지센터 관련 서류 일체를 갖고 와서 노인복지센터에서 손을 떼겠다고 하고 가버려 난감하다는 것이다. 앞으로의 운영이 걱정된다는 것이다.

대충 짐작이 가는 일이다. 오늘 오전 예배 후에 점심시간을 이용해서 노 장로를 만나서 권면했다. "그간 노인복지센터 허가 신청부터 건축에 이르기까지 고생 많이 했는데 앞으로도 노 장로가 책임을 지고 끌고 나가야지, 이제 시작도 하지 않았는데 손을 떼겠다고 하는 것은 아무리 생각해도 이해되지 않는다"는 얘기와 "미래의 용학교회의 주인의식을 갖고 끌고 나갈 당회원을 나는 노 장로로 보고 기도해 왔고, 계속 기도할 것이다"라고 장시간 설득을 시켰더니 눈물을 흘리며 듣고 있었다. 문제투성이인 노인복지센터의 앞날이 걱정스러웠다.

2008년 9월 30일(화) 맑음

오늘 용학교회 노인요양원 개원식이다. 오전 9시 30분 개원 예배에 참석했다. 이윤석 국회의원이 서울에서 여기까지 개원식에 참석하기 위해 달려왔다. 축사에서 안국 장로님 얼굴 보고 싶어 왔다는 것이다. 서삼석 군수의 축사에서는 자기 나이가 51세인데 30년 전부터 용학교회를 많이 들었다며 용학교회는 무안 군내에서도 명성이 뛰어나고 무엇인가 앞서가는 교회로 알고 있다면서 안국 장로님이 계시기에 이토록 좋은 교회가 가능했다고 무안군을 대표할만한 교회라고 칭찬했다.

2017년 8월 28일(월) 맑음
해제용학복지센터 증축 감사예배

용학노인요양원 설립은 2008년도에 한기장복지재단으로 정부 지원 사업으로 신축을 했는데, 시설 면적이 적어 대기자가 있어도 수용 못 하는 상황인데 김안식 목사가 원장으로 와서 자체 자금 1억으로 북쪽으로 증축하고 오늘 증축 감사 예배를 드렸다.

내빈이 한기장복지재단 이사장 김옥진 목사 설교, 한국기독교장로회 증경 부총회장 황일영 장로 축사, 한기장 노인복지기관협의회장 정태권 원장 축사, 한기장복지재단 김승종 목사 인사말, 예배 기도는 내가 했다.

감사패 수여에서 은혜기업 대표 김기선 집사, 용학교회 담임목사 신민주 목사, 용학복지센터원장 김안식 목사에게 이사장 명의로 주어졌다.

현황 보고에서 직원 및 이용자 현황이 있었다. 장기 요양 21명과 주간 보호 9명 합쳐서 30명, 방문 요양 22명과 노인 돌봄 21명으로 계 43명, 총 73명에 종사자가 장기 요약 13명, 주간 보호 3명, 방문 돌봄 10명, 합계 26명이다. 총인원이 100명 대가족이다. 증축 전 119평에서 증축

52평, 합계 170평이 됐다. 그러니까 김안식 목사가 원장으로 와서 대단한 일을 해낸 것이다.

2018년 3월 10일(토) 맑음
용학요양원 위문

오늘 오전에 용학교회 노인요양원 위문을 다녀왔다. 오렌지 큰 상자 하나, 건빵 한 상자, 과자 한 상자, 요구르트 한 상자를 들고 갔다. 일금 10만 원 지출이다.

죽음을 기다리는 노인들이 너무 불쌍하고 사람이 저렇게 죽어가면 안 되는데 안쓰럽고 짠하고 슬프기까지 했다.

오후에는 금주 한 주간을 못 갔던 수영장에 가기로 했는데 아내가 박 서방이 오늘 오후에 서울에 간다고 하니 찬거리 보낼 것이 있다며 못 가게 됐다. 배추김치, 파김치, 싱건지를 담고 석화(굴)를 사 오고, 냉이를 캐다가 씻고, 오후 내내 장만하는 것 같았다. 밤 10시경에 집에 온다는 박 서방의 전화다.

아내의 자식 사랑 금메달감이다.

오늘 수미라 생일이라고 축하 전화를 잊지 않는 어머니이다. 전화 받은 막내딸의 대답은 "감사해요. 낳아 주셔서 고마워요" 했단다. "용돈 보내 드릴게요" 했단다. 내가 전화했다. "생일을 축하한다. 하나님께 감사한다. 아빠 용돈 안 보내도 되니 우리 막내 쓰고 싶은 데 써라."

제84회 기장 총회 법제부장 피선

1999년 9월 15일

한국 기장 총회 역사상 처음으로 장로가 법제부장이 됐다.

그간 재정부장, 신도부장은 장로의 몫이었고 선교부장, 해외선교부장, 교육부장, 사회부장 그리고 총회의 꽃인 정치부장, 법제부장까지 6개 위원장은 목사들의 몫이었다. 지금까지 정치부장은 이길구 장로가 한 번 하고는 이번이 두 번째, 더구나 법제부장은 장로가 처음인 역사적인 사건이라고들 총회의 화젯거리다. 나는 하려고 노력도 생각도 해 본 일이 없다. 헌데 장로들의 단합이 목사를 이긴 것이다. 투표 총인원 90명 중 목사 50명에 장로 40명이다. 증경총회장, 증경노회장들도 다 들어와 있다. 장로의 법제부장은 꿈일 뿐이다. 헌데 목사 후보의 난립과 장로 단일 후보가 곧 승리의 비결이었다. 게다가 지금까지의 구두 호천 박수식의 사전 각본 선거를 배제한 것이다.

그러나 법제부장 당선의 기쁨보다는 고생과 피곤이 더 크다. 총회원들은 다들 돌아갔는데 법제부장만 밤늦도록 심의 안건 심의하랴, 숙소에 가서도 안건을 검토해야 하고 온통 머릿속에 법조문으로 차 있게 된다. 또 만나자는 사람 때문에 정신을 차릴 수가 없다. 허나 자랑스럽고 영광스럽다. 하나님께 감사드린다.

1999년 9월 16일(목) 맑음

법제부장 참 힘든 자리다. 오전 9시부터 11시까지 심의를 끝내고 보고서 작성하는 일, 문구 하나까지 신경을 써야 한다. 시간 연장까지 해가며 오후 1시 30분에 속회, 장장 1시간 이상의 보고. 살얼음 위를 걷는 것 같은 긴장감에 이마에서 땀이 난다. 일반 회원으로 질문을 하고 발언을 할 때는 일종의 희열감까지 느끼며 시원함을 맛보며 즐겼었다. 그러나 이제 법제부장이 되어 헌법 질문에 답변해야 하고, 어떤 경우는 약간 의심스러운 법이론을 머릿속으로 정리해 가면서 겨우겨우 보고를 끝냈는데, 다 끝난 보고를 갖고 이젠 싸움이 벌어진 것이다.

'총회 산하 대내외 법정 이사의 3선 금지'에 관한 논쟁이다. 작년 총회 때부터 싸워 온 것이다. 특히 연세대 이사 자리를 놓고 법 개정 싸움이 1년 동안 계속해 오면서 아직도 미해결이다. 특정인의 싸움이 이제 패거리 싸움이 된 것이다.

1년 동안 결속된 양편의 싸움에 법제부장이 끼어들 수 없는 노릇인데 양편이 모두 제 편들기를 똑같이 기대하는지라 고민이다.

오후 3시가 되도록 의장이 의사봉을 두드리지 못하고 장내는 아수라장이다. 12시 30분에 출발 약속한 대절 버스가 나 하나 때문에 대기 중이다. 부득이 경우도 아니고 예의도 아닌 줄 알면서 끝을 맺지 못하고 회의장을 빠져나오고 말았다. 법제부장 찾는 일이 없기를 바랄 뿐이다. 밤 11시 집에 도착했다.

금강산 평화통일기도회

2003년 9월 30일(화) 맑음

일행 44명이다. 목사 8명, 사모 7명, 장로 20명, 장로 부인 9명이다. 남자 28명, 여자 16명이 10시 무안 출발, 오후 5시 속초 설악동에 도착했다.

이번 여행 목적은 미리 준비해 온 금강산 육로 평화통일기도회로 교직자 내외가 참여키로 해서 결정된 행사였다. 기도회 단장에는 장주헌 목사, 총무에는 정종영 목사로 정했다. 경비 절약상 남녀별로 합숙이었다. 우리는 4인실로 배종열, 손계영, 윤항렬 장로와 내가 배정받았다. 저녁 식사에 오징어회를 실컷 먹었다.

세월은 빠르다. 그래서 옛사람들이 유수流水 같은 세월이라 해서 쉼 없이 흘러가는 물에 비유했고, 세월은 여시如矢라 해서 날아가는 화살에 비유했던가. 현대인들은 나이를 차의 속도에 빗대어 10대는 시속 10킬로미터, 60대는 시속 60킬로미터, 70대는 시속 70킬로미터로 세월이 느껴진다고 한다. 과연 세월은 참 빠르다.

엊그제 정월 초하루를 지난 듯싶은데 올해 일 년의 4분의 3이 지나버리고 이제 겨우 1분기가 남았다. 눈 깜짝할 새 지나온 아홉 달이었다. 그러면 금년에 해 놓은 것이 무엇인가? 곰곰이 생각해 보아도 아무것도 없다. 성공한 것도 없고, 실패한 것도 없다. 자랑할 것도 없고, 그렇다고 욕먹을 것도 없다. 그저 그런대로 살아왔는지 아니면 삶을 허비했는지도 모르겠다.

무엇인가를 하고 살아야 하는데, 무엇인가를 남기고 지나가야 하는데, 지렁이도 지나가면 흔적이 남는데….

10월은 내 생일이 있는 달이다. 음력 9월 29일이 생일이다. 10월에 두 번의 여행이 있다. 금강산 여행과 일본 여행이다. 돈 들어가는 것을 아까워하는 아내이지만 같이 여행을 즐기고 싶다. 이번 일본 여행은 광주 장로들과이다. 남부지방인 후쿠오카, 구마모토, 벳푸, 시모노세키 지방이다. 4박 5일, 예순아홉 생일 기념 여행이 되겠다. 내년 70, 희수 여행은 성지순례 쪽으로 할까 싶다. 우리가 여행한다면 자식들이 좋아할지 부담 느낄지 아마 즐거워할 것으로 믿고 싶다. 매년 한 번 해외여행을 한다 해도 앞으로 몇 년이나 더 살 것인가? 욕심대로 잡아도 10년쯤이겠지! 여생 육체적으로 정신적으로 좀 편하게 보내야 할 터인데, 그러면서도 무엇인가의 보람을 찾는 뜻있는 이웃들과 더불어의 삶이 되어야 할 터인데…. 하나님께서 도와주시는 한에서만 가능한 삶이 되겠지!

2003년 10월 1일(수) 맑음

조식 후 버스는 설악산을 훑고 지나 오후에 고성 금강산 콘도에 도착해서 수속 절차를 마치고 오후 4시에 통일전망대 근처에 있는 남측 CIQ에 도착 출국 수속을 끝내고 민통선을 지나왔고, 이제 비무장지대를 지나 공동경비구역 이중삼중 철조망을 끼고 북쪽 땅을 지나서 오후 6시 북측 CIQ에서 북한 입국 수속 마치고 온정각에 가서 저녁 식사하고, 저녁 10시에서야 호텔 해금강에 도착했다.

북쪽 땅에 오는데 만 하루가 걸린 것이다. 호텔 해금강은 바다에 떠 있는 선상 호텔이었다. 배정받은 방은 3층 40호실이다. 육지 일반 호텔에 손색없는 시설이었다. 4년 전에 보던 그 산천, 그 길 그 온정각, 그 금강산.

그러나 지난번에는 배로 와서 배로 돌아갔는데 이번에는 버스로 와서 버스로 돌아가게 될 것이 별다른 감회가 있다. 밤에 같이 한 방에 모여 기도회를 했다. 장주헌 목사님의 말씀, 내가 기도하고 유기문 목사님의 축도로 드린 간단한 기도회였지만 은혜로웠다. 나는 감회어린 기도를 정말 간절한 소원인 통일을 더 깊게 기도하고 싶었지만, 버스 여행에서 피곤한 일행들의 암묵적 요구를 받아들여 간단하게 기도했다.

2003년 10월 2일(목) 맑음

오늘 관광코스는 구룡폭포, 상팔담, 삼일포다. 우리 내외는 상팔담에 오르는 것을 포기했다. 이영희 권사가 피곤해하기 때문이었다. 구룡폭포에 다녀와서 목란관에서 북한 음식으로 나는 산채비빔밥을, 이 권사는 평양냉면을 먹었다. 오후의 삼일포 관광은 하나의 호수인데 실망스러웠다. 저녁 잠자리에서 이 권사가 구토, 설사, 복통이 일어났다. 너무 심했다. 걱정스러웠다. 밤 열두 시가 넘었는데 어찌할 수 없었다. 식중독으로 판단되었다. 도리 없이 하나님께 간절한 마음으로 기도하는 수밖에…. 다행히 위급상황은 면한 것 같아 하나님께 감사했다. 만약 불행한 상황까지가 생각되는 마음 약해짐을 기도로 달래야 했다. 외국이면서도 적국이고, 심야에다, 도시도 아닌 군사 지역 금강산이다, 군 통제를 받아야 하는 지역에다 생각할수록 답답했다. 잠옷에 변이 묻은 것도 모를 만큼 정신없이 아팠고, 얼굴색은 창백해졌고 땀은 쏟아지듯 범벅이 되고, 몸을 가누지 못할 정도로 빈혈증이 오고, 복통은 너무 심해서 신음소리가 무겁고… 구급약으로 갖고 간 한방소화제를 먹였다. 어떻든 다행이었다. 본인도 아마 하나님께 기도했을 것이다.

2003년 10월 3일(금) 맑음

오늘은 만물상 천성대이다. 이 권사의 건강이 산행을 못 할 정도이지만 현장까지는 갈 수 있어 다행이었다. 힘이 허락하는 한에서 만물상을 오르다가 내려오라고 부탁하고, 나만의 산행이다. 지난번에는 우측 망양대에 올랐기에 이번에는 좌측 천성대에 올랐다. 지난번 길은 내려오는 코스로 하고, 올라가는 코스는 철 계단으로 이제 설치해 놓여 있었다. 철 계단을 오르는 그 맛도 한결 관광 기분을 돋우어 주는 것 같았다.

온정각에서 이번 금강산 여행 마지막 점심을 먹고 다시 북측 CIQ에 들러 출국 수속을 마치고 한국행이다. 다시 북측 비무장지대를 지나 남측 비무장지대 통과 철조망을 벗어나는 기분은 묘한 감정이었다. 철조망 안에서 3일간을 살고 철조망 밖으로 나오는 자유의 몸을 느꼈기 때문이었을까?

금강산 온정각에서 출발해 남측까지 오는 동안 착잡하고 답답하고 안쓰럽고 불쌍하고 공산주의가 무엇이기에 저 모양 저 꼴을 고집하고 싶을까? 우리 남측 땅에 들어서는 순간 시야에 들어오는 산천부터 군인들 막사며 철조망이며 전신주 하나까지 주위의 나무 한 그루까지 180도로 달리 보이는 것이다. 천국과 지옥이 다른 것이 아닌 오늘의 한국과 북한이 천국과 지옥 바로 그것인 것 같다.

'돈 안 쓴 깨끗한 선거'
— 한국기독교장로회 제89회 총회 부총회장 당선

한국기독교장로회 교단 총회에 총대로 계속 선임되어 참석하면서 총회 헌법위원 서기, 총회 재판국 위원 서기, 총회 법제부장(기장 역사상 장로로서는 처음 선출) 등을 지내면서 나름 잘 알려진 탓에 나를 좋아하는 장로들이 총회 부총회장에 출마하기를 권했다.

조직 사회의 선거는 종교계에도 계보가 있기 마련이고, 우리 기장에도 장로회 외에 여러 개의 사조직이 있어서 선거를 좌지우지하는 정도였다. 나는 계보가 없었다. 다만 공부하는 '정론'이란 모임에 참여하고 있었는데 순수하게 토론하고 공부하는 모임이었다.

그 수도 십여 명 정도였다. 주위의 권유로 등록했더니 쟁쟁한 상대가 둘이나 나타났다. 대도시 대교회의 실력 있는 장로들이었다. 우리 기장 선거 운동은 공개적으로 하는 것이 관행이었다. 총대가 칠백여 명이나 되니 총회 일 개월 전에 등록하고 교단 24개 노회를 돌아다니며 식사 대접하고, 여비 주고 하는 것이 관행이었다. 그도 그럴 것이 유권자를 만나야 하기 때문이다.

각 노회마다 선거 운동원을 두어야 한다. 나는 내 선거 운동 나 혼자하고 유일한 운동원은 광주노회 윤용상 장로 한 사람뿐이었다. 일절 돌아다니지 않았다.

집에 앉아서 총대 목사님들과 장로님들께 전화 두 번씩 하고, 인사장한번 보내고, 이정선 목사님께서 나를 소개하는 인사장 한 번 더 보내고….

그것이 내 선거 운동의 전부였다. 내가 사전에 전화 통화한 느낌으로는압도적 승리를 예상했는데 딱 들어맞았다. 당시 기독교신문인 국민일보에기사가 크게 보도됐다. 돈 안 쓰는 깨끗한 선거의 본보기라고!

1차 투표에서 376표(56%), 단선 총투표수 672표!

기장 총회 발전을 위한 안국 장로의 소견(제안서)

1) 총회 사업을 대폭 노회 사업으로 이관할 것을 제안합니다

현재 민주정치의 발전은 지방분권에서 그 해답을 찾고 있습니다. 이제교단 총회도 노회에 이양해야 할 사업들은 노회로 이양해서 해 노회가그 지방 문화와 정서적 특색에 적합한 선교 정책을 입안해서 독자적으로발전을 모색하도록 해야 할 때라고 생각합니다. 총회의 권한과 사업이너무 비대한 반면 각 노회가 시행하고 있는 사업은 지극히 열악한 처지에있는 것 같습니다. 각 노회의 발전을 통해 지교회와 기장의 발전을 도모할수 있기를 바랍니다.

3천 교회 운동에서 그 실례를 볼 수 있습니다. 지금까지의 3천 교회운동을 전개해야 한다는 당위와 원론만 있었지 총회에서 이를 사업으로확장시켜 나가기 위한 구체적인 대안 제시가 미흡하지 않았나 하는 생각을합니다. 이를 각 노회에 맡겨서 노회가 적극적으로 나서서 운동을 펼쳐나갈수 있도록 총회는 정책적으로 뒷받침을 해야 한다고 생각합니다.

또한 실례로 총회가 시행하는 전국대회가 불과 기백 명이 모여서치러지는 것을 보면서 예산 규모에 비해 그 효과를 생각하면 안타까울 때가 많았습니다. 이러한 일들이 결국 총회의 활동력과 권위를 실추시키는 결과를 초래한다고 생각합니다.

2) 실행위원회 운영을 제도적으로 개선할 것을 다음과 같이 제안합니다

총회의 기능을 대행하는 실행위원회가 어떤 한 건에 대하여 심도 있는 전문적 연구 검토 없이 상정됨으로 몇 사람의 즉석 판단 또는 주장에 의해 문제점을 지닌 채 쉽게 결정되는 경우를 많이 보면서 안타까웠습니다. 그동안 이러한 문제들로 인해 총회 운영에 많은 문제점을 야기하지 않았나 하는 생각을 합니다. 그러므로 다음과 같이 개선안을 제안합니다.

(1) 분과위원회를 두어 1차 심도 있는 연구, 검토, 의견수렴, 조정을 한 후에 이에 대한 상세한 보고서와 함께 실행위원회에 안건으로 상정될 수 있기를 제안합니다.

(2) 분과는 사법분과(헌법, 소원, 재판), 정책분과(선교, 교육, 사회), 행정분과(재산, 행정, 일반)로 구분할 것을 제안합니다.

(3) 실행위원 중 각 심의부서 추천 7인은 공천위원회에서 공천할 것이 아니라 각 심의부서에서 전문성을 고려해서 추천할 것을 제안합니다.

3) 총회선거법 공영제로 개정할 것을 제안합니다

(1) 현행선거법 규제 조항을 구체적으로 명시, 강화할 것을 제안합니다.

(2) 후보자 토론회 신설(총대회의를 통한 공개선거 운동으로 후보자 검증)을 제안합니다.

(3) 선거비용(식비, 여비, 홍보비, 기타) 후보자 부담을 제안합니다.

위의 제안은 평소 총회를 섬기며 늘 아쉬워하는 부분입니다. 같이 연구해서 우리 총회가 진일보하는 계기가 될 수 있기를 바랍니다. 하시는 일과 가정에 그리고 섬기시는 교회에 주님의 크신 은총을 기원합니다.

2004년 9월 6일
한국기독교장로회 제89회 총회
장로부총회장 후보 기호 2번 안국 장로 올림

이정선 목사님 인사장

존경하는 총대 여러분, 주님의 이름으로 문안드립니다.

제가 감히 89회 총대 여러분께 말씀드리려는 것은 이번 총회에 장로부총회장으로 입후보하신 안국 장로님에 대한 저의 간절한 심정을 말씀드리고 싶어서입니다. 제 마음을 받아주십시오.

제가 전남노회 용학교회 부임한 것은 1970년 초였습니다. 꿈과 선교의 정열로 농촌교회를 일으키려는 젊음의 때, 안 장로님을 만났습니다. 8년 8개월 동안 함께 교회를 섬기면서 그와 나는 목회의 동지가 되었고, 오랜 친구 아니 변할 수 없는 믿음의 형제가 됐습니다. 지금도 나는 그를 위해 기도하며 은퇴할 것입니다. 그 이유 몇 가지를 다음과 같이 간추려 말하려 합니다.

1) 그의 하루하루는 한결같은 길로 오늘까지 이어지고 있습니다

1972년 12월 12일 12시는 그가 장로로 임직받은 날입니다. 이날 매서운 눈보라 속에 임직받고 그는 이렇게 인사했습니다.

"이제 나는 장로가 됐으니 어른 장長 늙을 노老의 장로로 살지 않고, 지팡이 장杖 노奴의 장로로 살 것을 약속합니다."

2) 그는 언제나 새벽 제단으로 하루를 시작하는 은혜의 시간으로 살아오셨습니다

이 시간을 통해 섬김의 꿈과 헌신의 기쁨을 받으셨고, 목회자를 향한 그의 자세는 언제나 협력자요, 격려자였습니다. 처음 부임하고 모든 예산을 편성한 후 잠시 자리를 비워줄 것을 요청하기에 자리를 비웠는데, 사례를 의논하고 나에게 와서 "목사님 이것은 사례가 아닙니다. 그러나 저희는 우리나라 대통령보다 더 많은 사례로 하나님 앞에서 책정하였으니 받아주십시오" 하며 눈에 눈물을 머금은 일은 오늘까지 제 마음을 감동시켜 놓고 목회자의 삶에서 나를 격려하고 있습니다.

3) 그는 목회의 뜨거운 협력자였습니다

담임목사는 부흥회를 인도하러 가야 하는데 당회는 이 일을 위해 온 교회로 더욱 간절히 기도하게 하고 한국교회의 부흥의 산실처럼 뜨겁게 일어나자고 하여 한국 농촌 제일 교회의 위대한 결실을 거두게 하였습니다.

4) 그는 1970년대 80년대 하나님의 정의를 앞세운 정의의 사람이셨습니다

사람을 사랑하는 일에 이유가 없고, 주를 따르는 일에 주저하지 않는 그가 은퇴를 앞에 두고 총회에 봉사하여야겠다는 신앙의 결단을 내렸기에 나는 그가 우리 총회에 봉사할 수 있게 되기를 간절히 바라면서 몇 가지 말씀을 올렸습니다.

친구가 친구를 말할 때 공정하지 못한 경우도 있으리라 생각도 합니다만 그러나 뜨거운 신앙의 사람, 언제나 지혜로운 종, 원칙을 떠나지 않고 노회와 총회를 섬겨 온 안국 장로님을 기억해 주시고, 제89회 총회에서 총회를 섬길 수 있도록 사랑하여 주시기 바랍니다. 감사합니다.

2004년 8월 30일
이정선 목사 올림

유리알처럼 맑고 투명한 안국 장로를 소개합니다

할렐루야! 본 교단 제89회 총회 총대님 위에 하나님의 크신 은총이 충만하시기를 기원하며 안국 장로를 소개합니다.

참신한 안국 장로!

1926년 조부모님께서 세우신 용학교회에서 모태신앙으로 출생한 지 첫돌에 유아세례를 받고(미국인 유새벽 선교사), 1972년 장로 임직 후 32년 동안 지역사회 완전 복음화를 목표로 한국 농촌 제일 교회의 꿈을 키워온 결과 농촌 리里 단위의 교회임에도 전국적으로 그 유래를 찾을 수 없는 주일예배 인원 170여 명으로 성장시켜온 주역으로 참그리스도인입니다.

순교자의 아들 안국 장로!

1950년 한국전쟁 당시 선친 안성조 집사님(39세)과 작은아버지 안성만 집사님(36세)께서 신앙의 절개를 지키시기 위해 피신치 않고 순교하셨습니다. 이 순교적 신앙을 유산으로 도시의 좋은 직장 스카우트도 마다하시고 본 교회를 지키면서 한국식 건축 양식 교회당(기와집 100평, 안국 장로 손수 설계)을 건축하고, 묘목을 가정 정원에서 길러 교회당으로 이식하기를 40년, 지금은 전국에서 보기 드문 아름다운 조경(당시 전문가 감정 8천만 원 상당)과 2,700여 평의 부지에 어우러진 공원 같은 교회당을 가꾸었습니다.

교육자로서의 안국 장로!

30년간 교육 현장에서 민족, 민주, 인성을 교육철학으로 삼고 문제 학생 교화, 불우 학생 수업료 대납, 개인적 장학금 지급 등 인재 육성을 한 공로가 인정받아 한국사학법인연합회장으로부터 공로상 국화장을 수상받았습니다. 후일 도의원 출마 당시 사랑을 받은 다수 제자가 물심양면으로 앞장서서 어렵지 않게 전라남도의회 의원으로 당선되는 영광을 안았습니다.

정직한 정치인 안국 장로!

초선 도의회 의원으로서 단돈 1원도 쓰지 않고 전라남도의회 농림위원장이 된 것을 당시 신문에서 기사화돼 화제가 되었고, 그의 정치력이 인정받아 전국도의회 농수산위원장협의회 전국회장까지 역임하였습니다.

이웃을 내 몸같이 사랑하는 안국 장로!

1993년에 전 장기를 기증 등록(제26호)하셨으며, 시신 기증 또한 몇 해 전에 유언해 놓은 사랑의 실천자입니다.

농업 농촌 농민 문제의 전문가 안국 장로!

1995년 전라남도의회 의원에 당선되어 농림위원장으로 활동하며 각종 세미나의 발제 강의를 통해 농업 농민 농촌문제 해결에 탁월한 정책 대안을 제시하고, 순천대학교 최고농업경영인과정 교육 강의를 통해 농업 발전에 기여한 공을 인정받아 농협중앙회장으로부터 감사패를 수여 받기도 하였습니다.

우리 교회의 자랑이며 전남노회 자랑이기도 한 안국 장로님을 꼭 부총회장으로 뽑으셔서 그의 타고난 달란트가 활용됨으로 본 교단 발전에 공헌되기를 기도하면서 감히 소개했습니다. 총대원 가정과 섬기시는 교회와 하시는 일에 하나님의 은총이 함께하시길 기원하면서.

한국기독교장로회 용학교회 담임목사 박석종
시무장로 최성지, 김영식, 노준복(드림)

2004년 9월 13일(월) 맑음
군산에 왔다

박상문 장로를 태우고 오후 4시 해제 출발, 광주에서 윤용상 장로를 태우고 5시 40분 광주 출발, 군산에 도착 저녁 식사하고 피카소 모텔에 들었다.

박상문 장로는 딴 곳으로 가고, 윤 장로와 둘이서 표 점검했다. 총대 684명이다. 목사는 220표, 장로 210표, 도합 430표 예상인데 15%를 감하고 365표 득표로 확실히 이긴다는 계산이고, 만약 20%를 감해도 과반수 343표의 1표 많은 것으로 이긴다는 계산을 했다. 윤 장로는 막상막하의 싸움이라고 했다. "자네 계산 틀렸네!" 지면 지고 이기면 이기고, 나는 승패에 큰 관심이 없다. 다만 기장의 선거 풍토 개혁에 앞장선 것뿐이니까! 만약 내가 이긴다면 기장의 선거 문화 혁명이 일어난 것이다.

바꿔어야 한다. 개혁돼야 한다.

젊은 목사들이 일어났다. 참신하고 개혁적이고 능력 있는 안국 장로 당선시키자고 일어났단다. 희망적이다. 늦은 시간에 이찬규 목사님과 노회 서기 한봉철 목사님, 김용환 목사님이 왔다. 김용환 목사의 많은 얘기 듣다가 11시경에야 자리에 들었다. 편안한 마음으로….

2004년 9월 14일(화) 맑음
제89회 총회 제1일, 총회 부총회장 당선

주님! 감사합니다. 저 같은 것이 한국기독교장로회 총회 부총회장이라 니요? 저는 당선되리라고는 생각지 못했습니다. 다만 교단 선거 풍토를 바로잡겠다는 실험을 세 번째로 해 본 것뿐이었습니다. 전국장로회 차기 회장 선거를 두 번씩이나 치르면서 돈 안 쓰는 선거로는 안 된다는 것을 체험했으면서도 이제는 목사 장로 총대 700여 명이 치르는 선거에 뛰어들 어 하나님께 기도로 약속한 대로 총대들에게 두 번씩 전화로 호소하고, 시작하면서 마치면서 두 번의 인사장과 소견을 보낸 것뿐으로 선거운동 끝내고, 오늘 아침부터 저녁 선거가 끝나는 9시까지 장장 12시간을 "안국입 니다. 도와주십시오!"를 이리 뛰고 저리 뛰며 만나고 만나고, 외면하는 얼굴들을 붙잡고 "목사님, 도와주세요. 장로님, 도와주세요"를 두 번, 세 번씩 셀 수 없이 하면서…. '주여! 도와주세요!'를 마음속으로 외우며, '하나님, 불쌍히 여기시옵소서'를 기도하며, 허리통증 다리 통증, 두통, 피로가 겹치는 고통을 감내하며….

소견 발표 3분의 호소에서 제89회 주제가 〈생수의 강이 흐르게 하라〉인데 이번 선거가 잘못되면 '건수의 개울이 마르고 마는' 역사적인 순간임을 강조하며 기장이 변해야 한다. 총회가 변해야 한다는 우레와 같은 하나님의 명령 앞에서 역사의 요구를 들어야 한다고 호소했었다.

부총회장 선거가 시작됐다. 그렇게도 지루했던 시간이 끝났다. 1차 투표에서 총투표수 672표 박덕재 81표, 안국 376표, 유근준 215표로 압도적 차이로 과반수를 확보했기에 당선이 선포되는 순간 하나님 감사합니다! 어리둥절했다. 그러니까 후보가 셋인데 56%의 득표를 얻은 것이다.

이는 하나님의 승리요, 목사님들의 승리요, 장로님들의 승리요, 기장의 승리이며, 제일 마지막 안국의 승리였다. 목사님들 장로님들께서 힘 있는 악수로 손가락이 아파서 더 이상 악수할 용기가 나질 않았다. 수경이가 오후에 내려와서 부녀가 나란히 서서 인사하는 모습이 좋았을까? 하나님 보시기에 좋으셨을 것이다. 특히 여자 장로님들께서 나를 많이 도와주셨다. 정의로운 목사님들 장로님들이 내 편이었기에 이긴 것이다. 9시 50분 기자회견 한 시간을 끝내고 숙소에 돌아오니 11시 30분이었다.

2004년 9월 15일(수)
기장 총회 제2일

아침 7시 30분 외국 내빈들과 조찬을 같이 했다. 오늘 총회 의장으로 의사봉을 쳐보는 감회가 8년 전 도의회 농림위원장으로 치든 방망이보다 더 가벼운 것 같았다. 어려운 안건 사회하고 나서 또 한 번 안국이의 진가가 드러난 하루였다. 움직이기가 싫다. 목사 장로들이 내 손을 잡아보고 싶은 모양이다. 이제 악수가 흥미가 없어졌다. 피곤했다.

2004년 9월 16일(목) 맑음
기장 총회 제3일

명예가 좋기는 좋은 것 같다. 금배지 달아주고 고급호텔 방 하나 주고 먹여주고, 이리 가나 저리 가나 다가와 인사하고, 선거 운동 때 나 욕하고 다니던 자도 다가와서 아양 떨고, 나를 안 찍어 준 줄을 내가 아는데 찍어준 것처럼 이야기하고… 가증스럽다. 선거 끝나고 나면 아예 상종도 안 하고, 얼굴 보지도 않고 악수도 안 해야 하겠다 생각했는데 되고 보니 그럴 필요까지 없는 것 같아 용서하기로 했다.

오후 시간은 새만금 관광이란다. 사실 새만금 관광은 기장의 정서와는 맞지 않는 것이다. 기장의 선언문에 '하나님 창조 세계의 보전'이 들어 있다. 새만금은 환경단체의 반대에도 불구하고 정부에서 추진 중인 것이다. 생태계의 파괴가 뻔하기 때문이다. 나도 반대 입장이다. 헌데 오늘 현지에 가서 보고 놀랐다. 막대한 천문학적 예산이 들어간 것이다. 이제 와서 중단할 수 없을 것 같다. 거의 70% 이상 공정을 마친 듯 보였다. 생각을 바꾸었다. 이제는 부득이 완공해야겠다는 생각이다. 그리고 파괴된 환경의 재생 복원을 위해서 연구하고 환경 파괴 요인들을 최소화시키는 길 외에 다른 도리가 없겠다는 생각이 들었다.

규모가 전북 부안과 군산을 연결하는 길이 33킬로미터 방조제 토지 8,500만 평 조성, 10억 톤의 용수 확보, 개발 면적 40,100헥타르(1억 2천만 평) 사업에 약 3조 4천억 원, 사업 기간 1991~2011년까지 20년간.

오늘 큰 것을 느꼈다.

2004년 9월 17일(금) 흐리고 나서 비

기장 총회 제4일

아침 식사를 전남노회 총대들과 같이했다. 35명 참석이었다. 식대는 내가 부담했다. 금번 총회에서 제일 뜨거운 감자가 건축위원회 보고였는데 어렵게 어렵게 해결해 냈다. 대구노회 수습전권위원회 보고도, 재판국 보고의 건도 내가 의장으로 해결해 냈다. 김동원 총회장의 회의 진행으로는 한계가 있었다. 내가 해결해 내는 것을 본 모든 회원에게 능력을 인정받았다. 모두 총회장의 약점을 보완하기 위한 하나님의 섭리로 선택된 안국 장로라는 것이다.

기독교계 신문 김신 기자가 접근해서 인터뷰를 청한다. "이번 선거에서 안국 장로님의 당선은 선거 혁명이라고 표현하던데 선거 운동을 어떻게 했느냐?" 묻는 것이다. "최선의 선거 운동은 하나님께 기도하는 것이다"라고 답변했다.

회의 마지막 보고인 법제부 보고에서 성수 미달 과반수가 못 되어 일반 회의법을 적용해서 정회 선언으로 날짜를 잡아 1일 총회를 한다는 편법을 적용했으나 이것은 지나친 억지였다. 문제 제기가 없었으면 좋겠는데….

나로서는 최고의 명예이다. 교단 부총회장이라니. 이번에 총회 내의 좋은 목사님, 장로님들 많이 알게 됐다. 또 나를 알리는 좋은 기회도 됐다. 일 년간 열심히 봉사해야겠다.

2004년 9월 18일(토) 흐림

오늘은 이번 총회 선거에서 특별히 나에게 애정을 보여주시고 내 운동을 해 주었다고 생각되는 분들에게 하루 내내 전화를 했다. 도와주심에 대한 감사의 전화였다. 선거 참모도 없이 하나님을 선거대책위원장으로 모시고 성령님을 운동원으로 삼고 예수님을 선거대책위원으로 믿고 선거 운동은 나 혼자 한 것이었다. 직접 도움을 준 사람은 윤용상 장로 하나뿐이었다. 그것도 자원봉사자인 셈이다. 어떤 의미에서는 나에게 한점 오점을 남기는 선거 운동을 강요한 것이기도 한 것이다. 그렇게도 싫다는 전주 방문을 같이 갔으니, 7명인가 만나고 왔지만 실은 갈 필요 없는, 만날 필요 없는 만남이었으니까.

특별히 도움이 되었다고 생각되는 분들을 골라 보았다. 30명을 선택했다. 오는 추석 명절에 간단한 선물이라도 보내고 싶어서이다. 솔직하게 말하자면 안 해도 되는 인사이다. 순수한 자원봉사자들이었으니까. 축하 전화도 많이 걸려 왔다. 특히 증경 총회장이신 최희섭 목사님의 격려 전화는 예상 밖이었다. 든든하시다는 전화였고, 증경 부총회장 이길구 장로는 장로들의 위상을 높여주었다고 하고, 서용주 목사의 격려 전화는 법을 모르는 총회장을 잘 보필하라는 당부까지 해 주었다. 모든 것을 하나님께 감사할 따름이다.

2004년 9월 19일(주일) 흐림

오늘 예배 시간에 부총회장 당선 축하 꽃다발을 받고 인사말을 하는 순간에 보람을 느꼈다. 시골 조그마한 교회 장로이기 때문이다.

장로부총회장 제도가 생긴 것이 제81회 총회이니까 이번 제89회 총회 부총회장은 아홉 번째가 되는 것이다. 제7대까지는 돈 많은 도시교회 큰 교회 장로들이었고, 제8대에는 단독 출마인데도 가까스로 어렵사리 과반수 표로 당선되었고, 면 소재지 교회로 농촌교회로서는 큰 교회에 속하는 교회였고, 이번에 나는 리 단위 교회에서 처음 있는 일이 된 것이다.

그러니까 내가 제9대 장로 부총회장이다.

부총회장이 되고 나니 당연직으로 총회 실행위원이 되고, 한국기독교 교회협의회 위원이 되고, 한국장로교총연합회 위원이 된 것이다. 네 가지 직함이 주어진 것이다.

오후 예배 후에 병원 심방을 당회원들과 같이 갔다. 정찬록 권사 내외분 오토바이 사고인데 정 권사는 얼굴에 찰과상이 부인은 어깨뼈가 골절이었다.

"신앙, 삶, 교회"
— 한국기독교장로회 제6기 장로교육과정 특강

2004년 11월 24일(수) 맑음

제6기 장로교육과정이 11월 23일부터 25일까지 제주 성내교회에서 열렸다. 나는 이번에 "신앙, 삶, 교회, 주님의 종으로서의 장로"라는 제목으로 특강을 맡았다.

강의를 시작하면서 한 얘기이다. 신앙과 삶 그리고 교회는 삼륜차의 세 바퀴와 같이 삼위일체 관계다. 즉, 주님에 대한 신앙, 신앙을 실천하는 삶, 종으로서의 교회 봉사는 분리될 수 없고 하나가 되어야 한다는 것이다. 오늘날 한국교회에 대한 사회적인 비판의 소리와 공신력 상실이 바로 이 삼위일체 관계가 깨어진 데서 오지 않았나 하는 생각을 한다. '신앙 따로, 삶 따로, 교회 생활 따로'라는 말이 과연 성립할 수 있을까?

신앙이 하나님 사랑이라면 삶은 이웃 사랑이며, 교회를 통해서 하나님 사랑과 이웃 사랑을 배우고 훈련을 받아 세상 속에서 실천이 구체적인 삶으로 나타나고, 그 삶이 곧 하나님 사랑으로 연관되는 것이다(약 2:17).

눈에 보이는 형제 사랑 없이 눈에 보이지 않는 하나님을 사랑할 수 없다고 하는 성경 말씀은 천도교의 인내천人乃天 사상과 일맥상통한다(요일 4:2).

이후 특강 내용은 나의 신력, 신앙적 가계, 기독교 전통적 가정 교육(가훈,

가헌, 가가), 나의 장로관, 간증, 나의 신앙관(신학은 진보적으로! 신앙은 보수적으로!), 종신 기도 제목, 교회 사랑(한국 농촌 제일 교회, 교회가, 전통식 성전, 노인복지관 등) 등의 순서로 했다.

맺음말로 네 가지를 강조했다. 첫 번째, 교회 성장은 지도자(목사와 장로)의 신앙과 정비례한다. 두 번째, 교회 성장은 장로가 100% 책임진다. 세 번째, 신앙과 교회 생활이 일치된 삶의 모범을 보인다. 마지막으로 꿈을 꾸는 지도자가 되자!

특강이 끝났다. 오늘 내 강의가 좋았단다. 사회자 온양교회 이재관 장로가 내년으로 이어지는 시리즈 특강으로 교육원장에게 부탁한다는 말까지 찬사와 함께 큰 박수를 받았다. 경기북노회 김인식 장로 부인이라고 소개하는 백홍숙 집사가 오늘 강의에 너무 큰 은혜를 받았단다. 중학교 교사란다. 남편 김인식 장로는 고등학교 교사란다. 예쁘장하고 똑똑하고 영리하게 생겼다. 어린애처럼 나에게 매달리며 "장로님께 제가 반했습니다. 어떻게 그렇게 말씀을 잘하시는지 놀랐습니다. 대학교수님 같습니다." 내 손을 꼭 잡고 따라다닌다. 딸같이 사랑스러웠다. 내 사는 곳에 한번 오겠다는 것이다. 교회도 한번 보고 싶다는 것이다.

그의 친절이 고마웠다. 앞으로 좋은 인연으로 이어질 것 같은 예감이다. 그 외 다른 장로들도 이번 교육에서 제일 은혜를 많이 받았다고 많은 분이 인사해 왔다. 하나님께 감사했다. 하나님께서 저들에게 은혜를 주신 것이지 내가 말을 잘해서 저들이 은혜받은 것은 아니기 때문이다. 저녁 식사는 모슬포교회에서 대접받고 수요 예배를 드리고 세 분 장로님의 간증을 듣고 삼해인관광호텔로 돌아왔다.

'독도만세 2005. 4. 13.'
― 독도 사수 기장 총회 순례 기도회

2005년 4월 13일 10시 독도에서 기장 총회 임원단, 경북노회, 기자단 총 31명이 〈일본군국주의 부활반대와 동북아시아 평화를 위한 우리의 입장〉 성명서를 낭독하고 기도회를 했다.

4월 12일 포항에서 집결해 울릉도에서 하루를 묵고, 13일 독도에 도착해 순례기도회를 가졌다. 찬송 515장 기도는 안국 장로, 설교는 총회장 김동원 목사(창 48:4, "하나님이 주신 평화의 땅 독도")와 성명서 낭독은 경북노회 선교부장 이호건 목사가 했다.

그때 나의 기도를 여기에 적어 본다.

우주의 주인이시며 인간의 역사를 섭리하시고 경륜하시는 하나님!

은혜를 감사합니다. 오늘 우리는 대한민국의 외로운 작은 돌섬 독도에 왔습니다. 한국기독교장로회 총회 교회와 사회위원회가 주최하고 경북노회의 주관으로 31명이 두 손 모으고 마음과 정성과 애국심을 모아 1919년 3월 1일에 대한독립 만세를 목이 터지도록 외쳤던 심정으로 일본 군국주의 부활 반대와 동북아시아 평화를 위한 기도를 드립니다.

하나님!

우리의 기도를 들으시고 저 일본을 향해 말씀해 주시옵소서!

칼을 쓰는 자는 칼로 망하리라! 선언해주시옵소서!

너희가 회개치 아니하면 내 너를 그대로 두고 보지 않으리라!

경고해 주시옵소서!

일본 군국주의 망령이 다시 고개를 들려고 하오니 오늘이 무저항에 영원히 가두어 버리는 날이 되게 하여 주시옵소서!

오늘 우리의 기도가 저 일제 침략의 근성을 폭발시켜버리는 뇌관이 되게 하여 주시옵소서!

아울러 동북아 평화선언의 날이 되게 하여 주시옵소서!

저 일본은 우리에게 어떤 나라입니까?

우리는 다 알고 있습니다.

대한민국의 선량한 우리의 부모, 형제, 자매들을 강제로 징집하여 제2차 세계대전의 총알받이로 죽였으며, 군수물자를 생산 운반하는 노동 노예로 희생시켰으며, 어린 소녀들을 포함한 처녀들을 끌어다가 짐승 같은 침략 군인들의 성 노리개로 종군위안부 삼아 폐인을 만들었고, 36년간 식민지로 침략하여 빼앗아 갔고, 삼천리 평화의 땅을 군홧발로 짓밟았던 우리의 원수 나라였습니다. 아직도 이 죄악을 회개치 않고 있는 저 악당들을 하나님께서 징계의 채찍을 드시고 회개시켜 주시옵소서!

우리는 저들의 죄악을 용서했습니다. 그럼에도 저들은 용서받기를 거부하는 나라입니다.

하나님! 이제 저들을 세계평화에 기여하는 나라가 되게 하여 주시옵소서!

하나님! 이번 우리의 독도 순례 기도회를 통해서 영광을 받으실 줄을 믿사옵고 예수 그리스도의 이름으로 기도합니다.”

기도가 끝난 후 독도 만세를 수기手旗(손깃발)를 높이 들고 삼창했다.

우리는 울릉도로 돌아와서 일박하고 14일에 포항으로 나와 해산했다.

당시 참가자는 총회 임원단 8명, 경북노회 19명, 기자단 4명이었다.

이 기도회 배경은 시마네현 의회의 '독도의 날 제정'으로 촉발된 독도 영유권 주장과 일본 교과서 문제로 빚어진 한일관계를 좌시할 수 없다는 판단으로 한국의 모든 사회단체에 앞서가졌던 신앙 운동이며, 애국 운동이었다.

나는 모처럼 대한민국 국민 된 자부심을 느끼고 그때 만세를 불렀던 수기에 '독도만세 2005. 4. 13.'이라고 기록해서 나 죽을 때까지 거실에 보관할 것이며, 자식들에게도 자랑스러운 유품으로 남겨질 것이라고 생각하고 있다.

제34회 일본기독교단 총회 참석
— 한국기독교장로회 총회 대표

2004년 10월 26일 제34회 일본기독교단 총회에 한국기독교장로회 대표로 참석했다. 총회에서 일본어 통역자를 수행토록 하겠다는 것을 내가 반대했다. 경비 문제도 있고 해서 그냥 혼자 가겠다고 해서 통역사 없이 갔다.

10월 25일 동경에 도착, 26일 총회 참석, 27일 동경 시내 관광, 28일 인천공항에 도착했는데 그때 일본 총회에서 초청 귀빈 각국 대표가 10명인데 이등석으로 예우받았다. 이는 교단의 크기인 듯 느꼈다. 그때 너무 많은 것을 배우고 느꼈기에 25일부터 27일까지 3간의 내 일기를 여기에 옮긴 것이다. 아울러 그때 내 인사말도 일본어와 한국어로 옮겨놓았다. 이 일이 나로서는 외국에 대한 한국의 대표였음이 너무 자랑스러운 내 인생의 기록이기도 하다.

일본기독교단 제34차 총회 한국기독교장로회 총회 대표 인사말

존경하는 총회장님 그리고 형제, 자매 여러분!
일본 기독교단 제34차 총회에 참석하여 한국기독교장로회를 대신해 축하 인사를 드리게 됨을 기쁘게 생각합니다.

그동안 양 교단 사이의 다양한 교류 및 친교 프로그램이 진행되어왔음을 감사드리며, 부총회장으로서 여러분의 교회 총회에 참석하게 됨을 또한 감사드립니다.

지난 9월 우리 교단의 총회에 귀 교회의 총회장이신 노부히사 야마키타 목사님이 오셔서 축하해 주신 것에 대해 이 자리를 빌려 감사의 인사를 전합니다.

지난 교회 역사 속에서 60년 이상을 일본 안에서 하나님의 선교 사명을 잘 감당해 오신 여러분과 여러분 교회 위에 하나님의 축복하심이 함께하시길 진심으로 기원합니다.

과거 힘들었던 시대뿐만이 아니라 오늘날 일본 정부가 점점 더 보수화되고 군사적 역량을 넓히려고 하는 이 때에 교회로서의 예언자적 역할을 증대하고 용기 있게 대처해 나가고 있음을 감사하게 생각합니다.

귀 교단이 제2차 세계대전 시 일본이 저지른 과오에 대해 사죄한 일이나 야스쿠니 신사참배에 계속 저항해 온 일 등을 통해 표현된 양심의 자유와 신앙의 용기는 우리 한국인들과 한국 교회에게는 특별히 의미 있는 것이었습니다.

또한 여러분의 교회가 보여준 사랑과 깊은 연대감에 충심으로 감사드리며, 양 교회의 지속적 선교사역을 통하여 상호 간에 사랑과 이해가 더욱 돈독해지기를 바랍니다. 또한 분단국가인 우리 국민들을 위해 기도해 주실 것을 부탁드립니다.

특별히 국제정세가 한반도의 평화를 더욱 위태롭게 만들고 있는 이 시점에 우리 한국교회를 위해 기도해 주시기를 부탁드립니다.

한반도의 평화 통일이 영속적인 평화로 이어질 수 있으며, 동북아시아의 여러 나라들 사이의 평화와 협력으로 이어질 수 있기를 위해 기도

해 주시기 바랍니다.

우리 서로를 위해 기도하며, 세계 모든 교회들과 협력을 추구하고, 세상을 향한 하나님의 부르심에 신실한 우리가 되도록 힘씁시다.

감사합니다.

韓国基督教長老会
부총회장 안국 장로

2004년 10월 25일 맑음
일본 동경에 도착

막내 수미라가 인천국제공항까지 와서 일화 1만 엔을 쥐어 주고, 비행기 수속까지 다 해주고, 개찰까지 지켜봐 주고, 나 혼자 공항버스로 오겠다는데도 한사코 수고해 준 그 성의가 고맙다. 좋은 자식을 둔 보람을 느껴 본다. 나리타공항에 내려 리무진 버스로 도쿄 CROWN PLAZA Metropolitan 호텔에 도착하여 2307호실을 안내받고 들어왔다. 서투른 영어, 일본어 단어만 대며 겨우겨우 의사를 확인해 가며 호텔 방까지 오는 동안 여간 힘이 들지 않았고, 창피하기도 했다. 일본기독교단 백인정교회에서 목회하시는 배정순 목사님느오부터 상세한 안내를 받고, 저녁 식사까지 최고급 요리로 대접받고, 동경 야경을 관광했다. 레인보우브릿지(무지개다리), 도쿄 타워, 자유의 여신상, 세계에서 제일 크다는 대관람차…. 다섯 시에 만나서 아홉 시 반까지, 무려 네 시간 반! 제주에서의 목회, 경북노회에서의 목회 그리고 일본 교회에서 목회 경험, 기장(한국기독교장로회)에 철저한 한신대 출신, 장래가 촉망되는 좋은 목사님을 만난 것이 이번 동경 일본기독교단총회 참석의 제일 큰 소득인 듯싶다. 경제적으로 시간상 그에게 큰 빚을 졌다. 다음에 갚을 기회가 있기를 바란다. 헤어지면서 유명한 제과점

빵까지 주고 가는 그의 배려가 또한 정말 고맙다.

2004년 10월 26일 비
제34회 일본기독교단 총회 참석
일본기독교단총회에 참석했다. 13개 교구 의원 370명에 추천의원 30명, 준의원 26명, 도합 426명이다. 예배드린 후 개회도 못 하게 방해하는 일부 의원들과 의원 하나가 평신도들과 충돌하더니 한 시간쯤 후에 협상으로 개회가 됐다. 한국, 대만, 영국, 독일, 캐나다, 일본 등 10명이 초청 내빈인데 내가 두 번째 자리에 앉게 되었다. 다른 나라들보다 한국을 최대로 예우했다. 제1석에는 광주에서 온 통합 측 부총회장 안영로 목사님이다. 물론 인사도 내가 두 번째로 했다. 그리고 저녁 식사는 25층 뷔페 식당에서 귀빈 대접을 받았다. 다행히도 나를 도와주기 위해 오신 일본기독교단 용하교회에서 목회하는 백정환 목사님과 재일대한기독교회 총간사이신 박수길 목사님이 내 양측에 앉아서 통역도 해 주고 말벗이 돼주어 외롭지 않아 좋았다. 특히 안영로 목사님이 종씨라고 좋아했고 함평 출신이기에 가까운 집안에 동향이고 나보다 나이가 아래라고 하셨다. 각국 대표들과 인사하며 명함을 교환했지만, 그중 인상에 남는 분은 일본기독교협의회(Japan NCC) 의장 영목이자鈴木伶子 여사였다. 한국에도 자주 오고 한국 기장인들을 많이 알고 있었다. 우리말도 약간 했다. 저녁에 백정환 목사님의 안내로 홍종의 회장께 전화했더니 몸이 안 좋아 병원에 다닌다는 것이다. 건강했으면 뛰어올 분인데, 많이 편찮은 모양이다.

2004년 10월 27일 맑음

동경 시내 관광

오늘 오후는 주최 측의 외국 내빈을 위한 시내 관광이다. 일행은 한국 가이드까지 해서 모두 6명이다. 프랑스의 에펠탑을 본떠 만든 동경타워 전망대 중간 지점 150미터에서 동경 시내를 한 눈으로 조망했다. 사방이 옥평선屋平線을 이루고 있다. 멀리 후지산이 마치 구름으로 보일 정도로 희미하게 보이고는 어디를 보아도 하늘과 도시가 맞닿아있는 수평 도시. 그래서 내가 옥평선이란 이름을 붙였다. 도시 색이 흰색이 주이기에 밝은 도시의 인상이다. 두 번째 간 곳이 일본 천황이 사는 데란다. 소나무 공원이다. 이름 붙이고 싶은 광장에 값이 제법 나갈 소나무가 인상적이다. 세 번째 간 곳이 천초사淺草寺(센소지)란 절인데 부처가 없는 절이고, 뇌신문雷神門이란 건축물에서 사원으로 이어지는 양편 상가가 관광물이기도 하다. 수많은 관광객이 인해를 이루고 있다. 도시 전체의 인상은 일본 인구의 십 분의 일 정도 살고 있다는 1,200만 인구라서인지 확 트인 도시가 아니라 어딘지 좁고 답답함이 느껴지고, 지하철은 만든 지 오래돼서인지 천장은 낮고 폭은 좁고 우리나라 지하철만 못한 느낌이다. 어제부터 내 통역을 위해 오늘까지 수고해 주신 백정환 목사가 고마워서 한사코 마다하는데도 십만 원권 수표 한 장을 쥐여 주었다. 일본의 화폐가치로는 일만 엔에 해당하는 돈이기에 많은 것은 아니다. 오늘도 좋은 하루였다.

북한 조선그리스도교연맹 초청 평양 방문

꿈에도 생각해 본 적 없는 북한 조선그리스도교연맹으로부터 평양 방문 초청이 왔단다. 기장 총회 임원 8명이다. 초청받은 8명의 준비 회의에 나가 들어보니 이번에 평양 초청은 그럴만한 이유가 있었다는 것이다. 지난 9월 제89회 총회에서 국가보안법 반대 안건처리에서 가결했는데(이 안건처리 의장을 내가 했었다) 이를 지켜본 평양 정권에서 감사히 여겨 이에 대한 답례로 한국기독교장로회 총회 임원단을 지명 초청했다는 것이었다.

NCC 총무 임 목사님의 방문자 교육에서도 민간단체 교류 협력 방문을 한기장 교단이 처음이라고 했고, 더구나 지명 초청은 최초의 일이고, 1989년 6.15공동선언 이후 평양 방문자가 81,470명 중 남측 인사는 3,390명에 지나지 않았는데 이번 기장 임원단 초청은 가히 역사적 사건이라고까지 했었다.

그 후 우리 일행은 통일원 교육도 받고, 통일부 장관으로부터 방문증을 받고 북한에 가게 되었다. 그리하여 7월 14일 총회 본부에서 1박하고, 15일 베이징에서 1박하고, 16일 평양순안공항에 도착하여 계획된 3박 4일 일정을 마치고 19일 귀국했다. 이에 대한 상세한 내용은 내 일기장으로 대신한다. 이 평양 방문은 내 생애에서 잊을 수 없는 경험이며, 내가 믿는 생의 5대 축복 중 또 하나의 큰 축복이었음에 감사한다.

2005년 7월 14일(목) 맑음

총회 본부에서 숙박하다

총회 본부에서 오후 다섯 시에 이번 평양 방문자 8명이 만났다. 준비 회의였다. NCC 총무 임 목사님이 안내 교육을 담당했다. 이번 방문의 의미는 민간 단체 교류 협력의 복원으로 교단 대표 방문단은 이번 한기장 우리 교단이 처음이란다. 89년 6월 이후 평양 방북자는 모두 81,470명뿐이고 (금강산 관광객은 100만 명인데), 이중 남측 인사는 3,390명이란다.

15일부터 19일까지의 일정을 안내 받고, 조선그리스도교연맹 중앙위원회에 대한 안내도 받았다. 위원장 강영섭 목사, 서기장 오경우 목사 그리고 이성숙 전도사, 김현철 선생을 소개받았다. 평양에 있는 봉수교회와 칠골교회 방문이 계획에 들어 있었다. 저녁은 총회 본부 숙소에서 쉬었다.

2005년 7월 15일(금) 맑음

베이징에서 일박

총회 본부에서 아침 7시 출발이다.

8시 40분 대한항공, 베이징 공항에 10시 30분경 도착.

베이징 시차가 한국보다 한 시간이 늦다.

베이징에서 고려항공으로 수속 준비하고 베이징 호텔에서 일박이다.

북경 시내를 둘러본다. 민족원을 갔는데 허술하고 더럽고 볼거리 없고 모두 어린아이 소꿉장난 같은 것뿐이다. 시멘트로 만들어 놓은 나무, 플라스틱으로 만들어 놓은 바위, 벽돌로 아무렇게나 지어 놓은 다민족 주택들. 그중 조선족 가옥이 그나마 좋았다. 그런데 음식도 좋고, 음식값도 한국에 비하면 반 값쯤 되는 것 같다.

2005년 7월 16일(토) 맑음

평양에 도착

궁금하고 기대되고 무엇인가 가슴 설렘으로 평양 순안 공항에 도착했다. 소형 고려항공이었다. 비행장의 규모가 목포 공항 정도! 고려공항 비행기가 네다섯 대 보였다. 공항에 연맹 서기장과 남성 한 분, 여성 한 분이 마중 나왔다. 귀빈 통로를 이용해 귀빈실로 안내되어 인사를 서로 나눴다. 오후 네 시에 보통강여관에 도착했다. 호텔 규모가 한국의 오성급 호텔이었다.

저녁 6시 30분에 환영 만찬이다. 안산관이다. 처음 만나는 강영섭 위원장, 신장은 왜소하지만 다부지고 무게가 느껴지고 외교관 생활에서 다져진 대화 솜씨가 능숙했다. 총회장님이 방문단 소개에서 나에 대해 많은 얘기를 했다. 그도 그럴 것이 장기수 북송자들과 교분이 많고 통일에 남다른 열정이 있는 한국기독교장로회 장로부총회장이라고 소개하여 관심을 보여주었다. 내가 인사하면서 안영기 씨, 장병락 씨가 북송되기 전 출소해서 우리집에 와서 하룻밤 자고 갔고, 우리 집사람 편두통을 침술로 치료해 준 인연이 있다고 얘기했더니 아주 좋아했다. 만나고 싶다는 얘기로 상봉을 부탁했다. 고급 식당에 메뉴도 참 좋았다. 음식이 맛깔스러웠다.

2005년 7월 17일(주일) 맑음

봉수교회 예배

오전 10시 주일예배를 봉수교회에서 드렸다.

약 150여 명 교인쯤. 목사님의 설교며 여성 장로의 기도, 여성의 성경 봉독, 예배 순서 진행이 초대교회의 예배 인상이었다. 담임목사는 손효순.

우리 김동원 총회장의 인사말에 저들은 아주 좋아했고, 아멘으로 화답이 힘차고 그 소리 또한 컸다.

강단에서 무릎 꿇고 바닥에 입 맞추는 모습은 도에 지나치는 돌출 행동이었다.

예배 끝나고 칠골교회 방문이었다. 봉수교회보다는 약간 부드러움을 느낄 수 있었고, 교인 수는 80여 명이었다. 황민우 목사의 인사말과 소개가 평범해서 좋았다.

중식은 옥류관이다. 옥류관 건물이 여러 채의 건물로 아주 큰 건물이었고 많은 손님이 있었다. 바로 대동강변에 위치해서 경치가 좋았다.

오후 일정은 만경대 고향집이다. 김일성 주석 생가라는 데 거짓말 같았고, 주체사상탑, 만수대 관광에서는 세계 최대의 건축물인 것 같았다. 김 주석 동상의 크기, 주체탑의 높이가 190미터인 것은 그만두고라도 그 지하 건축물의 거대함에서 피라미드의 불가사의를 느낄 정도였다.

저녁은 묘향산에 있는 평양 향산 호텔에서 숙박했다.

2005년 7월 18일(월) 맑음
평양보통강호텔 숙박

오전 국제친선전람관을 참관했다. 김일성 주석과 김정일 국방위원장이 세계 각국 원수들, 기업인들로부터 받은 선물 20여만 점을 진열해 놓은 선물 보관실이라 하고 싶다. 그러나 저들의 의미는 다르다. 개인 재산을 인민들에게 돌려주었다는 해석이다. 나는 선물에서는 그 의미를 찾고 싶지 않다. 지상으로 보이는 기와집도 훌륭하고 거대한데 지하의 각 실의 방대함에 나는 놀라야 했다. 그리고 강과 산을 배경으로 하고 있는 김일성 주석의 입상은 아무리 보아도 실물만 같다. 그 기술이 놀라웠다. 그러니까 나는 이번 평양 방문에서 세 번 놀란 것이다. 이 세 번 나를 놀라게 한 건축물이 북한 이천만 민족을 굶주리게 하는 원인임을 알았다. 이 건축비로 비료공장을 짓고 생산공장을 시설하고 농촌개발, 경작지개발, 농기계공장 시설에 썼던들 오늘의 북한은 아니었을 것이 분명하다. 분명 이는 오늘을 사는 북한 이천만 동포에게 죄악이라고 생각했다. 그러나 한편 생각하면 통일된 후 50년쯤이면 세계 관광객들을 불러들이는 훌륭한 관광 상품이 되어 후손들을 먹여 살리는 관광 자원이 될 것 같다는 생각도 해 보았다. 창광유치원을 둘러보고는 아이들의 눈동자들이 한없이 가련하게 느껴졌다. 인간 기계를, 로봇을 만들고 있는 공장이라고 생각되기 때문이었다.

2005년 7월 19일(화) 맑음
평양에서 북경으로 다시 서울로 돌아오다

이번 3박 4일의 평양 방문.

순안공항에서 베이징으로 다시 인천공항으로 오는 동안 이번 여행을 마음속으로 정리해 본다. 세 번 놀라고 북한이 못사는 이유 세 가지 그리고 북한 삼무三無를 발견한 것이다.

세 번 놀람은 첫째, 만수대의 김일성 동상과 그 구조물의 거대함, 둘째, 주체탑의 거대하고 웅장함과 지하 건축물의 방대함, 셋째, 묘향산 국제친선전람관의 지상·지하 건축물의 거대함이다.

또 북한이 못 사는 이유 세 가지는 첫째, 평양의 거대 건설에 국력의 총집중으로 국력 손실, 둘째, 경제 개발보다 무력 증강을 우선으로 무력을 국력으로 오판한 것, 셋째, 북한 농업의 피해(무비료, 미기계화, 미경지정리 등)가 북한 빈곤의 원인인 것으로 진단하고 싶다.

또 북한 삼무는 무덤이 없고, 담장이 없고, 거지가 없는 것도 긍정적 평가를 하고 싶지만, 담장 없는 것은 사유 토지가 없으니 한계가 필요 없어서이고, 거지가 없음은 정부가 용납지 않음이라는 생각이 들었다. 또 평양시에서야 중류 이상의 생활이니까 핵심 당원들만 사는 곳이니까 거지가 있을 수 없을 거라 생각했다. 북한 여행 소감을 한마디로 하면 평양 250만 시민을 제한 2,000만 인민이 불쌍했다.

교단 총회장 출마

기장 총회 규칙에 총회장 후보는 당해연도(회기) 부총회장(목사 부총회장, 장로 부총회장)만 후보 등록을 할 수 있다는 천하에 유례없는 후보 제한 규정이 있다. 이는 장로의 총회장을 막는 장벽 설치의 악법이다.

그러기에 목사 부총회장은 자동으로 총회장이 되는 것이며, 장로 출신 총회장은 아예 못되도록 장치를 해 놓은 것이다.

가장 진보 교단이란 이름이 어색한 가장 보수적인 규정인 것이다. 기장에서 보수 교단으로 지칭하는 예장 교단에서도 몇 년 주기로 장로 총회장을 두기로 한 법을 가지고 있다. 이런 측면에서는 부러운 교단이다.

이는 기장 헌법 위헌이다. 기장 헌법에는 "모든 회의 임원은 그 회에서 선임한다"로 되어 있는 것이다. 이는 상위법을 무시한 하위법인 총회 규칙이 상위에 있는 분명한 위헌인데도 이를 개정하지 못하고 있는 것은 목사들의 독선이다.

우리 기장에서는 두 번의 장로 부총회장이 총회장에 도전했는데 역시나 두 번 다 실패했다.

첫 번째는 우리 전남노회 목포남부교회 김상렬 장로님이 실력도 있고, 금력도 있고 해서 내가 앞장서서 권했었다. 장로도 총회장을 할 수 있다는 법 정신을 보여주기 위해서 후보 등록을 하시도록 하고, 선거 운동을 열심히 했는데도 실패했다. 이는 목사 총대들은 거의 100% 반대고, 일부

장로들도 스스로 열등의식으로 수용 못하는 분들이 있어서였다.

그 후 여러 해 후에 내가 부총회장으로 총회 활동을 눈에 띄도록 했기 때문인지는 몰라도 목사 출신 증경 총회장 두세 분이 총회의 여러 가지 어려운 문제가 있는데 안국 장로가 총회장을 한번 해서 개혁할 부분은 개혁을 해 내야 하지 않겠냐고 권해 왔지만 나는 사양했다. 되지도 않을 일을 하는 것은 어리석은 짓이니 안 하겠다고 했는데도 끈질기게 권하기에 허락했다.

그때 목사 부총회장은 기장의 거물급에 속하는 목사님이셨고, 서울에 있는 큰 교회, 아주 훌륭하신 박OO 목사님이셨다.

내가 결심이 약한 탓에 후보 등록을 하루인가 앞두고 강권으로 한신대학 학력 증명을 수경이에게 떼어다 놓으라 하고, 친구인 윤용상 장로와 같이 총회에 가서 등록했다.

총회장 선거 운동은 이미 일 년 전 부총회장 선거 때 나를 알리는 일을 충분히 했으니 일절 하지 않은 것이다. 예의상 소견서를 일차로 인사장을 겸해 보낸 것뿐이었다. 나는 총회재판국 서기를 하면서 서울노회, 대구노회, 강원노회 판결로 인심을 잃은 바가 있기에 아예 기대도 하지 않았다. 내용은 이 세 노회의 장로 목사 제명 재판을 몇 년씩 끌어오던 총회 재판을 모두 다 패소 판결을 내리고, 해당 목사들과 장로들 손을 들어 주었다. 그러고나서 총회 재판국 보고까지 해서 총회에서 승인을 받았는데도 해당 노회가 시정해 주지 않아서 결국 그 목사들과 장로들이 어쩔 수 없이 교회를 떠나는 안타까운 일들이 있었기에 나는 저들 노회로부터는 표를 기대할 수 없다는 것을 이미 계산했다.

총회 선거가 시작되었다. 총회 투표 직전 5분 소견 발표 시간에 나는 아예 기대하지 않았기에 강성 발언으로 소견을 발표했다. 지금 총회가 고민하는 부정, 비리, 불법, 3대 사건 등은 내가 총회장이 되면 반드시 내 명예를 걸고 바로 잡을 것이며, 총회장의 힘으로 되지 않으면 국가 법정에 제소해서라도 정상화시킬 것이라고 강한 어조로 말했다.

아니나 다를까 소견 발표 끝나고 나니 내 편이던 증경 총회장이 소견 발표가 너무 강성이어서 이곳저곳에서 하는 말이 만약 안국 장로가 총회장이 되면 국내는 물론 세계 교회적으로 기장 교단이 망신당한다며 반대하더라는 이야기였다. 예상대로 낙선했다. 그러나 나는 낙선도 좋았다. 총회의 각성을 촉구했으니까 말이다.

총회장 후보 소견서

과학 만능을 부르짖어온 인간은 물질문명의 바벨탑을 쉼 없이 쌓아왔습니다. 그 거대한 문명 속에서 인간은 최대의 자유와 평화를 누릴 것이라고 확신했습니다. 그러나 지구촌은 인간이 원하는 자유와 평화 대신 테러·전쟁·굶주림과 질병으로 생존까지 위협을 받고 있습니다.

인간의 생명 경시 풍조와 함께 황금만능주의는 예측할 수 없는 미래 사회에 대한 재앙을 예고하고 있는 실정입니다. 이런 때 한국교회의 향도 교단인 우리 교단은 교육, 환경, 복지, 통일에 대한 새로운 패러다임의 전환이 절박하게 요구받고 있다고 생각합니다. 지금까지 우리 교단은 바리새적 교권주의와 독재 문화와의 싸움에서 희생을 무릅쓰고 십자가의 행진을 줄기차게 걸어왔지만, 하나님 나라 건설과 새 역사 창조의 하나님의 명령을 완수하기까지는 아직도 멀고 험하다고 표현해도 과언이 아닐 것 같습니다.

석학 토인비는 "역사는 수많은 도전에 대한 용기 있는 소수의 창조적

응전으로 이루어진다"고 갈파했습니다. 오늘처럼 하나님의 창조 질서가 혼돈으로 치닫고 있는 암울한 현실이 정의와 용기의 선지자 이사야와 아모스 같은 하나님의 사람을 기다리고 부르고 있다고 생각하며 우리 교단이 나아가야 할 방향과 목표를 몇 가지 제시해 보고자 합니다.

첫째, 새로운 교육정책 수립

교육은 백년대계입니다. 교회학교 교육제도에서부터 신학교육 제도까지의 교육정책을 목회자와 신학자들로 하여금 연구위원회를 구성하여 구태의연한 주입식 교리 교육에서 벗어나 보다 성숙한 인간 교육과 신앙인 교육을 위한 중장기 교육 정책 수립이 시급하다고 생각합니다.

둘째, 교회 선교 공동체의 회복

개교회주의와 대형교회주의가 오늘의 한국교회의 문제라면 어울려 더불어 살아가는 나눔의 삶인 선교공동체를 확산시켜 복지선교, 환경선교 사업에 교회 예산의 대폭적 할애 운동을 위한 제도적 규범제정이 절실히 요청된다고 생각합니다.

셋째, 통일 선교 사업 확대

민족통일이 시대적 민족적 국가적 사명임을 인식하고 이웃 사랑 실천으로 통일 사업에 총회적 관심을 고양 결집시키기 위한 통일기금 조성이 필요하다고 생각합니다.

끝으로 저에게 총회장으로 봉사할 수 있는 기회를 주신다면 1년의 임기는 영원한 미래까지를 책임지는 자리로 명심하고 교단의 명예와 발전을 위해 신명을 바쳐 충성하겠습니다. 감사합니다.

"혁신의 시작은 답습으로부터의 탈피"

한국기독교 제90회 총회원님께

존경하는 총회원님!

추석 명절을 맞이하며 하나님의 풍성한 은총이 교회와 가정에 함께 하시기를 기원하면서 인사 올립니다.

우리 교단 제90회 총회장 선거가 교계 언론과 한국 모든 교단들에게 지대한 관심거리가 되고 있다고 합니다. 그것은 장로가 총회장 후보로 나왔기 때문이겠지요. '기장의 기장다움이 과연 무엇인가? 한번 두고 보자! 앞서간다고 자부하는 진보교단의 교회 정치에 대한 철학이 과연 무엇인가? 한번 두고 보자!'라고 하면서 흥미롭게 지켜보고 있다고 합니다.

존경하는 총회원 여러분!

21세기 한국교회의 새로운 패러다임은 평신도 사역 시대의 열림이라고 봅니다. 기장 제2 희년의 출발점에서 개혁교회다운 또 하나의 새로운 기록을 역사는 기다리고 있다고 생각합니다. 세계교회들에서는 여성 총회장, 평신도 총회장들이 벌써 나와서 교회 정치의 새로운 지평을 열어 발전해 나가고 있다고 들었습니다. 새로운 역사란 변화와 개혁의 기초 위에 세워지는 금자탑이 아니겠습니까?

존경하는 총회원 여러분!

이제 장로 총회장이 한 번쯤 나와서 변화와 개혁을 위한 몸부림으로 심기일전하여 구시대적 관행의 답습으로부터 탈피하는 혁신을 통한 총회와 교단 발전을 모색해봄이 어떻겠습니까? 총회장 능력을 갖춘 목사님, 장로님들이 많이 계십니다. 그럼에도 현 부총회장만이 총회장 후보등록을 할 수 있다는 법에 따라 모든 분들께는 기회가 차단되어 있기 때문에 미력하지만 제가 총회장 후보로 나서게 되었습니다. 부족한 제가 후보로 나선 것을 하나님의 오묘하신 뜻을 확인키 위한 기도의 행진으로 이해해주시기 바랍니다. 기도해 주십시오. 도와주십시오! 감사합니다.

2005년 9월 16일
총회장 후보 기호 2번 안국 장로 올림

4부

천민(天民) 인생 · 무적(無敵) 인생
· 시덕(施德) 인생

천민(天民) 인생 · 무적(無敵) 인생 · 시덕(施德) 인생

인생관을 그 사람 인생의 목적, 삶의 의미, 생활의 가치관에 대한 견해를 뜻하는 것이라면, 나의 인생관은 천민天民 인생, 무적無敵 인생, 시덕施德 인생이다. 다시 말하면 인생의 목적은 천민 인생이고, 삶의 의미는 무적 인생이며, 생활의 가치는 시덕 인생이라 하겠다.

천민天民 인생, 하나님 나라의 백성답게 산다는 뜻이다. 하나님 뜻대로, 하나님의 법도에 맞게, 하나님의 명령과 지시와 가르침에 절대 순종하며 산다는 것이다. 고쳐 말하면 기독교인으로 산다는 의미보다는 하나님으로부터 인정받는 인생으로 산다는 것이다. 바울 사도의 신앙 고백처럼 "우리가 살아도 주를 위하여 살고 죽어도 주를 위하여 죽나니 이러므로 사나 죽으나 우리가 주의 것이로다"(롬 14:8)이다.

언뜻 생각하면 마치 그것은 허수아비 인생, 꼭두각시 인생, 자기 주관이 없는 무의미한 인생이란 비판의 여지가 있고, 비신앙인은 도무지 이해할 수 없는 말일 것이다. 그 바른 뜻은 인생의 궁극적 목적이 행복한 삶에 있다고 할 때 주를 위해 산다고 하는 자체가 행복이요, 영광이기 때문이다. 주를 위해 죽을 수 있다는 것 자체가 행복이요, 영광이기 때문이다.

이 말씀은 신앙으로만 이해되는 진리이다. 비유컨대 일류 대학 진학이 꿈인 두 학생이 있다고 하자. 한 학생은 오로지 목표인 대학 진학을 위해 피땀 흘리는 노력을 한다. 자학에 가까울 정도의 노력을 한다. 의식적으로 노력을 한다. 또 다른 한 학생은 일류 대학 진학이 먼 훗날의 자기 완성을 위한 과정으로 받아들이고 열심히 노력한다. 그저 즐겁게 최선을 다한다. 공부하는 것이 일종의 기쁨이다. 이 두 학생을 놓고 볼 때 후자後者에게서 사도 바울의 신앙 고백을 이해할 수 있지 않을까?

무적無敵 인생, 적이 없는 삶을 산다는 것이다. 삶이란 생존 경쟁에서 경쟁자는 나에게 적일 것이다. 살아남기 위한 경쟁이기 때문이다. 맹자는 인자무적仁者無敵이라 했지만, 사실 깊이 생각해 보면 우자愚者도 무적일 수 있다. 못난이, 장애인, 모자란 사람에게는 적이 없다. 똑똑한 사람, 잘난 사람, 가진 자, 배운 자들에게는 적이 많은 것이 사실이다.

내가 말하는 무적 인생이란 혹 상대방이 나를 적으로 생각하더라도 나는 그를 적으로서가 아닌 사랑의 관계로 살아간다는 것을 뜻한다. 내가 손해 보는 한 적은 없다. 내가 이기려 하니 적이 생기고 내가 욕심을 내니 적이 생기는 것이다.

시덕施德 인생, 생활의 가치를 덕을 세우는 데 둔다는 것이다. 은혜를 베푸는 데 둔다는 것이다. 내 것만을 갖고 나만 살면 그것은 동물적 본능인 자기 보존이며 고수固守일 뿐이다. 주는 데 싫어하는 이 없고, 도움을 이유 없이 사랑으로 주는 데 거부할 자 없다. 돕고 사는 것이 생활 그 자체여야 한다.

예수님께서는 평범한 진리로 설명하셨다. 마태복음 25:34에 보면 "그 때에 임금이 그 오른 편에 있는 자들에게 이르되 내 아버지께 복 받을 자들이여 나아가 창세로부터 너희를 위하여 예비된 나라를 상속하라. 내가 주릴 때에 너희가 먹을 것을 주었고, 목마를 때에 마시게 하였고, 나그네 되었을 때 영접하였고, 벗었을 때에 옷을 입혔고, 병들었을 때 돌아보았고, 옥에 갇혔을 때에 와서 보았느니라" 하셨는데, 이 말씀을 마지막 심판 날에 구원받을 조건으로 제시하고 계신다. 이 여섯 가지 베푸는 것들은 누구라도 할 수 있는 지극히 사소한 일들이며, 동기가 단순한 비타산적 행위일 뿐이다. 거창하게 신문에 대서특필되고 매스컴에 오르내릴 만한 사항들이 아니다.

인생관과 비슷한 뜻으로 생활신조가 있다. 생활신조란 인생관의 구체적 생활과 삶의 내용을 설명하는 것이라 하겠다. 나의 생활신조는 첫째는 신의생명信義生命이다. 인생관의 첫째인 천민 인생을 살려면 신의를 목숨보다 중요시해야 한다는 것이다. 대인 관계에서 하나님의 속성인 사랑과 정의와 정직을 위해선 손익을 초월해야 한다는 것이다. 하나님의 절대 지상명령은 "하나님을 사랑하고 이웃을 내 몸과 같이 사랑하라"이다. 하나님은 거짓을 용납지 않으신다. 신령과 진정을 예배의 중심으로 보시는 하나님은 위선을 절대 용납지 않으신다. 이 신의는 하나님과의 관계에서는 절대 순종의 믿음이요, 사람과의 관계에서는 상호 신뢰이다.

두 번째는 타손절금他損絶禁이다. 인생관의 두 번째인 무적 인생으로 살려면 타인에게 절대적으로 손해를 끼쳐서는 안 되며, 그 정도가 물질적 부담은 물론 정신적 부담까지도 주어서는 안 된다는 것이다. 사람들은 정신적 부담까지는 손해로 생각지 않는 경향이 있다. 그러나 정신적 부담은 가벼운 물질적 손해보다 더 큰 손해인 것이다. 심지어 약속 시간을 어겨 단 몇 분의 시간을 기다리게 하는 것까지도 부담을 주는 것이며, 손해를 주는 것이다.

인간이 사는 세상의 질서를 생존 경쟁으로만 보아서는 안 된다. 생존 경쟁은 동물의 본능에 지나지 않는다. 인간은 신적인 존재이다. 따라서 인간사회는 생존 경쟁이 아닌 생존의 공유共有, 공영共榮의 질서가 되어야 한다. 우승열패는 자연의 질서일 뿐이다. 인간사회는 우優와 열劣이 공존

· 공영해야 한다. 우열이 상호 보완적 관계이어야 한다. 우리말로 더불어 살고 어울려 살아가야 한다. 그렇다. 평화와 자유와 인권과 평등이 보장되는 사회가 곧 적이 없는 사회인 것이다. 이웃만이 있는 사회여야 한다. 인간은 그렇게 살아가야 한다.

세 번째로 낭비는 죄악이다. 인생관의 세 번째 시덕 인생으로 살려면 나누어 줄 것이 있어야 한다. 그것이 정신적인 것이든 물질적인 것이든 필요에 따라 서로 나눔의 세상이 되어야 하기 때문이다. 나누고 살려면 자기의 몫만을 고집해서는 안 된다. 자기에게 주어진 정신적, 물질적 풍요와 부를 우선 개인의 것으로 고수하려는 생각을 버려야 한다. 그렇기 때문에 낭비해서는 안 되는 것이다. 낭비가 있는 곳에 반드시 죄악이 있다. 그리하여 나는 생활신조로 낭비는 죄악임을 명심하고 살고자 한다. 자기를 위해서는 철저하게 구두쇠가 돼야 하고 남을 위해서는 아낌없이 쓸 줄 알아야 한다.

정신적이든 물질적이든 과소비는 부덕不德이요, 죄악이다. 이를 실천하고 살 때에 살아 있는 우리 모두에게 세상살이가 행복의 광장이 되고 조화가 이뤄지는 신바람 나는 살만한 세상이 되는 것이다. 인간은 혼자 살 수 없다 해서 사회적 동물이라 하지 않는가? 사람 인人의 형상은 서로 기대어 있을 때 넘어지지 않고 서 있을 수 있다는 것을 나타낸다. 너와 내가 같이 기대고 더불어 살아가야 서로 행복하다는 것이다.

「기독타임즈」 순교자 인터뷰

2004년 1월 6일

「기독타임즈」 윤영세 기자가 찾아왔다.

순교자를 찾아서 기획 연재를 하는데 인터뷰차 왔다는 것이다. 언젠가 이곳을 지나다가 한국 건축 양식 교회당이 있기에 들어와서 교회당을 둘러보다가 순교비를 본 기억이 있어서 목사님께 전화했더니 안 장로님을 만나라고 해서 왔다는 것이다.

순교 당시의 상황, 순교자의 신앙, 후손들의 신앙생활 등을 이야기하고 순교 현장과 묘지까지 가서 취재 인터뷰를 했다. 두 시간 동안이었다. 순교자의 유품을 묻는데 유품을 전혀 갖고 있지 못한 것이 안타깝고 부끄러웠다. 그때 내 나이 16세 중학교 2학년 때이니까 남겨 놓을만한 유품들이 많았을 것인데…. 쓰시던 찬송가, 성경이라도 챙겨 놓지 못한 일이 지금에 와서 생각하니 불효를 범한 죄스러움으로 부끄러웠다. 지금 생각해 보면 포켓용 소형 수판이 기억난다. 일제 이발 기계도 갖고 계셨다. 외출할 때 쓰시던 모자도 생각난다. 오랜만에 도민증에서 복사해서 가지고 있는 사진을 꺼내 보며 그 당시 아버님의 인자하신 얼굴을 대하는 감회가 자못 새롭다. 지금 생존해 계시다면 춘추 93세다. 하늘나라에 가면 만날 수 있다니 보고 싶다.

화순읍 만나교회 창립 예배

2006년 6월 26일

오늘은 우리 용학교회에서 시무하셨던 임영창 목사님이 개척하신 화순읍 만나교회 창립 예배에 참석했다. 우리 교회에서 시무장로 6명과 여자 권사 3명, 여집사 4명 해서 13명이 참석했다. 광주노회 시찰위원회가 개척을 허락지 않아서 설립 예배를 못 드리고, 개척 1년 만에 교회 자체 행사로 창립 예배를 드린 것이다. 나는 축사 순서를 맡았다. 걱정했던 부분은 기우였다. 교인이 103명이나 되고 설교자가 김승봉 목사님, 축도가 조원태 목사님으로 증경노회장들이 참석해서 좋았다.

나는 "교인 수 103명인데 창립 예배가 격에 맞지 않는 인상이며, 내 생에 제일 좋은 교회 이름을 만났는데 '만나교회'란 이름이며, '만나'의 세 가지 의미가 있는데, 첫째는 출애굽 백성이 광야에서 만나를 먹고 살았는데 그 만나는 생명이었고, 밥이었고, 하나님 축복의 극치였던 그 만나. 이제 만나교회 교인들은 하나님이 주시는 생명의 만나로 축복받는 교회가 되십시오. 둘째 의미는 만남의 만나인데 이 교회에서 하나님 만나 사랑받고 예수님 만나 구원의 축복받고, 성령님 만나 능력 받는 교회가 되십시오. 셋째는 '맛나다'의 준말로서 살맛 나는 교회, 예수님 믿는 맛이 나는 교회, 성도 만나는 맛이 나는 교회가 되십시오"라고 축사했다. 또 "교회다운 교회, 전남 광주에서 하나님 좋아하시는 대 교회 만드시는 큰 꿈을 갖는 교회가 되십시오" 하고 축복했다. 그 큰 꿈이란 우공이산愚公移山의 꿈이라고 얘기했다. 성도들의 크고 우렁찬 아멘 소리가 교회당을 가득 채웠다.

성지순례

2007년 2월 26일(월) 맑음
이집트 카이로 도착

무안에서 오후 네 시 출발, 인천국제공항에 저녁 아홉 시경 도착, 딸 3형제가 나왔다. 부모님 성지순례 여행을 축하하기 위해 온 것이다. 한사코 말렸는데 와서 손을 흔들어 주는 자식들이 고맙고 자랑스러웠다.

이번 여행 일행은 15명이다. 해제에서 세 가정 6명, 무안읍에서 두 가정 4명, 함평에서 두 가정과 해남에서 한 가정 5명이다.

오후 11시 30분 인천공항 이륙, 중간에 두바이 공항에서 주유 대기, 다음 날 아침 9시 30분 카이로 공항 도착, 한국과의 시차가 6시간이니까 16시간 만에 도착한 것이다. 카이로 국제공항의 인상은 자연스러운 사막위에 비행기 활주로만 다듬어진 공항 같지 않은 공항이다. 허나 그 넓이, 그 끝은 안 보일 정도의 넓은 면적이었고, 이제 시설 중인 비행장 같다. 건물도 가설 건물 같고 실제로 공항 신축 중이라고 했다.

2007년 2월 27일(화) 맑음
성지순례 제1일, 이집트

현지 시각 9시 10분에 카이로 국제공항에 도착했다. 지상에서 보는 이집트는 사막의 나라였다. 세계 삼대 불가사의라는 피라미드, 스핑크스를 관광하며 당시 거대했던 이집트 문화를 연상할 수 있었다. 예수피난교회와 모세기념교회를 보았고, 수에즈 운하, 해저터널로 홍해를 건너 마라의 우물과 르비딤을 보고, 시내산 프라자 호텔에 밤 열 시에 도착했다. 그러니까 13시간의 거의 버스 여행이다. 피곤했다.

이집트라는 나라 카이로 시가의 첫인상은 불결한 도시, 가난한 나라 그러나 광활한 사막이 무엇인가 장래를 보장해 줄 것 같은 인상이었다. 면적이 한국의 약 다섯 배, 국토의 95%가 사막이란다. 그 사막이 인간에게 유용한 자산 가치를 분명 하나님께서는 주셨을 것으로 생각이 됐다. 이슬람 종교가 전체 인구의 94%라니 그 부분이 마음에 들지 않는 부분이긴 하지만, 피라미드 광장에서 추산되는 관광객이 천여 명쯤 짐작되는데 이집트는 관광 국가로 하나님께서 점지해 주셨는지 모른다.

2007년 2월 28일(수) 맑음
성지순례 제2일, 시내산 등반

아침 세 시에 기상하여 시내산에 올라갔다. 우리 일행 15명 중 나와 전인선 목사님만 도보로 오르고 나머지는 낙타 타고 올라갔다. 2,285미터의 산이란다. 오르는 데 세 시간, 내려오는 데 두 시간 소요다. 공연히 도보 등산을 시작했다는 후회도 있었지만 기도하면서 가이드와 함께 성공했다. 내가 최고령이다. 이영희 권사가 낙타 등산 지점까지 낙타로 올라왔는데 자연석 돌계단을 오르면서 못 견디는 것이었다. 가이드(정사장)의 응원과 도움으로 겨우겨우 정상까지는 갔는데 누워버렸다. 나는 걱정이 됐다. 기도했다. 겨우 정신을 차려 해돋이를 보고 용기를 내서 내려오는 데 성공했다. 하나님께 감사했다.

아침에 보니 풀 한 포기, 나무 한 그루 보이지 않는 화강암석 바위

산들로 이루어진 시내산이다. 동서남북 내 시야가 미치는 거리까지 그 전부가 같은 바위산일 뿐이다. 쓸모없는 땅이라고 생각해 보면 그런 것 같고, 하나님께서 창조하셨는데 그 가치를 아직 못 알아차린 것뿐 무엇인가 인류를 위해 필요한 것이 아닐까 생각해 보면 틀림없이 그렇다.

하산해서 캐더린수도원을 관람하면서 떨기나무를 보았다. 우리나라 들 딸기 나뭇잎처럼 생긴 풀이었다. 중식 후 이스라엘로 국경을 옮겨 왔다. 홍해를 우측으로 해변도로 따라 이스라엘 에일낫 휴양 도시에 도착했다. 바로 우측으로 홍해를 끼고 사우디아라비아를 바라보며 요르단의 국경인 에일낫에 도착했다.

2007년 3월 1일(목) 맑음
성지순례 제3일, 이스라엘 국경

아침 다섯 시 삼십 분에 기상했다. 7시 15분 출발을 위해서다. 현지 가이드는 최국현 목사님이다. 서기 70년 로마의 예루살렘 침공에 의해 3년 전쟁을 하다가 960명의 남자와 여자가 집단 자살로 예루살렘이 멸망한 요새 마사다에 들렀다. 아무리 보아도 사방으로 깎아내린 적벽으로 요새임에는 틀림없는데 헤롯 대왕의 궁전터를 복원한 것이고, 과장된 인상을 지울 수가 없었다. 쿰란의 성서 사본 발견 지역은 역시 믿음이 가지 않는 유적지였고, 여리고 자치 지역인 아랍 지역은 평소 못 들르는 지역인데 다행히 들를 수 있었다. 삭개오의 뽕나무(돌무화과 나무), 엘리사의 샘이란 길갈에서 들포도 넝쿨, 들호박국을 끓여 죽음의 독을 없앤 기적지를 보고(왕하 4:38), 사해 목욕지에 가서 갯벌 발 마사지를 하고, 갈릴리 호수를 보며 하루의 순례를 마쳤다.

안타까운 것은 이스라엘이란 나라와 아랍 지역(여리고), 아랍 국가들과의 영토 전쟁, 종교 전쟁이 대치 상태에 있음이 어느 쪽이 옳다고 판단 내리기가 어려운 상태에서의 적대 관계가 결코 하나님의 뜻이 될 수 없을 것이라는 생각을 해 볼 수 있었다.

가이드인 최국현 목사의 성지순례 안내가 신앙적인 것이 좋았다. 침례 교회 목사님인데 이스라엘 회복 운동을 하고 있다는 선교사였다. 인상적인 다정다감한 목사님이었다. 저녁 7시에 호텔에 들어왔다.

2007년 3월 2일(금) 맑음
성지순례 제4일, 갈릴리호수 선상 예배

오늘은 갈릴리호수에서 선상 예배를 드렸다.

호수의 규모가 놀라웠다. 남북 21킬로미터, 동서로 12킬로미터, 둘레가 70킬로미터, 최고 수심이 43미터나 된다는 것이다. 해면보다 수면이 200미터나 낮다는 것이다.

성서에도 호수 또는 바다로(디베라이스) 기록된 이유를 알 만했다. 계속해서 가나혼인잔치 기념교회의 돌항아리, 팔복산 기념교회, 베드로의 신앙고백 기념교회, 오병이어 기념교회, 가버나움 예수님 집 기념교회, 갈멜산 엘리야 불의 제단교회, 므깃도 성터, 가이사리아성, 지중해변, 헤롯 궁터 등을 관광했다. 너무 많이 걸어서 피곤했다.

오늘 성지순례는 갈릴리호수의 규모가 큰 것이 인상에 남고, 지중해의 수평선의 길이에 놀랐고, 로마네스크 건축 양식으로 지어진 성당과 지나치게 꾸며진 웅장함과 거대함이 인상적이었다.

늦은 시간 예루살렘에 입성하면서 사방으로 보이는 야경 또한 거대 도시가 연상되었다. 숙소인 그랜드 호텔 역시 이름처럼 거대 호텔이었다.

2007년 3월 3일(토) 맑음

성지순례 제5일, 나사렛에서 예루살렘까지

나사렛 예수님 집터 교회를 시작으로 감람산 주기도문교회, 예수님 눈물교회, 겟세마네 동산, 기드온 골짜기, 베데스다 연못, 골고다의 길, 시온산, 마가의 다락방, 다윗왕의 가묘, 예루살렘 성곽, 통곡의 벽, 베드로 통곡교회, 빌라도의 지하 감옥, 베들레헴 마구간 교회까지 하루 내내 걸어 다녔지만 피곤한 줄도 잊었다.

오늘 인상적인 것은 예루살렘 성곽이었다. 주위 둘레가 4킬로미터나 된다는데 내가 본 일본, 한국의 것에 비교해서 제일 높고 웅장한 성곽이었다. 또 각 곳에 세워진 기념교회들을 보면서 지하동굴을 이용한 그리고 그 웅장함이란 로마의 바티칸 성전에 비교되는 웅장함이었다. 이 거대한 석조 건축물을 건축하면서 얼마나 많은 민중의 피땀을 강요했을까? 당시 로마의 거대 권력과 천주교의 유착이 낳은 민중의 희생 위에 세워진 유물들로 생각이 되었다. 특히 예루살렘에 있는 모든 기념교회는 한가지로 지하 자연 동굴을 이용한 건축물임을 쉽게 짐작할 수 있었다.

내 생각에는 예수님의 탄생지, 십자가의 골고다의 길, 부활의 장소, 묘소 승천지까지 솔직히 믿음이 가질 않는다. 허나 그 진위 여부를 떠나서 그 유적 사실에 의미가 있다고 생각하며 하루를 감격으로 보냈다.

2007년 3월 4일(주일) 맑음

성지순례 제6일, 터키로 오다

예루살렘 텔아비브 공항에서 터키 이스탄불 공항으로 와서 성소피아 사원(성당)을 관광했다. 그 규모와 건축 양식과 모자이크 성화들에 감탄하지 않을 수 없었다. 본당의 넓이가 7,570평방미터(2,500평), 높이 55.6미터,

돔의 지름이 33미터란다. 비잔틴제국의 콘스탄티누스가 325년에 창건했고, 그 후 유스티니아누스 대제가 532년부터 537년까지(5년여) 개축한 당시 세계 최대의 걸작이었단다. 후에 오스만제국이 들어서면서 회교사원이 되어버렸고, 성당 내의 모자이크 성화들이 회칠을 당해야 했고, 이슬람교의 코란 문자로 내부 장식을 바꾸어 버렸고, 이슬람이 저지른 역사와 천주교에 대죄를 범한 것이다.

터키는 이슬람 국가이다. 인구 6천 7백만인데 99%가 이슬람교도(수니파)에다 국토는 남한의 3.5배 정도란다. 6.25때 최대 인원의 유엔군을 파견한 나라로 전사자가 미국 다음으로 많은 한국과는 깊은 인연이 있는 나라라는데, 어떤 면에서 기독교의 적이기도 한 것이다.

오늘은 참 피곤한 하루였다. 이스라엘의 출국 수속도 까다롭고 터키 입국 수속도 이 잡듯 뒤지는 수속이었기에 짜증스럽고 밉기까지 했다.

2007년 3월 5일(월) 맑음
성지순례 제7일, 갑바도기아

괴래매(우리를 방해하지 마라) 동굴을 돌아보았다. 야외박물관이란 별칭을 가진 자연 동굴 지역이다. 동굴 안에 성당 건축 양식의 석조 기둥, 성화 등의 장식 등 자연 동굴을 손질해 만들어진 동굴교회들. 절베계곡, 파노라마 계곡, 대평원을 지나 코냐(성서에 나오는 이고니온)에 와서 천 년 된 이슬람 박물관 그리고 모스크를 보고, 마지막으로 바울 기념교회를 시내에서 보았다. 이곳 꼬냐에서 이슬람에 묻혀 겨우 6명의 교인이 교회를 지키고 있다는 것이다. 바람 앞에 거물거리는 기독교의 마지막 보루 같은 교회….

99.80%의 이슬람 거대 적그리스도와 무언의 전쟁을 치르고 있다는 가이드 이 목사의 애절함이 가슴에 와닿는 교회였다. 150년 된 역사적인

교회란다. 웅장함도 거대함도 장식도 이슬람 사원에 비해서 너무 초라한 교회였다. 가슴이 벅차오르는 이슬람 저항의 피가 솟는다. 내가 제안했다. 우리 일행 중 전 목사님께서 이 바울교회의 최후의 승리를 위해 기도를 하고, 헌금을 했다. 마음이 흐뭇했다.

오는 길에 보았던 대평원, 미국 서부의 광활함과 같은 넓은 땅, 그것이 바로 이 터키의 경쟁력이 될 것 같다. 현재로선 7천 달러가 못 되는 GDP라지만⋯. 땅이 부러웠다.

2007년 3월 6일(화) 맑음
성지순례 제8일, 안탈리아 해안 도시
멀리 만년설이 보이는 안탈리아 해안 도시.

전산(前山)은 청산(靑山)인데 후산(後山)은 백산(白山)이로구나.
전산(前山)은 임산(林山)인데 후산(後山)은 설산(雪山)이라.
전산(前山)은 목산(木山)인데 후산(後山)은 석산(石山)이구나.
전산(前山)은 하산(夏山)인데 후산(後山)은 동산(冬山)이라.

그림 같은 풍경이다.
라라폭포가 또한 일품이다.
좌우로 180도 깨끗하게 그어진 수평선이 너무도 선명하다. 지중해다.
1,800고지 넘어 해안 도시에서 다시 파묵칼데, 라오디게아 교회터까지 왔다.

교회터로 믿어지지 않는 곳이다. 아무런 고고학적 증거도 없다. 대리석 기둥 부러진 돌덩이 어지럽고, 지성소 자리라는 반원형 자국의 석축이 너무 조잡했고, 벽이라고 하는 벽은 이해가 안 되는 잡석이 뭉쳐진 담일 뿐. 무슨 의미를 찾을 수 있을까?

나더러 기도하라는 데 기도가 나오지 않는다. 무어라 해야 할지. '하나님, 이천 년 전 라오디게아교회의 터라는 곳에 저들이 왔습니다. 폐허를 보면서 우리의 기독교가 우리의 신앙이 이런 폐허로 남는 일이 없도록 우리의 삶을 정리하고 더욱 분발하는 신앙생활을 하도록 은혜 주시옵소서. 주님이 재림하시는 그날 자랑스러운 모습으로 주님 앞에 설 수 있도록 도와주시옵소서.' 기도했다. 허전하고 가이드가 거짓말 만들어 하는 것만 같은 생각이 들었다.

2007년 3월 7일(수) 맑음
성지순례 제9일, 소아시아 5개 교회터 탐방

소아시아 다섯 개 교회 터를 탐방했다. 실은 교회터라기엔 애매하고 고대 도시 터라고 하는 것이 정확한 답변이다. 성지순례로서는 별반 의미가 없는 것 같다. 당시 거대한 로마 문화와 석조 건축물의 웅장함과 거대함을 느껴 본 것이다. 그 중 서머나교회가 유일한 현존 교회이긴 하지만, 이것도 성경에 나오는 서머나교회가 아니다. 서머나 지역에 있는 두 교회 중 한 교회를 둘러본 것이며, 이 또한 천주교 성당일 뿐이다. 너무 지치고 피곤했다. 성전 터라고 하는 확실한 유적은 거의 없었다. 다만 한두 군데 십자가 문양으로 성전 유적지라고 추측하는 정도이다. 실은 터키 순례는 바울의 전도 여행길 탐방의 의미가 더 크다 할 것이다.

이집트가 구약적 성지였다면, 이스라엘은 예수님의 성지이고, 터키는 바울의 성지라 할 수 있겠다. 내게 가장 감동적으로 느껴지는 이번 성지순례는 그래도 예루살렘에서의 감격이다. 역사란 어차피 과장되고 날조될 수밖에 없는 것이지만, 좀 더 정확한 성지 해설서는 없는 것일까? 고고학적 증거가 제시되는 것이어야 한다고 생각되는 것이다. 그럼에도 불구하고 관광 여행으로의 값어치는 충분하다 할 것이다.

2007년 3월 8일(목) 맑음
성지순례 제10일, 트로이 목마

오늘 일정은 트로이 목마, 고대 도시 유적지 관광이다. 어제 소아시아 여섯 개 교회의 터로 예상되는 유적지를 탐방했기에 내일의 이스탄불 공항으로 가기 위해서 오늘 버스 시간이 여덟 시간 소요된 것이다. 도중에 트로이 목마와 고대 유적지를 탐방했다. 어디서나 볼 수 있는 당시 건축재로 쓰였던 대리석 기둥들, 흩어진 돌들 그리고 복원한답시고 조잡하게 쌓아놓은 돌담들뿐이다. 성지순례라고 하기엔 어딘가 모자라고 싱겁다. 가이드인 침례교회 선교사라는 이 목사의 설명이 너무 과장된 것 같고, 터키의 역사와 문화 중심의 설명일 수밖에 없는 한계를 인정하면서도 폐허가 된 현장이 그렇게 썩 역사와 문화를 이해하는 데 큰 도움이 되지 못했다. 다만 고대 문명의 발상지이기에 기독교와 그리스 비잔틴 로마 역사와의 관계는 이해할 수가 있었다. 이번 터키 여행 4일간에 터키의 문화와 역사, 오늘날 터키에 대해서까지 많이 공부하게 됐다. 자를 대고 그은 것 같은 선명한 수평선과 바다를 보면서 해양도시의 발달과 내륙 지역 중심 농축산업의 발달. 도농의 빈부격차, 국가의 부보다는 국민의 가난함, 농업 농촌의 피폐와 신도시의 성장 등 어쩌면 한국의 현실과 너무도 흡사함을 느꼈다. 이슬람교가 국민의 행복을 책임지지 못하는 것과 한국에서 기독교가 국민의 행복을 책임지지 못하는 것까지 닮은꼴인 것 같아서 더욱 기독교의 책임이 새삼 내게 압력이 되었다. 이스탄불로 왔다.

2007년 3월 9일(금) 맑음

성지순례 제11일, 지하 궁전

보스포루스해협, 흑해와 소아시아 및 유럽을 경계하는 바다이다. 양측으로 펼쳐지는 해변 도시의 아름다움이 볼만했다. 오스만투르크 시대 궁전이란 톱카프궁전에 당시 황제의 유물들이 전시되어 있었는데 보석 장식품들이었고, 세계에서 두 번째로 크다는 다이아몬드가 있었고, 세례자 요한의 두개골과 팔뼈가 전시되어 있었다. 궁의 웅장함이 당시 오스만투르크의 국력과 황제의 부가 엿보였다. 그 규모가 실로 세계적이었다. 1453년에 건설했고, 무려 70만 평방미터(21만 평), 가히 상상 불허다. 멀지 않은 곳에 있는 지하 저수지에 또 한 번 놀랐다. 성 소피아 성당 맞은편이다. 20킬로미터 지점에서 수로로 공급해 왔고, 그 규모가 70미터에 140미터의 크기라며 건축 조각 기둥이 336개인데, 그리스-로마 신화적 신당에서 빼어다가 건축했단다. 저수량은 8만 톤이 가능했고, 비잔틴 시대, 532년 건축물이며, 개축은 1985년에서 1988년까지였다니까 관광 상품으로 의도적으로 개축한 듯했다. 마지막으로 자유시장을 가보았는데 시장의 규모도 놀랐다.

2007년 3월 10일(토) 맑음

성지순례 종료, 귀국

이번 성지순례를 마치고 종합 평가를 해 본다.

이집트 순례는 모세가 십계명을 받았다는 시내산 관광과 세계 3대 불가사의라는 피라미드 관광이었고, 이스라엘 순례는 예수님과 관련된 지역 탐방인데 천주교의 성당 건물(기념교회들)과 당시 로마 문화와 건축 등 관광이었고, 터키 순례는 계시록에 나오는 소아시아 일곱 교회 터로 추측되는 폐허 도시의 잔해 관광이라고 하고 싶다.

가장 신앙적으로 감명 받은 것은 예수님의 출생지, 성장지, 활동지, 선교지, 십자가 지시고 돌아가신 곳, 부활하신 곳, 승천하신 곳 등 역사적 예수의 사실 확인이란 의미가 있는 것 같고, 예수님 당시의 로마의 문화와 문명과 역사와 기독교와의 관계를 이해하는 현지 답사였다.

터키 순례는 터키 문화 이해와 역사 인식적 교육 답사였던 것 같다.

성지순례가 성경에 나오는 지역을 의미하는 것이라면 타당할 것 같고, 신앙적 의미로 성지순례를 해석하자면 성자이신 예수님의 일생을 살고 가신 유적을 돌아보는 것이라면 미흡한 것 같다.

거의 추측이거나 억지로 설명 붙여진 것들이 너무 많다. 십자가를 세웠다는 바위, 변화산의 기도 바위, 돌아가신 후 염을 했다는 반석 바위, 골고다 언덕길, 나사렛 생가터, 어느 것 하나 믿음이 가는 곳이 없었다.

어떤 의미에서는 예수님의 인간적 흔적을 이 세상에 남기고 싶지 않았는지도 모를 일이다. 하나님의 뜻으로….

잡초를 이기는 믿음

2014년 10월 4일(토) 맑음

오늘도 하루를 별장 밭에서 제초 작업을 했다.

들깨를 심은 곳에는 풀이 전혀 보이질 않는다. 제초제를 뿌린 것같이 깨끗하다. 이유는 들깨가 무성해서 완전 음지가 되어버려 잡초가 전혀 없는 것이다. 싹이 나지 못했든지 아니면 싹이 났어도 그냥 죽어버렸든지 한 것이 아닐까?

그러나 참깨를 심은 곳은 비닐 씌운 부분은 잡초가 없는데 고랑에는 잡초가 무성하다. 깨 베어내고 난 후에 돋은 풀들이다.

나는 생각해 본다. 믿음도 왕성하면 잡초가 이겨내지 못하고 죽는 것 같이 사탄 마귀들이 침범하지 못하고 깨끗하듯 축복이 넘쳐 날 것이지만, 믿음이 시원치 않으면 사탄 마귀들이 시험하고 괴롭히고 잡초가 무성하듯 오히려 신앙이 힘을 못 쓰는 것이다.

잘되는 곡식들은 잡초를 이겨내고
못되는 곡식들은 잡초에 치어 잘못되고
허약한 믿음은 사탄 마귀 못 이기지만
강한 믿음은 사탄 마귀 이겨내고
성숙한 믿음은 불행도 이겨내고

훌륭한 믿음은 질병도 이겨내고
꾸준한 믿음은 역경도 딛고 넘어서고
일취월장 년년세세 무궁무진 영원무궁
자손만대 축복으로 하늘나라 백성이리

작은 것에 큰 감사

2016년 5월 13일(금) 맑음

작은 것에 큰 감사를 하는 것도 기독교 신앙이 아닌가 싶다.

조생 양파 묘종을 얻어다가 한 두둑을 심어서 농약 처리도 않고 길러서 자식들, 친척들, 좋아하는 분들에게 15킬로그램 양파 한 망씩을 보냈는데 그중 감사하다는 전화를 너무 다정다감하게 해 온 두 분이 기억에 남는다. 한신대학원 원장인 연규홍 목사님과 목포 꿈동산교회 김원배 목사님이다. 값으로 따져도 별거 아니고, 물건으로 보아도 별거 아닌데 감사의 인사 전화가 그렇게도 큰 기쁨이다. 또 이정선 목사님, 서용석 목사님, 임영창 목사님 세 분께도 보냈는데 역시나 감사의 인사가 내게는 분에 넘치도록 큰 기쁨이다. 내가 농사를 짓는 한 계속 보내 주고 싶은 마음이 드는 것이다.

서로 십자가

2020년 5월 12일(화) 맑음

김홍한 목사님으로부터 선물

오늘 의외의 좋은 선물을 받았다.

대전에 있는 김홍한 목사님으로부터 『십자가 묵상 2』 책자 155쪽 한 권이 왔고, <서로 십자가>라는 시 한 수에다 나무로 깎아 만든 쌍 십자가가 보내왔다.

작년 총회 때 총회 현장에서 각양각색의 십자가를 전시 판매했는데 나를 보고 십자가 속에 십자가가 들어 있는 십자가를 주기에 받아다가 별장 거실에 안치해 놓았다.

오늘 받은 시를 적어 본다.

서로 십자가

누구나 자신의 십자가가 있다.
아무리 사랑하는 사람이라도
각자의 십자가는 대신할 수 없다

남편의 십자가 아내가 대신 질 수 없다

아내의 십자가 남편이 대신 할 수 없다
사랑은
십자가를 대신 지는 것이 아니라
서로가 자신의 십자가를 잘 감당할 수 있도록
힘이 되어 주는 것

감사의 전화를 했다. 조생 양파 한 망을 보냈더니 답례로 보내온 것인데 내가 큰 은혜를 받았다.

노별수 전도사님

2014년 10월 10일(금) 맑음

노별수 목사 소식

한신대 전 총장 오영석 목사님에게서 전화가 왔다. 노별수 목사님의 사모님이 서울 자기 집에 와 있는데 금주나 다음 주에 용학교회 다녀가고 싶다는 것이었다 일정이 정해지면 다시 연락하기로 했다. KTX로 오겠다기에 목포역까지 마중 나가겠다고 약속해 주었다.

노별수 목사와 나는 특별한 인연이 있다. 1956~1957년에 노별수 목사는 용학교회에서 전도사로 있다가 한신대를 갔다. 우리집에서 숙식을 제공받았는데, 열심히 전도 활동을 했다. 나는 그때 한국신학대학 재학 중이었다. 신학대 2학년 때 학도병으로 1년 반 군 복무 마치고 다시 복학해서 보니 그가 한신대에 다니고 있었다. 이후 소식이 끊겼다가 『용학교회 66년사』 제작을 위해 수소문하여 연락이 닿았다. 미국에 가서 교역(미국 남가주 가브리엘 장로교회 담임목사)에 성공해 몇 차례 서신을 왕래한 후 다시 소식이 끊겼다가 사모님으로부터 거년(2013년 3월 9일)에 세상을 떠났다는 편지를 받았다.

노 목사가 생전에 용학교회 얘기를 많이 했고, 안국 장로님 말씀을 너무 많이 해서 용학교회와 안국 장로님을 잊을 수가 없어 꼭 한번 만나보고 싶다는 편지를 사모님이 두 번씩이나 보내왔다. 나도 한번 보고 싶은 생각이다.

오영석 목사님과 동행이라고 하니 오 목사와도 좋은 인연이 되겠다.

2014년 10월 21일(화) 비
노별수 목사의 노영민 사모, 집에 오다

11시 40분 도착 KTX 열차로 오영석 목사와 노별수 목사의 부인 노영민 사모가 목포에 왔다. 신 목사님 내외와 같이 마중을 나갔다. 노영민 사모가 평소에 많이 들었던 용학교회와 안국 장로를 보고파서 미국에서 서울에 왔고, 서울에서 평소 친분이 두터운 오영석 전 한신대 총장의 안내로 온 것이다.

점심은 손님의 원에 의해 북한 횟집에 가서 대접했다. 이어 유달산 상단 유선각까지 올라갔고, 한국에서 제일 크다는 증도 태평염전 소금박물관을 구경하고, 이어 문준경 전도사 순교기념관을 관람하고 돌아왔다. 문준경 전도사 순교기념관은 성결교총회 교단의 선교기념관이라 해야 맞는 것 같은 인상이 들었고, 건물은 훌륭한데 내용은 약간 빈약하다 느껴졌다.

저녁 식사는 해제에 와서 아나고탕으로 대접했다. 저녁 숙소인 별장으로 이동하다가 교통 접촉 사고 위기의 순간을 간신히 모면했다. 그러나 그 사고를 피하고 나서 비가 내리는 저녁 길을 잘못 들어 기룡동 모씨 제각으로 가서 난데없이 기와집을 만나고 길이 끊겨 차를 되돌려 나오다 농로 가로 바퀴가 빠지는 사고가 났다. 신 목사님께 연락해서 내 차는 버려둔 채 별장으로 이동해서 우리 셋이서 각각 따로 잠자리에 들었다.

오늘도 나는 하나님의 사랑을 확인했다. 아슬아슬한 순간의 차량접촉 사고를 피하게 된 것 기적과도 같은 일이었다. 상대 차량의 일방적 사고 촉발 운전이었다. 거듭 하나님께 감사했다.

2014년 10월 22일(수) 갬

노영민 사모 떠나다

아침 6시에 기상해서 어제 농로에서 탈선한 차를 빼내려고 사고 현장까지 가서 긴급 출동 서비스를 신고해서 견인차가 와서 빼내고 쓰레기에서 바퀴에 못이 박혀 펑크 난 타이어를 때우고 8시가 돼서야 끝냈다. 젊은 기사가 성실하게 도와주어 고마운 표시로 사례비 5만 원을 넣어주었다.

별장으로 가서 목사님과 노영민 사모님을 모시고 집으로 와서 이 권사가 준비해 놓은 풍성한 아침상을 먹고(신 목사님 내외 초청) 교회에 가서 우리 용학교회 자랑을 많이 했다.

신학과 성경적 의미가 부여된 교회당과 부속 설치물들을 소개하고, 안국의 십자가 신학을 교회사로 설명했고, 여러 가지 질문에 응답하며 마음껏 한국 농촌 제일 교회를 자랑했다. 두 분 다 100% 공감을 해 주었고, 조언도 해 주었다.

강대 단상이 반원은 눈에 보이는 이 세상과 눈에 보이지 않는 하늘나라를 상징한다고 설명했는데 오 목사님께서 유형적 교회와 무형적 교회로 보충해 주셨고, 다른 교회에서 느껴보지 못한 포근함과 친근함이 느껴지는 교회라고 칭찬해 주었다.

점심을 최성지 장로가 노인복지관 이름으로 대접하고 특별히 신학박사인 오 목사님께서 기장의 제99회 총회 표어인 "하나님과 세상 앞에 참회하자"의 '세상 앞에 참회'에 대한 해석을 신학과 성서적으로 잘못됐다고 결론은 내려주어서 더욱 고마운 생각이 들었다.

오후 1시 기차 시간에 맞게 목포역까지 모셔다드리고 돌아왔다.

금년(2022년) 1월까지 노영민 사모님과 서신을 주고받고 있고, 사모님의 서신 중 몇 편과 오영석 목사님 은혜의 말씀이 담긴 서신을 싣는다.

또한 노별수 목사님과의 추억이 담긴 일기와 편지도 몇 장을 여기에 옮겨 적는다.

1992년 4월 6일
노별수 목사님 편지

안국 장로님, 주 안에서 평강을 빕니다. 대망의 도전을 위해 꿈을 꾸시니 그 꿈대로 이뤄질 것을 믿습니다. 한국에서 한 교회 장로님으로서 농촌에서 봉사하고 있는 안국 장로님을 보았을 때 하나님의 은혜를 체험했고, 무엇보다도 제가 젊었을 때 목회하던 교회가 성장하여 시골 교회의 모범이 되었다는 소식은 보람과 기쁨을 주는 소식이었습니다.

그리고 안 장로님의 어머님이 살아계시고, 착하고 성실했던 말 못 하는 동생이 건강하게 잘 산다니 기뻤고, 인자하시고 순수했던 할머님이 돌아가셨다니 섭섭했습니다.

나의 일생 하나님이 도우셔서 주의 일꾼 삼으신 은혜에 감사하면서 살아갑니다. 가정도 행복하고 아이들도 잘 자라서 만인의 모범이 되어가고 있습니다.

주님을 의지하는 자는 하나님이 결코 버리시지 않는다는 것을 믿고 살았는데 요셉처럼 축복해 주셨습니다.

언젠가 용학교회에 들러서 믿음을 나눌 수 있는 기회가 있기를 기도드립니다. 부디 성공을 빌면서….

2015년 1월 11일
안 장로님 전前!(노영민 사모님 편지)

주님의 이름으로 장로님과 권사님께 문안드립니다.

항상 여러 가지로 수고가 많으신 장로님의 발걸음이 눈에 보이는 듯합니다.

장로님 반가운 편지 기쁘게 받으면서 감사했습니다.

장로님! 저도 그곳에 갔을 때 우리 목사님과 동행했으면 하는 마음이 있었지요. 생각할수록 간절했었습니다. 장로님! 부질없는 생각이 아니라 저로서는 감사하는 마음뿐입니다. 장로님의 생각하심에요.

또한 장로님의 계획과 생각에 놀랍고, 존경합니다. 교회 100년사(2026년)를 지금부터 준비하시니 진심으로 축하드리며 사진은 제가 준비되는 대로 다음 편지에 보내 드리겠습니다. 1999년에 달과 날짜와 시간을 계산해 가며 많은 사람이 2000년을 소망 가운데 흥분되어 기다리던 모습들을 얼마 전에 보았던 것 같은데 벌써 2015년이 되었으니 12년 기다린다는 것도 장감(장거리)일 듯합니다. 어찌도 시간이 빨리 가는지요.

노 목사님이 그곳에서 목회의 첫발을 시작하시게 해 주신 하나님의 계획에 너무도 황송하고 감사할 뿐입니다. 종종 이야기는 하셨지요. 지나간 경험담으로 들었는데 용학교회 66년사를 읽어보고 더 알게 되었지요.

특별히 그곳에서 일하실 때 우본촌 권사님의 따뜻한 관심 있는 사랑과 돌봐 주심에 항상 감사하는 말씀도 자주 하셨습니다. 제가 66년사의 책을 목사님이 가신 후에 책 정리를 하다가 보았지요. 1972년 12월 12일에 귀한 날로 장로님 장립 일자도 알았고요. 제게 주신 편지도 12월 12일에 쓰셔서 12라는 숫자가 장로님의 favor number구나 생각도 됩니다. 귀한 날이고 축하드립니다.

지난번에 오 박사님이 동행하여 주셔서 제가 편안히 여행했고, 안 장로님의 만남과 권사님의 사랑까지도 너무 감사했습니다. 저도 다시 뵙기를 바라며, 오 박사님께서 그 날짜만 휴일이 되어 가 주셨는데 주일에 갔었으면 예배도 드리고 했으면 하셨고, 장로님 만나 뵈어 좋았다고 하셨지요. 장로님 계획하시는 모든 일이 다 이뤄지시고 주 안에서 권사님과 만수무강하세요. 감사합니다.

2014년 11월 7일
오영석 목사님 편지
친애하는 안국 장로님, 이영희 권사님께!

그동안 주님의 은혜중에 강건하셨으리라 믿습니다. 만추입니다. 탐스럽던 감들, 대추들은 이미 나무에서 자취를 감추었습니다.

향기로운 물이 잔뜩 오른 사과와 배의 맛이 가을의 정취를 더욱 실감나게 합니다. 검푸른 가을 하늘, 새파란 하늘 속을 들여다보다가 눈이 시리어 오기도 합니다. 중세기 유명한 신학자였던 안셀름이라는 분이 하나님은 그 이상 큰 것을 생각할 수 없이 크신 분이라고 정의하였습니다. 그렇게 큰 분은 관념에서만 아니라, 실제로 존재하지 않는다면 그러한 이름을 걸 수 없다고 정의하였습니다.

하나님은 얼마나 위대하시고 위대하시기에 저렇게 광대한 우주를 창조하시고 움직이시고 세세히 간섭하시는지 놀랍습니다. 그 광활하고 드높은 하늘 속을 쳐다보면서 저 하늘의 높이와 넓이는 얼마나 깊고 넓은지 상상할 수 없는데, 하나님은 얼마나 위대하시고 깊고 넓으시면 저렇게 끝이 없는 하늘을 창조하셨을까 하고 상념을 하기도 합니다.

은하수 안에는 우리가 눈으로만 30만 개를 볼 수 있다고 하지만, 그 은하수 안에 조가 넘는 별들이 있을 것이고, 우리가 현미경으로 보면 눈으로 볼 수 있는 은하 외에 셀 수 없는 은하들이 우주에 무수하다고 천문학자들이 말하고 있습니다. 그렇다면 지구라는 것은 저 셀 수 없는 은하계에서 볼 때 작은 모래알 같을 것입니다. 참으로 하나님은 광대하시고 광대하십니다. 그렇지 않고서야 어찌 이렇게 형언할 수 없고 그 깊이와 넓이를 헤아릴 수 없는 무수한 은하계를 창조하실 수 있겠어요? 유대인들이 로마에서 박해를 말할 수 없이 받고 살던 때, 로마의 학자가 유대인 랍비를 찾아가서 당신들이 믿는 하나님이 어디 있는지 말하면 내가 믿겠다고 비판적으로 질문하였습니다. 랍비는 그 유명한 학자를 밖으로 데리고 나가서 해를 쳐다보게 하였습니다. 금빛 찬란한 빛을 대지에 쏟아붓고 있는 태양을 그 학자가 볼 수 없다고 말하자 랍비가 말하기를 "태양도 볼 수 없는 눈을 갖고서 어찌 저 태양을 창조한 하나님을 보여 달라고 하는가? 그를 보면 당신은 죽어버린다"고 대답하고 그를 보냈다고 합니다. 하나님의 존재 여부를 묻는 것은 개벼룩이 주인의 생김새를 묻는 것과 같다고 랍비들은 말합니다.

이렇게 우주에 대하여 잠깐 언급한 것은 지난번 노별수 목사님의 부인과 함께 안 장로님의 초청을 받고 장로님의 별장에서 하룻밤 지내고 아침에 일어나 해변을 걸으면서 느낀 자연에 대한 감회가 아직도 마음에 남아 있기 때문입니다.

친애하는 장로님, 노별수 목사님의 부인 덕분에 이름으로만 알고 먼발치에서 보고 들었던 우리 안 장로님의 신앙과 신앙의 실천과 삶을 잠깐이라도 엿볼 수 있어서 제게 매우 유익하였습니다. 내가 소천하신 어머님의 신앙을 통하여 주님을 믿지 않았더라면 질그릇 같은 제가 어찌 장로님처럼 훌륭한 분의 별장에서 지낼 수 있는 특권을 누릴 수 있었겠어요?

안 장로님의 기도와 신앙의 삶을 통한 헌신이 곳곳에 알알이 빛나는 교회당 건축은 우아하고 감동스러웠습니다. 성경의 세계와 한국적인 깊은 미와 만나고 있는 교회당은 깊은 신앙의 빛을 반사하고 있었고, 교회당 내부의 모든 시설과 강대상들은 기도와 찬송을 담고 있었습니다. 노별수 목사님의 부인이 교회당 앞자리에서 간절한 기도를 드리는 것을 보았을 때, 젊었을 때 노별수 전도사님의 청아한 찬송 소리가 울려 나오는듯한 느낌을 받았습니다.

다정다감하시고 깊은 신앙의 진리를 체현하시면서 복음의 진리를 감동 어린 눈빛과 음성으로 선포하시고 증언하시던 별수 목사님의 모습이 늘 그리워지고 있습니다.

교회의 기둥 장로님으로서, 도의원으로서, 새농촌 건설자로서, 유기농의 선구자로서 무안을 대표하는 역군으로서 빛과 소금의 역할을 다해 오신 안 장로님, 이번에 우리를 진심으로 후대하여 주셔서 참으로 감사드립니다.

우리를 위하여 늦은 밤에 차를 운전하시다가 고통을 겪으신 것을 목도 하면서 마음이 심히 아팠습니다. 선한 일을 하자면 때로는 상상하지 못한 사건들이 일어나는 것을 우리는 경험해오고 있습니다. 성실하신 장로님께서 일찍 일어나셔서 모든 일을 잘 마무리하신 것을 보고 감탄하였습니다. 별장에서 하룻밤을 지내도록 배려하여 주시고 모든 정성을 쏟아주신 것 진심으로 감사하였습니다.

아침에 일어나니 갯바람이 짭짤할 바다의 독특한 냄새를 실어다 주었습니다. 오랜만에 해변을 걷다 보니 만감이 교차하였습니다. 넓은 밭에 시퍼런 양배추들이 생생한 생명의 기운을 발하면서 힘껏 자라는 것을 보면서 약동하는 생명의 기운을 보았고 느꼈습니다.

아침 식사를 위하여 믿음의 사람, 이영희 권사님께서 진수성찬을 마련해주셔서 우리를 천사처럼 융숭하게 환대하여 주신 것 너무 감사하였습니다. 살진 낙지와 살이 토실토실 잘 오른 커다란 조기 맛은 잊어버릴 수 없습니다. 그렇게 큰 조기를 저는 해남 이준묵 목사님을 방문할 때마다 우리 사모님께서 항상 잘 구워서 제게 주셨습니다. 그 후로 이번에 처음으로 그러한 커다란 조기를 먹었습니다. 이 권사님의 넉넉하고 넓은 마음에서 우러나오는 환대였습니다.

그 구수한 숭늉 맛을 어찌 잊을 수 있을지요. 맛 좋은 젓갈과 새로 담은 김치 맛도 일품이었습니다. 식후 포도의 맛도 싱싱하고 매우 좋았습니다. 권사님은 훌륭한 남편 덕에 손님들을 수없이 영접하여 그렇게 정성스러운 상을 차리셨으리라 생각합니다. 권사님은 형언할 수 없이 피곤하시고 힘드셨겠지만 믿음과 사랑과 이해로써 모든 것을 감수하시고 교회의 믿음의 어머님으로서 헌신 봉사하셨으리라 믿습니다. 이 권사님, 참으로 감사합니다.

장로님과 권사님께서 안수경 목사님의 부모님이라는 말을 듣고 한층 더욱 반가웠습니다. 목회자의 길을 가는 것은 심히 힘들고 아무런 열매가 없을 때는 목사처럼 심적으로 고통스러운 사람이 없을 것입니다.

동양철학을 전공하고 뿌리칠 수 없는 소명감에 몰려서 신학 공부하고 목사안수를 받은 안수경 목사님에게 주님께서 선한 길로 인도하여 주시리라 믿습니다. 다행히 결혼하고 아들을 낳았으니 기쁘고 감사한 일입니다. 안 목사의 개인 문제가 아니라 한국교회에서 여성 목사를 받아주지 않으니 안 목사처럼 모든 자격을 구비하였을지라도 교회에서 목회하는 길이 열리지 않습니다. 유럽과 미국의 교회들처럼 여성 목회자들이 받은 탈렌트를 마음껏 발휘할 수 있는 한국교회가 열린 교회로 거듭나면 좋겠습니다.

다시 뵈올 때까지 존경하는 안 장로님, 이영희 권사님 은혜중에서 강건하시기를 바랍니다.

1956년 6월 11일 흐림

상해上海**하다(해제에 도착하다)**

세 시 정각 뻐-쓰(버스)는 움직이기 시작하였다. 달리는 버스 창가에 몸을 기대고 추억과 사색에 잠겨 세 시간을 흘러갔다. 뻐-쓰에서 내려 드문드문 떨어지는 빗방울을 맞으며 발걸음을 옮기기 시작….

약 2개월간 그리던, 보고파하던 가족들을 웃음으로 낯하고, 노별수 전도사님을 낯가리면서 나는 잠시 망설였다. 기전旣前 학창 시절에는 너냐 나냐 하고 유달리 친히 지내던 사이였지만 지금 와서는 본교회의 전도사고 보니 위신을 세워주기 위해서라도 존칭을 써야 한다. 마음 먹음과 함께 막힘 없는 양 전도사님….

1957년 1월 8일(화) 맑음

이발

봄날같이 포근한 날씨다. 아침을 하고 양간으로 향하다. 이발하고 나니 열두 시 삼십 분이다. 집에 이르러 중식을 만들다. 노 전도사님으로부터 나에게 들려진 그의 어릴 적 이야기! 계모 밑에서의 학대! 부엌데기 생활! 거지 생활 육 개월! 배우 생활 이십팔 개월! 고아원 생활! 부랑아의 생활! 성경학교 3년! 전도사 생활 반년간! 어느 명작 소설을 읽는 것 같은 느낌에 사로잡히고 만다.

1957년 3월 12일(화) 흐림

면성읍에

이른 아침 전도사님을 따라 버스 역두까지 왔다. 간밤에 군문에 자원하여 가겠다는 전도사님의 태도가 너무나도 의심적이었다. 차 중에서 가지가

지의 이야기로 충고한 결과 전도사님의 군인 자원입대안이 어느 정도 포기되어지는 것 같았다. 면성에 도착하여 목사님을 뵈옵고 학교까지 가서 등록을 필한 다음, 다시 면성까지 와서 나 혼자만이 해제행 버스에 몸을 실었다. 간밤부터 맥빠진 전도사님을 연상하는 순간 너무나도 안타깝게 느껴짐을 어찌할 수 없었다.

1957년 3월 24일(주일) 맑음
노 전도사님 송별회

저녁! 노 전도사님 송별 예배 필하고 우리집으로 와서 미리 준비한 송편떡과 과자로 즐거운 송별회가 끝났다. 약 30여 명의 교우가 돌아간 후 조용한 침실에 침묵만이 흘러갔다. 나는 명상에 잠겨본다. 오늘 밤 한자리에서 자면 이후로 한자리에서 자는 시간이 있을지 없을지는 인생으로선 몰라!

어쩐지 마음 한구석이 텅 비는 것만 같다. 만났다 헤어진다는 것이 철칙인데 왜 이다지도 서운한지! 애인과의 이별에 못 하지 않게 서글퍼진다.

1957년 5월 26일(주일) 맑음
노별수 전도사님!

지금 어디서 무엇을 하고 계십니까? 시간마다 전도사님이 그리운데 방금 들리고 있는 박태선 장로 전도관의 종소리는 한층 더 그리움을 돋구어 주구만요. 전도사님! 오늘 밤은 박 장로 전도관에 다녀와서 일기장을 막 펼치니 처량하게 들리는 311장의 전기 종소리가 지난날의 추억진 토막들을 연상케 하는구만요. 항상 전도사님께서 그 처량한 목소리로 눈물 글썽거리며 "간악한 마귀 날 꾀이나 주 예수 앞으로 더 가까이

이 세상 속한 그 허영심 또 추한 생각을 다 버리니 정결한 맘 내게 늘 줍소서" 하시던 그 모습이 눈에 선합니다.

윤용상 장로님

2012년 7월 14일(토) 비

엊그제 윤용상 장로에게 양파즙 100개인 한 상자를 보내 주었더니 문자메시지가 걸작이다. "보내 준 양파즙 먹고 100세까지 살겠다"였다. 전화해서 윤 장로가 100세까지 살면 나도 친구 따라 100세까지 살고 싶다고 농담했다.

한국기독교장로회 총회에서 제일 친한 유일한 친구 윤용상 장로이다. 목포 성경 고등학교에서 만나 친하게 지냈고, 나중에 한신대에서 내 1년 후배로 입학해서 지내다가 나는 군대 입대하고 훨씬 나중에 그가 광주 기독교방송국장을 지낼 때 전남광주노회에서 자주 만나 친분이 두터워진 친구다.

특히 내가 도의원 출마했을 때 이곳 해제까지 와서 격려해 주었고, 기장 총회 부총회장 입후보했을 때 유일한 내 선거 참모로 고생했고, 총회장 입후보했을 때도 나를 도왔던 잊을 수 없는 친구다.

1956년 3월 6일(화) 비

고향 떠난 지도 어언 20일이 흘러갔구나!

그 동한同限도 한 것 없이 스무날이란 세월을 허송虛送하였나 봐! 오늘은 아침부터 가랑비 나리는 포근한 날씨 봄날같이 온화하다. 아침은 하였으나 학교 갈 일이 걱정… 신도 없고 우비도 없고….

시간표를 들여다보니 그리 신통한 시간이 없어 아랫목에 주저앉고 말았다. 오후에 학교에 갔더니 용상이가 왔다. 동년이와 나와 용상이, 세 명이서 영신식당으로 가서 곰국을 먹고 전등 밝혀진 거리를 산보하였다.

1956년 4월 11일(수) 맑음
옥암교회 가다

일동이 부르시는 소리에 교장실로 들어갔다. 교장 목사님께서 말씀하시기를 학교 이 층에 있으면서 정 목사님을 도와 일을 하라고 하시었다. 나는 그러겠노라고 하였다. 점심시간에 목사님들을 따라 식당으로 가서 매운탕으로 점심을 하고 학교에 와서 일하다가 이동년과 윤용상의 성화에 못 이겨 옥암교회로 발걸음을 옮겨 놓았다.

지난날의 이야기로 꽃이 피어 피로한 줄도 모르고 10여 리나 되는 옥암에 도착하여 저녁 예배를 보고 도都 집사 댁에서 자리에 들다.

1956년 4월 20일(금) 맑음

틀에 짜인 생활의 되풀이! 7시에 학교를 나서 집에 이르러 아침을 하고 학교에 오면 다섯 시간 끝나면 예습 복습으로 그날그날을 보내고 있는 형편이다. 시간을 마치고 학생증을 맡기러 갔다. 100장에 700환에 대기를 하여 놓고 집에 돌아오다. 저녁을 먹으면서 목사님은 "일동이 오늘 밤 구區 예배 보러 가세!" 하시기에 나는 아무 말도 못 하였다. 가기 싫은 구예배나 용상이를 다리고(데리고) 문화 사진관에 가서 구역 예배를 인도하고 9시에 나의 숙소요 서재인 학교 이 층에 이르다.

1956년 5월 4일(금) 맑음

고하도 감아원으로 소풍

학생들을 먼저 선창으로 보내고 나는 중섭이를 다리고 과자집으로 가서 2,200환 어치 사서 사과 500환에 한 가구사고 하여 선창에 이르렀다. 용상이와 보트에 올라 사진을 찍고 내리려는 순간 배가 뒤로 물러남에 나는 물에 빠지고 말았다. 다행히 반신만 물에 잠겨지자 닻줄을 붙잡았음으로 그냥 나올 수가 있었다. 나는 화끈한 얼굴을 금치 못하며 고하도에 배는 도착했다. 나는 혼자 배에 남아 옷을 말려 입고 일행의 자취를 더듬었다. 종일토록 유쾌히 놀다가 집에 오려고 발걸음을 돌리는 순간 나는 먼지 쌓인 뜰에 퍽 소리와 함께 드러눕고 말았다. 다행히 용상이와 재섭이가 곁에 있었기 때문에 쥐 난 다리를 주물러 주었으므로 그냥 회복되었으나 아픔은 여전히요, 기운은 한걸음 옮기기가 힘이 들었다. 겨우 배에 올라 장 안에 들어가 누워 잠이 들고 말았다. 얼마나 되었는지 누가 일으키기에 무거운 다리를 끌고 부두에 내려 아픈 다리 한 걸음 한 걸음 끌고 기숙사에 돌아와 눕고 말았다.

1956년 5월 7일(월) 흐림

상냥한 처녀의 보드라운 손길처럼 가랑비는 대지에 보슬보슬 나리는 아침, 기숙사에서 서부교회로 발걸음을 옮겼다. 아침을 하고 할머니를 뵈오려고 재헌이 집을 향하여 가서 할머님을 만나 뵈옵고 집으로 가서 잠 한숨을 하였다. 오후 7시 기숙사에 왔더니 용상이가 영화 관람하자는 것이었다. 용상이와 내가 나서니까 재섭이가 따라나섰다. 우리 3인은 극장에 이르러서 반액으로 하여 450환에 입장하여 8시 정각에 시작하였는데 10시에 끝이 났다. 돌아오면서 나는 사색에 잠겼다. 대원군의 핍박하에 쓰러진 교도들.

1956년 5월 21일(월) 흐림

아침을 하고 아랫목에 앉아있으니 따스운 김이 눈을 피곤케 만들었다. 퍽 소리와 함께 자리에 쓰러져 오전 중 완전히 잠으로 보냈다. 저녁을 하고 막 밖으로 나오니 선교사란 별명을 가진 용상이가 뜰 안에 나타났다. 대남이 왔으니 놀러 가자기에 용상이를 따라서 문밖을 나서니 대남이 미소하는 얼굴이 나타났다.

기숙사에 가서 놀다가 나는 세 친우를 이끌고 떡국 집으로 향하였다. 부른 배에 억지로 들이키고 비 오는 거리에 용상이의 인도로 비를 맞지 않고 무사히 집에까지 올 수 있었다.

1958년 4월 29일(화) 흐림

자취 생활! 집을 떠난 열하루째 날! 서울 도착 엿새! 그동안 한 달이나 된 것 같은 느낌! 거기에서 공부마저 싫증이 나 버리고(군인 문제 등으로 마음이 복잡해서), 그러기에 날마다 기다려지는 건 7월 14일 하계 방학!

오늘 밤으로 용상이는 방을 얻어 나가고, (훈이와 같이) 영학이와 동년이와 나만이 다시 난민 주택 13단 12호에 남았다.

밤에 공부하려고 책을 폈더니 아물아물 꺼져가는 등불을 살릴 길 없어! 그대로 자리에 누워 한숨만 쉬는 신세.

돈 20환이 없어 석유 한 홉을 못 사고 해야 할 공부도 못하고 아니 오는 잠을 청하여 보는 안타까운 심정!

쌀값은 폭등으로 1되에 330환이 가는데 입맛도 폭등으로 간장에 밥이어도 달기만 하니! 이거 참 야단이다.

1958년 5월 4일(주일) 맑음

오후엔 동년 씨와 용상 씨와 같이 백운대 골짜기를 찾았다. 고 해공 신익희 묘소를 찾아 청신한 공기에 휴일의 오후를 마음껏 즐기고, 돌아오는 길에 에덴 수도원에도 다녀 집에 돌아오니 저녁 식사하여야 할 시간도 몇 분 남지 않았다.

1958년 5월 12일(월) 맑음

독일어 사전을 사려고 동대문시장 서점에 갔다. 집에 돌아오니 1시! 책을 잘못 샀기에 오후 용상이를 데리고 동대문시장에.

거반去般에 동일 형님을 통해서 보내온 수표를 가지고 돈암동 우체국에 가서 현금 만 환을 찾았다.

1958년 5월 16일(금) 맑음

한 달 동안도 못 되는 이십 여일 동안의 자취 생활에 멀미를 느꼈다기보다는 공부가 되질 않아서 여러 가지 궁리 끝에 안종구 전도사님을 따라서 정남영 씨 집으로 하숙하러 가기로 오늘 결정을 보았다.

그래서 이대위라는 학생과 같이 가기로 오늘 결정을 하고, 저녁 후 짐을 꾸려 용상이와 같이 우이동 정남영 댁을 찾았다. 난민 주택보다 공기 맑고 조용하며 깨끗하여 제일로 마음에 들었다.

1967년 7월 29일(토) 맑음
윤용상 결혼

나이 서른셋에 이제 결혼한다는 소식을 들었다. 부러웠다. 우선 나이 들어 결혼한다니 말이다. 또 저들의 인생의 얼마만큼 성장한 후의 결혼이기에 그만큼 배우자의 선택이 원만하리라는 생각에서 더욱 그렇다.

나도 지금쯤 결혼한다면 훨씬 멋있는 결혼이 되었을 것이다. 하지만 올해 아홉 살 난 선웅이부터 일곱 살 선경이 네 살 수경이 그리고 한 살 진웅이를 보는 순간 이것들이 조혼早婚의 선물인가 싶어 한구석 족함도 없지 않다.

1976년 6월 28일(월) 맑음

오랜만이다. 윤용상이를 만났다. 기독교방송국 총무부장 명함을 건넨다. 고등학교 시절부터 친한 벗이다. 동양학원 복도에서 만나 정담도 채 못 나누고 헤어지기 섭섭했다. 시간에 쫓겨서 어떻게 간신히 해제까지 들어왔다.

내 친구, 안바오로 신부(Father Pablo Alvarez)

1997년 10월 22일(수) 흐림
천주교 망운교회 수녀원 축성식

나의 유일한 신부 친구 안바오로 신부. 수녀원 축성식 미사에 초대받고 참석했다. 외부 인사 초청이 전혀 없었고 유일하게 나 혼자만 초대받은 것이다. 사목회장도 놀라워했다. 그런데 전 교우가 반가이 맞아 주었다. 안 신부의 거실에 내 사진이 걸려 있음을 아는 교인들, 안 신부가 좋으면 나도 좋지.

윤공희 대주교 외 오륙 명의 신부님들이 오셨다. 역시 천주교 미사 의식은 좋았다. 경건하고 엄숙하고 무게가 느껴지고 거룩하게 느껴지고 의식이 공동체 화답 의식이다. 앉았다 섰다가 반복되고 신부의 몫이 신도의 몫이 서로 화답으로 이루어지고 찬송이 대여섯 곡이 불렸다.

쥐 죽은 듯 조용하면서도 은혜로운 분위기가 한껏 느껴진다. 성찬식도 성체 성가가 계속되면서 이어지는데 개신교 성찬식보다 좋은 것 같았다. 윤 주교의 강론도 좋았다. "나 개인의 구원에 머물러 있는 신자는 참 그리스도의 제자가 아니다. 교회는 열린 교회로 세상 속에서 호흡을 같이해야 한다"고 하셨다. 미사에 참석하고 나서 나의 느낌은 개신교와 99가 같고 1이 다르다고 생각해 보았다. 성경은 같은데….

개신교 중의 타 교파의 교리보다 오히려 더 가까운 줄도 모르겠다.

1998년 2월 9일(월) 흐림

안바오로 신부 댁 방문

그간 여러 차례 시간을 기다려오던 안바오로 신부 댁을 방문했다. 생각보다 더욱 친절히 대해 주심에 감사했다. 고혈압 증세로 건강에 많은 관심이 있는 것 같았다. 배 한 상자를 갖고 갔는데 오는 길에 화장품과 포장된 답례 선물을 주셨다. 집에 와서 확인해 보니 타이거 마크의 가죽 장갑, 국산 양말 2족 그리고 목욕 후 몸에 뿌리는 스프레이가 들어 있다. 아침에 방문 전화를 했더니 포장해서 준비해 놓은 듯했다. 내용물보다 그 정성이 마음에 와닿는 감사함이 있었다.

거실에는 여전히 지난 선거 때 홍보물 사진을 벽에 그대로 붙여놓고 계셨다. 특히 한 가지 부담을 갖고 온 것은 오는 5월 4일에 순천천주교에서 외국 신부 모임이 있는데(약 15명가량) 거기 특강을 부탁해 왔다. 사양하고 싶었지만, 일단 약속했기로 주제는 "복음 안에 사회의 존치 상태"라고 일러 주셨다. 제목이 너무 거창하고 어려웠지만 한 번 가톨릭 신부들과 가까워지고 싶은 마음에 약속하고 만 것이다.

생각해 보면 복음의 사회에 대한 책임성을 얘기하는 것 같고, 역사 발전에 복음의 기능을 얘기하는 것으로 일단 해석해 본다.

소요 시간 두 시간이란다. 기도하는 마음으로 준비하면 하나님께서 지혜 주시리라 믿는다.

1998년 10월 13일(화) 흐리고 난 뒤 비

망운천주교회 안바오로 신부 문병

나의 유일한 외국인 친구 멕시코인 안바오로 신부, 4년 전 도의원 선거 운동 때 한 번 찾아가 인사한 것이 인연이 되어 친구가 됐다. 그때 선거 홍보 사진을 거실 출입구 쪽에 붙여놓더니 아직 그 자리에 그대로 걸려 있다. 그때 내 방문 인사를 받고 난 뒤로 안 신부는 어째서인지는 모르지만 홍보 전단을 어디서 구했는지 갖고 다니며 교우들에게 선거 운동을 하더라는 얘기를 뒤늦게 들은 적이 있다.

당선된 후 찾아갔더니 내 사진이 벽에 걸려 있던 것이다. 그래서 이야기를 나누고 그때부터 친구하기로 약속하고 간혹 찾아가서 이야기를 나누는 사이가 됐다. 나이가 동갑이다. 멕시코도 우리나라와 같이 돌에 두 살을 먹는 것이다. 이유인즉 어머니 뱃속에서 이미 생명으로 1년을 자랐다는 계산에서란다. 다분히 성서적이요, 신앙적인 계산법이다.

마침 생각이 나서 전화했더니 몸이 불편하다기에 찾아가 보았더니 계단에서 넘어져서 팔이 부러져 고생하고 있었다. 반가워했고, 계속 붙들고 대화를 했다. 한국어에 능통치 못하고 발음이 정확하지 않아서 어떤 말은 못 알아들어도 속뜻은 서로 헤아릴 수 있어 좋다.

2001년 5월 1일(화) 맑음
안바오로 신부가 보고 싶다

멕시코로 귀국해 버린 천주교 신부. 저도 건강이 좋지 않다는 소식 받은 것이 4~5개월 전인데 소식이 궁금하다. 내가 멕시코에 가야 한 번 만나볼 수 있을 텐데….

이후 안 신부님은 치료와 사역을 위해 본국인 멕시코로 돌아갔고, 몇 차례 편지를 주고받은 후 소식이 끊겼다. 아마도 하나님 품으로 돌아가셨으리라. 내게는 신앙적으로 그리고 인간적으로도 유일한 외국인 친구였다. 부디 천국에서 영생 복락을 누리시길 기도드린다.

1999년에 멕시코에서 온 첫 편지

안국 선생님!

그동안 안녕하십니까?

저는 한국에서 9월에 떠났습니다. 멕시코에 오기 전에 미국에 3개월 동안 있었습니다. 조금 몸이 안 좋아서 LA 병원에 입원했습니다. 배 속에서 인펙시온(전염병) 걸려서 죽을 뻔했습니다. 지금은 많이 좋아졌습니다. 신학교에서 일을 보고 아직 어디에 갈지 모르지만 아마 2월 뒤 다른 데로 갈 것 같습니다. 거기서 알려 주겠습니다.

선생님, 멕시코의 날씨는 아주 좋아요. 아침에 날씨가 춥지만, 다음에 아주 좋아요.

저는 미국에 있을 때 친척들과 누나들을 방문했습니다. 재미있었습니다. 미국에서 일하려고 했지만 조금 어렵습니다. 그래서 멕시코에 와서 먼저 대신학교에 있다가 GUADALAJARA, JAL에 가겠습니다. 거기서 소신학교 일 맡고 다른 신부님들과 같이 일을 하겠습니다.

여기 멕시코에 요사이 너무 시끄럽습니다. 선거 기간 때문에 내년에 새 대통령 시작합니다. 항상 PRI당이 70년 동안 대통령이 되었습니다. 국민이 다른 당 후보자를 위해서 투표를 하지만 언제나 PRI당에서 대통령이 나옵니다. 이제 국민이 믿지 않습니다. 그러나 이번에 문제 생길 것 같습니다.

안국 선생님, 저는 한국에서 떠났을 때 연락하지 못했습니다. 미안합니다.

멕시코에 놀러 오시면 연락하십시오. 저는 망운성당에 있을 때 나를 방문했기에 정말 감사드립니다. 편지하십시오.

부인과 아들, 가족들에게 안부 전해 주세요.

2000년 6월 8일

찬미 예수, 안국 씨, 안녕하십니까?

그동안 잘 계시길 바랍니다. 선생님 저는 멕시코 도시에 있을 때 편지를 보내고 싶었는데 시간이 없어서 편지를 쓰지 못해서 미안합니다. 다음에 5월에 다른 도시에 왔습니다. 그때 다른 신부님이 와서 선생님의 편지를 가지고 왔습니다. 너무 반갑습니다. 한국과 선생님에 대해서 소식을 주셔서 너무 감사합니다.

지금은 멕시코의 이등 도시 Guadalajara, JAL에 있습니다. 여기에 우리 신학교 있습니다. 저는 지도 신부로 임을 맡고 있습니다. 이번에 신학교에 신학생을 거의 50명 시작하겠습니다. 그리고 어제 하나 신품성사를 받았습니다. 대주교님한테 신품성사를 받았습니다. 많은 신부님과 교우들이 같이 미사를 보았습니다.

선생님, 저는 쉬고 싶었습니다. 그래서 몇 년 동안 여기에 있겠습니다. 그리고 내 건강이 좋지 않아요. 지금은 많이 나았습니다. 선생님 나를 생각하시고 편지를 보내 주셔서 감사합니다.

바쁜 선생님인데 편지하셔서 항상 저도 생각합니다.

요사이 한국기독교장로회 그리고 기독교연합회 총대회원 축하드리고, 다른 기독교 안에 특별한 일을 맡고 계시니 아주 바쁘시겠습니다. 휴가 때 멕시코 놀러 오십시오. 여기 아름다운 도시 있습니다. 정말 멕시코 좋아요.

다음 주일에 미국에 갈 예정입니다. 누나들 보고 특별한 시험 있습니다. 아직 공부합니다.

선생님, 한국에 다시 가고 싶어요. 오랫동안 한국에서 생활했기 때문에 한국과 사람들을 잊을 수가 없습니다. 아직 생각납니다. 5월 동안 멕시코에 있기가 어렵습니다. Adaptatio(적응) 힘들고 조금 괜찮을 것 같습니다.

선생님, 부인께도 안부 전해 주세요.

건강하시고 많이 쉬세요. God Bless You Always.

멕시코에서 YOUR 친구(당신의 친구)

Your Friend Pablo Alvarez 안 신부

2000년 8월 중순

엽서 세 장 수신

안국 씨,

그동안 안녕하세요.

저는 안 신부입니다. 궁금해서 이 엽서를 보냅니다. 여기 이 도시 (Guadalajara JAL)에 있습니다. 신학교에서 열심히 일하고 신학생들의 지도 신부입니다. 이 도시 아주 아름다운 도시입니다.

선생님, 한번 놀러 오십시오. 저는 구경 많이 시키겠습니다. 선생님, 부인과 아들, 딸에게 안부 전해 주세요. 편지하세요. 선생님 지금은 어떻게 지내고 있는지를 알고 싶어요.

여기 멕시코-데오디구아간(Teotihuacan)입니다.

한번 이 도시에 오기 전에 거기에 갔다 왔습니다. 정말 좋아요. 아주 아름다운 곳입니다. 저는 오랫동안 구경하지 않기 때문에 많이 변했습니다.

선생님, 요사이 어떻게 생활하고 계십니까? 어디에 일을 하고 계십니까? 교회에서 아직 지도하고 노인들에게 도와주고 계세요?

GOD BLESS YOU ALWAYS 기도 중에 기억하겠습니다.

멕시코의 다른 도시, 이 도시 작은 도시인데 거의 한국 같습니다.
OAXACA 여기 유명한 나무 Auhahueti.

안국 씨, 편지를 보내 주세요. 한번 놀러 오십시오.

안 신부

2000년 10월 24일 수신

안국 선생님, 안녕하십니까?

보내 주신 편지를 기쁜 마음으로 잘 받아 보았습니다. 감사합니다. 저는 며칠 전에 LA 미국에 갔다 왔습니다. 누나와 친척들을 보았습니다. 내 둘째 누나 나이 많습니다. 가끔 아픕니다.

이곳 멕시코는 여름이 이제 지나고 비가 많이 오고 태풍도 붑니다. 그것 때문에 사람들이 많이 죽고 수재민들이 많이 있습니다. 아직 날씨가 너무 덥습니다. 그동안 농사지은 곡식이 익어가는 가을의 문턱에 왔다는 의미이기도 하지요.

여기 사진은 멕시코, VERALRUR TABASLO, ETC. 강력한 태풍이 찾아와 비가 많이 오고 바람이 무섭게 불고 있습니다. 내일 되면 태풍이 멕시코를 떠날 것 같습니다. 하지만 우리 가족, 신부들과 신학생들이, 신자들은 잘 있습니다.

며칠 전에 올림픽 게임 끝났습니다. TV 보니까 너무 재미있었습니다. 한국 선수들이 잘해요. 금메달 8개 탔습니다. 한국 축하해요.

선생님, 한 번 멕시코에 오십시오. 오시면 얼마나 반갑겠습니까. 언제나 신학교 선생님 집입니다. 특별 구경을 같이 하겠습니다.

저는 이제 신학교의 신학생들을 지도하고 있습니다. 오늘 전부 다 멕시코에 갔습니다. 왜냐하면 7일은 성모마리아-묵주 성모마리아 생일인데 GUADALUPE 대성당 특별한 행사가 있습니다. 그리고 그날 우리 GUADALUPE회 51년 되겠습니다.

선생님, 요사이 아주 바쁘시겠습니다. 교회 활동 열심히 하시고 한국기독교장로회 총회 법제부장으로 일을 맡고 있기에 참 바쁘시겠습니다. 이해합니다.

선생님, 부인께 안부 전해 주세요. 선생님의 가족들에게 안부 전해 주세요. 그리고 망운교회 목사님들에게 안부 전해 주세요. 아들에게 안부 전해 주세요.

건강하시고 여기서 기도하겠습니다.

선생님을 기도 중에 기억하겠습니다. God BLESS You.

다음에 편지하십시오.

선생님 친구 안 신부

석경 스님

1997년 5월 14일

원갑사 방문

해제면 두 곳에 원갑사, 용덕사가 축제 분위기가 좋았고, 신도들도 연등도 많았고 좋았다. 특히 원갑사의 비구니와 운남의 비구니가 마음에 들었고, 용덕사에는 선경이 친구가 여승이 되어 나를 친절하게 대해 주었다.

해제 원갑사는 내가 초등학교 다닐 때 소풍으로 온 기억이 있고, 그때는 쓰러져가는 기와지붕 오두막이었다. 그리고는 초행이다.

이번에 도로공사가 되어 일부 포장이고, 나머지는 길도 좋았다. 40대의 비구니가 인상이 좋고 특히 나에 대해서 좀처럼 만나보기 어려운 도량이 넓고 모든 것을 초월한 경지에 이른 분이라면서 마음이 편하단다. 물론 도의원으로 소개하기 전의 이야기였기에 무엇인가 내가 편해 보였던 것 같다. 나는 하나님께 감사했다. 성령이 내 마음속에 계시는 시간이었던 것 같다.

1997년 6월 6일

마침 시간이 있어 강산에 있는 원갑사를 방문했다. 무엇인가 도와주고 싶은 생각이 진작부터였는데 주지 스님을 만나 협의를 해 보고파서였다. 이분이 시간 가는 줄을 모르고 이야기를 계속한다. 오후 1시에 만났는데

3시 30분이 되었다. 마침 목포에서 왔다는 구경꾼 내외가 와서 동석이 되었다. 천주교인이란다.

이 젊은 비구니가 나를 퍽 좋아한다. 지난번 5월 14일 석가탄신일에 만나고 이번이 두 번째인데 그렇게 친근감이 가는 스님이다.

불교도 무속 신앙에서 탈피해야 한다든가 보시 생활을 강조하는 등 또 기독교를 폭넓게 이해해주는 것이 마음에 든다.

법명이 석경石鯨이란다. 내가 좋아하는 성철 스님으로부터 받은 법명이란다. 또 법구경에 있는 가르침이 기독교 성경에 다 있다는 것과 내가 주장하는 성경의 가르침이 불경에 들어 있다는 주장과는 은연중 종교 우위론 주장 같이 느껴졌다.

돌아오는 월요일쯤 도지사 면담을 통해서 사찰 복원 건의를 해 보자는 약속을 남기고 돌아왔다. 호남의 명사찰 삼갑사三甲寺의 본래 명성을 되찾아 주고 싶다. 지역민의 자존심이다.

1997년 6월 10일
석경石鯨 스님 허許지사 면담

원갑사 주지 석경, 무영無影 스님과 함께 허경만 지사 면담 갔다.

원갑사 복원 예산 지원을 요청키 위해서였다. 오후 2시에 약속을 했기에 만나서 딱한 사정과 통일 신라 시대의 사찰이 복원되지 못하고 있는 실정과 문화재로의 인정과 예산 지원을 부탁했다. 내년 예산에서 고려해볼 만하다는 언질을 받고 돌아왔다.

내가 생각해도 우스꽝스러운 일이다. 기독교 장로가 중들을 차에 태우고 하루의 시간을 허비해 가면서 점심까지 대접하면서 절간을 새로 지어 달라고 다니는 것을 그 누가 보고 들은들 이상하지 않을 것인가?

한데 나는 도와주고 싶고, 어쩐지 정이 가고, 예수 안 믿을려거든 부처라도 믿는 것이 안 믿는 것보다는 더 낫다는 생각이었다. 어차피 종교가 지향하는 바가 선禪이라고 한다면 불교도 종교로 인정해야 하고 서로 교류하는 것이 하나님께서도 그렇게 싫어하실 것 같지가 않다고 생각했다.

물론 구원이 있고 없고는 의문이지만, 나는 기독교의 구원만 믿는 사람이지만 잘 됐으면 하는 바람이다.

1998년 1월 30일

원갑사 주차장 준공식

오늘 원갑사에서 주차장 준공식이 있다고 초청을 받아 갔다. 석경 주지 스님이 반가워했다. 타 스님들께도 기독교 장로라고 소개를 해 주었다. 나한테 호감 있는 주지 스님이다. 비구니 스님인데 아마 30대 후반 아니면 40대 초반으로 짐작된다. 인상 좋고 친절한 분이다.

나는 원갑사를 해제의 문화재적 가치 인정에서 접근하고 있다. 또 타 종교 배타적이지 못한 나의 종교관에서도 불교가 싫지 않은 것이다.

나는 법정 스님을 좋아하고, 입적한 성철 스님을 좋아한다. 저들의 법어가 마음에 들어서이다. 또 석경 스님의 종교관이 나와 비슷한 점이 마음에 드는 것이다. 광산리 용덕사 주지의 종교관과는 너무도 거리가 멀다. 공부를 한 사람과 안 한 사람의 차이인가 보다.

2000년 8월 15일(화) 맑음

춘천 옥광산 석경 스님 문병

제19회 전국장로대회가 강원도 횡성 현대성우리조트에서 열렸다. 도중에 춘천 옥광산 토굴에서 폐암 치료를 위해 요양 기치료를 받고 있는 석경 스님 문병을 다녀왔다. 많이 좋아졌다는 것이다. 45세의 젊은 여승이다. 해제 원갑사 주지시다. 나와 인연이 되어 가까이 지내던 사이였다. 젊은 인생이 안타까워 문병한 것이다. 일금 오만 원을 그의 종자에게 쥐여 주고 돌아왔다.

2000년 10월 28일(토) 흐림
석경 스님 입적

대전에서 집에 돌아왔다. 석경 스님이 별세하셨다는 부음이다. 나에게 충격을 주는 부음이다. 지난 8월 하순에 춘천 옥광산 굴에서 요양하고 있는 스님을 문병 갔을 때 많이 좋아졌고, 건강이 회복되면 무안에 한 번 내왕하겠다는 눈망울 초롱초롱하던 그이가 죽다니.

생각해 보니 나와 유일한 특별한 인연을 맺은 사람은 이렇게 빨리 죽는가 싶다. 먼저는 나와 의형제의 인연을 맺은 한 살 손아래 이현기가 40대에 죽었고, 기독교 장로인 내가 특별한 인연으로 불교 스님과 가까이 지내던 유일한 스님 친구가 40대에 죽었다. 또 천주교 신부로서 유일하게 멕시코 사람 안 신부도 건강이 좋지 않다는 소식이 오가는 처지여서 걱정이 되는 형편이다.

석경 스님 불쌍하다. 40대 중반의 여승이다. 예쁘고 그 맑고 초롱초롱한 빛나던 눈이 선하다.

2001년 5월 1일(화) 맑음
석경 스님 회상

석경 스님이 보고 싶다. 오늘이 초파일 부처님 오신 날이다.

석경 스님이 살아있다면 나는 오늘 원갑사에 갔겠지. 40대의 여승

석경은 나의 유일한 스님 친구였는데 거년에 세상을 떠났다. 강원도 춘천 옥산 토굴에 요양 중일 때 문병 갔더니 건강이 회복되고 있다고 좋아했고 다시 원갑사로 올 수 있기를 희망하더니 결국 회복하지 못하고 죽은 것이다. 그 초롱초롱 빛나던 눈망울이 선하다.

'수형 37년' 비전향 장기수 장병락 선생

　1992년 4월에 민가협(민주화운동 구속자 가족협의회)으로부터 무연고 장기수를 후원해 주라는 공문이 교회로 왔다. 용학교회 당회는 이에 따른 결의를 하고 그 명단 1번 박종린 씨, 2번 장병락 씨를 선택해서 자매결연 맺고 후원하기로 했다. 1992년 4월 29일 자로 두 분에게 이 뜻을 편지로 보냈다. 주소는 대전시 유성구 대정동 36번지 3645(장병락 씨 수인번호)이다. 영치금으로 금 8만 원을 보내줬다. 며칠 후 1992년 5월 6일 답장이 왔다. 자매결연을 수락한다는 내용과 강원도 원산이 고향이고, 당시 처가 57세, 아들이 31세 그리고 자기는 59세이며, 남쪽에는 사고무친이라고 자기소개를 했다. 금 8만 원도 잘 받았다고 하였다. 그 후 제2차 서신을 5월 15일 보냈고(편지지 3매) 답장을 6월 4일 자로 받았다. 제3차 서신을 7월 2일 보냈더니 7월 29일 답장이 왔다. 이렇게 거의 매월 편지를 보내고 답장을 받고 해 왔었다. 장병락 씨가 미전향 장기수로 2000년 9월에 북송되면서 자기가 친딸같이 사귀어오던 김영주라는 여성이 내가 보낸 편지 31통을 우편으로 보내와서 지금까지도 보관하고 있다.

　그런데 어떤 이유인지 모르지만 1993년도와 1994년도 편지가 한 장도 없다. 1994년도 편지가 없는 것은 같이 자매결연한 박종린 씨가 1993년 9월에 나와 접견하고 12월에 용학교회 다녀간 후 12월 24일에 성탄 특사 가석방으로 우리 용학교회로 온 후 1994년 1년 동안 이유 없이 편지가 끊어진 것이다. 나는 그때 1994년 1년 동안에 12번의 편지를 썼고 영치금도 5만 원씩 4번을 보낸 것을 내게 돌려준 편지로 확인했다. 내가 편지에서 느낀 것은 나와 인연을 맺었던 박종린 씨가 전향한 것에 대해서 모종의 오해를 한 것이 분명했음을 뒤늦게 확인할 수가 있었다.

나는 너무 안타까워서 계속 매월 편지로 설득하고 내 표현이 잘못되었으면 용서하라고 빌고 다시 처음으로 돌아가 형제의 인연 계속하자고 꾸준히 노력한 결과 1994년 10월 3일 자 화해 수용의 편지를 받고 한 번 접견을 한 후 1995년 1월 1일 자 조롱박에 목단 그림을 그리고 우리집 가훈인 '경천애인敬天愛隣 장병락'이라고 써서 보내왔던 것이 유일하게 내게 귀중한 선물로 지금까지 보관하고 있다.

면회 갔을 때 그이가 단호하게 내게 해준 말이 잊혀지지 않는다. 나는 결코 전향하지 않는다. 통일되면 북쪽에 내 자식 내 아내를 무슨 낯짝으로 만나겠는가? 그것이 이유인 것을 내게 말해주었다. 지금도 궁금한 것은 1993년 1년간의 내가 한 편지의 향방이다. 나는 거의 매월 두 분에게 꼭꼭 편지 썼고 사상이나 이념이나 종교 문제는 전혀 언급한 바가 없는데 무슨 이유로 편지가 없는 것인지 궁금할 따름이다.

죽기 전에 통일이 되어 한 번 꼭 만나보고 싶은 사람들이다. 1999년 1월 8일 마지막 편지에 수형 37년이라고 썼다. 고향에 어머니 아내 아들 소식도 궁금하다. 건강하게 만나서 행복하게 살기를 기도할 뿐이다.

* 장병락 선생은 2009년 10월 11일 타계했다.

1999년 4월 2~4일

장병락 씨 집에 오다

성금요일 하루를 금식하면서도 먹고 싶은 유혹을 받는다.

예수님의 40일 금식을 생각만 해도 두려움이다.

저녁 예배는 성찬식과 세족식을 했다.

더러운 발을 씻는 기분이 즐겁지 못했다.

처음 하는 세족식이어서인지 어색했지만 어디까지나 상징적 의식이니까….

약식으로 해도 되는데 깨끗하게 힘을 주어 씻어주다 보니 여간 힘이
들지 않았다.

예배 끝나고 나서 장병락 씨가 박종린 집사님의 안내로 교회에 왔다.
반가웠다.

우리집에 모시고 와서 늦은 저녁 식사를 같이 했다. 며칠 쉬어 갈
계획인 듯하다. 바라기는 이번에 하나님 만나고 가기를 기도한다. 사울을
무릎 꿇린 예수님께서 장병락이를 무릎 꿇게 해 주십사 기도했고 사울은
바울로 개명하여 구원하신 주께서 병락이를 성락^{聖樂}으로 이름 바꾸어
구원해 주십사 기도했다.

내 서재에서 박종린 집사와 함께 쉬도록 했다. 더욱 간절해지기는
어서 통일되어 저들의 가족 상봉의 날이 앞당겨져서 저들 인생 최후의
소망이 이루어지기를 기도한다. 그때 만나는 저들의 가족도 한번 보고
싶다.

1999년 4월 3일(토) 맑음

오전 내내 장병락 선생과 함께 지냈다.

교회에 데리고 가서 용학교회를 소개하고 신앙이란 무엇인지를 소개하

고, 기독교의 진리에 대해서 사상에 대해서 많은 얘기를 했다. 마음속으로는 회개하고 예수를 믿는 사람이 되기를 기도하면서. 고분고분 받아들이는 듯했다.

저녁에는 도리포 횟집에 데리고 갔다, 회를 좋아한다기에. 당회원과 박종린 집사님 그리고 장병락 씨, 또 안좌 농협에 근무한다는 김미경이란 아가씨가 장병락 씨를 찾아왔기에 합석했다. 김미경이란 아가씨는 내 서재에서 자기로 하고, 장병락 선생은 박종린 집사님이 모시고 갔다. 김미경 씨가 고마웠다. 민가협 후원회원이라는 것이다. 장 선생과 연락은 하고 있었으나 오늘 만남이 초면이란다. 그러면서도 오랜 구면인 듯 대하는 것을 보면서 사상이 통하는 사람들 간의 심적 교통인가 하는 생각이 든다. 저녁 늦게야 잠자리에 들었다.

1999년 4월 4일(주일) 맑음

오늘 부활 주일예배에 장병락 선생이 참석했다. 저에게는 난생처음 예배 참석이다. 우연의 일치겠지만 하나님의 섭리로 느껴지는 장 선생의 용학교회 예배다. 박종린 집사님께서는 1993년 석방되어 용학교회 왔을 때가 크리스마스 전날이었는데, 오늘 장 선생이 석방 후 용학교회 방문이 공교롭게도 부활주일 예배가 되었으니 묘한 인연이다. 저가 심령으로 부활되는 은총 입기를 기도했다.

오늘 예배 후 환영식을 하고 꽃다발을 드리고, 선물(양복, 와이셔츠, 넥타이, 구두)을 드리고, 통일 노래로 축가를 하고, 전 교인 공동 식사를 같이하며, 사진을 찍었다. 어린이처럼 참 좋아하는 모습이 보기 좋았다.

인사말을 시켰더니 조금은 악착스럽고 억지스러워 전 교인들의 마음을 울려 내는 인사말이 없는 것이 서운했다. "민족의 통일을 위해 38년간 감옥에서 투쟁했다"는 것이다. 간첩죄가 정말 민족을 위한 투쟁이었을까? 조금은 정이 덜 가는 분이다. 박종린 집사님과 비교가 된다. 물론 배움의 차이 성격적 차이이겠거니 생각하지만…. 애써 찾아온 김 양은 실망스러운 기색이다. 예의범절을 제대로 못 배운 듯싶었다. 오늘은 49세의 총각(송전 서용배) 주례가 있다. 첫 만혼晚婚 주례 경험이다.

"나는 하나님께 전향했습니다"
─ 비전향 쌍무기수 박종린 집사

    1992년 4월 어느 날 민가협(민주화운동구속자가족협의회)으로부터 무연고 장기수를 후원해 주십사하는 협조 요청이 교회로 왔다. 교회 당회는 돕기로 결의하고 두 사람을 선택했는데 1번 박종린, 2번 장병락이었다.

    나중에 확인된 남파간첩죄로 무기수들이었다. 4월 29일 첫 편지를 보내면서 용학교회와 자매결연을 제의하고 영치금 8만 원을 대전교도소 대전시 유성구 대정동 36번지 3553(수인번호)으로 보냈다. 그 후 5월 12일에 답장이 왔다. 자매결연 수락이었다. 헤어질 때 당시 모친이 65세 본인 27세, 처 23세, 생후 4개월 된 딸이 있었고, 동생이 하나 있다고 했다. 계속해서 매달 편지를 보냈는데 5, 6, 7월까지는 꼬박꼬박 답장이 오더니 8, 9, 10월에는 답장이 없었고, 11월에 편지가 왔는데 편지를 받지 못한 것 같았다. 현금은 전해 받았다는 것이다. 검열에 걸려서인 듯 짐작이 되었다. 그리고 93년도에도 1월에 답장이 한번 오고 2, 3, 4, 5월 답장이 없었다. 그리고 6월에 우리 용학교회 66년사를 보내 주었다.

    꾸준히 편지하면서 교도소장에게 면회 신청 서신까지 냈는데 규정상 안 된다는 것이었고, 내가 할 수 있는 노력을 해 보았지만 안 된다는 답변뿐이었다. 9월에 교도소 측으로부터 면회 허락 전화가 와서 93년 9월 14일 임영창 목사님과 배종렬 장로, 정성진 장로, 나까지 네 명이

면회했는데 배종렬 장로는 안 된다고 해서 못 만나고 우리 셋이서 특별면회를 했다. 그날 첫인상이 보통 신장에 순진하게 보이고 평화스러운 미소에 61세 나이에 비해 늙어 보이고 정이 느껴지는 인상이었다.

그때 그분의 이야기가 '교회가 영치금을 보내 주고 편지를 계속해주어도 별 큰 관심 없이 지내왔는데 보내 주신 용학교회 66년사를 읽고 충격을 받았는데 그것은 안국 장로님의 아버지와 숙부가 6.25사변으로 순교하셨는데 그분의 아들이 철천지원수인 자기에게 왜 이토록 관심을 갖고 사랑하실까? 도대체 안국 장로가 믿는다는 종교인 기독교가 대관절 무엇이기에 이럴 수 있는 것일까?' 생각하고 그때부터 성서를 읽기 시작해서 신구약 성경을 한번 읽고 나서부터 나도 예수 믿고 구원 받아야겠다는 결심을 했다는 것이다. 마치 준비나 한 것 같이 말씀을 썩 잘하시는 것에 더욱 정이 드는 것이었다. 특별접견이었기에 시간 가는 줄 모르고 많은 이야기를 할 수가 있었다. 주로 기독교 신앙에 관한 이야기였다. 이야기하면서 환하게 웃는 그 얼굴이며 조용하고 가녀린 그의 음성이며 그 어디에도 공산주의자, 간첩, 감옥살이하는 죄수로 느껴질 구석이 전혀 없었다. 그후 두 주쯤 지난 9월 26일에 교도소 측에서 전화가 왔다. 박종린 씨가 용학교회 방문을 희망하는데 허락하겠느냐는 것이었다. 너무 기뻤다. 27일 그가 우리 교회를 왔다. 교도관 그리고 안기부 직원인 듯한 한 명과 셋이서 왔다. 교회는 환영 예배를 간단히 드렸다. 임 목사님의 환영 메시지, 성가대의 찬양, 꽃다발 증정, 박종린 씨의 답사, 선물 전달 등 축제 분위기였다.

그때 박종린 씨의 소감 발표가 기억에 남아있다. 앞단에 서더니 잠깐의 시간이 흐른 후….

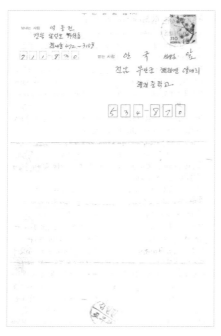

무기수 박종린 씨의 편지

"지금 내가 왜 여기 서 있는지 모르겠습니다. 이것이 하나님께서 하시는 일인 것 같습니다. 나는 사상을 전향한 것이 아니라 하나님께 전향했습니다. 나는 하나님의 사랑을 확인했습니다. 이제부터 하나님을 믿고 살겠습니다."

점심은 도리포 횟집에 가서 대접하고 환송을 했다. 그 후 편지가 왔는데 성경을 열심히 읽고 있다고 했고 중생을 체험했다는 내용도 있었다. 12월 23일이다. 교도소 측에서 전화가 왔다. 박종린 씨가 성탄 특사로 가석방이 되는데 신병을 인수해가라는 것이다. 12월 24일 10시이다. 너무 기뻐서 새벽에 일어나 대구교도소로 택시를 대절해서 무안경찰서 형사대의 보호를 받으며 모셔 왔다. 드디어 34년 복역이 끝난 것이다. 그리하여 용학교회 교육관 방에서 숙식하며 살았고, 직업을 갖도록 해제중학교 매점을 임대료 150만 원으로 매점 문을 연 것인데 300만 원 합계 450만 원을 주고 매점을 운영하게 했다. 이 소문이 KBS에 전해져서 다큐멘터리로도 방영이 되었다. 교회도 열심히 나오시면서 매점 수익금의 십일조 헌금을 분에 넘치게 내고, 학생들에게도 좋으신 할아버지가 되었고, 가난한 학생 하나를 택해서 납입금을 책임지고 해제고등학교까지 보내주었고, 교회에서는 집사가 되었고, 장로 후보 물망에 올라 있던 차에 목사님과 우리 내외와 함께 국내 여행도 다녀오고, 통일전망대, 판문점, 서울 구경을 다녀왔고, 주민등록증까지 발부받아 영세민 지원까지 받았고, 중국에 사는 친조카의 초청으로 통일부 승인을 받아 목사님 내외 우리 내외 다섯이서 만주에 있는 어릴 적 고향집까지 갔었고, 두만강에 가서 러시아 경계며 러시아병 초소까지 그리고 백두산까지 다녀왔었다. 그 후 중국 조카 내외를 초청해서 이곳 교회에 와서 한 달여 동안 같이 살기도 했었다.

통일될 날을 기다리며 잘살고 있는데 1993년도 이인모 노인북송 때 이미 출소해서 서울에서 공동생활을 하던 비전향 장기수였던 분들이 생계 수단으로 운영하는 고서적상 그리고 한방치료 등 사업을 박종린 씨에게 인계해주었고, 해제를 떠나 서울로 가서 살게 된 것이다. 작년 2021년 1월 26일에 향년 89세로 꿈에도 그리던 고향 땅을 밟지 못하고 돌아가셨다.

또 하나 특기할 사항은 1996년 7월 14일 나의 일기에 보니까 평양에 사위와 딸이 모두 김일성종합대학 교수이고 부인은 딸이 모시고 있다는 소식도 그의 조카에게서 확인했다. 이 사건은 나의 생에 있어서 가장 큰 보람 있는 일이다. 이 일 때문에 유명해지기도 한 사건이었다.

또 한 가지 기억되는 것은 미전향 장기수로 교도소에서 같이 있었던 안영기 씨와 신인영 씨도 나와 서신 교환을 했었고, 북송 직전 우리집에 와서 하루 묵고 박종린 씨와 석별의 정을 나누고 떠난 일이 기억난다.

선생된 보람

1987년 9월 2일(수) 맑음

참 오랜만이다. 반가웠다.

무인가 3회 졸업생들, 벌써 19년 전이 되었다.

두 사람을 빼고는 19년 만에 만나는 것이다.

윤영순, 윤혜숙, 윤노심, 김연태, 이건심, 김영구.

많은 은사 중에 유독 기억에 남아있는 은사이기에 우연한 기회에 전화 연락이 되어 찾아왔다는 것이다. 중고 졸업 후 처음 갖는 경험이라는 것이다. 듣고 보니 더욱 고마운 정이 생긴다.

장장 세 시간 동안의 대화가 끝없는 아쉬움이었지만 중학생, 국민학생들 둘, 셋씩 둔 어머니 아버지들이기에 굳이 애들 돌아오는 시간 전에 집에 가야 한다는 담임선생 같은 마음으로 돌려보냈다.

정성스럽게 준비해 온 선물을 받는 기분이 어느 선물보다도 기분 좋은 것은 제자들에게서 받은 선생된 보람 바로 그것일까?

생각해 보면 애들이 비교적 내 말은 많이 하는 모양들이다. 계속 연락을 주고 계속 찾아주는 제자들이 많으니 내가 무엇으로 제자들에게 인기가 있었는지 저들에게 들어보면 항상 당당하고 정확한 비판이며, 인자하고 개방적이면서 자기들을 이해해주었다는 얘기들이다. 외적으로 내적으로 멋있는 사람이란 것이다. 지금도 그 멋은 늙지 않았고, 지금도 외적으로 풍기는 영국 신사형과 내적으로 풍기는 종교적인 면이며 또 날카로운 비판이 역시 멋이라는 얘기들이다. 내가 과연 그런 멋을 지니고 있는지 모르지만 나는 항상 하나님 앞과 사람 앞에 부끄럼 없이 살고 싶은 욕심과 노력을 하는 편이라는 생각이 든다. 오늘도 유쾌한 하루였다.

1997년 12월 13일(토) 맑음
해제중 제2회 졸업생 은사의 밤

처음이다. 제자들이 은사를 초청하고 같이 한자리에 만나는 일.

주로 서울, 광주, 목포, 해제, 대전 등지에 흩어져 있는 제자들. 그러니까 중학교 졸업 27년이 됐단다. 저들끼리도 졸업 후 처음 만나는 친구들도 있단다. 여자들도 10여 명, 남자들 20여 명이다. 참 분위기 좋은 자리였다. 내외가 초청받았기에 더욱 좋았고, 선물도 황금열쇠로 준비했고, 저녁 식사도 호텔 식당에 준비하는 등 신경을 쓴 것 같았다.

저들 중에 군인으로서는 김성화 중령, 경찰공무원으로는 경위 임희택, 내무공무원으로는 사무관 윤성호가 눈에 띄었고, 재력으로도 상당히 성공한 제자들도 몇은 있었다.

이름은 기억돼도 얼굴이 기억나지 않는 제자들도 한둘 있었다.

초청된 은사는 교장, 교감 등 6명. 제자들이 나를 제일 좋아했다. 특히 당시 여학생 20여 명이 혼성된 반 담임이었기에 오랜만에 만나는 40대 중반의 여제자들이기에 이제는 부끄러움도 없이 은사에게 다가서는 것이리라. 서울에 산다는 몇몇이서 전화번호까지 주며 서울에서 만나자는 약속까지 준다.

참 오랜만에 선생 지낸 보람을 크게 느껴보는 저녁이었다.

2007년 6월 25일(월) 흐림
제자 윤성호 다녀가다

윤성호가 찾아왔다. 전남도청 농업과 사무관이다. 중학교 때 내 제자였고, 제 아버지 윤동춘 씨와는 아주 친한 사이였으며, 이영희 권사의 큰 올케 친조카이기도 한 관계이다. 이번 도청 인사에서 4급 승진 농업정책과장을 희망하고 있다.

당시 중학교 학자금도 내기 어려운 가정 형편이어서 내가 장학생을 만들어 근근이 중학교를 졸업하고 검정고시 해서 공무원 시험에 합격한 노력형 제자였다.

성격적으로 너무 온순하고 대인 관계에서 조금 무심한 것이 흠이라면 흠이다.

2007년 8월 26일(주일) 맑음
제자 강성봉 목사 시무 일산새중앙교회에서 간증

영등포 신길동 영신교회 11시 30분 3부 예배에 참석했다. 마침 김영세 장로님이 계셔서 좋았고, 나와 친했던 전국환 장로는 멀리 이사한 후 영신교회까지 못 나오고 있다고 해서 서운했지만… 인사 소개 사양에도 불구하고 목사님의 인사 소개가 황송하기도 했고, 아들, 며느리에게는 무엇인가 기운을 도와주는 것을 느끼기도 했다.

이영무 목사님은 나와 친분이 있는 분은 아니었지만 나를 너무 잘 알고 계셨고, 나도 이 목사님이 미남형 호감 가는 인상이어서 총회 때마다 뵌 익은 얼굴이었다. 저의 설교가 참 마음에 들었다. 서민적 언어에 현실에 접근해서 누구나 감명 깊게 받아들일 수 있는 내용도 좋았고, 조용한 성대이지만 호소력이 있었다. 부러웠다. 새로 지은 건축물도 마음에 들었다.

어머님께서 다니시던 교회였다. 일천 원 내는 점심 식사를 함께하며 목사님과 김 장로와 같이 많은 얘기를 했다.

저녁은 일산 새중앙교회 밤 예배 설교를 맡았기에 진웅이 차로 같이 갔다. 제자 전준신, 김용무가 와서 같이 저녁 먹고 밤 7시 간증 설교를 했다. 붉은 벽돌 5층 건물, 바로 큰 길가.

주보를 보니까 4부 예배를 드리는 700여 명이 넘는 교회였다. 아마 내 제자 중 크게 성공한 사람인 것 같다. 주보 내용에서 교회가 살아 움직이는 모습이 선하다. 자랑스러웠다. 밤 예배 참석인원 주로 젊은이들 약 3백여 명 추산됐다. 1시간 20분간 "나의 하나님 신앙"으로 간증했다. 은혜로웠다. 아들의 평도 좋았다.

이번 일산새중앙교회에서 간증은 내게 큰 경험이었다. 담임목사인 제자 강성봉 목사로부터 은사 대접받은 일, 군대 원사인 전준신과 김용무를 만나서 저녁 같이하고 집회 참석해서 제자 전준신에게 전도할 수 있는 기회도 얻었다.

2008년 1월 28일(월) 맑음
제자 강성봉 목사 초청 용학교회 부흥회

해제중학교 내 제자 강성봉 목사를 부흥강사로 초청했다. 거년에 강성봉 목사가 개척해서 성공한 일산새중앙교회에 초청받아 밤 집회 인도를 한 인연으로 이번 부흥회에 초청토록 얘기해서 결정된 것이다.

예상보다 너무 은혜로웠다. 확실한 능력을 받은 목사였다. 작달만해도 (작아도) 웅장한 성대며, 방언 기도며, 설교 내용도 집회를 끌고 가는 부흥사 특유의 화법이다. 흠잡을 바 없이 잘했다. 오늘 밤이 첫 시간인데 기대되는 바 크다.

첫 인사말에서 안국 선생님께서 저를 교무실로 부르시더니 "너 예수 믿는다며! 곱슬머리구나! 예수 믿는 사람은 공부도 잘하고 곱슬머리는 공부를 잘하는데 성적이 좋지 않다!"고 격려해 주실 때 깨닫고 '예수님 믿는 사람은 공부도 잘하는 것인가 보다, 선생님도 곱슬머리인데 나도 선생님처럼 잘 되어야겠다' 결심하고 공부를 열심히 해서 오늘날 목사가 됐노라고 간증을 했다.

평범한 한마디가 그 사람의 인생을 바꾸는 역사가 있다고 인사를 했다. 강 목사의 신앙 간증이 눈물 나도록 감명 깊었다. 부흥 강사 잘 택했다. 하나님께서 보내 주신 것으로 하나님께 감사했다. 내일부터 최강 외손자도 데리고 올 것이다.

2008년 4월 26일(월) 흐림
해제중학교 제9회 졸업생 졸업 30주년 기념행사

해제중학교 제9회 졸업 30주년 기념행사에 초대받았다. 나는 제7회 졸업생까지만 수업했기에 제9회 졸업생과는 사제의 인연이 아닌 것이다. 알아봤더니 제9회 동창회 임원회에서 초청 교사를 16명을 정해서 초청했다는 것이다. 그중에 내가 들어갔으니 영광인 것이다. 내 생각에는 주로 해제 출신들이니 아마 저들의 인상에 해제중 교사로서의 이미지가 남아 있었던 것 같다.

초청 교사 16명 중 제9회 졸업생 1, 2, 3학년 담임 등이고, 나와 용봉이가 초대된 것이다. 나를 알아봐 주는 것이 고맙고 100여 명이 참석했는데 "선경이 동창입니다" 하고 인사하는 애들이 많았다. 그래서 딸을 만나는 것 같은 기분도 좋았다. 점심 대접받고 돌아왔다.

오늘 남다른 감회가 있는 날이다. 오랜만에 10주년 만에 내가 작사한 교가를 불러보는 감회, 잊혀진 20년 넘어 몰라보게 변해 버린 교사들과의 만남 또 큼직한 은사 선물, 나에 대해 좋은 인상이 있는 옛날 추억을 듣는 감회, 생각하지 않던 즐거운 날이었다.

2009년 1월 18일(주일) 맑음
김용진 부부 다녀가다

김용진 부부가 왔다. 명절이 가까워 오니 명절 인사차 온 것이다. 영광굴비 보자기를 들고서. 해제중학교에서 내 밑에서 12년 있었다. 목포문태고로 옮겨 서무과장 8년, 순천 매산고로 옮겨 행정실장 9년이란다. 현 나이 55세. 그러니까 나와는 헤어진 지가 17년이 지났다. 그동안 1년에 두 번씩 추석, 설 명절 때마다 그냥 지나치지 않는다. 선물만 우편으로 보내는 것이 아니라 꼭 다녀간다.

천하에 둘도 없을 것이다. 내 밑에서 일을 배웠다는 것과 자기에게 상사로서 선생으로서 너무 잘해 주었다는 것에 대해 잊을 수 없다는 것이다. 고마운 사람이다. 선물을 받아서가 아니라 인간성이 훌륭한 은혜를 아는 사람이기 때문이다. 다음에 내 자식들이 김용진의 자식들에게 도움을 주는 그런 일이 있으면 좋겠다. 내가 저에게 답례할 수 있는 길이 그것뿐일 것 같다.

오늘 명절 선물이 들어오기 시작이다. 제주도에서 이양향이가 귤 한 상자, 박막동이가 제주 갈치 세트 한 상자, 매년 설날 30여 명 이상으로부터이다. 내 죽는 날까지 덕을 베풀고 살아야 한다. 주위가 외롭지 않아야 한다. 미운 이 없이 살아야 한다.

* 김용진 부부는 지금까지도 일 년에 서너 차례씩 우리 부부를 찾아주고 있다.

2009년 3월 28일(토) 맑음

재경 해제중 총동창회 창립총회, 세종문화회관

재경 해제중학교 총동창회 창립총회에 참석했다. 해제 출신 은사들만 초청했다는 데 나와 송전 마을 사는 구 선생(체육과) 두 사람이다. 동창회원들은 700여 명 참석했단다. 생전 처음 스승으로서의 큰 대접을 받았다.

국회의원 이윤석 의원도 재경 해제 향우회장 이진범 처남도 그리고 해제 출신 원로로 김용량 씨, 노봉준 친구도 참석했다. 즉석에서 축사를 부탁받았다.

논어에 나오는 공자의 삼락三樂 이야기를 했다. 그중 천하의 영재를 얻어 가르침이 인생의 즐거움이라고 했는데 제자를 가르쳤던 보람을 느껴보는 감회 깊은 날의 행복을 느낀다고 했고, 세 번째 즐거움인 하늘을 우러러 한 점 부끄러움이 없고 굽어보아 사람들에게도 부끄러움이 없는 인생을 사는 것이 즐거움이라 했는데 오늘 총동문회에 참석한 모든 회원께서 하늘과 사람에게 부끄러움 없이 인생을 살면서 거기에 더 자랑스러운 인생, 성공한 인생을 살기를 축원하면서 축사를 가름한다고 했다. 큰 박수를 받았다.

4회 졸업생 장남기는 자영업으로 성공한 제자인데 선생님에게서 역사를 배울 때 자기가 문명과 문화에 대해서 질문했는데 너무 명쾌한 설명에 지금도 잊지 않고 있다면서 중화 사상에 대한 얘기 등 고등학교에서도 못 들어봤던 역사를 너무 흥미 있게 배웠다며 자랑했고, 어떤 여학생은 선생님이 저에게 주신 편지 지금도 간직하고 읽는다면서 그렇게 좋아했다.

2013년 1월 12일(토) 맑음

김성화, 윤유성 부부 다녀가다

제자 중 제자인 윤유성, 김성화 부부가 집에 왔다. 오늘 저녁이 성화 형수 제사인데 장 형님이 혼자 고생하고 사시니까 다녀가는 것이 인사여서 오는 길에 우리집에 먼저 인사차 들렀다는 것이다.

내가 아끼는 제자들이다. 윤유성이는 결혼 전에 학교에서 데리고 있던 직원이었고, 결혼 주례를 해 주었던 제자들이다. 김성화는 육군에서 대령으로 제대해 대전에서 살고 있다. 명절에 해제 오거나 부모님 제사에 오면 꼭 선물 들고 찾아오는 좋은 제자들이다.

제자들도 잘되어야 은사를 가깝게 챙기는 것 같다. 지금까지 매해 명절이나 스승의 날을 챙기는 제자들이 무안 부군수 윤성호, 무안군 과장 김성택, 김성화 부부, 강성봉 목사다. 저들이 복 받아 잘되기를 기도한다.

한문 예절 교실

2010년 1월 3일(주일) 흐림

서울에 오다

목포발 6시 KTX로 서울에 왔다.

광진구청에서 시행하고 있는 한문 예절 교실 교사를 하기 위해서이다. 영세민 자녀 초등학생반과 중고생반이 있다는 것이다. 수경이 집으로 와서 내일 일정을 확인하고 교재 공부를 했다. 두 주간이다. 교재 수준이 초등학생에는 맞지 않는 것 같다. 또 두 주간에 소화하기에는 너무 벅찬 분량이다. 기술적으로 해내야 할 것 같다.

푸른꿈지역아동센터에서 초등학생 대상 2시간, 1318해피존지역아동센터에서 중고등학생 1시간이다. 학생들 가정환경이 결손 가정, 영세민 가정이라 수업하는 데 힘이 들어간다는 것이다. 학생들의 흥미를 유도해가면서 크게 나무라지 말고 사랑스럽게 대해 주라는 수경이의 부탁이다. 수경이와 같이 이런저런 이야기 하다가 12시가 다 되어가는 시간에 잠자리를 폈다.

2010년 1월 4일(월) 눈

한문 예절 교실 제1일

한문 예절 교실 첫 출근이다. 오전 9시부터 12시까지 희년의 집 푸른꿈학교에서 오후 4시부터 5시까지는 새움터 학교에서 강의이다.

아침부터 눈이 많이 내려 길이 험했고 시간 맞춰 외손자의 안내로 찾아가는 일이 여간 신경 쓰이지 않았고, 양측에 10여 명 이상 모였는데 수업 분위기가 엉망진창이다. 수업하는 교실이 아니라 선생은 혼자 앞에 서 있고 학생들은 장난치고 떠들고 어린이 놀이방 분위기였다. 내가 이 노릇을 해야 할까 말아야 할까 고민스럽다.

교육은 배우려는 의지와 가르치려는 의지가 서로 만날 때 참교육이 이루어지는 것인데 배우려는 의욕이 전혀 제로 상태이다. 초등학생 반보다 중고반이 더 험했다. 그렇다고 저들이 선생을 골탕 먹이는 작전은 아닐 테고 다만 제멋대로 자란 탓에 아예 공부는 포기한 애들이라는 것을 이미 알고 갔지만 그래도 너무 심한 것 같다.

불쌍한 아이들이다. 저들은 가난하니까 학원도 못 가고 방학 중에 버려진 아이들이기에 희년의 집 사업으로 정부의 지원을 다소 받아서 아이들을 붙잡아 주기도 하고 공부도 가르치고 하려는 목적 사업인데 이런 사업마저 없으면 저들이 어디로 갈 것인가? 갈 곳이 없는 아이들인데 어떻게 할까? 고민스럽다. 어떻게 저들에게 삶의 의욕을 심어줄까? 한자 교육보다 더 급한 일인 것 같은데, 포기하고 싶은 생각과 갈등이다.

2010년 1월 5일(화) 구름 많음
한문 예절 교실 제2일

오늘은 아이들 수업 태도가 어제 첫날보다 조금 나아졌다. 포기하고 싶었지만 어떤 사명감 같은 것이 생긴다. 불쌍한 저들이 저대로 크면 무엇이 될까? 쓸모없는 인생밖에 될 것이 없으리라.

이왕 나와 인연이 맺어져서 두 주간 동안 가르치고 배워야 할 터인데 무엇인가 저들의 인생을 위해 깨달음이나 새로운 꿈을 심어주고 싶다. 세상에 있어야 할 사람, 없어야 할 사람, 있으나 마나 한 사람 중 어떤 사람이 되겠느냐 하고 물었더니 10명 중 세 사람이 있으나 마나 한 사람이 되겠다고 손을 들었다. 장난이 아니라 부끄러움 없이.

저들을 어떻게 할까? 고민해 보았다.

꿈이 없는 사람, 의욕이 없는 사람, 숨 쉬니까 살아있는 식물인간 같은 사람… 너무 불쌍하다. 대책이 없는 사람 아닌 사람인가 싶다. 누가 저렇게 만들었는가? 이유가 있을 것이다. 확인해 보니 할머니와 둘이 사는 아이란다. 다른 사람도 마찬가지다. 결손 가정에서 자란 아이들이다. 그들의 부모된 자들의 책임이다.

내가 저들을 도울 수 있는 방법이 없을까? 서신으로 교화시키고 최대한 돕는 방법을, 사람 만드는 방법을 찾아보고 싶다. 그 누군가가 해야 할 일인 것이다. 기도해야겠다. 문제아가 되기 전에 구해내야겠다.

2010년 1월 6일(수) 흐림
한문 예절 교실 제3일

한문 교실 3일째 힘이 든다. 1937년 기상 관측 이후 73년 만에 최대의 폭설이 내려 10분 거리가 20분이 걸리고 골목길 주차된 차들이 눈에 파묻혀 얼어붙어 움직이지를 못하고 교실에 나가면 고작 12~13명 앉혀 놓고 명심보감을 가르치는데 아이들은 수업 태도가 극히 불량하고, 주의를 주어도 마이동풍이니 자존심도 상하고, 어차피 시작했으니 끝은 내야겠고, 그래도 그중에 열심히 공부하는 소수가 있어 보람은 느끼지만 당초 잘못 시작했단 후회막심이다. 두 주간에 10일간 총 30시간 수업인데 이제 겨우 3분의 1을 했는데 나머지 3분의 2가 걱정이 된다.

허나 최선을 다해야겠다. 먼 훗날 안국이라는 이름 자를 기억해 주기 바라는 마음으로 해야겠다는 오기가 생겨나기도 한 것이다. 그만둘 수 있다면 당장 그만두고 싶지만, 안수경 목사 때문에도 그렇고 2010년 초에 도를 닦는 기분으로 해야 할 상황이다.

초등학생 반에 노○○ 어린 학생 그리고 중고반에 보○○ 학생이 기억에 남을 것 같다. 첫날 보○○ 학생이 제일 문제아였는데 어제오늘 너무 달라져 버린 것이다. 무엇인가 깨달음에 의해 달라졌다면 앞으로 좋은 인연으로 도와주고 싶다. 이번 서울에 온 것이 수경이, 외손자 최건이 고생을 시키는 것 같아서 미안하다.

2010년 1월 7일(목) 흐림
한문 예절 교실 제4일

수경이네 사는 것을 보니 밥상 가족공동체가 못 되어 있다. 밥상에서 가족의 친교가 이루어지고, 서로의 생각이 조율되기도 하고, 가족공동체 의식이 굳혀 가는 것인데….

최 서방은 이른 아침 일어나 혼자 빵으로 아침 식사 후 출근하고 일곱 시에 수경이는 일어나 아침을 준비해서 건이와 같이 아침을 먹고 강이는 또 늦게 저 혼자 먹고 거의 매일의 생활이다.

수경이는 너무 바쁘게 살고 있는 것 같다. 희년의 집 운영에 희년교회가 있고 푸른꿈지역아동센터, 여성상담소, 나눔선교센터, 1318해피존새움터 지역아동센터까지 여섯 개 단체를 관장 운영하고 책임지고 있으니 매일매일의 삶이 눈코 뜰 새 없이 바쁘고, 예산도 독립채산제로 하고 있어 더 어렵고, 능력이 있다는 얘기지만 건강에 무리가 되지 않을까 걱정이다. 나 때문에 저녁에 들어와서 밥 차리고 나가는 일이 거의 매일이다. 내가 여기 온 지 오늘이 5일째인데 같이 얘기할 수 있는 시간도 거의 없다. 온 식구들이 거의 각개 행동인 것이다. 저녁에도 강이 아빠는 늦게 들어왔다.

나는 어서 끝냈으면 싶다. 오늘까지 4일 끝냈으니 이제 6일 남았다. 내일이면 한 주간 공부는 끝나고 토요일 일요일 지나면 반이 지난다. 그때쯤 한 달이나 된 것 같은 지루함이 조금은 가실까?

아이들이 정말 안 됐다, 못 됐다, 불쌍하다.

2010년 1월 8일(금) 흐림
한문 예절 교실 제5일

한문 예절 교실 강의 한 주간 5일이 끝났다. 마치 등산에서 정상에 오른 기분이다. 이제 내려가는 길은 더 힘이 들지 않을 것이기 때문이다. 또 아이들 수업 분위기도 조금씩 좋아지고 있고, 힘들게 정상까지 올라왔으니 정상 정복을 한 것 같은 만족감도 있고, 이제는 왔던 길 다시 내려가야 하니까 힘들어도 내려갈 수밖에 없지 않은가?

어젯밤에 안수경 목사가 아이들 모아놓고 일장 주의를 준 것이 효과를 본 것 같다. 끝내고 헤어지는 날 아쉬움으로 헤어지고 싶다.

오전에 푸른꿈학교에서 최건이와 같이 돌아오면서 최건이를 가르치기 위해 두 가지 일을 했다. 많이 온 눈이 아직 덜 녹았고 치워지지도 않은 거리에 비둘기들이 발뿌리에 부딪힐 정도로 눈 녹은 곳을 열심히 걸어 다니며 먹이를 찾고 있기에 건이에게 너 주머니에 과자 먹다 남은 부스러기 있으면 저 비둘기들 먹을 것 없어 헤매니 조금 주라고 해서 주게 했다. 어느새 비둘기들 여러 마리가 날아들어 먹는 모습이 너무 좋았고 예뻤다. 마침 도로변에 헌 박스 리어카를 놓아두고 박스를 주워 싣고 있는 흰

머리 노인 90세 정도 보이는 할아버지가 안쓰러워서 만 원짜리를 주었더니 그렇게 좋아했다.

내 외손자 교육을 위한 현장실습을 한 것이다. 불쌍한 사람 도와줘야 하나님께서 축복해 주신다는 교훈과 함께. 저 할아버지에게 일만 원은 오늘 하루 노동을 넘은 상당히 큰돈인 것을 건이도 알고 있었다.

2010년 1월 9일(토) 흐림
한강 산책

오전에는 내일 희년교회 주일예배 설교 준비를 했다. 오후에는 오랜만에 한강공원 산책을 나갔다. 한강 산책로가 수평 직선으로 잘 포장되어 있었다. 대학 다닐 때 원효교 인근 한강에 나가 세탁했던 일이 생각났고 전혀 다듬어지지 않은 수풀 우거진 강둑들이 생각났다. 걸으면서 시멘트 포장보다는 흙길 그대로가 건강에 좋은 산책로일 텐데 하는 아쉬움이 있었다. 한 시간 산책하고 유황 온천탕에 가서 목욕하고 돌아왔다. 건이와 같이. 저녁에는 회 한 접시를 배달해 와서 맛있게 먹었다. 오만 원짜리 광어, 도미 회였다.

저녁 11시 10분 올림픽 국가대표팀과 잠비아와의 평가전을 보았다. 실력이 달리는 것 같다. 전반전 2:1로 지고, 후반전에서 2:1로 하여 4:2로 경기가 끝났다. 기분 나쁘다. 우리 선수보다 신장이 크고 기술이 더 나았다. 잠만 못 잔 것이 밑진 기분이다.

2010년 1월 10일(주일) 맑음
희년교회 주일예배 설교

오늘 희년교회 주일예배 설교를 했다.

남자 1명(사위), 여노인 5명, 교사들 5명, 안 목사, 총 교인 12명이다. 초대교회 다락방 교회가 연상됐다. 성인 교인이 15명인데 일기 관계로 못 나왔단다. 안 목사에게 들어보니까 노인 교인들의 신앙이 전혀 자라지 않고 '나는 믿음이 없다, 나는 나눌 것이 없으니 받아야 할 대상이다.' 세상적인 욕심이 너무 많다는 것이다. 너무 가난하기에 마음들이 닫혀 있다는 것이다.

오늘 내 설교 제목은 "행함이 없는 믿음은 죽은 것이다"이다. 본문은 야고보서 2:14-17이었다. 설교 시작은 마태복음 25장 최후의 심판 이야기로 했다. 우리가 나눈다고 하는 것은 밥 한 그릇, 물 한 잔, 헌 옷 한 개, 병문안 관심, 나그네 하룻밤 재워주기 등 지극히 작은 일부터 시작된다는 것을 강조했다. 그리고 교회 다니는 사람과 예수님을 믿는 사람으로 분류하여 구체적으로 설명하고, 주일 성수의 중요성 강조, 기독교인이 된다고 하는 것은 역사의 중심에 선다는 것을 의미한다고 했고 십자가 정신의 종과 횡의 참뜻은 율법의 대강령인 하나님 사랑, 이웃 사랑임을 설명하고 함께 하나님과 산다는 간증, 원로 연예인 장로의 신앙 고백을 얘기하고 신앙의 체험에 대한 나의 장기 기증 얘기를 했다.

더 많이 얘기하고 싶었는데 시간이 모자랐다.

2010년 1월 11일(월) 맑음
한문 예절 교실 제6일

오늘 수업이 참 힘들었다. 오전에 한 시간 오후에 두 시간인데 세 시간 수업하고 나면 완전히 파김치가 되는 것이다. 매일 참가 학생 수가 늘어가면서 수업 분위기가 더 엉망이 되는 것 같다. 타성에 젖어버린 아이들 겨우 잡아서 지난 주말 금요일 수업은 그런대로 좋아졌는데 토요일,

일요일 쉬고 오늘 새로 나온 학생들이 늘어나면서 더 망가진 것 같다.

오늘은 일장 연설을 해야 했다. 가르치는 선생님 불쌍하지도 않느냐? 내가 왜! 이토록 애원하다시피 배울 때 배우자고 하느냐? 나를 위해서가 아니다. 너희들을 위해서이다. 자신감을 가져라! 희망을 가져라! 꿈을 가져라! "안 되는 일 없단다 노력하면은 쨍하고 해 뜰 날 돌아온단다!" 유행가까지 불러가며 인성 교육 강의를 해야 했다. 먼 훗날 성공한 사람들로 만나야 한다고 강력히 권면했다. 공부 시간보다 조용히 경청하고 있었다. 나는 너희들에게 한문 가르치러 온 사람이 아니라 여러분 훌륭한 사람 만들려고 왔다고 했다. 내가 무슨 능력으로 훌륭한 인간을 만드는 것이 아니라 참사람이 어떤 사람인가를 가르치러 왔다고 했다. 솔직한 심정이다.

한편 생각하면 불쌍하다. 이미 버려진 쓰레기처럼 느껴진다. 그러나 나는 기도한다. 계속 기도하고 싶다. 포기할 수 없는 애들이다. 오늘 선언했다. 나는 앞으로도 너희들의 장래를 위해 기도할 것이라고….

2010년 1월 12일(화) 흐림
한문 예절 교실 제7일

수업 끝내고 수미라가 왔다. 같이 백화점에 갔다. 가방을 하나 사기 위해서다. 선경이에게 일박이일용 가방을 원했더니 사주기로 했는데 수미라에게 부탁한 모양이다. 마음에 드는 것을 골라놓고 보니 값이 너무 비싸서 다른 것을 사려 했는데 눈치를 챈 수미라가 값은 생각지 말고 마음에 드는 것 억지로 권하기에 샀는데 정가가 30만 원이나 되는 샘소나이트 가방이었다. 상표도 나중에야 확인했다.

그리고 무엇 더 사고 싶은 것 말하라는 것이다. 와이셔츠, 넥타이, 잠바, 구두 아무것도 필요 없다고 했다. 사실 내게는 이미 충분하게 있다.

수미라가 필요하다고 전동 칫솔을 사는 데 보니까 20만 원이 다 된다. 나는 놀랐다. 백만장자도 아닌데…. 저녁 식사했다. 채소를 많이 먹고 싶다고 했더니 한우 샤브샤브를 주문했다. 나중에 값을 보니 28,000원짜리에다 식사까지 해서 8만 원쯤 되는 것 같다. 나는 솔직히 과소비는 싫은 사람이다. 평소 1만 원짜리 이상 식사는 죄짓는 기분이 들기 때문이다. 북한에 2천만 동포들에게 미안하기 때문이다. 수미라에게 얘기했더니 "아빠! 먹는 것은 잘 먹고 살아야 돼요!" 오히려 충고다. 그러나 막내를 만나 즐거운 시간을 보냈다.

2010년 1월 13일(수) 흐림
한문 예절 교실 제8일

저녁 식사하고 나서 수경이와 얘기를 10시까지 했다. 수경이의 어릴 때의 기억을 들으면서 선경이와의 관계, 수미라의 지난날과 현재의 환경에 대한 이야기, 상처받은 이야기 등 들고 보니 나는 '아이들의 생활에 관심이 없었구나, 어머님께 맡기고 잘살고 있는 것으로만 짐작하고 전혀 모르고 살았구나'라는 생각이 든다. 나도 옛날 어릴 적 기억을 더듬어 보고 우리 부부 생활에 대한 이야기, 지금의 부부 관계를 이해하면서 살아가려는 노력을 같이 얘기해 보았다.

수경이는 심리상담학 관련 많은 책을 읽은 것 같고, 미처 내가 모르고 있는 부분까지 지적해 주는 치밀함이나 세심함이나 역시 훌륭하다고 생각해 본다. "내가 젊었을 때 아빠 엄마 싸움은 언제나 할머니 때문이었던 것 같다며 나이 어린 자기가 엄마 편을 들어 아빠에게 싸우지 말라고 매달렸던 기억까지 있다"는 것이다. 그때 나도 그랬다. 우리 부부의 싸움은 돈 문제도 다른 가정 문제도 자식들 문제도 아닌 어머님 때문이었고, 불효를 참을 수 없었다고 하니까 수경이가 할머니 불쌍해서 그랬던 것 같다고 말할 때 목이 메고 눈시울이 뜨거워졌고, 결국 눈물이 나고 말았다.

우리 어머니 정말 불쌍한 분이셨다. 서른여섯 청상과부로 우리 4남매 키우시며 고생하신 것을 생각하면 눈물 없이 생각할 수 없기 때문이다.

또 아내도 정말 불쌍한 사람이다. 열아홉 살 생때같은 아들을 잃고 행여라도 생각이 날까 잊으려고 한시도 일을 놓지 않고 사는 그이를 생각하면 가슴이 먹먹해진다.

2010년 1월 14일(목) 맑음
한문 예절 교실 제9일

내일이면 끝난다는 생각에 오늘 수업은 홀가분하게 했다. 새움터에 박○○이란 학생이 있다. 출석은 꾸준히 하는데 수업을 늘 방해한다. 어제 결석이기에 수업 분위기가 아주 좋았는데 오늘은 와서 신경을 쓰이게 한다. 참다못해 그 옆에 수업 방해를 받는 김○○ 학생에게 훈시했다. "김○○ 학생 왜 수업 시간에 태도가 그토록 불량한가? 옆 사람의 장난에 왜 동조하는가? 고등학생이니 중학생들에게 모범을 보여달라" 했더니 박○○이란 녀석이 그 말을 알아듣고 안색이 변했다. 나는 박○○에게는 시선도 주지 않고 김○○이만 나무랐다. 그도 안색이 변했다. 나는 마음으로 미안했지만 성공했다고 느꼈다. 시종 머리 숙이고 있던 박○○이가 모두에게 질문했더니 크게 대답했다. 나는 그 틈을 이용해 날마다 공부하지 않고 장난만 치는 줄 알았더니 장난치면서 머리로는 공부한 박○○이가 장하다고 칭찬했더니 좋아했다.

저녁은 선경이가 수미라와 같이 저녁 대접한다고 왔는데 최 서방이 들어와서 저녁을 맛있고 즐겁게 같이 먹었다.

2010년 1월 15일(금) 맑음

한문 예절 교실 마침

조카딸 유경이가 임파선암 수술을 받고 가정 치료 중이어서 서울 온 김에 문병 차 수경이와 함께 갔다. 예상보다 잘살고 있었다. 40여 평이 넘는 대형 아파트에 거실 주방이 놀랍게 컸고, TV며 소파며 다 컸다. 우선 하나님께 감사했다. 다만 최 서방의 직업이 신앙적으로 거리끼는 것이 늘 마음에 걸린다. 병세는 크게 걱정할 정도는 아닌 것 같아 다행이었다. 이사한 후에 교회를 옮겼는데 아직 미등록 상태라기에 가까운 기장교회 한신교회를 추천했다. 그리고 간절한 마음으로 유경이, 혜린, 최 서방을 위해 축복 기도를 내가 드리고 이어서 안수경 목사가 축복 기도를 은혜스럽게 해 주었다.

2010년 1월 16일(토) 맑음

해제 도착

동서울고속버스터미널에서 무안까지 왔다. 마침 친구들이 기다리고 있어서 점심을 같이 먹고 돌아왔다. 마침 이영희 권사도 무안 친구들 모임에 나와 있어서 윤희순 형님 차로 함께 돌아왔다.

저녁에 이 권사와 그동안 두 주 동안의 서울 이야기와 해제 이야기로 밤이 깊어 열두 시까지 잠이 오지 않았다. 모처럼 다정다감한 밤이었다. 그도 그럴 것이 그동안 함께 살아오면서 두 주간 이상 집을 떠나 있었던 일이 딱 한 번 있었고(그때가 전남도의회 유럽 연수), 이번이 두 번째이기 때문이다. 간혹 한 주 이상은 서로 떨어져 있었던 일은 흔했지만 이번에 아내가 더 귀하게 느껴지는 동반자로 새롭게 체험하고 있다.

2010년 1월 17일(주일) 흐림
한문 예절 교실 결산과 감사

서울에 가서 한문 예절 교실 강사로 푸른꿈센터에서 10일 동안 20시간 했는데 강사료 75만 원이고, 새움터센터에서 10일간 10시간에 50만 원 해서 도합 125만 원을 통장에 입금해 준단다. 마음으로 흡족했다. 그래서 희년의 집, 푸른꿈센터, 새움터센터에 각각 후원금 10만 원씩 30만 원을 송금하기로 약속했다. 오늘 주일 우리 교회에 십일조 정확히 125,000원을 헌금했다.

2010년도 교회 예산액 중 교역자 비용이 정확히 40%이다. 나도 목사 딸이 있다. 겨우 네 식구 입에 풀칠할 정도의 사례비 받으면서 희년의 집 원장 급료 받으면서 희년교회, 나눔선교센터, 여성상담센터, 푸른꿈아동센터, 새움터1318해피존센터 등 5개 조직 단체를 이끌어가고 있다. 아침 일찍 나가면 저녁 늦게까지 일하는 것이 일상생활이다.

한학 공부와 비문 35기

　나는 1935년생이다. 제2차 세계대전 중이었다. 초등학교 입학 전 7세 때 숙부님으로부터 천자문과 한자를 배웠으며, 고개 넘어 도성 부락의 사립 학교에 8세까지 다니다가 10세 때 해제초등학교 1학년에 입학했다.

　기룡 부락에서 4킬로미터가 넘는 곳에 학교가 있었다. 그때 내가 다니던 동급생의 나이는 내 동갑이 반, 더 먹은 아이들이 반이었다. 초등학교 다닐 때도 한자 공부를 계속 배웠다. 중학교에 들어가니 한문 교과서가 있고 한문에 취미가 있어 다른 과목보다 한문 과목은 언제나 만점이었다.

　중학교 2학년 때 6·25전쟁으로 휴학하고 있을 때 동리 서당에 다니면서 2년간 네 철(지금으로 치자면 네 학기) 서당에서 한학 공부를 했는데 명심보감은 완전히 암송해서 한 철에 완파했고, 그 후는 소학 조금 읽다가 논어, 맹자, 대학까지 완파하지 않고 조금씩 배우고 넘어갔다. 지금 생각하면 논어를 제일 재미있게 읽었던 기억이 난다.

　그 후론 고등학교 대학 시절에도 한학 공부가 좋아서 계속 읽었다. 그 덕으로 나의 한학 실력은 어느 정도 수준급이 되었다. 지금까지 비문을 스물아홉 기(記)를 찬(撰)했는데 어디다 내어놓아도 손색이 없는 칭찬 받는 비문을 지어주었다.

　내가 생각해 보아도 상당히 많은 비문을 지었다. 1976년에 첫 비문을 짓기 시작했는데 그 비문이 한글로 토를 달아 현대화한 비문이었다. 이 비문을 봉대산에 세우면서 한글이 섞인 현대판 비문으로 아마 세상에 처음 있는 비가 아닐까 생각한다. 이 비는 노진병의 조부이신 우암거사 노공지묘비이다. 비문을 쓴 사람인 내 이름을 새기지 말아 달라는 부탁을 받았는데 당시 내 나이 42세로 아직은 어리고 해서 그렇게 받아들였지만 지금은 후회한다. 어떻든 그 비문이 세워지고 나서 무안 근동까지 내 실력을 인정받다 보니 계속해서 비문 청탁이 오는 대로 비문을 짓다 보니 자신감도 생긴 것이다.

지금까지 총 30기의 비문을 지었는데 종류별로는 묘비가 19기, 공적비가 5기, 효열비가 3기, 순직비 1기, 사은비 1기, 유허비 1기이다. 그중에 가장 큰 비문은 2007년에 세워진 이성산 자락에 있는 전주 이씨 영풍군 후예 납골당비다. 이 비에는 추도시까지 있다.

이 납골당 규모가 당시 52구의 유골을 안치하고 추후 730여 구를 안치할 수 있는 780구 안치 규모의 대형 납골당이다. 또 기억에 남는 비는 해제중학교에 세워진 설립자 해광 박명관 이사장 공적비와 해제초등학교에 세워진 명한 박석기 교장의 사은비師恩碑이고, 해제농협 RPC공장에 세워진 농심 최선우 순직비가 있다. 이 30기 밖에도 마을회관 표석비가 5기인데 송계, 기룡, 이방, 양간, 봉대산성에 각각 세워져 있다. 그러면 총 35기다.

자랑스러운 것은 영원히 남아 있을 비에 내 이름이 새겨져 있음이 자랑스러운 것이다.

다음은 이 비문 중 전주 이씨 영풍군 후예 납골당비碑와 추도시追悼詩를 싣는다.

전주 이씨 영풍군 후예 납골당비

全州李氏 永豐君 後裔 納骨堂碑

조선 제4대 세종대왕의 18왕자 중 제16 왕자이신 영풍군(永豐君) 정열공(貞烈公) 휘(諱)는 전(瑔)이요, 배(配)는 군부인(郡夫人) 순천 박씨이시다. 영풍군 후 제2세 취성군(鷲城君) 휘(諱)는 영(穎) 이하 20세 후손까지 유골을 하늘이 정해 준 이성산 명당 용비봉무지지(龍飛鳳舞之地)에 3억여 원의 막대한 예산을 들여 거대(巨大) 납골당을 건설하고 52구(具)의 유골을 안치(安置)하며 추후 730여 구를 안치할 수 있도록 최신식 신기술로 지상유택(地上幽宅)을 건축하여 위선(爲先)의 예(禮)를 다하고자 함이라. 삼강(三剛)이 인륜(人倫)의 기본(基本)일진대 조상숭배(祖上崇拜)와 위선사(爲先事)는 삼강의 원강(元綱)이며 780여 구의 대형 납골당은 문족(門族)의 대동단결(大同團結)의 표본(標本)이요, 선망(羨望)의 적(的)이로다. 이에 후손들의 성심성의(誠心誠意)와 효심(孝心)을 의기투합(意氣投合)하였으니 대대손손 발복(發福)의 광영(光榮)이 천대(千代)토록 무궁하리라.

추도시

追悼詩

오악종맥(五岳終脈) 여기 이성산(尼城山)
영풍군(永豐君) 모셔 명산(名山) 영산(靈山)이라
신선(神仙)도 쉬어가고 선녀(仙女)도 머물다 가는 곳
좌청룡(左靑龍) 우백호(右白虎)

명지(明地) 길지(吉地) 복지(福地)로다

영령(英靈)들이시여!

지하(地下)의 유택(幽宅)에서

지상(地上)의 석당(石堂)으로

구천음부(九泉陰府) 흙집에서

대명천지(大明天地) 돌집으로

저승에서 이승으로 다시 돌아오셨으니

억겁영세(億劫永世) 후손들과

영생복락(永生福樂) 누리소서

2007년 6월

죽산후인(竹山後人) 우석(隅石) 안국(安國) 근찬(謹撰)

209쌍 결혼 주례

내 생에 또 하나의 기록은 결혼 주례를 많이 한 것이다. 1974년 첫 주례를 시작으로 2013년까지 그러니까 내 나이 40세 아직은 젊은 나이에 주례를 시작해서 79세까지 209쌍을 주례했으니 예식장 직업 주례가 아닌 일반 주례로는 많이 한 것이다.

주례첩을 살펴보니 연간 10회 이상 주례가 여섯 해였고, 98년에는 최고인 19회, 99년에는 17회 그리고 2000년대에 오면서 연평균 4회 정도이더니 2009년부터 연 1회 정도이다. 명주례로 소문이 난 것이다.

외지 주례로는 서울에서 7번, 목포에서 5번, 무안읍에서 5번, 광주에서 3번, 그 외 지역은 3번이다.

생각해 보면 내 주례에는 나름대로 원칙이 있다. 첫째는 내가 신랑이나 신부를 모르거나 그 부모를 모르는 주례는 안 하고 주일날 주례는 안 했다. 친부모의 부탁이나 신랑, 신부 중의 부탁이 없는 한 주례는 사양했었다.

그러다 보니 주례를 사양하는 데 대한 불평이 들려왔고 정치를 한다고 돌아다니는 사람이 말 듣기가 싫어서 주일 주례도 맡기로 하되 주일날은 예배드린 후 오후 1시 이후로만 맡았다.

또 하나 주례로 득을 본 것도 있다. 내가 도의원에 나가기 전인 96년 3월까지의 주례가 107번이었는데 도의원 선거 때 유권자 만나면 으레 다정하게 우리 아들 혹은 우리 딸 주례 선생님 하면서 격려해 주는 유권자를 많이 만난 덕택이다. 또 친인척 주례로는 내 여동생 안길순의 아들 조상원, 딸 조지연, 고종사촌 이용희, 집안 안동언 형의 아들 안철환, 안기환, 고읍 이모님 사 형제 이승연, 이승남, 이승민, 이승옥 그리고 이모님 큰손자 이호성 그리고 손자 이태성, 이진범 처남의 아들 이재훈, 이재인, 학암 외가 김진무 형의 아들 김창옥 등이었다.

외국인 주례는 외국어로 주례를 해야 했다. 윤근택 아들 윤대정인데 신부가 일본인이어서 일본어로 했고, 영어 주례는 장성 주춘배의 아들 주원준이의 신부가 캄보디아인이어서 영어 주례를 했었다.

또 특별한 주례는 공학박사 이현주 아들 이상민 군, 용학교회 정길님 집사의 딸의 신랑이 해제동교 교사였다. 또 합동 주례는 김판금 집사의 아들 윤창용, 윤치중, 주연호, 주근호 형제(현재 용학교회 주근호 장로)였다. 내가 주례했던 부부들은 다 잘 살고 있는 것으로 확인하고 있다. 그러기에 내가 자신 있게 할 수 있는 일 중에 결혼 주례도 들어간다.

2001년 5월 13일(주일) 맑음
윤대정 군, 사쿠라이 노메루 유미 양 결혼 주례

오늘은 색다른 주례를 했다. 한국인 신랑에 일본인 신부인데 하객들인 한국인은 일본어를 모르고, 일본인은 한국어를 모른다. 부득이 한국어와 일본어로 주례를 해야 했다.

수경이의 도움으로 한국어 시나리오를 일본어로 번역해 한글로 기록해서 해야 했다. 신랑 측이나 신부 측이나 모두 만족해했다. 주례사의 한마디 한마디에 일본인 신부는 미소 지으며 계속 고개를 끄덕여 답례를 해 주었다. 식장이 조용했다. 주례사에 모두 귀를 세우고 듣고 있었다. 나로서도 만족한 주례였다.

오늘까지 179번째 주례지만 80년대 내 주례는 까다로운 원칙이 있었다. 하나는 신랑 신부나 그의 부모를 모르는 주례 맡지 않고 동거 생활 주례, 애를 낳은 부부의 주례는 사양했다. 90년대 들어서 정치를 생각하면서 이 원칙이 깨졌다.

2007년 6월 22일(금) 흐림

주윤준 군, 민수경 양(캄보디아) 결혼 주례

신랑은 47세 총각 주윤준(장성동 주춘배 아들), 신부는 22세 캄보디아 처녀 민수경, 나이 차이가 25살이나 된다.

내일 결혼식 주례를 맡았는데 인사차 온 것이다. 결혼 소개 업체를 통해 만나게 됐다는데, 아직은 어린 나이인데 47세나 된 늙은 총각에게 시집을 보내게 됐을까 공연히 궁금하다.

신부는 예쁘게 생겼다. 순진하게 보였다. 외국인 여성 티가 나지 않는 처녀이다. 종교를 물었더니 무슬림이다. 만날 때 본인이 기독교를 믿겠다고 했단다. 아직은 말을 배우는 입장인데, 이미 한글 문자는 익혀서 읽기는 하는데 뜻은 모른다는 것이다. 조금 말을 익히면 교회 출석을 하겠다는 것이다. 잘 살기를 간절한 마음으로 기도하며 보냈다.

내일 주례에 사용할 결혼 서약과 성혼선언문을 영문으로 정리하고 주례사를 A4용지 1장에 영문으로 정리하고 몇 번씩 읽어보았다. 잘해 낼 것 같다. 그러니까 몇 년 전에 일본 신부를 위한 일본어 주례를 해 보았고, 영어 주례는 이번이 처음이다. 국제화 시대에 좋은 경험이 될 것이며, 앞으로도 영어 주례가 있을 것 같다.

2007년 6월 23일(토) 흐리고 난 뒤 비

나의 200번째 결혼 주례다. 여러 가지 면에서 인상에 남고 의미가 있을 것 같다.

우선 신부 측 부모석이 공석이다. 신부가 입장하면서 계속 미소하며 굽실굽실 인사를 하면서 신랑과 손을 꼭 잡고 행복에 겨운 입장이었다.

식단에 접촉은 신랑 부모 내외가 했다. 통역 없이 신랑 서약과 신부 서약을 따로 해야 했고, 성혼 선언도 신랑 측을 위해 한국어로 신부를 위해 영어로 하고, 주례사도 꼭 필요한 말을 한국어로 하고, 영어로 요약해 주었다. 신랑 신부 계속 긴장 없이 흥미롭게 대답하고 고개를 끄덕이며 들어 주었다. 하객들이 식장에 입추의 여지 없이 많이 참석했고, 어느 예식장보다 조용했고 박수 소리가 크고 계속되었고, 웃음소리 또한 컸다.

식후 친구들이 뒤풀이 이벤트도 네 번이나 엎드려 팔굽혀 펴기로 몸 풀고, 신부를 안고 앉았다 일어나기 세 번, "주윤준 장가갔다" 만세삼창에 마지막 신부의 신랑에게 키스까지. 모든 것이 어색하지 않고 퍽 자연스러웠다.

어느 결혼식보다 곱빼기 축하와 축복을 받은 결혼식이다. 내 조금 서운한 것은 주례사를 준비한 만큼 못하고 생략한 것이다. 결혼식 길면 하객들도 신랑 신부도 피곤할 것 같아 전체 시간 30분에 끝내기 위해서였다. 내 영문 서약 선언 주례사는 신부에게 선물로 주었다.

No. 26, 장기 기증

1993년 내 나이 59세 때 장기를 기증했다. 장기 기증 등록증 No. 26이다. 당시 동아일보에 실린 안구 기증 기사를 읽고 안구를 기증해야겠다고 마음먹고 있었다. 그 후 전남대 병원에서 안구은행을 개설하고 안구 기증을 받는다는 기사를 읽고 몇 주일이 지났다. 갑자기 안구 통증이 있어서 목포안과병원에 갔는데 진료 후 아무런 이상이 없다는 것이다. 그런데도 가끔 안구 통증이 일어나는 것이다. 하루는 새벽 기도에 나가 기도하는 중에 안구 기증을 하겠다고 결심했으면 하루빨리 전남대병원 안구은행에 가서 기증할 것이지 왜 너 자신과의 약속을 어기고 있느냐는 하나님의 꾸짖는 소리가 크게 들렸다. 그래서 나는 하나님의 지시로 받아들이고 학교에 결근계를 내고 전남대 병원에 그날 곧장 갔다. 안과에 가서 안구 기증을 하러 왔다고 하니까 아직 준비가 덜 됐으니 며칠 후에 오든지 아니면 저 건너편 YMCA에 가면 기증 신청을 받고 있으니 그리로 가보라는 것이었다. 그래서 YMCA 2층에 갔더니 나를 아는 여직원이 "안수경 씨 아버지 되시지요?" 하며 반갑게 인사를 했다. 나는 모르는 분이다. 사정을 이야기했더니 신청서를 주면서 유가족 중 선 순위자의 동의서가 있어야 한다는 것이었다.

집으로 와서 저간의 사정을 아내에게 이야기했더니 동의할 수 없다는 것이다. 육신은 죽으면 썩어버리는 것인데 신문에 보니까 안구 기증을 받고 싶은 희망자가 1,200명 이상 대기하고 있다니, 안구와 장기를 기증하는 것이 하나님의 뜻이라고 아내를 설득해 동의를 받아 다시 광주 YMCA 사무소에 갔다. 가서 상세히 알아보니 안구뿐이 아니라 각막, 신장, 심장, 췌장, 간 등 필요로 하는 모든 장기를 기증한다는 기증 장기 설명서가 등록증에 기록되어 있어서 가능한 모든 장기를 기증 서약하고 사랑의 장기기증본부 회장 김준곤, 본부장 박진탁, 광주전남지부회장 변한규 직인이 찍힌 등록증을 받았다.

후면에 적힌 기증 사항 내용에 "각막은 사망 후 6시간 이내에 적출이 가장 좋으며 그 밖의 장기는 뇌사상태에서 가능합니다. 신장은 2개이기 때문에 생전에 1개를 기증해도 건강에 지장이 없습니다. 또 모든 연락은 본 운동본부지부와 각 대학병원에서 하시면 됩니다"라고 구체적 사항이 명시되어있다.

그러니까 내가 기증한 것이 전국 No. 26이니까 꽤 빨리 기증한 셈이다.

나는 이 일을 자랑스럽게 생각하고 기회 있을 때마다 주변인들에게 자랑한다. 그 이유는 나 혼자만 알고 있을 것이 아니라 동조자를 구하기 위해서이고, 선행을 독려하기 위해서이다. 앞으로 한국인체조직기증원(보건복지부 지정. 이사장: 강동 경희대병원 내 유명철 정형외과)에 들러 기증 희망 등록을 할 것이다.

2016년 2월 26일 자 백세시대 신문에 실린 "난 한 줌의 흙이 되기보다 100송이 꽃이 되고 싶다"는 선언문은 한 사람의 기증으로 100여 명에게 새 생명을 선물한다는 것이다. 기증 발생 1577-1458, 희망 서약 1544-0606.

1993년 2월 3일(수) 맑음

장기 기증 결심

그동안 날 받아오던 일을 처리하려고 마음 먹고 광주행이다.

10년 전쯤 이미 각오하고 애들에게 유언으로 발표해 둔 바가 있는 일이다. 마침 지난 2월 1일 전남대 병원 안과에 안 은행이 개설됐다는 신문 보도를 보고 절차를 전화했더니 본인이 직접 와야 한다는 답변이어서 간 것이다. 헌데 친권자의 보증 있어야 한다는 것이다. 이해가 가는 일이다. 근친자의 보증이 없으면 연락 사항이 안 되어서 처리가 어렵다는 것 때문이란다.

등록 신청서를 받고, 안내를 받아 사랑의 장기 기증 운동본부 광주전남 지부가 있는 YMCA 3층 사무실을 들렀다. 똑같은 내용의 안내를 받고 장기 기증 등록서를 받아 돌아왔다. 마음이 홀가분하고 세상에 태어나 한번 좋은 생각한 것 같아 스스로 만족스러웠다.

집에 돌아와서 우선 아내에게 동의를 구했는데 선뜻 동의해 주지 않는다. 불길한 생각이 드는 모양이다. 어머님도 동의해 주시지 않는다. 그럼 어떻게 하나… 자식들은 동의할 것이다. 허나 부모님과 아내의 동의가 우선이겠는데….

그냥 기록해서 동의한 것으로 보내버릴 수도 있지만, 설득하여 동의를 얻는 것이 피차를 위해 사후 처리를 위해 좋을 것 같다. 끝까지 동의하지 않으면 하는 수 없지. 등록하고 나서 나중에 동의를 얻는 수밖에. 나는 나 자신에게 약속 이전에 하나님께 약속을 이미 해 버린 것이다. 이 때문에 취소할 수는 절대 없다. 아내에게까지 설득하여 같이 기증하도록까지 노력해 볼 작정이다. 가능하면 우리 애들까지 같이 기증하도록 해 볼 생각이다.

죽산 안씨 가승보(竹山 安氏 家乘譜)

2011년 7월 6일(수) 흐리고 난 뒤 비

오늘 '죽산 안씨 가승보' 소형 책자를 보면서 증보판을 편집해서 문족들에게 배포해야 되겠다는 생각이 들었다. 이 가승보는 1963년에 내가 편집해서 안공수 숙부 명의로 발행해서 문중 가정마다 한 권씩 배포했다. 그때 내 나이가 28세 때였다. 지금 내가 생각해 보니 28세 때 이런 작업을 했다는 것은 놀랄만한 일이었다는 생각이 든다. 죽산 안씨 시조 원元자 형衡 자로부터 족보에서 세계世系를 옮겨 번역하고, 홍무洪武 몇십 년을 서기 연대로 고쳐 쓰고, 한글로 번역해서 제작했다. 이 가승을 당시 유림이 보고 감탄하며 내게 칭찬을 아끼지 않았던 기억이 지금도 생생하다. 이 일이 세상에 알려지면서 비문을 작문하기에 이르렀고, 그것 때문에 지금까지 내가 지은 비문이 해제면 내에 25기가 있고, 현경면 두동마을 선산에도 1기가 있다. 가히 자랑스러운 일을 한 것이다.

지금부터 48년 전에는 22세손 후의 기록이 거의 안 돼 있었다. 내가 22세손이니, 24세손들이 번창한 대 새로 증보판을 만들어 각 호마다 배포해 줘야겠다는 생각이 든다. 내가 해 놓지 않으면 앞으로 그 누가 관심인들 가질까? 위선爲先 사업은 씨족 관계가 점점 희박해지는 핵가족시대 윤리의식의 변화가 퇴폐해가는 세상이기에 더욱 절실한 사업이다.

가문의 화합을 위해
— 도성 입향조 선산(道成 立鄕祖 先山) 조성

　나는 모태신앙 기독교인이기 때문에 매년 선조 선산 시제 모시는 일에 거의 무관심하게 지내왔고, 조상신 제사 모시는 일을 우상으로 배우고 그렇게 알아 왔기 때문에 문중 재산이나 문중 선산 관리에 무관심하다가 내가 철든 나이가 되면서 제사는 하나의 문화로 이해하기 시작했고, 문중 선산 관리도 내가 우리집에 선산을 조성하고 관리하면서부터 가문의 화합을 위해 필요하다고 이해하게 되었다.

　그럼에도 우리 도성 안씨 문중 일에 관여하고 싶은 생각이 없었다. 어려서부터 알고 지내왔던 문중 재산이 어떤 특정인에 의해 개인 사유화가 되어서 문중의 화합이 깨져버렸기 때문이다. 이미 내 나이 삼사십 대에 벌어진 일이었다. 이와는 상관없이 우리 안씨 문중에 동東자 항렬계를 1997년에 만들었는데 안동렬 형제 2명, 안동언 형제 2명, 안동길 형제 4명, 안재현 형제 3명, 안국 형제 2명, 안영일 1명, 안시후 1명 해서 15명으로 시작했다. 제6차 수계를 해 보니 2003년에 회비납부 참석자가 7명으로 줄었고, 제11차 수계인 2016년 3월 31일에 7명 참석이었다. 그러니까 반수가 무관심해 버린 것이다.

　그간 은행에 예금했던 통장 잔액이 250만 원에서 당일 회의비 지불하고, 230여만 원 잔액으로 문중 선산을 조성하자는 의견에 전원 합의했다.

내 생각에 내가 당시 우리 문중에서 차석이라 나 죽기 전에 해야 할 일인 것 같은 생각이 들어 제안했고 모두 동의를 얻어 착수했다. 해야 할 당위성이 도성 선산에 모셔진 세 분 외에 각 소문중 19대조 이하는 각기 모셔있지만, 18대조 이상 14대조까지 5대가 현경 월두에 다섯 분, 봉대산에 두 분, 도성 선산이 아닌 곳에 네 분, 모두 합해서 열 한 분을 합장으로 묘 일곱 봉으로 만들기로 하고 작업했다.

지관을 모셔다가 좌향을 확인하고 명당 확인도 받고 상하 일렬로 서열화하고 형제분끼리는 나란히 모시고 이미 있던 제향단을 중심으로 옮기고 묘역 전체를 평평하고 경사지도록 정리하고 외교를 쌓고 해제 도성 입향조 14대조 기起 자, 국國 자 ─ 배配 충주 박씨, 15대조 치致 자, 재才 자 ─ 배配 함평 이씨, 16대조 기琪 자 ─ 배配 김해 김씨, 17대조 종宗 자, 준俊 자 ─ 배配 김해 김씨, 정正 자, 준俊 자 ─ 배配 무안 박씨, 배配 밀양 박씨, 18대조 지志 자, 룡龍 자 ─ 배配 김해 김씨, 지志 자, 구龜 자 ─ 배配 함평 이씨 분들을 각각 합장으로 모셨다. 그리고 외곽에 황금편백 나무 34주, 하단경계에 옥향 15주를 심었다. 제법 갖추어진 선산이 된 것이다. 이 일을 위해 안동언, 안동인, 안동호, 안철환이 수고해 주었다. 장비는 안상현이 해 주었다. 이 또한 안국이가 문중을 위해 남긴 하나의 작품이다.

총경비: 1,927,000원(2016. 4. 5.)

전도의 집, 임마누엘의 집

2011년에 별장을 짓고 이듬해인 2012년에 당시 일면식도 없는 우신 그룹 조회장 내외가 십여 일을 지내다 간 후로 친지들, 친구들, 자녀 지인들, 이웃들, 아는 사람들 소개로 온 모르는 사람 등 수많은 사람이 임마누엘의 집에서 휴식으로 삶의 활기를 재충전해 오고 있다.

특별한 손님들의 일화를 소개한다.

2012년 6월 26일(화) 맑고 난 뒤 흐림
임마누엘의 집, 첫 손님 서울버스 조 회장 가족

서울에서 버스운수업을 한다는 조 회장 내외가 왔다. 그 부인이 양순임 집사와 친구 간인데 장흥에서 쉬고 방이 예약이 안 돼서 서울로 올라가려고 했는데 양 집사가 우리 별장을 소개하고 여기 와서 며칠 쉬어 가겠다기에 허락해서 온 것이다. 운전기사에 캠핑카로 가정부까지 일행 4명이었다.

교회를 다니는 기독교인이어서 좋았고, 부부간 인상이 너무 순하고 진실하게 생겼고, 친절과 겸손이 몸에 밴 분들인 것 같았다.

고향은 전남 영암이라고 소개받았다. 같이 대화할 수 있는 시간이 없어 얘기는 못 했지만, 다음 주일을 여기에서 보내겠다는 것이다. 환경이 썩 마음에 드는 모양이다.

귀한 손님이라기에 준비하느라 서울로 침구를 주문해서 침구 3조에

45만 원 주고 사 왔고, 서둘러 정수기까지 설치했다. 정수기는 지하수 정수용이어서 147만 원인데 5년 계약 할부로 며느리가 할부금 지불키로 계약이 됐다.

2012년 6월 27일(수) 맑음

점심은 아내와 같이 별장에서 쉬고 있는 조 회장 내외분과 같이했다. 그리고 장시간 조 회장과 신앙 문제, 시국에 대한 이야기 등 오랜 시간 대화를 나눴다. 시국관, 신앙관, 정치적 이해나 대북 관계에 대한 견해 등이 나와 상당 부분 일치하고 저의 인간 됨됨을 짐작해 볼 수 있었다.

누구와 전화하면서 7월 3일 서울에 올라가겠다고 하는 것을 듣고는 별장의 분위기가 마음에 드는 것은 알겠으나 주인 승낙도 없이 한 주쯤 묵어갈 계획을 세우는 것이 조금은 서툴다는 생각이 들었다.

2012년 6월 28일(목) 맑음

조 회장, 김정기, 안주석, 안국, 영산강사업 소장 등 부부 10명이서 조 회장의 부담으로 석식을 같이 했다. 누누이 양순임의 소개로 좋은 분들 만나게 되어 감사하다는 얘기를 여러 번 했다. 저녁 식탁에 앉은 10명 중 유일하게 안주석이만 비신자이다. 김정기 친구의 식사 기도를 부탁받고 비신자가 자리에 함께할 때 기도는 비신자의 양해를 구해야 예의라고 내가 주석이를 향한 전도 대화를 이끌어냈더니 여기저기서 다음 주일부터 나간다고 대답하라는 독촉이 빗발쳤다. 그러나 대답을 유보하는 주석이다.

내가 기도를 했다. "우리의 만남은 우연도 아닌 하나님의 예정에 따른 섭리적 만남으로 하나님 감사합니다. 우리의 교제는 하나님 안에서의 사랑과 신뢰의 교제가 되게 하시고 영원하도록 인도해 주시기를 기도합니다. 좋은 식탁 허락하심을 감사하며 남은 오늘의 시간도 함께하여 주시옵소서."

양순임 집사님이 "안 장로님의 기도가 너무 은혜스러웠습니다. 감명 깊습니다"란다. 저녁 식사를 하고 헤어지면서 다음 주일예배를 용학교회에서 드리기로 서로 약속했다. 안주석이가 꼭 참석하기를 기도하는 마음이 간절했다.

2012년 6월 30일(토) 비

어젯밤에 비가 조금 내렸고 오전에 비가 개었기에 집 화단에서 꽃모종을 뽑아서 별장 화단에 심었다. 별장 진입로 제방길에 자갈을 깔았는데 고르지 못해서 진작 장비로 손봐야겠다고 마음먹고 있어서 삽으로 골랐다. 제방로 250여 미터나 되고 두 시간 작업했다. 높은 데서 깊은 데로 고르고 제방편 시멘트 바닥에 깔려 있는 자갈을 길로 깔아 주는 일이다. 힘이 꽤 많이 드는 일이었다. 조 회장이 보고 너무 일을 많이 한다면서 건강에 무리 가지 않도록 하라는 당부까지 했다.

무안 돼지고기가 맛있다고 들었다면서 돼지고기를 사 가지고 와서 상추쌈으로 점심을 같이했다. 지난 화요일 왔으니 오늘이 5일째인데 명함을 받아 보니 6개 회사를 가진 그룹 회장이다. 두 아들에 딸까지 회사를 갖고 있는 모양이다. 주로 운수 계통 사업이다.

2012년 7월 1일(주일) 맑음

오늘 주일예배에 내 손님 8명이 참석했다. 조 회장 내외, 목포 김정기 친구 내외, 무안 안주석 친구 내외 그리고 조 회장 기사와 가정부 등이다.

안주석 친구는 처음 예배 참석이다. 그의 부인은 무안제이교회에 나가는
새 교인이다. 오늘 안주석 교회 출석은 주위 친구분들의 권에 의해서이지만
그 전부터 기독교에 대해서 친근감을 가져왔던 것이 이번에 조 회장과의
만남에서 내려진 결단인 듯싶다. 정말 축하해야 할 일이다.

전 씨 세 자매

2014년 10월 11일(토) 맑음

오후에는 별장 부엌 뒤 창틀 누수를 잡기 위해 박 사장이 3시에 온다기에 별장에 나갔다. 박 사장은 일을 마치고 떠났고, 나는 별장 청소를 했다. 진공청소기로 물걸레로 닦아내는 일이다. 한 시간은 족히 했다. 청소 끝내던 참에 40대 여성 셋이서 집에 왔다. 펜션인 줄 알고 왔는데 하룻밤 쉬어 가고 싶다는 것이다. 여긴 펜션이 아니고 개인 별장인데 되겠느냐 했더니 사정이다. 임자도에 놀러 갔다가 적당한 숙박 시설이 없어서 나오는 길에 물바우펜션 간판을 보고 왔더니 방이 없다고 해서 마침 좋은 집이 보여 왔다는 것이다. 세 자매인데 하룻밤 자고 가게 해달라고 사정이다. 수원서 산다고 한다. 교회 다니느냐 물었더니 무종교란다. 그래서 교회 다니기로 약속하면 하룻밤 재워주겠다고 했더니 다닐 수 있다는 것이다. 물론 가벼운 대답은 아닐 성싶다.

그래서 제일 큰 언니 전화번호까지 확인하고 저의 남편 이름 전화번호까지 확인한 후 승낙해 주었다. 세 자매가 우리 별장에서 하룻밤 자고 나서 성령 감동의 예수님을 구주로 받아들이는 기적 같은 사건이 일어나기를 기도하는 마음으로이다. "숙박료는 얼마인가요?" 묻기에 숙박료는 안 받겠다고 했더니 "그래도 그럴 수가 있느냐?"란다.

밤에 하나님께 기도했다. 세 자매의 교회 출석을 위해….

2014년 10월 12일(주일) 흐리고 비

어젯밤에 별장에서 숙박한 전 씨 세 자매가 떠나면서 너무 고마워했다. 보내면서 교회 출석 약속을 지켜주기를 부탁했다. 내가 해야 할 몫은 한 것이고 이제 그 나머지는 성령께서 하실 일일 것 같다. 떠나면서 자기들이어도 처음 만나는 생면부지의 사람들에게 별장을 제공하고 비밀번호까지 알려 주는 호의에 대해서는 이해가 안 되고 자기들이라면 안 했을 것이란 이야기를 자기네들끼리 했다는 것이다.

방명록을 써 놓고 가라고 했더니 방명록에도 각박한 세상에 있을 수 없는 분을 만나 너무 편히 쉬어 간다고 적어 놓았다.

주는 자가 복이 있다

2010년 7월 21일 맑음

"Give and Take", "받고 주다"가 아니라 "주고 받는다"이다. 주는 행위가 먼저이다. 성경의 진리다. 하나님의 법칙이다. 신앙의 진수이다. 즐거움의 최고 비중이어야 한다. 받는 즐거움보다 주는 즐거움이 더 커야 한다. 받기를 바라고 주는 것은 축복받는 일은 아닐 것이다.

오늘 제주도 고종사촌인 이양향으로부터 택배가 왔다. 고등어 한 상자다. 지난달에 양파즙 한 박스를 보낸 데 대한 답례인 것 같다. 큰 고모님의 막내딸이다. 평소에도 나에게 잘해 주는 동생이다. 물론 생활에 여유도 있는 동생이다. 자수성가한 동생이다. 나는 저에게 주고, 저는 나에게 주고… 성경은 그래서 "주는 자가 복이 있다"고 했다. 서로 주는 자의 위치에서 축복받은 것이다. 받기를 바라지 말고 주어야 한다. 인간 세상의 인심은 받기를 바라고 주는 것이 순리이다. 그건 아닌데, 주고 되돌아오는 것이 없으면 서운해하는 것이 인간의 상정이다. 받아먹기만 하고 줄 것이 없다는 것은 역시 복이 적은 것 아닌가?

이영희 권사는 주기를 좋아한다. 나보다 한 수 위다. 그저 나누어 주기를 그렇게 좋아한다. 그러니까 이영희 권사를 싫어하는 사람이 없다. 친척들, 친구들, 교인들, 동리 사람들, 형제간들. 죽는 날까지 나누며 살다가 가야 한다. 이보다 더 큰 축복이 없으리라.

인생 고백

2017년 8월 1일(화) 맑다가 비

이 세상에 나를 필요로 하는 사람이 적어진 것이다. 그래서 '내가 이제 늙었구나, 쓸모있는 곳이 적어졌구나' 하고 느낀다. 오늘 하루 동안 전화 한 통화 온 일이 없고, 문자메시지도 한 건도 없이 지나간 하루였다. 조금은 서글픈 생각이 든다. 내 인생을 돌아보면 한평생을 많이 쓰임 받았다고 자부할 수 있고, 이 세상 정치권에도 종교계에도 문중에도 사회에도 조금도 쉬는 시간도 없이 불려 다니고 끌려다니고, 스스로 나서서 앞장도 서고, 도와주는 자리에서 봉사하는 위치에서 섬김이 나의 삶의 의미인 줄 알고 열심히 살았는데, 내 나이 글 쓰는 당시 83세 예년에 비해 갑자기 필요한 사람이 필요한 곳이 적어져 버린 느낌이다.

그러나 누가 뭐라 해도 나는 아직 건재하다. 아직도 나는 내가 살아 있음을 감사하고 내 나름대로 존재의 이유가 분명하다. 우선은 내 자식들 4남매와 내 손자들 여섯과 내 아내와 내 가족들을 위해서 기도해야 할 책임이 막중하다. 그리고 내 생의 걸작인 한국 농촌 제일 교회 용학교회 작품 활동을 계속해야 하기 때문이다.

누가 뭐라 해도 안국이는 이 세상에서 떳떳하게 살았다. 그 누구에게도 금전적으로 명예로 손톱만큼도 손해 끼친 일 없이 살았다고 자부하고 싶다. 다만 하나님 보시기에는 부족한 것이 많았을지라도.

하나님의 꼭두각시

2018년 1월 29일(월) 흐림

일기장을 펼치고 펜을 들었는데 일기 거리가 없다. 한 일이 없이 지나가 버린 하루. 나를 필요로 하는 사람도 없었고, 나를 필요로 하는 데도 없었던 하루였다. 그러기에 전화 한 통도 메시지 한 건도 없었던 것일까? 생각해 보니 처음 맛보는 허전함이 느껴진다. 거듭 생각해 보니 내가 늙었다는 실감이 난다. 그건 아니어야 한다. 아니다. 설사 그렇더라도 나의 제2의 인생의 새 출발을 다시 시작해야 한다. 내가 할 일을 만들어서 하고 찾아서 하고, 나를 필요로 하는 사람도, 내가 살아야 할 이유도 내가 찾아야 한다. 생각과 사상과 가치관 인생관을 바꾸자. 부정적 사고에서 긍정적 사고로 바꾸자. 이제부터 내가 사는 것이 아니라 하나님께서 나의 주인으로 나를 종으로 부리시는 대로 나는 오직 하나님의 꼭두각시로 살아가야겠다.

안국이의 제2의 인생을 살자!
안국이의 제2의 인생은 봉사하는 삶
안국이의 제2의 인생은 희생하는 삶
안국이의 제2의 인생은 사랑하는 삶
안국이의 제2의 인생은 창조하는 삶이다.

5부

지금까지 지내온 것
주의 크신 은혜라

"내가 너를 키우고 살아야 할 터인데"
— 나의 출생과 할아버지

나는 1935년 음력 9월 29일 오후 새참 때에 첫울음을 울고 이 세상에 태어났다. 나는 바닷가 농어촌 중농의 기독교 가정에서 아버지 안성조安成祚 씨와 어머니 김귀녀金貴女 씨의 장남으로, 할아버지는 해제면의 삼三 한량 별칭을 듣는 안종록安宗祿 씨와 할머니는 신안군 자은면 양반집에서 시집오신 우본촌馬本村 씨의 큰 손자로다.

나는 할아버지에 대한 기억은 없다. 내가 돌 안에 할아버지가 돌아가셨고, 내가 기어 다닐 때 병석에 계시던 할아버지께서 나를 강하게 끌어안으시고 "내가 너를 키우고 살아야 할 터인데 내가 죽게 되었구나!" 한숨을 깊이 쉬시던 것을 지켜보셨다는 이야기를 어머님으로부터 들은 것뿐이고, 할아버지에 대해 들은 이야기는 사랑방에서 가야금을 즐겨 연주하시는 일이 매일의 일과였고, 농사일은 전혀 손도 대시지 않는 분이셨단다. 우리집 뒷길로 바다에 굴(석화) 채취하러 지나가는 여인네들이 가야금 소리에 길을 멈추고 한참씩 쉬어 가던 일이며, 어머니께서도 할아버지의 가야금 연주가 그렇게 듣기 좋았다는 것이었다.

할머니에게 들은 이야기에 할아버지 춘추가 12세, 할머니의 춘추가 15세에 결혼했는데 당시 할머니가 느끼기에는 아직은 철들지 않은 어린이였으며, 신랑이 신부 방에 들어오기보다는 자기를 예뻐했던 형수 방에 가기를 더 좋아해서 형수가 타일러 신부 방으로 보내곤 했다는 것이다. 집을 지어 분가를 시키는데 부락에서는 제일 면적이 큰 5칸 모태 집을 지어 분가시켰는데도 할아버지의 불만은 건축 목재를 증조부 산에서 벌목해다가 지었기에 목재가 약간 빈약하다는 불만으로 분가를 하지 않겠다고 고집을 부렸다는 것이다. 그렇지만 난 내가 그 집에서 태어나 자랐기에 그 집이 두고두고 자랑스러웠다. 동리에서 큰댁이나 당시 동리 부자의 집보다 내 집이 제일 큰집이었기 때문이다. 그 집은 1981년에 양간리로 이사 오면서 내 동생에게 주고 왔는데 지금은 사라지고 그 집 옆에 동생이 집을 짓고 살고 있다.

할아버지에 대한 재미있는 이야기 하나가 있다. 내 아버지가 겨우 걸어 다닐 무렵 동리 길에서 도랑을 건너다 넘어져서 못 일어나고 허우적거리고 있을 때 마침 할아버지가 나타나서 자기 아들을 일으켜 세워주고 건너가야 하는데 그냥 건너서 지나가니까 증조할아버지가 그것을 마침 목격하시고 아들인 할아버지를 불러서 세워 놓고 담뱃대 통으로 때리고 훈계를 했다는 에피소드는 당시 동리에 유명한 화젯거리였다고 한다. 그 이유를 들어보니 이제 나이 겨우 15세인 할아버지가 어른들에게 자식 사랑을 불경으로 이해를 했을 것이라는 할머님의 명 해석이셨다. 그 해설이 가능한 이유도 있다. 아버지가 말을 배우기 시작하면서 아빠, 엄마를 부를 때 아버지가 할아버지에게 "아빠!" 하고 부르니까 어린 것을 뺨을 때려 어린 아버지는 그 뒤로는 아빠를 전혀 부르지 않고 아빠를 외면했다는 것인데 할머님께서 내게 들려준 말씀은 "너의 아버지는 아빠를 딱 한 번 불러보고 살다가 할아버지가 돌아가셨다"고 이야기해 주셨다.

그러나 나는 할아버지를 존경한다. 아들딸들을 낳아 아들을 가르치기 위해서 한학 훈장을 현경 두동 문중에서 모셔다가 독서당(자기 자식만 가르치는 가정 훈장)을 하는데 작은아버지는 열심히 글을 읽는 데 반해 아버지는 열심이 아니어서 훈장이 할아버지에게 일러바치는 바람에 아버지가 할아버지께 매를 맞고 가출을 해버렸다가 몇 년 후에 집에 돌아와서 용서받고 삼 년 후인 19세에 결혼을 했다는 것이다. 그러니까 우리집은 할아버지 때부터 자녀교육에 대한 특별한 교육관이 있었던 것 같다.

소문난 미남미녀에 그 예쁜 아들

나의 아버지와 어머니는 소문난 미남미녀였단다. 결혼식장에 들어선 신랑을 보고 온 동리가 떠들썩했고, 시집온 신부를 보고 온 동리가 떠들썩했다니 미남미녀의 부부됨이 예쁜 아들로 이어진 축복이었나 보다. 내가 어렸을 때 어머님이 등에 업고 밖에 나서면 지나는 낯모르는 길손들이 어린 나를 안아볼 정도로 그렇게 예뻤다고 한다.

내가 해제중학교에 근무할 때도 내 이름을 모르는 학부모들은 '그 예쁜 선생'이라 지칭했다니, 미남이었던 모양이다. 내가 일생을 살아오면서 잘 생겼다는 말은 못 들었어도 미남이란 소리를 듣지 못하면 섭섭했다. 아무튼 남자는 잘생겨야 하는데….

우리 형제가 2남 2녀인데 모두 미남미녀다. 남동생은 잘생기기까지 하고 여동생 둘은 흠잡을 데 없는 미녀들이다. 어렸을 때부터 우리 할머님께서 내 동생과 나를 늘 비교하시면서 예쁘기로는 형이 더 예쁘고, 잘생기기로는 동생이 더 잘 생겼다고 하시면서 귀는 형인 내 귀가 더 잘생겼고, 코는 동생 코가 더 잘생겼는데 귀 좋은 거지는 있어도 코 좋은 거지는 없는 법이라고 하실 때에는 기분이 썩 좋지는 않았다. 사실 생각해 보면 내 동생이 나보다 훨씬 잘 생겼다. 옛말에 인물 집안이란 말이 있는데 우리집은 인물 집안이다. 우리 아버지의 후손들인 내 형제가 4남매, 나에게서 4남매, 동생에게서 5남매, 내 손자들까지 못생긴 놈이 하나도 없이다 잘 생겼고, 다 미남미녀인 것은 나의 아버지, 어머니의 예쁜 유전자 덕임을 감사한다.

분뇨통에서 건진 아들

아버지는 가정 교육이 엄하셨다. 내가 세 살 때 당시 재래식 변소는 땅에 묻은 커다란 항아리 분뇨통 위에 가운데 큰 홈을 판 나무판자를 올려놓은 것이 전부였다. 아버지는 세 살짜리 아들에게도 나무판자 위에 올라가서 대변을 보도록 가르치셨다. 그런데 아버님이 집에 안 계실 때에는 그 널판자에 올라가기가 무서웠다. 특히나 우리집의 분뇨통은 마을에서도 제일 큰 항아리였는데 높이가 어른 키를 훌쩍 넘길 정도 되는 대형이었다. 아침 식사 때 변소에 가서 퇴비를 쌓아둔 바닥에 일을 보고 있었는데 마침 아버지께서 밖에서 들어오시면서 인기척을 하니 나도 모르게 급하게 아랫바지를 거머쥔 채 분뇨통 널판자 위로 올라가다가 그만 발을 헛디뎌 분뇨통에 빠진 것이다. 다행인지 분뇨가 가득 차 있는 형편이어서 빠지면서 널판자 모서리를 두 팔을 벌려 잡은 십자가 형국으로 매달려 머리를 45도 뒤로 젖히고 엄마를 불러댔던 모양이다. 어머니께서 부엌에서 이상한 소리를 듣고서도 변소에 가면 노래를 잘하니까 노래 부르는 것으로 처음엔 생각했다가 아무래도 이상한 기분이 들어 변소로 달려와 보니 똥통 위로 얼굴만 보이더라는 것이다. 급하게 건져내 놓으니 첫 마디가 "내 신" 하더라는 것이다. 신발이 발에서 벗겨진 것이다. 분뇨로 뒤범벅된 아들을 씻겨 놓고 보니 하늘에서 떨어진 아들을 주운 기분이 들었는데 따뜻한 물로 비누칠을 몇 번이고 해가며 씻겨 놓았어도 며칠간은 사랑하는 아들에게서 똥 냄새가 나더라는 것이다. 그 이후로 이 어린애가 제 말을 안 들어주거나 나무라면 하는 말이 "엄마! 소매양(분뇨통의 전라도식 사투리)에 빠지면 안 건져 준다"고 했단다. 그 후로 분뇨통 위의 널판자를 각목을 대서 고정시키고 새끼줄을 달아서 그 줄을 잡고 오르내리도록 보안장치랍시고 해 놓고는 변소 바닥에 일 보는 것을 끝까지 용납지 않으셨던 아버지의 고집이 지금도 생각이 난다.

어린 시절 산길의 추억, 보고픈 죽마고우

초등학교 저학년 때의 일이다.

같은 반 친구가 둘이 있었다. 한 친구는 장성동 김희수이고, 다른 한 친구는 이방 마을 주봉천이다. 셋이서 참 친하게 지냈다. 어느 날 학교 마치고 셋이서 집으로 돌아가는 길이었다. 양간교에서 조금 떨어진 곳에 울창한 산이 있었다. 산 오솔길에서 갑자기 나타난 흰 두루마기에 지팡이를 든 키 큰 노인이 갑자기 우리 앞에 나타나더니 "너희들 불알이 몇 개냐?"고 물으니 한 친구가 "한 개인데요"라고 대답했다. "그래! 두 개면 하나 까버려야지!" 하면서 우리에게 달려드는 것이다. 그래서 우리 셋은 뒤도 돌아보지 않고 도망치기 시작했다. 등에 대각선으로 동여맨 책보자기 속 필통 안 문구들 장단이 요란하게 쩔렁거리고, 붙잡히면 불알이 까지는 줄 알고 겁에 질려 뛰었다. 봉천이는 이방 마을에서 자기 집으로 가고, 희수는 더 오다가 장성 마을에서 자기 집으로 가고, 나 혼자 남아 열심히 뛰었다. 기룡동 뒷잔등에 와서야 한숨을 쉬고 뒤를 돌아보았다. 약 2킬로미터를 달린 셈이다. 지금 생각하면 그때의 공포가 되살아나는 기분이다. 그 후로는 그 길을 혼자는 다니지 못하고 학교에 가거나 집에 올 때도 셋이서 같이 만나서 다녔다. 내 소꿉장난 친구, 죽마고우 두 친구가 나보다 먼저 세상을 떠나서 친구 복이 없음이 한스럽다.

개털 기름과 어머니의 사랑

내 나이 아홉 살 초등학교 1학년 때이다. 일곱 살에 고개 너머 마을에 있는 관립학교에 2년간 다니고 아홉 살에 집에서 4킬로미터 떨어진 면 소재지 해제초등학교에 입학했다. 나이에 비해 어리고 심약하게 자랐다. 일곱 살 때 관립학교에 가면 나이 많은 형 누나들이 업고 다니며 귀여워할 정도의 어린애였으니까 그때 학교를 같이 다녔던 나보다 예닐곱 살 많은 사람과 나이 먹도록 동기생이라며 농담을 하며 지냈다.

지금 생각해도 내가 초등학교 때 우리 동네에서 같이 학교에 다니는 학생 중에 내가 나이가 제일 어렸다. 학교 가는 길에 이방 부락을 지나가야 한다. 그런데 가는 도중에 사나운 개가 있는 집이 있었다. 발걸음 소리를 죽이고 조심조심 지나가야 하는데 어느 날 형들이 개를 건드려 놓고 도망치는 바람에 내가 제일 뒤로 쳐지다 보니 개가 내 다리를 물어버린 것이다. 나는 개에 물린 채 약 2킬로미터를 절뚝거리며 집으로 왔다. 어머님이 놀라서 그 집에 가서 나를 문 개의 털을 가위로 잘라내 갖고 와서 불에 태워 그 기름을 약이라고 물린 상처에 발라 주셨다. 어머니는 동네 형들에게 어린 동생 잘 데리고 다녀야지, 개에 물리도록 개 건드려 놓고 도망치면 어떡하느냐고 나무라셨다.

80년 세월이 흘렀어도 지금은 집터뿐인 그곳을 지나노라면 아홉 살 때 개에 물려 고생했고 놀랐던 일이 생각나곤 한다.

들샘 둠벙에 빠지다

학교에서 돌아오다가 모래안(지명) 논 들판에 들샘이라는 둠벙이 있었다. 같은 또래 아이들이 여름 더위에 수영한다고 같이 들어간 적이 있다. 그때도 물론 내가 제일 어린 나이였다. 모두 샘 둑에서 뛰어 들어가기에 나도 따라서 텀벙 뛰어들었는데 가라앉고 말았다. 아이들이 모두 놀라서 어떡하나 한참 걱정을 하다가 누군가가 샘에 들어와 내가 빠진 곳에 들어갔다. 깊이는 깊지 않고 아이들이 땅을 딛고 서면 머리는 나올 정도의 깊이였다. 그렇기에 거의 매일 그곳에 가서 물장난하고 개구리 잡기 연습을 하는 곳이었다. 그 친구 발에 내가 걸려서 물 위로 떴고 건져내서 살았다. 만약 그대로 놓아두고 보고만 있었더라면 아마 그때 나는 이미 저세상 사람이 됐겠지. 그 후로 나는 물에 들어가는 것을 아주 싫어했다. 특히 육지에 있는 샘에는 들어가지를 않았고, 바닷가에 가서 팔을 땅에 짚고 양발로 텀벙거리며 양팔로 기어가는 수영만 즐겼다. 성인이 되어서도 수영을 못 한다. 겨우 10여 번 수영하면 지치고 만다.

불가사의 수족 통증

겨울이 오는 것이 무서웠다. 날씨가 추운 날 특히 눈이 오는 날 학교에 다녀오면 수족에 심한 통증이 왔다. 못 견디도록 눈물이 나도록 통증이 오는 것이다. 겉으로 보기에는 전혀 이상이 없다. 학교에 가지 않는 날 집에서 쉬면 통증이 없다. 그때 병원은 없었으니 한의원에 물어보아도 이상이 없다는 것이다. 다만 동상이라고만 했다. 학교에 다녀와서 통증이 일어나면 차가운 콩 자루를 가져다가 콩 속에 발목을 묻어보지만 별 효험이 없다. 한 시간쯤 방에서 녹이고 나면 통증이 가시는 것이다. 지금 생각해봐도 불가사의이다. 부모님들께서도 대수롭지 않게 생각했던 것 같다. 환자인 나 혼자만 고통을 당했다. 겨울이 지나고 봄이 오면 그 증상이 없어졌다.

그런데 이 수족 통증이 나중에는 무릎 관절 통증으로 올라왔고, 얼마 안 되어서는 허리 척추 통증으로까지 올라왔다. 중학교 1학년 때 걸음을 걸을 수 없을 정도로 척추 통증으로 발전되어 당시 목포미국병원(미국인 의사 개업)에서 치료받아 봤지만 별 효험이 없어 용하다는 한의원에서 치료를 받았다. 매일 침 맞고 뜸을 뜨는 것이다. 침 맞고 뜸 뜨는 고통도 여간한 일이 아니었다. 지금도 뜸 자국 흉터가 양 무릎 관절 네 군데씩, 허리에도 양 두 군데씩 또렷하게 남아 있다. 다행히 그 한의원에서 치료 받고 병이 나은 것이다. 그러나 완치 상태는 아니었던 것 같다. 그때

환으로 한약을 먹다가 더 이상 구역질이 나서 먹기가 싫어서 변기통에 버려 버리고, 다 나았다고 한 것이 이제 와서는 후회가 된다. 허리가 아주 약해서 가끔 요통기가 오기 때문이다. 아마 그때 조치 못 한 이유가 아닌가 생각이 든다. 나이 들면서 허리가 너무 약하다 느껴져서 신경외과 의사에게 진찰을 받아 보았지만, 사진으로 보는 바에는 별 이상이 없다는 것이다.

이 병이 내가 어려서 앓은 중병이었다. 나중에 아버지께서 하시는 말씀이 그 침 구멍으로 황소 두 마리가 들어갔다고 하셨는데 그 당시 황소 한 마리가 보통 시골집 웬만한 재산의 전부였던 시절이니 놀랄 만큼의 큰 비용이 들어간 것이다. 지금 생각하면 그때 왜 하나님께 기도하지 않았을까? 이상스럽게 느껴진다. 결국 그때는 철저한 신앙생활을 안 했다는 것이리라.

사고뭉치

　이유는 모르지만 같은 학년 서너 명이서 학교에 가지 않기로 동맹을 하고 바닷가 모래밭에서 하루를 놀았다. 물론 도시락을 나누어 먹고 시간 맞춰 시치미 떼고 집에 들어갔는데 이미 그 소식이 집에 전해져 어머님께서 내가 돌아오기만을 벼르고 계시다가 매를 들고 쫓아내셨다. 다시는 안 하겠다고 하고 용서를 받았지만 지금 생각하면 그런 짓들이 어린이의 성장 과정이 아니었을까 생각해 본다. 무엇인가 해 보고 싶고, 하지 말라는 짓 해 보면서 커 가는 것 같다.

　한 번은 학교에 가다가 벼 못자리 모판을 곱게 다듬어 놓았는데 그 모판을 발로 걷어차고 발자국을 내놓았다. 오후 돌아오던 길에 주인에게 잡혀 얻어맞은 기억이 생생한데 왜 그런 나쁜 짓을 했는지 지금 생각하면 이해가 안 된다. 물론 초등학교 저학년 때이지만 그 짓이 옳은 일인지 나쁜 일인지는 구분했을 것인데 아마 심술궂은 친구가 권해서 같이 따라 했을지도 모른다. 지금 나로서는 결코 할 수 없는 일이고, 자라면서 남의 핀잔 듣지 않고 착했다고 하니까 말이다. 이것 말고는 남의 밭에 고구마를 몰래 캐 먹거나 남의 밭을 망가뜨리거나 남에게 욕먹어 본 경험이 전혀 없기 때문이다.

　단 한 번 동네 형들이 시키는 싸움을 해서 나를 괴롭히던 한 살 손위의 동네 형을 많이 때려 주고 그 어머니가 쫓아왔기에 나뭇간에 숨어서

욕을 피했던 기억이 있는데 그때에는 나 혼자의 용기로 싸운 것이 아니라 형들이 내 편을 들어주었기 때문에 내가 이긴 것이었고, 우리집에 일꾼들이 든든한 내 배경이 되어 주어 힘이 났던 것 같다. 그 후론 그 형이 나에게 덤비지를 못했고, 심약했던 나도 친구들 앞에서 당당해졌던 것 같다. 다시 말하면 기氣가 북돋아진 것이다.

팔 부러지다

초등학교 4, 5학년 때인 것 같다. 한 발을 들고 뛰어다니며 상대 넘어뜨리기를 일본말로 '아시아게'라 했다. 이 아시아게를 재치 있게 잘하는 선수가 나였다. 나보다 한 살 위이고 고학년인 형과 붙었는데 상대가 넘어져서 한 발을 들고 땅에 닿지 않았으니 죽은 것이 아니라고 생트집이다. 그래서 내가 달려드는 순간 발로 나를 걷어차 버린 것이다. 그대로 나가떨어지면서 오른팔이 부러지고 말았다. 어머님과 그 형 어머니와 싸움이 붙었다. 우리 어머니는 고쳐 내라는 것이고, 저쪽에서는 애들이 놀다 그런 것 갖고 심하다는 것이다.

지금 같아서는 이유 막론하고 치료비를 책임져야 하지만 옛날만 해도 소 한 마리 값으로는 이웃 간에 송사도 하지 말라는 인심 좋은 시절이어서 한바탕 싸움으로 모든 것이 끝나고 말았고, 그때 나는 유도 유단자인 노병복 씨(입이 비뚤어져서 별명이 삐뚤이로 인상에 남아 있다)에게 뼈를 맞추고, 돌에 붙은 금속인 산골을 빼다가 구리 돈인 일 엔짜리 일본 동전을 쇠줄로 갈아서 먹는 것이 약의 전부였다. 어떻든 그렇게 해서 시일은 오래 걸렸지만 나았다.

나중에 어른이 돼서 안 사실이지만 부러진 오른팔이 약간 길다. 그리고 팔이 힘센 편이었다. 확실히는 모르겠지만 부러진 부분을 산골과 동전 가루가 땜을 하고 있다는 것이다. 죽은 후에 뼈를 보면 그렇다는 것이다.

그 친구네가 나중에 무안읍으로 이사했는데, 이사 가기 전 그 집식구들과 우리집 식구들 간에 상종을 얼마간 하지 않은 것으로 기억한다. 나도 그 애가 싫었던 기억이 생생하다. 지금 생각하면 그깟 일로 놀다가 일어난 일이니까 양해할 수도 있겠다는 생각이다. 인간 매사가 화해와 용서가 있는 곳에 피차 평화가 있는 것이 아닐까?

목포중학교 합격과 아버지의 각오

1949년 목포중학교는 이곳 서남권 제일 명문 중학교였다. 당시 11 대 1의 경쟁을 뚫고 아들이 합격했으니 얼마나 기쁘셨던지 선산에 봉鳳 울었다고 자랑하시면서 동리 사람 만나는 대로 술대접하시고, 그때 합격자 발표와 동시에 학부모로부터 기부금을 받는 제도가 있었는데 형편 따라 성의껏 내면 되는데도 아버님은 힘에 겹도록 많이 쓰셨다. 나중에 알고 보니 너무 많이 쓰신 것이다. 그러나 후회 없이 기부금을 내시는 즐거움을 누리셨고, 자랑 삼아 하시던 얘기가 미국 유학까지 시키겠다고 많은 분께 얘기하셨고, 나에게도 그렇게 격려해 주셨다.

그때 집안 형편이 그렇게 넉넉한 편이 아니었음에도 학교 가까운 대성동 에 방 한 칸을 전세로 얻어 할머님을 보내셔서 내 뒷바라지해 주시도록 배려하셨고, 학비도 충분히 주셨다. 이는 말 못 하는 작은아들에게 거는 기대까지도 몽땅 큰아들인 내게 걸으셨기 때문이었다. 그것은 또 아버지께 서 못 배우신 한을 자식에게서 베푸시려는 뜻도 있었던 듯싶다.

할아버지께서는 외지에서 훌륭한 한학자 훈장을 모셔다가 사랑방에 독서당을 차리고 아들 형제를 맡겼는데 아버지는 한문 공부하기가 싫었다 는 것이다. 결국 일본 놈들이 강제로 서당을 폐쇄하고, 작은아버지는 학교에 가셨지만, 아버지는 끝내 일본인의 학교를 거부하셨단다. 학교를 나오신 작은아버지는 농사를 짓고, 아버지는 평양 탄광으로 가서 돈을 벌어와 대형 목선을 구입해서 인천, 군산, 신의주 등지로 원목이며 옹기 등을 파셨고, 해방 직전에는 징용 면제 조건으로 양곡 수송을 하셨단다. 내 아버지가 살아 계셨던들 아버지의 기대만큼 그 아들이 성공했을지도 모른다는 생각을 지울 수가 없다.

"하나님, 고쳐 주십시오"
― 폐결핵 완치의 기적

나는 팔십 평생 병원 입원 치료를 두 번 했다.

두 번 다 2주간이었다. 그 첫 번째 2주간 병원 입원이 목포 박동철 내과였다. 내 나이 30세 때 대학교, 군대 다녀온 후 직장 때문에 집에 와서 잠시 쉬고 있을 때였다. 감기에 걸려서 약방에서 감기약 처방해서 먹어도 별 효험이 없더니 어느 날 기침하다가 각혈을 한 것이다. 깜짝 놀라 목포에 내려가서 숙부님의 안내로 박동철 내과에서 진찰 결과 폐결핵 3기 진단이었다. 입원했다. 6개월 입원에 12개월 복약해야 한다는 것이었다. 앞이 깜깜했다. 가정집 같은 구조의 단층 안방 같은 1인실 병실에 입원해서 3일간을 눈물을 흘리며 울기만 했다. 내 나이 서른에 죽어야 한다. 내가 무슨 죄가 있어서 이런 천벌을 받아야 하는가. 들어보니 폐결핵 3기는 못 고치고 죽는다는데 어차피 못 고칠 폐결핵이라면 6개월 동안이나 입원할 필요가 있을까 정말 아직은 죽기 싫다. 장가를 스물넷에 가서 학교 다니고 군대 갔다 오고 이제 겨우 6년인데 아들 하나 딸 하나 낳아놓고 내가 죽으면 청상과부 내 아내는 어떻게 세상을 살아갈 것인가? 죽지 않고 사는 방법이 무엇일까? 하나님을 원망하며 울다가 3일째 되는 날 갑자기 생각이 바뀌었다. 그래, 죽어도 좋다. 왜? 내가 폐병으로 죽어도 나를 아는 모든 사람은 나에게 저주의 욕을 할 사람은 없을 것이다. 죽어도 좋다. 또 아버님의 대를 잇지 못하면 천하에 불효라고 했는데 아들을 낳아 잘 자라고 있으니 죽어도 좋다.

거기에 또 하나 우리 할아버지께서 42세에, 우리 아버지가 39세에 가셨는데 내가 30세에 가면 아버님보다 9년, 할아버지보다 12년을 덜 산 것인데 그럼에도 30년도 결코 적은 햇수가 아니라는 생각이 들었다.

그러니 죽어도 좋다.

다만 죽고 사는 것이 하나님께서 하시는 일이니 죽으라시면 죽으리라!

그러나 최선을 다해서 사는 쪽으로 힘을 쓰고 노력하고 약을 먹고 치료하자고 마음을 바꾸고 나니까 한결 마음이 시원하고 걱정도 없어지기 시작했다.

며칠을 병원에서 보내다가 지금 입원 치료가 하루에 스트랩트마이신 주사 한 대와 파스 붙이는 것뿐인데 이것이 내 치료의 전부라면 집에 가서 어머님, 아내, 동생, 자식들과 같이 살아가면서 병 치료하고 살아야겠다고 생각하고 원장에게 퇴원하고 가정 치료하겠다고 하니까 원장이 노발대발하시더니 숙부님께 연락했다. 숙부님이 오셔서 책망이다.

"너는 병원에서 치료해도 죽을 둥 살 둥인데 집에 가서 치료한다고 그러느냐. 죽고 싶으면 너 알아서 하라" 하시면서 화를 내고 가셨다.

만 두 주 입원이었다. 나는 퇴원을 했다. 그리고 집에 와서 폐결핵에 관한 치료에 대해서 알아보니 충분한 영양 보충에 육체적으로, 정신적으로 안정하는 것이 가장 좋은 치료법이라고 알고 의식적으로 마음 편하게 가지려고 노력했고, 주사는 아내가 놓아주고, 약을 먹고 집에서 가벼운 독서를 하며 치료를 했다. 물론 하나님께 날마다 기도했다.

"하나님, 고쳐 주십시오."

"하나님께 쓰임 받는 사람이 되고 싶습니다."

"세상에 필요로 하는 사람이 되고 싶습니다."

안정과 치료!

기도에 기도!

그렇게 하루하루를 지내고 있었다.

어느 날이다. 할머님이 무슨 국물을 한 그릇 가지고 오셔서 "약이다. 먹어보아라" 하셔서 무슨 약인지 여쭈어보았으나 그냥 먹어보라 하셨다.

"무슨 약입니까?"

"그냥 먹어봐."

딱 보니 먹을 만하긴 하다. 닭 고운 물이란다. 보니까 기름이 뜨고 냄새가 약간 누린내가 나는 듯한데 그냥 먹었다.

또 며칠 후다. 초등학생인 동네 아이가 꽃뱀을 잡아서 우리집으로 오더니 할머님 어디 가셨느냐고 물었다. 왜 그러냐고 했더니 할머님이 아이들에게 꽃뱀을 잡아 오면 돈을 준다고 했단다. 그제서야 나는 짐작 가는 바가 있었다. 엊그제 먹은 닭을 곤 국물이 뱀을 곤 국물인 것을. 그래서 내가 존경하고 사랑하는 할머님께 대한 존경심이 더욱 두터워지고 너무너무 감사했다.

손자 폐병에 뱀탕이 좋다는 이야기를 젊었을 때부터 들었다는 것이다. 그 후로 간혹 뱀탕을 먹었다. 그 뱀탕이 약일 수는 없고, 다만 고단백 섭취에 효과가 있다고 생각해 보았다. 또 어느 날이다.

매일 10시인가? 정해진 시간에 스트렙토마이신 주사를 엉덩이에 맞아야 하는데 아내가 일꾼을 데리고 농장 일을 감독하다가 그 시간이 되면 집에 와서 주사를 놓아주는데 그날따라 일이 바빴는지 신경질을 내면서 주사를 준비하기에 내가 화가 났다.

"나 주사 안 맞고 죽어버릴 테다"라고 소리치며 주사기를 꺾어 버리고 마이신을 갖다버리고 먹던 파스짓도 변소 통에 갖다 버렸다. 아내는 물론 말없이 농장으로 가버리고 혼자 앉아서 곰곰이 생각해 보니 내가 너무 큰 잘못이었다는 생각이 들었다.

내가 살려고 주사를 맞으면서 아내에게 불평하고, 내 병은 신경질을 내면 안 되는데 신경질을 내고, 혼자 앉아 회개하고("하나님, 용서하십시오. 잘못했습니다. 아내여, 용서하십시오"), 우리집에서 양간리 약방까지 4킬로미터를 걸어서 주사기를 사고 스트렙토마이신을 사고 파스짓은 마침 집에 남아 있는 것이 있어서 먹고 주사는 나 혼자 놓았다.

아내가 시집올 때 사다 놓은 거울이 웬만한 초가집 문짝만큼 커서 거울 앞에 서서 내 엉덩이 위치를 확인하고 내가 주사를 놓았다. 한 달쯤 지나서 병원에 가서 엑스레이 촬영을 했는데 원장이 깜짝 놀라는 것이다. 상상외로 좋아졌다는 것이다. 도저히 있을 수가 없는 일이라는 것이다. 가정 치료를 했다면서 무슨 약으로 어떻게 치료했느냐고 물었다. 특별히 한 치료는 없고, 그냥 안정하고 영양 보충을 충분히 한 것뿐 이라고 대답했더니 이해가 가질 않는다는 것이다. 물론 그럴 것이다. 꾸준히 하나님께 기도하고 있다는 그 말을 내가 안 해줬으니까. 지금 생각하면 그때 "하나님께 기도했습니다"라고 자신 있게 말했어야 했는데…. 계속해서 한 달 더 자가 치료를 하고 두 번째 엑스레이 촬영에도 역시나 똑같은 치료에 원장이 의아해하며 똑같은 질문이었다. 기적이라는 것이다. 그럴수록 나는 자신감이 생긴 것이다. 하나님께 기도가 더 간절해지는 것이다.

만 3개월이 되어 완치의 기대감으로 엑스레이 촬영을 했다. 깨끗하게 나왔다는 것이다. 내 생애 그렇게 기쁜 감격이 없었던 것 같다. 당초 진단이 6개월 입원 치료를 받고 12개월 약을 먹어야 나을 수 있다는 현대 의학적 진단이 3개월에 완치라니. 이것이 어찌 믿음이 가는 이야기이겠는가? 그러기에 하나님이 하시는 일은 크고 작고를 떠나서 인간의 지식이나 과학이나 경험이나 그 무엇으로도 해석이 불가능한 기적이라는 말로밖에는 설명이 안 되는 일이다.

나는 오늘 죽어도 이 땅에 여한이 없는 사람이다. 질병으로 서른 살에 사형선고가 내렸는데 58년을 더 살았고, 앞으로 또 몇 년을 더 살지! 하나님께서 내게 주신 축복이 이 세상에서 내가 금메달 축복을 받은 자이다. 감사하다.

"하나님, 감사합니다"
― 차 사고의 기적

2015년 8월 29일 오후이다. 대로와 농로 사거리 교차로에서 내 승용차와 농업용 트럭이 충돌했다. 내가 보기에는 대로를 달리는 차가 과속이었다고 보는데, 교통사고 처리 지침에 대로와 소로 교차로 충돌사고는 쌍방 50 대 50에서 판단하는데 소로 주행차가 주의 의무가 더 크다는 것이란다. 결국 판정은 60 대 40으로, 내 과실이 60이었다.

사고 내용은 내가 농로에서 교차로를 건너면서 우측을 보았을 때 약 100여 미터의 거리에서 오는 차를 보고 정차 후 막 길을 건넜는데 내차 우측 앞바퀴 부분을 받아버린 것이다. 내 차는 그대로 돌아서 비스듬히 넘어졌고, 앞바퀴(우측)가 빠져나가 버렸다. 나는 이마에 약간의 찰과상을 입은 것 외에는 전혀 다친 데가 없었다. 상대 기사도 다친 데가 없었는데 주위에서 하도 병원에 가야 한다고 성화여서 무안병원에 가서 MRI, CT 촬영을 했는데 아무 이상이 없다는 결과였다. 현재 아무 이상이 없을지라도 2~3일 후에라도 이상이 있으면 다시 와서 조사해 보자기에 알았다 하고 그냥 돌아왔다.

차는 내 처조카가 목포 차 정비업체에 있기에 거기다 맡겼다. 처조카가 놀랐다. 차가 이렇게 망가졌는데 다친 데가 없다니 도저히 이해되지 않는다는 것이다. 기적이라는 것이다. 차 수리가 다 되었는데 900만 원이 나왔다.

6 대 4에서 내 부담이 6이니까 540만 원이란다. 헌데 조카가 자기 회사에서 수리 기간이 2개월이나 되었고, 조카가 과장인데 사장님께 이야기해서 450만 원만 받겠다고 해서 감사한 마음으로 11월 4일에 차를 인수해왔다.

하나님께서 나를 사랑하시고 계시다는 확신에 이 글을 쓰는 지금까지도 1년이 지났지만 계속 하나님께 "감사합니다"를 습관처럼 되뇌며 살고 있다.

감사합니다.
감사합니다.

인간의 삶에는 기적은 없다고 나는 믿는다. 만약 기적이 있다면 그것은 하나님께서 하신 일일 뿐이다. 인간이 보기에 기적이라고 하는 것뿐이라고 나는 확신한다.

오늘도 나는 "감사합니다"를 습관처럼 말하며 살고 있다.

"여호와 이레"
— 폐차, 4주 진단, 2주 입원

내 생애 두 번째의 병원 입원이다.

첫 번째는 내가 폐결핵으로 진단받고 2주 입원했는데 병원이 싫어서 2주 만에 퇴원해서 가정 치료로 완치를 했고, 두 번째 입원은 2012년 4월 29일 오후 8시 목포 친구들과 모이는 부부 동반 모임에 다녀오는 길에 현경 태양주유소 지나서 뒤 차가 내 차를 받아 버린 것이다. 순간 나는 핸들을 놓아 버리고 두 손을 들고 "아이고, 하나님!" 부르고 앞으로 고꾸라져 버렸다. 순간 차는 한 바퀴 돌아서 상대편 차선에 서 버렸고, 마침 시간이 해가 진 후라서 차들이 많이 운행하는 시간이었다. 그때 상대편 차선에 주행하는 차가 없어서 망정이지 만약 있었다면 대형 사고로 차들이 충돌할 수밖에 없는 상황이었다.

나는 충돌하는 순간 정신을 잃어버렸다. 태양주유소 직원이 교통사고 신고를 해 주어서 경찰관이 나와서 일차 조사를 다 해갔다는 것이다. 내가 순순히 경찰조사에 응했음에도 다시 묻고 했다는 것이다. 나는 그 사항을 무의식 상태에서 조사를 받은 것 같았다. 경찰이 다녀간 후 아내에게 묻기를 "경찰이 다녀갔느냐?" 또 한참 후에 "가해 차량 잡았느냐?" 등의 질문을 하는 것을 보고 아내는 많이 놀랐다는 것이다. 정신 나간 사람이 되어버렸기 때문이었단다. 한참 후에 무안정비공장에서 현장에 왔다. 나를 아는 분이었던 것 같다. 그분의 안내로 그분의 차로 우리 내외는 무안종합병원으로 가서 CT 촬영, MRI 촬영을 하고, 입원 수속했었다.

아내는 목포 본정형외과병원에 원무과장으로 있는 조카사위 기승관이 생각이 나서 전화했다. 승관이가 와서 확인하고 목포 본정형외과로 가자고 해서 병원 측의 양해를 받아 일단 집으로 와서 그날 밤을 자고 이튿날 목포 정형외과로 입원했다. 정신적으로 충격이 커서 4주 진단이 나왔다. 입원했는데 전혀 음식을 먹을 수가 없었다. 음식 냄새만 맡아도 구토증이 일어났다. 가까스로 조금씩 억지로 먹고 지내는데 전복죽이 입맛을 잡아주는 것 같았다. 그러나 병원에 누워있기가 너무 지루하고 허리가 아프고 마음이 편치가 않고 두 주간은 이래저래 견디었는데 더 이상 병원에 누워있을 수가 없었다.

이 교통사고로 내 차가 그랜저였는데 수리비가 4백만 원이 나왔고, 일방적으로 상대의 과실로 판정받아 병원비, 차 수리비 모두를 상대방 보험으로 처리했다. 헌데 폐차를 하면 폐차 값이 400만 원이고, 수리해도 수리비가 4백만 원이라는 견적이 나왔다. 내 생각에는 수리가 가능하면 수리해서 타기로 결심했는데 수리하고 난 후 차 승차감이 좋지 않고 예전의 성능이 아니어서 4백만 원에 팔아치우고 차를 바꾸었다.

내 생애 두 번째의 교통사고인데 차량정비업체에서 일하는 처조카가 이 정도의 사고인데 외상도 전혀 없고, 신체적으로도 이상이 없는 경우를 보지 못했다고 기적이라고 했다. 나도 기적이라는 말에 동의했다. 차가 폐차했는데 내적으로 외적으로 이상이 없으니 말이다. 그러기에 나는 하나님께 감사하는 것이다. "하나님, 감사합니다! 그러나 하나님, 이왕이면 사고 나지 않도록 도와주셨으면 얼마나 좋습니까? 사고 나고 보니 정신적으로 많이 고생했습니다" 하고 항의로 기도를 했더니 하나님의 응답은

"이 녀석아! 네 감사의 마음이 약해지고 찢어져서 네게 감사의 마음을 키워주기 위해서 사고를 통해 네 입에서 '하나님 감사합니다' 하고 기도가 나오도록 한 것이다. 무엇이 불만이냐?"라고 하신다.

내 일생 하나님께서는 내게 '여호와 이레의 신앙'을 주신 것이다. 매사에 하나님께서 하시고자 하시는 대로 나를 이끌어 가시는 나의 하나님으로 나는 신앙을 고백하고 있다. "하나님, 감사합니다!" 이 기도 외에 나는 하나님께 할 말이 없다. 내 운명의 시간에 "하나님, 감사합니다"가 마지막 말이요 기도가 될 것이다.

내 나이 일흔

2004년 1월 1일 아침

내 나이 70세!

도무지 실감이 나지 않는 나이다.

정말 내 나이인가?

어머님이 90세이신데!

어머님은 한사코 이제 80세라고 우기신다.

나이를 잊어서라는 생각은 안 든다.

90세가 너무 많으니까 10년을 에누리하시는 것이리라.

예부터 인생칠십고래희人生七十古來稀라 해서 70세까지 살기는 드물다 했는데….

나이는 먹고 몸은 늙어도 마음은 언제나 청춘이라고 하던가?

간혹 오랜만에 만나는 사람들이 늙었다고 하니 내가 늙어 가는가보다 싶고, 세대교체란 얘기를 듣다 보니 나도 퇴출 대상인가 생각해 보게 되고, 아내의 늙음을 보면서 아내의 얼굴에 깊어진 주름살을 보면서

나도 늙었구나!

조금은 실감하는 것이다.

나도 내 나이 십 년쯤 에누리하고 싶다.

지금 내 나이가 60세만 된다면 훨씬 멋있는 인생 계획을 세우고 도전할

수 있을 것 같다.

이 사실을 10년쯤 먼저 깨달았어야 옳았는데 하긴 내가 회갑 때 정신이 바짝 들어 30년 공직 사표 내 버리고 정치에 뜻을 세우고 도의원이 된 것이긴 하지만, 내가 내 능력을 평가해 보아도 도의원은 내게 흡족한 명예도 아니고, 적성에도 맞는 것 아니었고, 내 능력과 달란트가 아니었던 것이다.

내 나이 70세!
아니라 해도 아닐 수가 없고,
에누리해도 에누리가 안 되고,
그렇다고 주민등록을 고칠 수도 없고,
나이를 잊어버리고 살 수도 없고,
그렇다면 준비해야 할 나이가 된 것이다.
이미 운명적으로 수명이 정해졌다면
날마다 그날 그 시간이 가까워 오니까이다.
뜨는 해를 보며 남는 시간 계산하는 것이 아니라
지는 해를 보며 남는 시간 계산하는 것이다.
욕심대로 생각해 보라 해도 앞으로 10년!
주어진 10년의 긴 시간에서 무엇을 해야 할까?
해야 할 일을 찾아야겠다.
돈이 있다면 돈을 쓰는 일이 남아 있어야 하고,
힘이 있다면 그 힘을 쓰는 일이 있을 수 있고,
의욕이 있다면 그것을 위해 노력할 수 있고,
건강이 있다면, 희망이 있다면.
내겐 아무것도 없는 것 같다.

있는 것이라곤 마음뿐이다. 모든 것이 그렇다.

마치 엔진이 수명을 다해버린 차와 같은.

생각하면 자신이 불쌍하게 느껴진다.

육신으로 보면 그렇다.

이젠 너무 오래 살까 걱정이다.

오래 산다는 것은 결코 축복이 아닌 것을 안다.

자식들에게 부담을 주는 나이까지 살면 안 된다.

사회에 부담 주는 나이까지 살아서는 안 된다.

할 일감 없으면 죽어야 한다.

부르는 곳 없으면 죽어야 한다.

그래야 후손들에게 도움을 주는 것이다.

나는 80세까지는 살아서는 안 된다.

76세쯤이 적당할 것 같다. 앞으로 7년.

왜 76세인가? 아내와의 결혼 50년이다.

물론 아내와 같은 해에 내 앞서 보내고 내가 그 뒤 따라가면 얼마나 좋을까?

하나님께 기도해야 되겠다.

문제는 어머님의 가심이다.

만약 그때까지 어머님이 계시면 나는 어머님 먼저 죽을 수가 없다. 어머님 저세상으로 잘 모시고 그다음 따라가야 하니까.

불효스럽지만 어머님은 이제 90세 채우셨으니 금년 춘삼월 따뜻한 날씨에 가셨으면 싶다.

지금 사시는 것이 고통인 줄 모르시니까 다행이긴 한데 자식들인 안순이, 길순이가 건강이 좋은 편이 아니고 오래 사셔야 자식들이 보기에 안타깝다. 그저 배부르신 것으로 만족하시고 자리에 누워만 계시는 어머니.

삶에의 애착도 죽음에 대한 공포도 자식들에 대한 사랑도 바램도 없으신 어머니이시기 때문이다.

그러나 내게도 죽을 때까지 계속해야 할 일은 있다.

기도하고 전도하는 일이다.

한국 농촌 제일 교회 용학교회를 위해서,

나 죽은 후 영원토록 세상의 등대같이 존재하는 교회,

주님 오시는 그날까지 꾸준히 발전하고 성장해 가는 교회,

그리하여 세상 어느 교회보다도 가장 많은 구원 받은 백성을 길러내는 교회,

영원히 개혁해 가는 교회를 위해서 기도해야 한다.

다음으로 내 자식들의 내일을 위한 기도이다.

우선 믿음으로 대성공하는 참 예수님의 제자되기를,

그리하여 하나님 때문에 유명해지고 예수님 때문에 유명해지고, 하나님과 함께 예수님과 더불어 말미암아 훌륭하게 사는 자식들을 위해 기도할 것이다.

그중에 나로부터 10대 장로가 이어지고 4남매 부부 8형제 장로가 태어나는 한국 기독교사에 처음 있는 일이 기록되기를 계속 기도할 것이다.

내 인생의 3대 작품

2013년 7월 6일 흐림

오전 구름 낀 날씨에 바람이 불어서 선산에 제초 작업을 하고 있었다. 매일 같이 안부 전화 잊지 않는 선경이에게서 전화이다. "지금 어디 계셔요!" 첫마디다. 선산에 있다 했더니 "12시가 되어 가는데 집에 들어가셔요! 무엇하셔요!" 제초 작업하고 있다고 했더니 "한더위에는 일하시면 안 돼요!" 한다. "내 인생의 삼대 작품 활동을 하는 데 더위가 무어 대수냐? 내 인생의 삼대 작품이 무엇인지 아느냐?" 물었더니 모른단다. 한 번 알아 맞춰보라 했더니 머리 좋은 애이기에 선뜻 "선산!" 조금 있다가 "교회!" 그러고 나서 "바닷가 별장!" 하는 것이다. 알아맞힌 것이다. 내가 다시 순서를 말했다. 첫째는 "한국 농촌 제일 교회!" 두 번째는 "조상께 효심인 선산 가꾸기!" 세 번째가 "임마누엘의 집!"이다 했더니 "자식이 빠져서 서운하네요!"라고 한다. 자식이란 작품 활동일 수 없다. 작품이란 작가의 마음대로 창의력을 발휘해 만드는 것인데 자식은 마음대로 만드는 것일 수 없는 까닭이다.

사실 내 인생의 걸작이요 대작이요 나 죽을 때까지 완성이 없는 미완성으로 주님 오시는 그날까지 누구를 통해서이든지 계속 내가 죽을 때까지 계속해야 할 한국 농촌 제일 교회 용학교회다. 내가 장로 임직을 결심하면서 첫 결심이었다. 현재 외형적으로는 한국 농촌 제일 교회가 되었다. 내적으로는 아직도 이지만…. 두 번째의 선산 가꾸기는 조상께 대한 순수한 효심이다. 가히 세계적이라 자부하고, 가히 한국 제일을 자부한다. 세 번째의 임마누엘의 집도 유일무이 세계적이다.

2017년 12월 22일(금) 동지. 맑음

점심 치호 엄마가 동지죽을 갖고 왔다. 찹쌀 새알 팥죽이다. 맛있게 먹었다. 치호 엄마가 마을 경로당에서 특식이 있으면 꼭 집으로 갖고 온다. 내가 경로당 회장을 하면서 가까워진 것이다. 지금은 경로당 회장이 아닌데도 마을 어른 대접을 깍듯이 하는 것이다. 어떻든 고마운 분이다.

오후에는 정수기 코디 최 여사가 별장 정수기 점검하러 온다고 전화가 와서 2시에 나갔다. 2개월마다 정수기 필터를 교체해 주는 일이다. 나는 마침 날씨가 따스해 정원 화단에 죽은 국화꽃과 여러 가지 시들어 버린 꽃대를 베어내는 일을 했다. 리어카로 두 번이나 비워냈다. 가을 국화꽃이 아름답더니 눈이 내려 모두 말라버린 것이다. 아름다운 꽃도 피어 있을 때 사랑받지 못하고 시들어버리면 쓰레기로 처리해야 하는 것이다.

사람도 하나님께서 쓰실 때는 피어 있는 아름다운 꽃이지만, 꽃이 시들어버리면 그때는 쓰레기장으로 소각되고 마는 것과 같은 것일까 생각을 해 본다.

하나님께서 내게 주신 은혜로 별장을 지었다. 내 인생의 3대 걸작이 한국 농촌 제일 교회 용학교회, 별장 임마누엘의 집, 선산이다. 굳이 건축물로만 하자면 내가 사는 안집도 빼놓을 수 없다. 보는 사람마다 새로운 느낌을 가진다고들 한다. 깨끗하고 정원이 좋고 나무와 꽃들이 아름답고 건물이 멋있다고 한다.

안집에 있는 황토방 또한 걸작품 중 하나이다.

나는 사람으로서도 하나님으로부터 걸작품으로 인정받고 싶다. 내 신앙과 인격과 삶이 하나님이 만드신 걸작이고 싶은 바람이다. 나 죽은 후에도 먼 후세까지 내 이름 두 글자가 회자됐으면 하는 바람이 내 욕심일까?

안국 사후 유품에 관한 생각

2017년 2월 3일(금) 맑음

오늘도 하루를 누워서 보내다 보니 나 죽은 후에 아이들이 아버지 유품이라고 챙겨 놓을 만한 것이 무엇이 있을까 생각해 본다.

제일 첫 번째는 내가 38세 때 1972년 장로 임직하면서 그때 교회 처녀들 클럽이 두 개가 있었는데 수선화클럽과 백합클럽이었다. 이 두 클럽에서 한자가 섞인 신·구약성경을 임직 선물로 주었다. 그 성경과 40년 가까운 세월을 같이 보내다가 개역개정 성경으로 총회 결의로 바꾸면서 지금껏 보관하고 있는데 이 성경이 내게는 보물 제1호 같은 생각이 들고 내 안경, 은수저, 70여 년 써온 일기장, 설교집, 기도문, 비문집, 편지들, 추도사 모음, 내가 쓴 우리집 가훈 경천애인 액자, 증경총회장 배야섭 목사님이 주신 기장 부총회장 치하 서예 작품 <궤유지례跪乳之禮>, 만주 여행 때 그곳에서 여생을 보내시던 박한철 목사님이 주신 중국 한문 사도신경 등이다. 모두 하나님께서 내게 주신 선물들이다.

2017년 2월 4일(토) 맑다가 흐림

지난 화요일에 병원에 다녀와서 오늘까지 5일 간 의사의 입원 치료를 마다하고 재택 치료를 택해 일주일을 누운 채로 지내고 있다.

어제 해제중학교 졸업식에도 법인 이사로 참석도 못 하고, 오늘 목중고

평생 써 온 안국 일기장

(목포중·고등학교) 4회 정기 동창회에도 못 가고 하루를 누워있으려니 마음에 병이 생길 것 같은 기분이다. 감옥살이하는 사람들은 어떻게 버틸까 생각된다. 나는 감옥살이는 죽어도 못해낼 것 같다. 그만큼 고생해 보지 않고 살았다는 의미도 있는 것 같다.

어제 TV에서 인생을 힘들게 살아왔던 부부들이 나와서 돌아가면서 이야기를 하는데 눈물 나는 얘기도, 웃기는 얘기도 들어보면서 나는 인생을 힘들고 가난하고 어렵게 살아 본 경험이 없지 않았나, 그만큼 행복했지 않았나 싶다.

독서를 할 입장도 아닌, 그냥 움직임을 최소화하고 누워있어야 한다기에 오만가지 생각이 든다. 나 죽기 전에 반드시 정리해야 할 일이 있는데 그중 한 가지 일이 내 옷, 내 책 그리고 내 소장품 정리하는 일이다. 옷은 바자회를 한번 해야겠다. 최소한의 옷만 남기고 흩어 주어 버리는 일이다. 또 내가 가진 것 중에 특별히 다른 사람보다 많은 것이 책인데 장서 목적도 아니고 읽어보고 싶은 책 사서 보고 모아놓은 책이며, 여기저기서 선물로 받은 책, 그중에는 읽어보지도 않은 책들도 상당히 있고, 버리기 아까워서 모아놓은 책들은 어떻게 해야 할까? 어디 도서관에 기증하든지 아니면 종교 서적은 교회 도서관으로 주든지, 별 값이 없는 개인 서적들은 폐품 처리를 해야겠다는 생각이 든다.

내 꿈은 덧셈이고 미래는 뺄셈이다

2017년 2월 11일(토) 비 그치고 흐림

자식을 둔 보람이란 게 이런 걸까? 오늘도 아들, 딸들에게서 허리 다치신 데 어떤지 문병 전화가 오고, 큰딸은 닷새 전에 왔다가 오늘 떠났다. 점심 먹고 떠나고 나니 주위가 다시 허전하다.

백세시대 신문에 애독자 이벤트가 있어 응모해 본다. 1등이 10만 원 상금이라기에 만약 당선되면 우리 용학노인요양원에 찬조금을 내고 싶어서이다. 한 사람당 세 점이 한도라기에 내 이름으로 세 점, 아내 이름으로 세 점을 냈다. 예감이 당선될 것 같다. 꿈과 미래에 대한 작문이다.

"내 꿈은 ㅇㅇㅇ이고 미래는 △△△이다."

꿈은 사람다운 사람이고 미래는 고통 없는 죽음이다.
내 꿈은 평화로운 세계이고 미래는 전쟁 없는 지구촌이다.
내 꿈은 건강한 노년이고 미래는 자손 번창이다.
내 꿈은 건강한 삶이고 미래는 극락왕생이다.
내 꿈은 덧셈이고 미래는 뺄셈이다.
내 꿈은 수壽, 부富, 강녕康寧이고 미래는 유호덕攸好德, 고종명考終命이다.
내 평소 생각대로 희망과 미래를 솔직히 표현한 것이다.

안국 천국 환송식

2017년 3월 7일(화) 맑음

오늘은 내 죽음에 대해서 생각해 본다.

내 나이가 83세이다. 많이 살았다. 또 건강하고 행복하게 살았고, 지금 역시 행복하게 감사하면서 살고 있다.

앞으로 얼마나 살아야 할까? 이것은 내 생각이 아니다. 하나님께서 이미 숙명적으로 정해 놓으셨으니. 그러나 하나님께서 허락하신다면 두 가지 전제 조건으로 앞으로 9년은 더 살고 싶다. 왜 9년인가? 그 조건은 무엇인가?

첫째 이 권사가 9년을 더 살아야 하고 우리 두 사람이 건강해야 하는 조건이다. 반드시 하루를 더 살아도 이 권사가 나보다 더 살아야 한다.

그다음은 무엇일까? 9년은 내 손녀 령이와 외손자 세현이가 대학원까지 마치고 장래 진로가 결정된 것을 보고 죽었으면 싶다.

마지막 하나는 앞으로 9년 후 2026년이 우리 용학교회 설립 100주년이다. 이 100주년 기념 축하 예배를 드리고 싶어서이다.

그러나 내가 죽을병이 든다면 연명 치료는 받지 않겠다. 하나님의 섭리에 순종해야지. 그리고 장례식은 장례라는 용어 쓰지 말고 '천국 환송식'으로 진행해 주기 바란다. 하나님으로부터 왔다가 하나님께로 돌아가는 것이니 즐겁게 박수 치고 웃으며 환송하는 예식이어야겠다.

또 장례식에서 하는 추모사는 육신은 죽고 영혼이 하늘나라로 돌아가는 것이니 먼저 천국 환송사를 하고, 서운하면 그다음 추모사를 하길 바란다. 조의금은 사회사업에 출연하기 바라고, 내 비석은 소형 표석비로 비문은 다섯 줄이면 족하다.

내 인생의 황금기

2017년 7월 13일(목) 맑음

오늘 회고록 자료 찾기로 내 일기장을 뒤적이면서 문득 생각이 내 인생 80년의 황금기가 1995년에서 2005년까지 만 11년인 것을 느꼈다. 사회적으로는 1995년이었고, 종교적으로는 2005년인 것이다. 나이는 61세에서 71세까지였다.

1995년은 내가 도의원이 된 해고, 2005년은 기장 총회 부총회장으로 활약한 해이다. 2004년에서 2005년까지 한국기독교교회협의회 위원, 한국장로교연합회 위원, 기독교연합 추진위원회 위원으로 활발한 활동을 했고, 특히 2005년 7월에 북한 조선그리스도연맹 초청으로 평양 방문을 다녀왔던 것이다. 내 생을 두고 잊을 수 없는 역사적 사건이기도 한 것이다. 나 죽기 전에 통일이 된다면 더 큰 영광이 될 것이다.

생각해 보면 내 생애 최고의 기념일이 있다면 1958년 4월 14일 24세 결혼, 1972년 12월 12일 38세 장로 임직, 1995년 6월 28일 61세 도의원 당선, 2004년 9월 14일 기장교단총회 부총회장 당선, 2005년 7월 16일 조선그리스도연맹 초청 평양 방문이다.

그 11년간은 자의 반 타의 반으로 날마다 일에 매이고 쫓기고, 그러면서도 행복함을 느끼며 자신을 갖고 삶에 대한 보람을 느끼며 왕성한 활동력으로 긍지 있는 인생을 살았다. 하나님께서 복 주시는 것이 무엇인지를 깨달아 알았던 시기였다.

이제 80대 초반에서 여생 더욱 자랑스럽고 아름답게 사는 일이 무엇일까를 생각하면서 하루하루를 기도하며 감사하면서 살고 있다.

함박눈

햇살 좋은 오후 네 시
해제중학교 운동장을 걷다가
함박눈이 바람에 휘날린다.

함박눈!

머나먼 하늘에서
훨훨 펄펄
날아온 흰나비 떼
앉을 자리 가리지 않고
아무데나 내려 앉는다.
사뿐히 내려 앉아
무슨 생각을 할까?
하루살이도 못되는 순간살이 흰나비
손바닥에 받아들면
금세 사라지는
요술쟁이 흰나비
앉았던 자리 꿀 같은

물방울만 남기고
어디로 가버린 걸까?

2010. 2. 18.

묘비명

2020년 12월 14일(월) 첫눈

죽산 이십이세손竹山 二十二世孫

우석 장로 안국의 묘隅石 長老 安國之墓

한국기독교장로회 총회 부총회장韓國基督教長老會 總會 副總會長

　오늘 일기장 한 귀퉁이에 "당신의 묘비명은 어떻게 적고 싶은가요?"라고 인쇄된 문장이 있다.

　생각해 본다. 내 삶에서 제일 큰 벼슬이 있다면 전남도의회 의원(도의회 농림위원장, 전국 농수산위원장 협의회 의장)을 지낸 것이고, 그보다 더 큰 벼슬이 종교적으로 한국기독교장로회 총회 부총회장을 지낸 것이다. 묘비에 기록한다면 부총회장을 기록해야 할 것이다.

　한국에 수많은 교단과 교파들이 있어도 기독교장로회 총회 임원 7명이 북한 김정일 정권 때 역사적으로 처음 있는 지명 초청을 받아 북한에 가서 국빈 대접을 받았던 것은 잊지 못할 일이다. 그 이유는 한국에 북한 정권을 적대시하는 국가법이 두 개 있는데 그 하나는 정부 수립 후 '반공법'이고, 다른 하나는 '보안법'이다. 보안법은 군사 쿠데타로 정권을 잡은 박정희가 민주화 투쟁을 억제하기 위해 만든 것인데 이

보안법에 의해 많은 민주화 인사들이 고문을 받고 감옥에 갇혔던 것이다. 기장 총회에서 국가보안법 철폐 결의를 했던 그 공로에 감사해서 답례로 초청 받았던 것이다.

이 안건 결의 당시 안국 부총회장이 의장이었다.

백세 인생

2021년 1월 15일(금) 흐림

큰 손녀 은이에게서 책 선물이 왔다. 기특한 일이다. '100세 철학자 김형석 교수의 신앙 에세이'인데 책 제목이 『삶의 한가운데 영원의 길을 찾아서』로 278페이지다.

내가 외손자가 넷이고 친손녀가 둘인데 내 생에 처음의 일이기에 너무 기뻐서 즉시 전화로 고맙다는 인사를 했다. 할아버지 100세까지 건강히 장수하길 바라는 마음에서 책을 보냈다는 것이다.

김형석 교수는 내가 대학 다닐 때 철학 교수였다. 당시 연세대학교 교수이자 한신대학교 강사였다. 그때 김 교수의 강의를 재미있게 들었기에 그때 들었던 얘기가 기억이 난다.

"천당과 지옥이 있는가?" 하고 한 학생의 질문에 역시나 철학 교수다운 답변이 지금도 기억에 생생하다. "기독교에서는 사후 세계에 천당과 지옥이 있다고 하고 예수를 믿는 자만 천국에 간다고 합니다. 천국이 실제로 없다고 하면 예수를 믿었다가 천국에 못 가면 그만이지만, 천국이 실제로 있다면 예수를 안 믿었다가 천국에 못 가면 얼마나 억울하고 큰 손해입니까? 그래서 저는 천국이 있다고 믿습니다"라고 설명을 했다.

나는 김형석 교수를 좋아한다. 그의 저서도 내 서재에 몇 권 있다.

손녀의 바람대로 하나님이 원하신다면 100세까지 건강하게 살아야겠다.

"사주팔자(四柱八字)는 없다.
내 삶은 하나님께서 만드신다"

옛말에 사람은 사주팔자를 타고 난다고 했다. 운명을 타고난다는 것이다. 나는 운명을 믿지 않는다. 기독교인이어서라기보다는 운명이란 내가 만들어 가는 것이라고 믿는다. 4주 8자란 생년, 생월, 생일, 생시 해서 네 가지 기둥에 글자가 여덟 자란 의미인데, 나는 내 사주팔자에 대해서 네 가지를 기억하고 있다. 아버지께서 돌아가시고 내가 16살 때 아버지 쓰시던 문갑에 안일동(그때 당시 내 이름) 사주팔자가 기록된 한지를 발견했는데 그때 내가 읽어보고 미신 같은 이야기라고 치부하고 그냥 없애버렸다. 내가 장성해서 그때 읽었던 기억을 되살려 네 가지 문구를 기억하고 있다. 그 네 가지는 자식, 수명, 재물, 아내에 대한 것인데 내용은 아래와 같다.

슬하자손 육칠남매膝下子孫 六七男妹

수명논즉 희상가삼壽命論則 稀上加參

부귀공명 광역소문富貴功名 廣域所聞

이처가화 만사형통二妻家和 萬事亨通

지금 이 사주팔자에 맞춰보면 하나도 맞는 것이 없기 때문이다. 슬하 자손 6, 7남매는 낳기는 2남 3녀를 낳았는데 장성하기는 1남

3년이기 때문이다. 억지로 사주팔자에 적용한다면 가족 계획을 한답시고 다 낳지 않고 수술을 해버렸으니까 그렇다 치고…. 두 번째 수명론즉 희상가삼은 희수가 70살이니까 70에 3년을 더하면 73세가 내 수명이라는데 현재 88세를 살았으니까 이 또한 틀린 것이고, 세 번째 부귀공명 광역소문은 부자에 귀하게 살고, 이 소문이 넓게 소문난다는 이야기인데 이것은 조금은 맞는 말 같다. 그렇게 귀하게 산 것도 아니지만 또 이름난 명예도 아니지만 그래도 나는 스스로 만족하는 부자이고, 귀한 사람이고, 명예도 결코 적다고 할 수 없는 교단 부총회장까지 했고, 도의회 의원까지 지냈으니까. 또 세상에 많은 사람이 나를 부러워하리만큼 살고 있으니까. 이 사주는 조금은 마음에 드는 것이다. 또 네 번째 마누라가 둘인데 집안이 평안하고 모든 일이 잘 풀린다는 것도 마누라가 둘은 아니고 하나뿐이고, 만사형통도 아니고, 가끔 막히는 일들이 많으니까 이 또한 틀린 것이다. 지금 내 생각에는 내가 예수님을 믿지 아니했으면 혹 마누라가 둘이었을지도 모른다고 생각하면 사주팔자 운명이란 하나님께서 만들어 가시는 것이라고 나는 확신한다.

수명도 타고난다기보다는 하나님께서 주신 건강을 스스로 지키는 관리자의 의무와 책임을 다하면 건강하게 살 수 있는 것이고, 내 건강을 지키지 않고 등한히 하고 과음, 과식, 과로해서 내 몸을 스스로 망가뜨리는 일이 결국 자기 수명을 단축시키는 것이라고 나는 생각한다.

결론적으로 사주팔자는 없다. 내 삶은 하나님께서 만들어 가신다.

어느덧 내 나이 여든여덟 미수米壽다.
어머니 태중에서부터 주님을 믿게 하시고,
한반도 서남단 외딴 고향 땅으로 나를 다시 부르셔서

농촌 계몽과 교육의 사명을 맡기시고,
한국 농촌 제일 교회 부흥의 소명을 주신 하나님!
세상살이의 숱한 고난과 역경 속에서도
늘 준비해 주시고 늘 동행하신 여호와 이레, 임마누엘의 하나님!
지금껏 용서와 감사의 은혜를 부어 주신 하나님을 찬양한다.
오늘도 하나님은 내 삶을 만들어 가고 계신다.

에필로그

그저 살아내신 것만으로도 감사한데!

큰딸 안선경

◉ 혼란의 시대

태어나보니 일제 강점기.
국민 학생이 되어 해방의 기쁨도 잠시 좌익이니 우익이니 혼란.
철이 좀 드는 중학생이 되니 6.25.
그 힘듦 속에 4.19, 5.16 그리고 유신독재·전두환 독재시대~~~!

◉ 위험의 시대

가난함과 더불어 개인의 인권도 자유도 존중받지 못했던 시대를 살아내신 분들, 나는 개인적으로 이런 시대를 살아내신 것만으로도, 80세 이상의 세상 모든 대한민국의 어르신들은 존중받고 존경받아야 한다고 생각한다. 그저 목숨 부지하고 살아낸 것만으로도 그분들은 위대하시고 또 위대하시다.

◉ 잘 살아내신 우리 아버지 안국 장로!

그분들 중의 한 분인 우리 아버지 안국 장로님!
　회고록에서 보듯이, 더하여 의식이 있는 청년으로, 예수님께 예배드리는 예배자로 그리고 홀로되신 어머니의 아들로, 아버지를 잃은 형제들의 형제로, 또한 우리 형제자매들의 아버지로 참으로 살아내기 힘든 세월이셨겠구나 싶어 가슴이 먹먹하다.

◉ 필요하다면 호랑이 눈썹도 준비하실 감사한 아버지 안국 장로!

자녀들에게 신앙의 유산과 자신의 삶을 잘 살아내도록 교육적 기회를 고루 주시어 개인의 삶을 스스로 잘 살아내도록 기반을 마련해주신 아버지. 1970년대 초반 어린 시절 주어진 어린이 잡지인 「새소년」과 「소년시대」 그리고 "딱따구리 그레이트북스 전집 300권"은 책 속의 상상적 삶을 통해 내 삶의 인문학적 자산이 되었고, 매일 아침 드린 가정예배는 몸과 마음에 스며든 신앙적 자산이 되어 개인으로 교육자로 삶을 살아내는데 자양분이 되고 있다.
　감사합니다.
　고맙습니다.
　사랑합니다.
　사시는 동안 더 많이 행복하시고 하나님께서 부르실 때에도 아버지께서 꿈꾸시는 기쁨의 천국 환송 예배를 드릴 수 있기를 기도합니다.

사랑하고 존경하는 아버지의 삶을 회상하면서

둘째 딸 안수경

아버지의 미수(88세)를 기념해 책을 출판하면서 어릴 적 아버지와 관련한 이런저런 일들이 기억이 납니다. 특히 우리집의 주 양육자는 아버지였습니다. 대농은 아니었지만, 어머니는 늘 일꾼들을 관리 감독하면서 들에서 일하셨고, 학교에서 돌아온 아버지가 우리들의 양육을 도맡아 했기에 성격 형성에도 어머니보다는 아버지의 영향을 많이 받았습니다.

60평생 살아오면서 아버지가 훈육하신 가훈家訓, 가헌家憲과 가가家歌는 저의 가치관과 신앙관 형성에 영향을 주어 때로는 고단한 삶을 자처하기도 했습니다. 삶 속에서 실천하려고 노력하는 과정에서 때로는 융통성이 없어 보이기도 했을 것이고, 다른 사람을 불편하게 했을 수도 있었을 것입니다.

우리집의 가훈(경천애인)과 가가(이웃을 내 몸 같이 사랑하라신) 그리고 가헌 10조 중 제5조인 구휼약자救恤弱者, "가난한 사람 구제에 힘쓰고 약자를 돕고 불쌍히 여겨라"는 말씀을 통해 어릴 적부터 부모님이 하나님을 사랑하는 모습과 이웃을 사랑하는 모습이 하나라는 것을 보고 배우면서 성장했습니다. 그래서 저의 삶의 화두는 항상 하나님 사랑과 이웃 사랑이었고, 어떻게 이웃 사랑을 실천하면서 살아갈까에 대한 고민을 많이 하면서 살았습니다. 이런 고민에 대한 성서신학적 답을 주신 분이 저의 스승님이신

민중신학자 안병무 선생님이었습니다. 그분을 만난 이후 저의 삶의 화두는 예수, 여성, 민중으로 바뀌었습니다.

아버지와의 관계에서 수많은 말씀과 에피소드들이 있지만 특히 지금까지도 늘 기억하면서 실천하고 있는 것이 있습니다.

중 1학년 때 부모님을 떠나 광주로 전학을 가서 할머니와 함께 생활할 때 아버지가 하셨던 말씀입니다. "항상 어떤 결정을 할 때는 아버지가 곁에 없으니 하나님 아버지께 묻고, 하나님께서 그리해도 된다고 말씀하신다고 생각되면 그대로 해도 된다"라는 말씀이었습니다. 항상은 아니지만 지금까지도 어려운 결정을 할 때마다 불현듯 생각나는 아버지의 말씀이랍니다.

매일 새벽 기도로 하나님의 뜻을 물으면서 하루를 시작하시고, 하루의 삶을 예수님의 가르침을 따라 살려고 무던히도 애쓰시고, 저녁 일기로 하나님 앞에서의 하루의 삶을 성찰하는 것으로 마감하시는 아버지를 어릴 적부터 존경하지 않을 수 없었습니다.

하나님 곁으로 가시는 날까지 영육 간에 더욱더 건강하시고, "하나님을 꿈속에서라도 꼭 만나고 싶다"라고 하신 아버지의 간절한 소망이 살아생전에 꼭 이루어지시기를 기원합니다.

아버지 사랑합니다. 존경합니다. 감사합니다.

아빠의 일기는 내 인생 최고의 선물

막내딸 수미라

마흔 살에 얻은 늦둥이 막내딸을 끔찍이 사랑해 주신 우리 아빠! 벌써 아흔 살이 다 되셨네요.

아빠의 오십 년 사랑은 제 삶을 지탱해 준 힘이었답니다. 지금도 여전히 아빠는 제 삶의 에너지랍니다.

당시엔 흔치 않은 세 글자 이름으로 '빼어나게 아름다운 비단' 같이 살라고 '수미라'란 이름을 지어 주신 아빠! 아빠의 바람과 기도대로 이름처럼 아름답게 살아가려 한답니다.

그리고 외손자 세현이는 존경하는 할아버지의 삶을 본받기를 기도한답니다. 매년 설날 덕담으로 "올해가 수미라 인생 최고의 해가 되길 기도한다"고 하시는 아빠! 아빠의 회고록은 우리 4남매와 손자 손녀들에게 인생 최고의 선물이에요.

귀가 약간 어두운 것 빼고는 정신도 맑고, 목소리도 크고, 허리도 곧고, 머리도 검고, 여전히 부지런하고 팔팔하신 우리 아빠! 백세 넘어 오래오래 사세요. 사랑합니다.

수미라 올림

아버지의 첫 책 출판을 기뻐하며

아들 안진웅

아버지를 도와 회고록에 쓰일 자료들을 선별하려고 아버지의 지난 70년 동안의 일기들을 샅샅이 읽었다. 필사하는 내가 그 시절 아버지가 되어 일기를 쓰고 있었다. '희로애락애오욕喜怒哀樂愛惡慾', 모든 감정들이 너울처럼 넘나들었다. 아버지의 일기는 순교 당하신 할아버지에 대한 청년 시절의 원망과 비애, 생때같은 큰아들을 잃은 장년 시절의 절망과 애통을 신앙으로 치유하고 회복한 인생 기록이었다. 장로로서 교육자로서 그리고 사회운동가로서 경천애인敬天愛人을 실천하며 하나님이 준비한 '여호와 이레'의 삶을 살아오신 것이다.

아버지, 아버지, 아버지, 몇 번이고 불러도 계속 부르고 싶은 내 아버지시다.

지면이 한정되어 아버지의 방대한 삶을 일일이 담지 못한 아쉬움이 크나 나머지 글들을 묶어 내년 또 후년에도 계속 출판을 이어갈 수 있기를 기도드린다.

끝으로 회고록 출판을 위해 바쁜 생업에도 불구하고 친구의 아버지를 존경하는 마음으로 소중한 시간을 내어 교정을 도운 이창식 시인과 삽화를 그린 정형일 작가에게 깊은 감사를 표한다.

건축자의 버린 돌이 모퉁이의 머릿돌이 되었나니
— 우석(隅石) 안국 장로 인생 일기

2022년 9월 30일 처음 펴냄

지은이 | 안국
펴낸이 | 김영호
펴낸곳 | 도서출판 동연
편   집 | 박선주 김구 이희도 최성은
디자인 | 황경실 윤혜린
등   록 | 제1-1383호(1992년 6월 12일)
주   소 | 서울시 마포구 월드컵로 163-3, 2층
전   화 | 02-335-2630
팩   스 | 02-335-2640
이메일 | yh4321@gmail.com

ISBN 978-89-6447-833-2 03040